高等学校材料类规划教材

思政与实践案例

材料专业入学教育

谢广文　王兆波　于薛刚　等著

化学工业出版社

·北京·

内容简介

全面推进课程思政建设是落实立德树人根本任务的战略举措，使专业课程与思政教育同向同行，是中国高校的重要任务之一。本书分为三大部分：第一部分为课程思政教育与立德树人，对材料学科的杰出代表和成就及相关科学与文化背景知识进行了介绍；第二部分对金属材料、无机非金属材料、高分子材料、复合材料、功能材料等进行了科普性介绍；第三部分结合作者自身的科研成果与成就，论述了材料学科的前沿动态，涉及材料科学与工程学科多个分支。

本书既可以作为材料科学与工程及相关专业的入学教材或教学辅导用书，也可供从事材料以及新材料研究、开发和应用的研究人员及工程技术人员参考。

图书在版编目（CIP）数据

思政与实践案例：材料专业入学教育/谢广文等著.
—北京：化学工业出版社，2021.10（2022.11重印）
高等学校材料类规划教材
ISBN 978-7-122-39478-1

Ⅰ.①思…　Ⅱ.①谢…　Ⅲ.①思想政治教育-教案（教育)-高等学校　Ⅳ.①G641

中国版本图书馆CIP数据核字（2021）第134004号

责任编辑：朱　彤　　文字编辑：毕梅芳　师明远
责任校对：边　涛　　装帧设计：刘丽华

出版发行：化学工业出版社（北京市东城区青年湖南街13号　邮政编码100011）
印　　装：天津盛通数码科技有限公司
787mm×1092mm　1/16　印张12　字数309千字　2022年11月北京第1版第4次印刷

购书咨询：010-64518888　　售后服务：010-64518899
网　　址：http://www.cip.com.cn
凡购买本书，如有缺损质量问题，本社销售中心负责调换。

定　　价：58.00元

序

2020年5月28日，教育部下发了教高〔2020〕3号文件（教育部关于印发《高等学校课程思政建设指导纲要》的通知），明确规定了全面推进课程思政建设是落实立德树人根本任务的战略举措，要紧紧抓住教师队伍“主力军”、课程建设“主战场”、课堂教学“主渠道”，让所有高校、所有教师、所有课程都承担好育人责任。

为进一步落实立德树人根本任务，需要推动教育教学改革，全面提升教学质量，讲好“专业故事”，当好“课程思政”的行家里手；“大学教师”这个称号足有“千斤重”，上课就是“天大的事”，要把“教师”作为“事业”而不是作为“职业”，真正做好“立德树人”大文章。

每一位教师都要用实际行动回答“培养什么人、怎样培养人、为谁培养人”这一根本性问题，要春风化雨般把知识和做人的道理落实到开展立德树人的点点滴滴中去；要加强师德、师风建设，把师德、师风作为教学成效的“第一标准”；要加强课堂思政建设，在教学中寻找思政元素，告别思政课、专业课两张皮现象，实现“同向同行”；要加强教材建设，创新学术话语体系，建立“学科权威”；要写好教学论文，用心、用情、用力，寻找教学论文“创新点”；要加强课程设计，体现时代特点，紧跟时代步伐，与大学生做到“同频共振”。

我们各位老师都要用“四有”好老师标准严格要求自己，坚持教书和育人相统一，坚持言传和身教相统一，坚持潜心问道和关注社会相统一，坚持学术自由和学术规范相统一。一代人有一代人的奋斗，一个时代有一个时代的担当，让我们行动起来，切实履行好传道、授业、解惑的职责，为培养德智体美劳全面发展的社会主义建设者和接班人作出我们的贡献。

陈克正

青岛科技大学校长

2021年5月

序

2020年5月28日，教育部下发了教高〔2020〕3号文件《教育部关于印发〈高等学校课程思政建设指导纲要〉的通知》，明确规定了全面推进课程思政建设是落实立德树人根本任务的战略举措，要紧紧抓住教师队伍"主力军"、课程建设"主战场"、课堂教学"主渠道"，让所有高校、所有教师、所有课程都承担好育人责任。

为进一步落实立德树人根本任务，需要推动教育教学改革，全面提升教学质量，讲好"专业故事"，当好"课程思政"的行家里手；"大学教师"这个称号足有"千斤重"，上课就是"天大的事"。要把"教师"作为"事业"而不是作为"职业"，真正做好"立德树人"大文章。

每一位教师都要用实际行动回答"培养什么人、怎样培养人、为谁培养人"这一根本性问题，要着力抓好把知识和做人的道理落实到开展立德树人的点点滴滴中去；要加强师德、师风建设，把师德、师风作为教学成效的"第一标准"；要加强课堂思政建设，在教学中寻找思政元素，告别思政课、专业课两张皮现象，实现"同向同行"；要加强教材建设，创新学术话语体系，建立"学科权威"；要写好教学论文，用心、用情、用力，寻找教学论文"创新点"；要加强课程设计一体化时代特点，紧跟时代步伐，与大学生做到"同频共振"。

我们各位老师都要用"四有"好老师标准严格要求自己，坚持教书和育人相统一，坚持言传和身教相统一，坚持潜心问道和关注社会相统一，坚持学术自由和学术规范相统一。一代人有一代人的奋斗，一个时代有一个时代的担当，让我们行动起来，切实履行好传道、授业、解惑的职责，为培养德智体美劳全面发展的社会主义建设者和接班人作出我们的贡献。

陈克正

青岛科技大学校长

2021年5月

前言

全面推进课程思政建设是落实立德树人根本任务的战略举措，紧紧围绕“培养什么人、怎样培养人、为谁培养人”这个根本性问题，将立德树人贯彻到高校课堂教学全过程、全方位、全员之中，构建育人大格局，使专业课程与思政教育同向同行，是中国高校的重要任务之一。

青岛科技大学在办学历程中始终坚持党对学校工作的全面领导，全面贯彻党的教育方针，紧紧围绕“落实立德树人，实现八个相统一”，推动思想政治理论课改革创新；同时，还不断增强思政课的思想性、理论性、亲和力和针对性，落实立德树人根本任务，深入推进专业课程与思政教育同向同行。

高校大一新生从高中到大学，为实现身份的转变和对大学文化的适应，要将理想、信念作为灵魂加以强调和落实，厚植爱国主义情怀，践行社会主义核心价值观；教师既要传授科学文化知识，还要启发学生探索兴趣，并培养学生发现问题、提出问题、解决问题的素养与能力。近年来，青岛科技大学材料科学与工程学院在材料物理、材料化学、无机非金属材料工程、金属材料工程、新能源材料与器件等五个本科专业大一新生的入学教育中做了诸多探索：加强顶层设计，构筑具有材料科学与工程学科特色的“课程思政”体系，提高教师队伍“课程思政”能力和水平，通过深入挖掘课程思政元素，有机融入课程教学，达到润物无声的育人效果；对新生进行专业知识的科普教育，使得学生对金属材料、无机非金属材料、高分子材料、复合材料、功能材料等有了全面了解和一定的认识；基于大材料的角度，结合学院一线科研人员的科研成果，介绍材料学科的前沿发展动态，构建一线科研人员与新生沟通的新渠道，提供互动交流与沟通的机会，将传统的、以知识传授为主的教学模式，转变为以探索和研究为基础的研究型教学模式，致力于培养社会主义建设者和接班人，培养拥护中国共产党领导和我国社会主义制度、立志为中国特色社会主义奋斗终身的有用人才。

本书分为三大部分：第一部分为课程思政教育与立德树人，挖掘材料学科的杰出代表和成就，以及相关科学与文化背景知识，将其作为专业课思政内容的切入点；第二部分对金属材料、无机非金属材料、高分子材料、复合材料、功能材料等进行科普性介绍；第三部分是基于学院科研人员的自身科研成果与成就，介绍材料学科的前沿动态，涉及材料科学与工程学科多个分支。

本书是青岛科技大学材料科学与工程学院多年来在新生入学教育建设方面的经验总结。

全书由谢广文、王兆波、于薛刚、姜鲁华、袁勋、彭红瑞、刘漫红、李霞、孙瑞雪、王宝祥、隋凝、孙琼、张帅、王莉、单妍、李成栋、刘欣、刘静、刘通、白强、张忠华、于建华、赵云琰、赵平、奉若涛、陈大伟、刘光波、王敏等老师共同撰写。全书由白强老师进行校核。

本书既可以作为材料科学与工程及相关专业的入学教材或教学辅导用书，也可供从事材料以及新材料研究、开发和应用的研究人员工程技术人员参考。本书的出版得到了青岛科技大学材料科学与工程学院相关老师的热情支持，在此深表谢意。

由于时间和水平有限，疏漏之处在所难免，敬请广大读者和专家提出宝贵意见和建议。

著者

2021 年 5 月

目录

第一部分

课程思政教育与立德树人

案例 1：勇于创新，科技自强——“中国催化剂之父”闵恩泽

《感动中国》2007 年度人物中有这样一位科学家：他，对祖国和人民满腔热情，对科学研究与工程应用精益求精；他，勇于开拓创新，乐于无私奉献；他，心系祖国强盛与民族复兴，为中国石化工业的从弱到强作出了突出贡献；他，像蜡烛一样燃烧自己，照亮石化与能源产业；他，以创新为乐，创造了中国自己的催化剂；他，是中国科学家的楷模、中国工程师的榜样，是中国“永不失活的催化剂”！

这位杰出的科学家就是闵恩泽先生，他是我国石化炼油催化领域的奠基人、催化技术自主创新的先行者、非晶态合金催化新材料与绿色化学的开拓者，2007 年度国家最高科学技术奖获得者，中国科学院、中国工程院院士，第三世界科学院院士、英国皇家化学学会会士，被誉为“中国催化剂之父”。

闵恩泽先生 1946 年毕业于当时的国立中央大学，1951 年在美国俄亥俄州立大学获得博士学位，1955 年开始在石油工业部北京石油炼制研究所从事科研工作。闵恩泽先生曾担任过中国石化总公司学位委员会主任、中国石油化工科学研究院总工程师、中国石油化工科学研究院学术委员会主任、中国科学院学部主席团成员、中国科学院化学部副主任、中国石油学会副理事长、中国化学会咨询工作委员会主任、中国绿色化学专业委员会主任、中国催化基础国家重点实验室学术委员会主任以及多个学术刊物的编委等。闵恩泽先生毕生从事石化、石油炼制催化剂的研发，从 20 世纪 60 年代开始，逐步建立了我国铂重整催化剂设计的理论基础，为祖国培养了一大批催化领域的高端人才，研制成功了生产航空汽油急需的小球硅铝裂化催化剂，研发了微球硅铝裂化催化剂，成功解决了这一领域的“卡脖子”技术，填补了国内空白。自 20 世纪 80 年代起，又开展了非晶态合金等新型催化材料和绿色化学工程技术的探索与研发，进行了磁稳定床反应器等新型反应工程与关键技术的导向性基础研究等。

2011 年，我国国家天文台将一颗小行星永久命名为“闵恩泽星”；2013 年，由中国工程院和中国石化总公司共同设立了“闵恩泽能源化工奖基金”，激励了一大批青年才俊成长为国家栋梁。

我们新时代材料学子要大力弘扬闵恩泽先生以国家为重、事业为先的爱国精神。闵恩泽先生早年毅然舍弃国外优越的工作和生活条件，返回祖国，全身心投入催化剂研制，无怨无

悔，作出了卓越贡献。我们要向闵恩泽先生学习，始终把个人发展与国家命运紧密结合起来，在推动各项事业进步中实现人生价值。

案例 2：只问耕耘，不问收获——“中国材料学之父” 师昌绪

随着经济的发展和生活水平的提高，人们对健康的诉求越来越高，对生物医用材料及其制品的需求量日益增长。而我国人口众多，人口老龄化程度加剧，国民医疗健康意识也逐步提升，因此对生物医用材料及其制品的需求更加迫切和旺盛。我国生物材料的研究和产业化起步较晚，高端技术产品多数依赖进口，导致生物医用材料产业主要由发达国家垄断。近几十年我国生物材料的研发经历了由弱到强的发展过程，并进入了快速发展的新时期。目前我国生物材料的研究已形成欣欣向荣的良性发展局面，并成功跻身于世界舞台的中央，而这些在相当程度上归功于一位杰出的战略科学家——师昌绪院士。

师昌绪院士是我国高温合金的开拓者之一，是国内外著名的金属学及材料科学家，被誉为“中国材料学之父”；师先生还是中国科学院、中国工程院资深院士，同时也是国家最高科学技术奖获得者，并被评为《感动中国》2014 年度人物。科学家有很多，但能够成为战略科学家的人仅是少数。师昌绪院士具有战略性眼光和机遇意识，能够时刻关注世界科技的发展，并针对我国的国情提出战略性、前瞻性的规划和决策。师院士本人虽不从事生物材料的研究，但他敏锐地意识到在我们这样一个大国，人们的健康离不开生物材料，中国必须重视生物材料的发展。也正是由于师院士的高瞻远瞩，中国的生物材料逐渐登上了世界的舞台。

在 1996 年之前，中国生物材料委员会尚未形成统一的学术组织，也一直未能加入国际生物材料学会联络委员会（现已更名为国际生物材料科学与工程学会联合会），更谈不上申办世界生物材料大会了。当被称为“好管闲事”的师昌绪先生了解到这一情况之后，亲自写信给时任中国科协党组书记的高潮同志说明此事。在师先生的大力推动和中国科协的支持下，第一届中国生物材料委员会在北京成立（1996 年 3 月），德高望重的师先生被大家一致推选为第一任主席。中国生物材料委员会的成立，在中国生物材料发展史上是划时代的里程碑事件。随后十年里在他的带领下，中国生物材料研究十分活跃，不仅取得了突飞猛进的发展，在生物材料界的国际地位和知名度也显著提高。当国内涌现出越来越多的优秀生物材料学者之时，师昌绪院士主动将主席的职务让给了他认为比自己更合适的人选。

师昌绪院士曾在其回忆录中这样写道：“人生在世，首先要有一个正确的人生观，要对人类有所贡献。作为一个中国人，就要对中国作出贡献，这是人生的第一要义。”这些朴实无华的话语正是师先生一生的写照，他将一生都奉献给了祖国的科学事业。

师昌绪院士是值得我们一生学习的楷模。我们要学习他敢为人先、锐意创新、求真务实、勇于探索的科学精神；学习他将个人前途与国家命运紧密相连，为中华民族崛起而努力奋斗的伟大情怀；学习他团结协作、甘为人梯、淡泊名利的无私奉献精神；学习他生命不息、学习不止的拼搏精神。我们广大材料学子要以师昌绪先生为楷模，为祖国材料事业的发展奋发学习，为实现中国梦而努力奋斗。

案例 3：敢为人先，勇于创新

无机非金属材料（简称无机材料）与金属材料、高分子材料共同构成材料大家族。传统

无机材料（包括玻璃、陶瓷、水泥、耐火材料）是以硅酸盐矿物为主要原料，经过成型、烧结（熔化）等工艺制成的，在我们国家有着悠久的历史。众所周知，中国是瓷器的发明国，陶瓷是中华传统文化的重要成就之一。传统无机材料在国民经济和人民生活中发挥着重要作用，至今仍是国民经济的重要支柱产业。随着现代科学技术的发展，新型无机材料应运而生。新型无机材料一般是以非天然原料（多数是化工技术合成的高纯材料），经过特殊的制备工艺得到的具有优异性能的材料，与高新技术发展相辅相成。由于新型无机材料的优异性能与多功能，使其在电子信息、航空航天、生物医学等现代技术诸多领域，发挥着极其重要的作用。

在我国新型无机材料发展进程中，严东生院士作为当代无机材料科学与技术发展的奠基人和开拓者之一，作出了重大贡献。严院士把自己的毕生精力都奉献给了我国科技事业。他着眼解决实际问题，始终将自己的科研方向与国家的经济建设、国防事业和社会发展紧密结合，在无机材料领域攻克了诸多技术难题，为我国材料事业发展作出了重大贡献。作为一位卓越的材料科学家，他的研究涵盖高温结构陶瓷材料、无机复合材料、高温无机涂层等领域，作出了开创性工作。

自 1949 年严东生先生从美国伊利诺伊大学获得博士学位后回国之日起，“急国家之所需”一直就是他的人生信条。在新中国成立初期，为了解决我国飞机发动机使用寿命问题，他研究了各种抗腐蚀金属材料、抗老化氧化无机非金属涂层材料和无机高温结构材料，最终使得我国飞机发动机的使用寿命得以大幅延长；60 年代他领衔研制的性能优异的隔热和抗热冲击的复合涂层材料，成功解决了航空飞行器发动机的稳定性问题；70 年代他致力于研发金属-陶瓷复合涂层，成功解决了我国第一代洲际导弹防热罩难题；80 年代他主持了高性能结构陶瓷发动机国家重大课题的立项和实施，并在此领域获得了令人瞩目的研究成果；90 年代他还敏锐洞察到纳米材料这一研究热点。但是，与严先生毕生所做的大量科研实践工作相比，他公开发表的论文数量并不多，这主要缘于多数“急国家之所需”的课题研究出于保密等原因难以公开发表，他真正做到了“将论文写在祖国大地上”。

严先生献身科学的执着精神、踏实严谨的工作作风、平和谦逊的大家风范，是我们后辈材料人学习的楷模，更是广大青年科技工作者今后努力的方向。

案例 4：深耕海洋科研，护航蓝色经济

腐蚀与国民经济建设有着千丝万缕的联系，关系着众多工程设施的安全。腐蚀与断裂、磨损并称为材料服役期间必然发生的三大损坏形式，三者之中又因腐蚀现象的普遍性、自发性、隐蔽性及不可修复性等特点而尤为严重，它是基础设施和工业设备损毁的主要原因。

与发达国家相比，我国的腐蚀与防护科技工作开展得比较晚，从新中国成立初期开始，先后成立了腐蚀与防护分组和国家腐蚀科学学科组，1979 年 11 月才由国家科委正式成立了中国腐蚀与防护学会。自此，我国的腐蚀与防护科技工作走上了新的发展历程。在我国广大腐蚀与防护科学工作者的共同努力下，解决了交通运输、海洋工程、化学工业、石油天然气开发、航空航天、核能等现代工业中大量的腐蚀问题，研制成功和开发了许多耐蚀金属材料、耐蚀非金属材料及腐蚀防护技术，在一定程度上满足了工业发展的需要，为国民经济的发展作出了贡献。

在海洋腐蚀与防护领域，作为我国海洋腐蚀环境研究和海洋腐蚀与防护的学科带头人之一，中国科学院海洋研究所侯保荣院士和他的团队以卓有成效的成就，推动了我国海洋腐蚀环境学科的发展。侯保荣院士和他的团队主要成就有：明确提出了“海洋腐蚀环境”概念，

建立了海洋腐蚀环境的理论体系；建立了模拟海洋腐蚀环境的实验方法和在不同海洋环境下控制材料腐蚀的工程技术系统，为发展我国海洋腐蚀研究保护起到了重要的推动作用；开展了金属覆盖层防腐技术研究，开辟了我国海洋钢铁设施防护新路径；在海洋腐蚀环境基础理论研究领域，获得了显著研究成果。此外，还在海洋腐蚀控制研究实践中取得了显著的经济效益和社会效益。

作为新中国的学子，侯保荣院士始终不忘科技报国的初心，将爱国之情、报国之志融入我国海洋腐蚀与防护事业的伟大征程，为我国海洋腐蚀环境研究与保护作出了重要贡献。让我们学习侯院士敢于迎难而上的科研精神和温恭自虚的科研态度，乘风破浪，勇立潮头！

案例 5:“氢”洁世界，催化人生

能源问题是关系国计民生和国家安全的重大战略问题。随着经济持续快速发展和工业化程度逐步深化，我国面临的能源问题更加迫切和严峻，能源供需矛盾、能源利用效率低下、环境污染等问题日益凸显。优化和利用好现有能源、发展新能源和可再生能源、构建能源多元化体系，对实现我国能源的可持续发展具有深远的战略意义。

燃料电池通过电化学反应将燃料（如氢气、低碳醇等）的化学能直接转化为电能，是一种高效、清洁和环境友好的发电技术，在移动电源、固定式电站、交通运输以及航天、水下等特殊领域具有良好的应用前景。以氢气或低碳醇等小分子为燃料的聚合物电解质膜燃料电池，产物只有水和 CO_2；利用可再生能源电力，如风电、太阳能、核电等，水和 CO_2 可通过电解的方式实现氢气和低碳醇的再生，从而构筑基于氢和碳的高效洁净能量循环体系。然而，无论是燃料电池反应（阴极氧还原反应，阳极氢氧化反应或低碳醇的电化学氧化），还是电解水和 CO_2 反应，动力学速率均较慢，需在电催化剂的作用下降低反应能垒，反应才能以可观的速率进行。

电催化涉及电化学、催化化学和材料科学等多学科，是一门新兴交叉学科。我国电化学学科发展较晚，20 世纪 50 年代中国科学院长春应用化学研究所等首先开展了电化学阳极氧化的研究，之后复旦大学、厦门大学、武汉大学、山东大学等相继开展了电化学过程研究。进入 21 世纪，随着能源和环境问题的日益凸显，以及我国综合国力的提高，国家加大了对清洁能源研发的投入，燃料电池相关基础性研究和工程技术研究开始蓬勃发展。作为燃料电池、电解水制氢以及二氧化碳还原制取精细化学品过程的核心，相关电催化剂的研究一直是该领域的研究热点。

在我国燃料电池发展道路上，先后涌现出一大批敢于创新、勇挑重担的科学家，他们夜以继日、不知疲惫地在科技攻关之路上披荆斩棘。中国科学院大连化学物理研究所是国内率先进行燃料电池研究的科研机构，在衣宝廉院士的带领下，早在 20 世纪 60 年代就开始了对燃料电池的研究，经过半个多世纪的科技攻关，相继研发了碱性氢氧燃料电池电堆、质子交换膜燃料电池、熔融碳酸盐燃料电池和固体氧化物燃料电池等，车用氢氧质子交换膜燃料电池自 2001 年开始进行示范运行。从 90 年代开始，辛勤研究员和孙公权研究员开始致力于直接甲醇燃料电池的研究，开发了直接甲醇燃料电池作为移动电源，并在特殊领域进行了示范运行。

厦门大学在田昭武院士、田中群院士和孙世刚院士带领下，几代人先后发展了先进的电化学原位红外光谱和拉曼光谱技术，是为数不多的可在电化学原位条件下探测催化剂表面物种的技术之一，在电催化机理研究中起到了举足轻重的作用。武汉大学在查全性院士带领下，在电极反应动力学方面开展了具有特色的研究，并发展了碱性电解质膜燃料电池。查院士编写的《电极过程动力学导论》被公认为我国电化学界影响最广的学术著作之一，也是该学科领域被采用得最广泛的研究生教材之一。

作为老一辈的科学家，衣宝廉院士、田昭武院士、查全性院士等以身作则，为青年一代作出了榜样。衣宝廉院士高瞻远瞩，半个多世纪前就意识到洁净能源对国家和社会的重要意义，带领团队攻克了一个个科技难题，屡次突破国外技术封锁。田昭武院士带领团队共克时艰，突破一个个“卡脖子”技术，设计和推广多种电化学技术和仪器，研制出我国第一台电化学综合测试仪，改变了我国电化学仪器主要依靠进口的历史，为国内培养了一大批电化学专业青年学者。查全性院士在电化学教育和研究领域辛勤耕耘数十载，锐意进取，乐于奉献，追求卓越，毕生奉献给了我国的科技和高教事业，为我国电化学事业的发展作出了不可磨灭的贡献。年轻一代应该学习老一辈科学家无怨无悔、敢为人先、孜孜不倦的拼搏精神，投身到国家发展的洪流之中，为实现中华民族的伟大复兴而努力奋斗。

案例 6：源头创新，开辟“聚集诱导发光”之路

唐本忠院士勇攀科学高峰，在荧光功能材料方面耕耘多年，开拓并引领了聚集诱导发光（AIE）材料的新领域。2001 年，他率领团队突破传统理论的桎梏，率先在国际上开展了“聚集诱导发光”的相关研究，一路披荆斩棘开辟了有机发光材料的新领域。2016 年，由唐本忠院士原创的聚集诱导发光型纳米材料体系被《自然》杂志列为支撑未来纳米光革命的四大纳米材料之一。为表彰唐院士在“聚集诱导发光”领域的原创性贡献，唐本忠院士荣获 2017 年度国家自然科学奖一等奖。

1.“聚集诱导发光”开辟了发光材料的新天地

简言之，“聚集诱导发光”是指分子本身在分散状态时不发光或发微弱的光，但在聚集状态时能发出强烈荧光的现象。在 2001 年唐本忠教授报道该现象以前，发光材料领域一直由“聚集猝灭发光”理论主导。在“聚集猝灭发光”体系里，荧光分子分散在稀溶液中能发出强烈的荧光，但当其聚集在浓溶液中或者在固态时，该荧光分子的荧光强度则大为削弱甚至消失。需要说明的是，荧光材料通常在聚集态下使用，这也导致具有“聚集猝灭发光”特性的荧光材料在很多具体应用中受到严重限制。当时，在有机发光领域，很多学者在“聚集猝灭发光”理论的框架下尝试各种方法来隔离分子使其保持强烈的荧光，但都无功而返。

2001 年，唐本忠先生和学生们在实验过程中意外发现了一类非常特殊的有机分子，它们在溶液中不发光，但是在聚集态时却发出强烈的荧光，这与以往的“聚集猝灭发光”理论完全相悖。当时学生们灰心丧气地以为实验失败了，而唐本忠教授却强烈意识到这个实验结果的非同寻常；经过多番详细的实验考证和思考后，唐先生的脑海里闪现出了“聚集诱导发光”的概念，并将该发现公开发表。自此，一个全新的有机分子聚集态发光领域被开辟出来。

“有时候，做科研需要打破固有的思维定式，如果你获得的实验结果或观察到的实验现象与以往经验有所不同，那你首先不应该是沮丧或回避，而应该非常兴奋地去刨根究底。”唐本忠教授常常这样教导学生们要突破现有的思维局限去思考问题。

“聚集诱导发光”现象的发现看似“妙手偶得之”，实际上却是唐本忠教授及其团队在该领域长期耕耘后收获的果实。为阐明该类有机分子在聚集状态下的发光机理，唐本忠教授忘我地工作与思考，最终他得出了“AIE 现象的产生归因于分子内运动受限”的科学论断，该发光机理也获得了学术界的广泛认同。

2. 科研要敢于源头创新，敢于颠覆常识

对于原创性研究，唐本忠院士常这样说："原创科研就像挖井，越往下挖泉眼就越多。而如果做科研只是跟风，思路早晚会干涸。"

原创研究实属不易，起初常常要受到质疑、不解甚至责难。为鼓励源头创新，必须要厚植创新文化的土壤，激发年轻人勇于追求真理的斗志。"我希望我们的学生能运用批判性和创造性的思维去发现问题，并能够不畏惧任何权威地用新想法、新模型去解决问题。"在唐本忠院士看来，科学追求的最高境界是突破现有知识的牢笼，以概念突破为起点，进而在科学领域开疆拓土并创造新知识，这对整个人类社会的发展和进步将会大有裨益。

案例 7：胸怀使命，坚守工匠精神

碳纳米管作为一维纳米材料，具有六边形结构，并且具有许多异于传统材料的力学、电学和化学性能。经过二十余年的研究发展，碳纳米管的巨大应用潜力不断地被挖掘。碳纳米管具有极高的载流子迁移率，以及优异的导电性、极高的热导率、超强的力学性能和独特的透光性，在航空航天、国防军工、节能环保、电子信息、智能家居和生物医疗等领域有着重要的应用前景。

作为我国纳米碳材料研究领域的领军人物，张锦院士对碳纳米管领域的研究发展贡献卓著。张锦院士潜心致力于研究碳纳米管等纳米碳材料的结构控制生长规律，发展了碳纳米结构生长方法和谱学表征方法，突破了纳米材料在结构控制与高效生长方面的瓶颈，推动了我国碳纳米管材料基础研究的发展，为该领域的研究作出了重要贡献。

张锦院士为什么能取得如此丰硕的科研成果，为祖国科研领域的发展作出如此重要的贡献？

作为从宁夏乡村走出来的院士，张锦先生年幼时艰苦的经历，培养了他吃苦耐劳、任劳任怨的性格。"我生于宁夏同心县张家塬乡汪家塬村，上学需要翻山越岭，取水需要走上十几公里，犁地、放牛、拔麦子等农活样样精通……"在记者采访伊始，张锦先生这样介绍自己。高考时，张锦先生以优异的成绩考入兰州大学现代物理系放射化学专业并在那里完成了本科、硕士和博士的学习。笃学的志向和顽强的作风，为张锦院士的科研之路奠定了基础。

在英国利兹大学进行博士后研究时，在工作方面，这位中国人总是和英国同行们"与众不同"。英国科研人员总是严格执行"朝九晚五"的工作制，除了午餐时间，还保留上午茶和下午茶的休息时间。张锦院士则在实验室从早到晚，不断地进行实验论证、数据验证，积累了大量的研究成果。"当时的确感觉挺孤独，但是当实验取得进展，心中的高兴就别提了，也很享受那种过程。"张锦院士回忆道。短短两年的时间里，他便完成了博士后期间的各项科研工作任务。他说自己这种"拼命三郎"的工作作风，正是源自故乡汪家塬村那片黄土地上点滴的积累。

2000 年，他进入北京大学从事纳米碳材料方面的研究工作，开启"科研利器筑梦祖国腾飞"之路。目前，张锦院士在《自然》杂志等刊物已发表论文 260 余篇。从 2007 年获国家杰出青年科学基金的支持，到 2019 年当选中国科学院院士，荣誉的背后，是张锦先生带领团队几千个日夜的坚守，是千万次实验的不懈努力。每天 7 点 30 准时坐在办公室，晚上 10 点结束一天工作，一周至少工作 6 天的状态早已成为张锦先生的一个习惯。当选院士后，他的时间安排依旧没有变化，甚至更忙碌一些。

在当前的科研环境中，与发论文、评职称相比，张锦院士更看重的是攻坚克难的过程。

只有不断地发现并尝试解决科研过程中存在的问题，才能有收获，科研工作才能获得进展，才能实现前沿科研工作的进步。

中国梦的实现离不开我们一辈辈祖国建设者的努力。“一生时间其实很短，做不了太多的事情，能在某一个方面不断地做研究并且有突破，是幸福的。今后要继续不忘初心、牢记使命，沿着这条科研路走下去，让自己的研究得以服务国家和社会，造福大众。”这是张锦教授受聘中国科学院院士后发出的感慨。张锦院士的那种沉潜钻研、勇于攻坚克难的工匠精神更应该值得我们大家学习和发扬。

案例 8：让理论变成现实

碳元素广泛存在于自然界中，是地球上一切生命的基础，以碳为骨架的有机化合物构成了这个丰富多彩的世界。碳有 sp^3、sp^2、sp 三种杂化态，不同杂化态可以形成不同的碳同素异形体。例如，sp^3 杂化碳可以形成金刚石；sp^2 杂化碳可以形成石墨烯、富勒烯。这些碳材料由于性能优异，迅速得到广泛关注，并催生了两次诺贝尔奖：1996 年诺贝尔化学奖被授予了三位富勒烯的发现者；2010 年诺贝尔物理学奖被授予了在二维碳材料石墨烯方面取得开创性研究成果的安德烈·海姆和康斯坦丁·诺沃肖洛夫，使得碳材料研究进入了一个新的发展阶段，同时也激起了科学家们对新型碳同素异形体的研究热忱和兴趣。

近三十年来，科学家们一直致力于发展新方法合成新的碳同素异形体，探索其新的性能，先后发现了富勒烯、碳纳米管和石墨烯等新的碳的同素异形体，成为国际学术研究的前沿和热点。尤其是由 sp 杂化碳形成的碳材料，其具有碳碳三键高共轭的线型结构，并具有更丰富的电子排布等特点。

1968 年，著名学者 Baughman 通过理论计算研究发现，石墨炔结构可稳定存在，国际上著名功能分子和高分子研究科学家团队都开展了相关研究，但是并没有获得成功。直至 2010 年，中科院化学所李玉良院士团队在石墨炔的制备方面取得了重要突破，成功地在洁净的铜片表面通过化学方法合成了大面积（$3.61\ cm^2$）、具有二维结构的石墨炔（graphdiyne）薄膜，并且第一次被李玉良研究员等研究人员用汉语命名为“石墨炔”。

作为具有中国自主知识产权的新材料，石墨炔的发现在国际上产生了重要影响，被同行评价认为“这是碳化学的一个令人瞩目的进展，是真正的重大发现”。国际著名期刊为此发表了评论：中国科学家首次合成了石墨炔，并研究发现石墨炔优良的性能可与硅媲美，有可能成为未来电子器件的关键材料。石墨炔的合成被科技部作为 2010 年重大基础研究进展，而被列入 2010 年中国科学技术发展报告之中。由中国科学家开创的石墨炔研究领域吸引了全世界科学家的广泛关注和研究兴趣，并成为一个新的研究热点。

石墨炔自 2010 年被李玉良院士团队合成以来，在众多中国科学家的努力下，经过十余年的发展，在石墨炔的基础和应用研究领域已取得了重要成果，并迅速形成了一个新领域。不仅在学术界，商业界也对石墨炔的应用充满了浓厚兴趣。研究表明，石墨炔在能源、催化、光学、电学、光电子器件等诸多领域具有巨大的潜在应用，使石墨炔研究进入了快速发展时期。

在庆祝改革开放 40 周年大会上的讲话中，习近平总书记强调：“我们要坚持创新是第一动力、人才是第一资源的理念，实施创新驱动发展战略，完善国家创新体系，加快关键核心技术自主创新，为经济社会发展打造新引擎。”研究不能只是跟从，要勇于创新，坚持走中国特色自主创新道路，敢于走别人没有走过的路，要想别人不敢想的东西。我们要学习科学家们敢于创新、勇于创新的精神，作为大学生，更应该刻苦学习、深入钻研、积极创新，在中国特色自主创新的道路上作出自己应有的贡献。

案例 9："电动中国"梦，一生锂电情

当前，中国的能源结构以"富煤、贫油、少气"为主要特征，油气资源仍然依赖进口。2019 年，我国石油对外依存度高达 70.8%，远远超过 50%红线，国家能源安全面临严峻挑战。大力发展太阳能、风能、水能等绿色、清洁能源，已成为解决能源安全的有效途径，也是降低二氧化碳排放，实现"绿水青山就是金山银山"理念的必经之路。储能技术，特别是电化学储能技术，是实现绿色可再生能源高效利用的关键。在我国，有这样一位科学家，他几十年如一日专注锂离子电池（或称为锂电池，简称锂电）研发，被誉为"中国锂电研究第一人"，他就是中国工程院院士陈立泉先生。

早在 1976 年，国际上锂离子电池的研究尚处于探索时期时，在德国进修的陈立泉先生第一次接触到超离子导体材料，他便向中科院物理所申请将研究方向从晶体生长转为固体离子学研究。回国后，他在国内成立了第一个固体离子学实验室，率先开展了离子导体和锂电池方面的研究工作。在国家首个"863 计划"的支持下，作为总负责人的陈立泉先生开启了固态锂电池研究的先河。索尼公司 1991 年宣布产业化液态锂离子电池后，具有敏锐洞察力的陈立泉先生迅速布置如何在国内实现锂离子电池的产业化，当时国内的技术、人员、装备都远远落后于日本和欧美国家。凭借多年的经验积累和实践，1995 年第一块锂离子电池在中科院物理所陈立泉先生带领的研究小组诞生了。

为了探索锂离子电池的产业化，陈立泉先生带领团队依靠自己的技术、国内设备和材料，在 1997 年建成了中国第一条锂离子电池中试生产线，解决了规模化过程中的技术和工程问题。1999 年，中科院物理所申请了硅作为锂离子电池负极的第一个专利。随后，他积极推进学术界、工程界和产业界的合作，培养了大批学术骨干和工程技术人才，为中国锂离子电池的发展奠定了知识、技术和人才基础。自 2014 年开始，中国锂离子电池的市场占有率超过日、韩成为世界第一，中国锂离子电池产业进入高速发展期。

陈院士一直坚守在锂离子电池的科技与工程研究领域，他积极推进能源互联网的建设，积极探索能够实现扫码就可以充电或换电的便捷途径；他还积极倡导学术界和企业界能够联合起来实现交通的电动化，大力发展电动汽车、电动飞机、电动船舶等电动交通工具；同时，他不忘部署下一代电池技术的研发，倡导大力发展固态电池并积极推进固态电池的研究和产业化进程，积极部署钠离子电池、铝离子电池、镁离子电池和锌离子电池等新型电化学储能技术的研究工作和中国专利申请，为我国未来电池行业的发展献言献策。

怀揣着"电动中国"的梦想，陈院士几十年如一日勤耕奋进，只为中国的锂电研究能够走在世界前列。春风化雨，他教会了我们如何专注做事；桃李芬芳，他为祖国培育了大量栋梁之材。执着于真理，他将研究经验变为知识宝藏；奉献于产业，他又将知识和科学转化为技术和市场。陈立泉院士的心血都集中在锂离子电池的研究之中，勤勤恳恳，默默奉献，他无愧于新时代"工匠精神"和艰苦创业的楷模和典范。

案例 10：潜心科研"一甲子"，为国铸剑担使命

丁传贤，无机涂层材料专家，中国工程院院士。丁院士从事等离子体喷涂涂层的应用基础研究 60 余载，他研究成功可供实用的电弧等离子喷涂设备和高温防热、耐磨、生物相容、红外辐射、电解催化等多种涂层系列，获得 20 余项科研成果，其中 10 余项获得国家、中科

院和上海市的奖励，在航空航天、纺织、化工、机械、医疗等行业得到广泛应用。丁院士及其团队研制的耐磨涂层在我国“长征五号”“长征六号”和“长征七号”等新型运载火箭的发动机中获得关键性的应用，解决了高速重载条件下液氧和煤油动密封的关键技术难题，保障了运载火箭的成功发射，为我国航天事业发展作出了重要贡献。这位令人尊敬的科学家几十年如一日，呕心沥血、孜孜不倦地奋斗在科研一线，用智慧和汗水浇铸着无机涂层材料的研发、创新，诠释着为国奉献的责任和精神。

1. 要学习他祖国至上的爱国情怀

20世纪50年代，我国的材料科学事业刚刚起步，急需填补这一领域的研究空白。当时，丁传贤先生满怀报效祖国的理想，积极响应号召，进入中科院上海硅酸盐所工作。60年代，中科院上海硅酸盐研究所第六研究室成立（即现在的中科院特种无机涂层重点实验室），以加快解决国家现代化建设急需的特种涂层材料的前沿技术难题。1964年，在克服科研环境简陋等种种不利条件下，28岁的丁传贤和他的同事研究出了第一个科研成果——可供实用的“电弧等离子喷枪”，该成果荣获国家计委、国家经委和国家科委颁发的工业新产品三等奖。随后，他研制成功了防热、耐磨、生物相容、红外辐射、电解催化等多种涂层，为民用和国防事业作出了贡献。1988年10月，国防科学技术工业委员会为他颁发了“献身国防科技事业”荣誉证章。

新一代运载火箭的核心动力——液氧煤油发动机的成功研制，标志着我国成为世界上第二个自主掌握液氧煤油高压补燃火箭发动机核心及关键技术的国家。其中，液氧煤油发动机中承载着高转速、高压力、热冲击、强氧化等苛刻摩擦工况的泵端动密封是该发动机的关键技术难题。丁院士及其团队采用耐磨陶瓷涂层方案，针对服役工况，夜以继日、潜心钻研、刻苦攻关，通过涂层材料和微观结构的优化设计，突破了涂层的力学性能、抗热冲击性能、涂层磨损性能当量考核判定方法、制造工艺优化及产品质量一致性等一系列技术难题，满足了涡轮泵和氧泵端面动密封的全部技术要求，为液氧煤油发动机的顺利研制奠定了坚实的基础。

2. 要学习他严谨治学的科研追求

丁传贤院士不怕吃苦、不急功近利、潜心科研的工作作风是在长期的工作过程中养成的。几十年前的实验室条件与现在是无法比拟的，当时的等离子工作室灰尘多、噪声大、辐射强，会对人体产生不可避免的伤害，但丁院士从未退缩。吃苦是人生无形的财富，更是前进的动力。他以始终如一的严谨治学态度潜心投入、默默耕耘、刻苦攻关，带领团队一步一个脚印地摘取了一个又一个自主创新的硕果。在他为数众多的科研成果中，耐磨陶瓷涂层技术在新型“长征”系列运载火箭上的应用，从首次提供涂层部件到获得成功应用，共耗费了18个年头，凝聚着研发团队漫长而艰苦的攻关过程。如果没有潜心科研的孜孜追求，很难有“18年磨一剑”的成功。

3. 要学习他心系社会的创新精神

20世纪70年代，丁传贤院士及其团队在国内率先采用等离子体喷涂工艺制造生物陶瓷人造骨及关节涂层。历时10余年，经过数百例的临床实践证明，等离子体喷涂陶瓷涂层具有良好的生物相容性和活性。该技术的实施实现了无骨水泥植入，降低了假体植入给患者带来的患肢红肿和疼痛等不适感，不仅使患者免于截肢造成残疾，又重建了骨与关节功能，给接骨患者带来了新的希望。这些研究成果先后获得国家发明三等奖和上海市科技进步二等奖。在当前老龄化日益加重的社会，该技术正在惠及越来越多的患者。创新不是虚无缥缈的，只要做生活中的有心人，就一定能找到创新的灵感源泉。

水滴汇入大海才能站在巨浪之上，个人理想追求融入民族发展伟业才能实现人生价值。我们新时代的材料学子应当学习丁院士心系社会的创新精神，通过坚持不懈的努力，找到实现人生价值的方向，作出利于国家、利于人民的贡献。

案例 11：陶瓷与文化自信

我们的祖国是中华人民共和国，简称中国，中国在英语中的翻译是“China”，同时“China”在英语中还有“瓷器”的意思，也就是说中国在西方人眼中是“瓷器之国”。中国和“瓷器”之间有着广泛的联系，正因为中国有着悠久的陶瓷制作历史和高超的陶瓷制作技艺，早在古代中国的瓷器就已经行销世界各地，并广受欢迎，成为人们身份和地位的象征。

中国是瓷器的故乡，中国的瓷器是在陶器烧制基础上发展起来的。出土实物证明，早在3000多年以前的商代甚至更早的时候，瓷器的前身——一种被称为原始青瓷的物品就出现了。这种物品烧成以后，又经过很长时间才慢慢形成了瓷器。在中国，真正意义的瓷器大约出现在汉代，彼时烧制瓷器的瓷窑已经非常普遍，烧制的瓷器主要为青瓷和黑瓷。到北朝时开始出现白瓷，有了白瓷以后，瓷器变得更加丰富多彩。在唐代，中国瓷器的烧造形成了“南青北白”的局面。也就是说，南方地区主要烧制青釉瓷器，表面全部是青色的；而北方地区则以烧白瓷为主。

宋朝是我国瓷器百花齐放的朝代，出现了汝窑、官窑、哥窑、定窑、钧窑五大名窑。汝窑为五大名窑之首，汝窑以青瓷为主，因产于汝州而得名，窑址在今河南省。在中国陶瓷史上，青瓷以汝窑最为著名，在北宋时期为代表性瓷器。宋代官窑由官府直接营建，分为北宋官窑和南宋官窑。哥窑与官窑类同，两者都有自然的开片。定窑是最早为北宋宫廷烧造御用瓷器的窑场，也是宋代五大名窑中唯一烧造白瓷的窑场。钧窑被评价为“入窑一色，出窑万彩”，钧窑的颜色除青色外还有玫瑰紫、天蓝、月白等多种色彩。

明朝以前的瓷器以青瓷为主，而明之后以白瓷为主。明朝时期，我国出现了彩瓷，如较为著名的青花瓷和五彩瓷等。清朝制瓷技术突飞猛进，出现了霁青、霁红、甜白三种极品釉彩。这一时期的瓷器取得了很多光辉灿烂的成就，比如引进了西画技法、颜料等在瓷器上作画，于是诞生了珐琅彩和粉彩，清朝瓷器的样式因此变得史无前例的丰富，远超之前历朝历代的瓷器水平。

而欧洲各国直到18世纪，也就是我国的清朝时期，才逐渐掌握瓷器的烧制技术，在此之前欧洲的瓷器全部依赖于从中国进口，中国瓷器在欧洲还曾是供不应求的天价奢侈品。回顾我国几千年陶瓷发展的历史，从最开始的陶器，到青瓷、白瓷，再到彩瓷，直至后来的青花瓷、珐琅彩瓷等，每一个进步和创新无不凝结着我国匠人的辛勤汗水和聪明才智。我们要向先辈们学习，学习他们勤劳勇敢的品格，学习他们不断追求的工匠精神，学习他们永不止步、不断创新的精神。

文化自信是促进优秀民族文化传承和发展的重要影响因素之一，是一个民族对自身文化传统、文化价值及信念的尊重与肯定，也是对自身文化焕发勃勃生机的坚定信念。陶瓷不仅仅是艺术品，它承载了中国几千年的文化和历史。作为中华儿女，我们应该有足够的文化自信和底气，在传统文化中找到自信，在文化传承中实现自我创新。

案例 12：机会只垂青那些有准备的人

自20世纪90年代，人类开始进入纳米科技时代，人类可以操控原子、分子，并能从原子、分子尺度制造有特定功能的材料——纳米材料。由于纳米材料的粒径小（粒径介于1～100nm

之间)、比表面积大、表面原子数占比大，呈现出很多块体材料不具有的物理化学性质。纳米科技和纳米材料极大地改变了人们的生活方式。

进入21世纪，纳米材料迅猛发展，新材料层出不穷，而其中更引人注目的莫过于碳纳米材料。从富勒烯到碳纳米管，从石墨烯到石墨炔，每一种新型碳材料的发现，都震撼了整个科学界。其中，一维碳纳米材料——碳纳米管的发现，更是将当时的纳米技术推向了新的高度。以下向大家介绍被誉为“碳纳米管之父”的日本材料学家和电镜专家饭岛澄男（Sumio Iijima）偶然发现碳纳米管的经过。

1968年，饭岛澄男博士毕业后就开始与TEM（透射电子显微镜）打交道，他工作努力，勤奋刻苦，每天都在他的TEM设备上“鼓捣”到半夜，探索微观世界的奥秘。一晃到了1985年，哈罗德·克罗托（Harold Kroto）和理查德·斯莫利（Richard Smalley）在《自然》杂志上报道了由60个碳原子组成的碳纳米球C_{60}。碳纳米球C_{60}是一种新形式的碳，在此之前，碳的同素异形体只有石墨、钻石、无定形碳（如炭黑和炭）。由于这个结构和建筑师巴克明斯特·富勒（Buckminster Fuller）的作品很相似，他们将其命名为富勒烯。富勒烯不仅呈现出完美的球形结构，而且具有独特的物理和化学性质，所以立刻在学界引起了轰动。后来，克罗托和斯莫利也因此被授予诺贝尔化学奖。然而，当饭岛看到克罗托和斯莫利的论文时，心里却是五味杂陈。因为，他发现自己早就观察过这种“碳球”！早在5年前，他就通过TEM看到了一种碳的“同心圆”结构，如同“切开的洋葱”。但因为当时TEM技术观察到的是材料结构的平面投影，他没意识到这可能是个球体。直到自己看到富勒烯的论文，他才意识到，当时所看到的是几层嵌套在一起的富勒烯！

错过了富勒烯，饭岛并没有灰心，仍然每天在TEM下观察和探索。1991年1月的一天，饭岛偶然从同事那里得到了一些碳棒，在用高压电弧法对碳棒进行处理后，对石墨阴极上形成的硬质沉积物（富勒烯的副产物）通过TEM观察时，发现有一些针状小管（needle like tubes），这些小管直径为4～30 nm，由2～50层石墨片组成。有了错失富勒烯的惨痛经历，这次他立即将二维的照片抽象到三维的空间里并进行推断：发现了碳的中空管结构。随后，饭岛立刻对这种结构开展了更深入的研究，包括管的直径、管层的原子组成，以及这种管结构的生长原理等。经过了10个月的细致钻研，饭岛将他的研究论文发表到了《自然》杂志上，向世界展示了这种碳的新结构——碳纳米管。

这篇具有里程碑意义的论文至今已被引用了3万多次，从此开辟了一维纳米材料的研究热潮，极大地推动了纳米科技的发展。1993年，饭岛又在《自然》杂志上发表了合成单壁碳纳米管的研究，此后碳纳米管令人激动的各种性质，包括优异的场发射性能、储氢性能、热导性能、磁学性能、导电性能等，不断地被发现，所衍生的交叉领域也层出不穷，掀起了碳纳米管的研究热潮，饭岛因此被誉为“碳纳米管之父”。

碳纳米管的发现是偶然的。纵观科学史，其实许多伟大的发现都是出于偶然。例如，弗莱明发现青霉素，伦琴发现X射线，布勒发现NiTi形状记忆合金等。然而在这种偶然的背后，一定有着必然，那就是对科学研究的专注与努力。没有饭岛教授几十年如一日、兢兢业业地潜心电镜研究，就没有碳纳米管的今天。如果不是他淡泊名利、坚持不懈，可能早在错过富勒烯的时候就放弃了。成功绝非偶然，它的背后一定包含着长久的努力和坚实的基础。机会总是偏爱有心人，它只留意那些有准备的头脑。只有持之以恒地培养和发掘自己的研究方向，才能收获累累果实。在这一过程中，不要忽视科研过程中的每一个细微发现。

作为当代的大学生，应该以科学家们为榜样，刻苦学习，努力钻研，在青春年华砥砺奋斗，提高自身的素质和能力。在未来的工作中还要脚踏实地，求真务实，锐意进取，为国家富强和民族复兴贡献自己的力量。

案例 13：用辩证思维指导科研和实践

唯物辩证法主要包括对立统一规律、质量互变规律和否定之否定规律，其中对立统一规律为核心。唯物辩证法还包括现象与本质、原因与结果、必然性与偶然性等基本内容，它既是宇宙观，又是认识论和方法论。

事物的联系具有普遍性，任何事物内部的各个部分、要素是相互关联的；任何事物都与周围的其他事物相互关联着，甚至相互影响和制约着；整个世界是一个相互关联的统一整体。

在科研和实践活动中，也常常因为某个或某些因素的改变而引起结果的改变，这就需要我们认识事物的本质，找出事物的内在联系及周边条件的影响，从理论的高度指导实践。

例如，英格兰的亨利·布雷尔利（H. Brearley）在发明不锈钢的过程中，本来的目的不是研究耐腐蚀的金属材料，而是试图制造一种耐磨性好的钢种，用于制造枪管。凭借当时对合金钢的认知，他在钢中加入了大量铬元素，试图来解决这个问题；但含铬高的钢种并没有达到提高耐磨性的目的，却偶然地发现这种钢比一般的钢种有更好的耐蚀性，因此他于1916 年申请了美国专利。

对不锈钢耐蚀性机理的研究表明，随着钢中铬含量的提高，在钢的表面形成致密的氧化膜（或称钝化膜），可阻止腐蚀介质与钢基体接触，达到耐腐蚀的目的；进一步的研究发现，随着铬含量的增加，钢基体的电极电位发生突变，从而提高了含铬钢的耐蚀性。钢的腐蚀机理是由于钢中多物相之间的电位差，形成了回路电流，总有一个物相被溶解，出现腐蚀现象；电位差越大，腐蚀越严重。在这种理论的指导下，在钢中加入大量的铬元素，可以形成单一物相的钢种。最终，这一结果为现代不锈钢理论奠定了基础：钝化膜-电极电位-单相钢种。

从上述实例可以得到一些启发：发明不锈钢的过程既包含了量变到质变的过程，也涵盖了认识事物本质的过程；既包含了发现事物内在联系的过程，也涵盖了实践、认识、再实践、再认识的过程，以及存在的必然性与偶然性等。

案例 14：从“蛟龙号”到“奋斗者号”

人类目前探明的海底仅有 5%左右，大部分区域都还没有被探索过，主要原因是大洋海底非常深，同时巨大的海底压力也是大部分设备所无法承受的，这就使得人类探索海洋的效率非常低。人类探索太空的脚步虽然越走越远，可是目前却还是很难抵达地球最深邃的地方。在深海生存最大的挑战在于对抗深海的压力。“奋斗者号”载人潜水器研制及海试的成功，标志着我国具有了进入世界海洋最深处开展科学探索和研究的能力，体现了我国在海洋高技术领域的综合实力。从“蛟龙号”、“深海勇士号”到“奋斗者号”，我国科研工作者以自立自强的勇气和严谨科学的态度，为科技创新树立了典范。

“蛟龙号”载人潜水器是一艘由中国自行设计、自主集成研制的载人潜水器，也是“863计划”中的一个重大研究专项。2012 年 6 月，“蛟龙号”载人潜水器下潜 7020m，创造了当时中国载人深潜的最新纪录，也是世界同类型载人潜水器的最大下潜深度。“蛟龙号”载人潜水器的研制成功使中国成为继美、法、俄、日之后世界上第五个掌握大深度载人潜水技术的国家。当“蛟龙号”深潜器潜至海洋几千米的深度后，它面临的一个巨大挑战就是水中的压力。海洋深度所对应的水下压力有多大呢？通常情况下，海洋中深度每增加 10m，海水的压力就会增加1个大气压（相当于0.1MPa）。这就对潜水器所使用的材料，在设计、制造、加工等各个方面都有非常高的要求。虽然我国研发的“蛟龙号”打破了多项技术和深度的纪录，但是在所使用的材料等关键技术上还要依赖国外进口。“蛟龙号”所使用的浮力材料，当时国内是没有能力制造的，必须从美国进口。“蛟龙号”核心舱所用的钛合金，也是当时国内无法制造的，需要在俄罗斯组装。即便如此，蛟龙号也实现了我国载人潜水器从零到一的突破。从2009～2012年，“蛟龙号”接连取得1000米级、3000米级、5000米级、7000米级海试成功，成功下潜至7000m，意味着我国载人潜水器集成技术的成熟，也标志着我国深海潜水器已经成为海洋科学考察的前沿与制高点之一。

“深海勇士号”是我国第二艘深海载人潜水器。它的正式启动研制是在2009年的下半年。2017年10月3日，历经50天，“深海勇士号”完成全部海上试验，进一步全面检验和验证了“深海勇士号”4500米级载人潜水器的各项功能和性能，其关键部件国产化率达91.3%，主要部件国产化率达86.4%。

2016年，在“深海勇士号”尚未下水的情况下，万米级的“奋斗者号”深海载人潜水器就开始了同步研制。2020年10月27日，我国“奋斗者号”在马里亚纳海沟成功下潜至10058m，突破万米深潜，又创造了中国载人深潜的新纪录。“奋斗者号”深海载人潜水器的国产化率达到了96%，几大关键材料的关键技术问题都实现了国产化。例如，采用我国自主研制的新型钛合金材料；采用特殊锂电池化解散热难题；利用外层浮力材料助力安全返航等。我国的科研工作者经过多年的坚守和奋斗，换来了中国载人深潜的世界领先地位；他们克服了种种困难，打破了国外在材料等领域的垄断和封锁，真正做到了由集成创新到自主创新的跨越。

希望同学们也能坚定理想信念，脚踏实地，把个人理想与国家需要紧密结合，用更多的智慧去征服更遥远的星辰和更深邃的大海。

案例15：科研诚信与学术规范，科研人应当坚守的道德底线

改革开放以来，我国的科技水平有了长足的进步，取得了举世瞩目的成就。从高温超导、纳米材料、超级杂交水稻到5G通信、嫦娥探月、北斗组网，一大批前沿技术取得重要突破，呈现出百花齐放的新局面。

根据中国科学技术信息研究所的报告，从2008年开始，我国发表的SCI论文数量已经居于世界第二位；同时，我国SCI论文的质量与被引用情况也持续提高。然而，近年来一些研究人员为了一己私利，将真实的实验数据进行篡改，甚至抄袭、剽窃他人科研成果，发表到一些著名期刊上。我国相关部门针对此情况出台了很多规章制度和惩戒措施。

做科研如同做人，要讲诚信、要有道德底线——诚实守信、恪守学术道德、遵守学术规范是每个科研人应当坚守的道德底线。这也是杜绝学术不端最重要的手段之一。

1. 科研诚信是科技创新的基石

当今世界形势急剧变化，科技发展关系到国家的前途和命运，而科研诚信是科技发展和创新的基石。科技的发展需要依靠科研人员，而科研人员最基础、最重要的品质就是诚实守信。科研工作者肩负着揭示客观规律、追求真理的职责，必须实事求是、诚实守信。科研诚信是科研人应具有的最基本的职业道德。

在很多科技领域，尤其是芯片和航空发动机等这些“卡脖子”技术，往往很复杂，需要多学科、多部门的科研工作者协同合作，而协作的前提就是每位科研人员求真务实、诚实守信。科研诚信关系着国家乃至世界科研共同体的良性发展，是把我国建设成世界科技强国的

坚实基础。

2. 科研工作应遵守学术规范和科学伦理

科研工作推崇创新，科研工作者的主要职责是推动科技进步。科研人员必须坚守道德底线，有所为有所不为，坚决不能为了获得荣誉，违反学术规范与科学伦理。

黄禹锡是韩国著名的生物学家，在克隆技术领域取得了非凡成就，曾被认为是诺贝尔奖的有力竞争者，还曾被授予"韩国最高科学家"荣誉称号。然而，2005 年他被举报伪造多项研究成果，举国哗然。此后，黄禹锡发表在《科学》杂志上的干细胞研究成果被证实均属子虚乌有，从此跌下神坛。

由此可见，违反科研诚信、不遵守学术规范的教训是惨痛的。科研人员必须加强学术道德修养，增强科研诚信和科研伦理意识，在科研活动中恪守学术道德，遵守学术规范，正直诚信，求真求实。

3. 科研诚信从大学阶段抓起

我国有世界上最大规模的科技人才队伍，科研伦理和科研诚信建设至关重要。只有教育好、引导好广大科研人员树立良好学术道德，遵守学术规范，才能营造良好的学术环境，让科技创新结出累累硕果。培养科研诚信，应该从大学阶段抓起。

大学是科技创新和人才培养的结合点，高校里的科研人员不但承担着科学研究的任务，同时也承担着人才培养的重要使命。作为高等教育主体，本科生和研究生都是未来国家科技发展的主力军，是科研创新人才群体中最重要的组成部分之一。因此，必须加强本科生和研究生队伍的科研诚信、学术规范教育，提高其科学伦理和学术规范意识。

首先，要为本科生和研究生开设学术道德、科学伦理相关必修课。在课堂上，讲授学术研究的严肃性，讲明学术方面的道德伦理是不可逾越的底线。

其次，开展专题讲座、论坛、讨论会、座谈会等各种形式的学术规范教育活动，邀请专家、导师、杰出研究生，以自己的亲身经历讲授学术研究规范，帮助本科生和研究生正确完成实验、论文等。

再次，导师应言传身教，从思想、语言、行动上对研究生进行教育和引导，监督他们在学习和科研过程中自觉遵守学术道德规范。

最后，在本科生的教育方面，很多本科生在大三或大四阶段就有课程设计、课题研究进展、毕业论文等环节。这些都是进行学术道德教育的关键环节，教师应当在教好学术道德第一课的同时引导学生，杜绝抄袭、剽窃他人成果，禁止编造、伪造、篡改研究数据，以及买卖、代写论文和课程作业等，从小事做起，杜绝弄虚作假行为。

科研诚信关乎国家的前途，当前我们正值新一轮科技革命和产业变革的关键时期，正是科研人员大显身手的新时代，让我们践行诚信要求，遵循学术规范，以求真务实、诚实守信的原则从事科学研究，争取早日把我国建设成为世界科技强国！

案例 16：橡胶"黄埔"，家国情怀

橡胶是一个国家现代化建设所必备的基础原材料，大到军舰、飞机、车辆，小到婴儿奶瓶的奶嘴，都离不开橡胶。在近代，橡胶已成为关系国家安全和国计民生的重要战略物资。我国绝大部分地区不适宜种植天然橡胶树，国内天然橡胶的产量有限；对于合成橡胶，早在新中国成立之初，当时的资本主义国家就对我国实行经济封锁，橡胶被禁运，成为了奇缺物资。为了改变我国橡胶不能自给的局面，必须加速发展独立自主的合成橡胶工业。

20 世纪 50 年代，新中国的橡胶工业一片空白。为了我国橡胶工业的发展，1958 年，唐

学明教授临危受命，放下了已取得阶段性成果的课题研究，义无反顾地投入到国家急需的战略物资的科研中去，在没有技术资料、一穷二白、技术封锁的艰难条件下，课题组克服重重困难，经过 8 年的不懈奋战，1966 年顺丁橡胶合成中试成功，新中国终于有了自己的合成橡胶工业。

1971 年 4 月 6 日，中石化燕山石化顺丁橡胶装置顺利生产出第一批商业化的合成橡胶；至此，中国彻底打破西方发达国家的封锁，实现了中国人的橡胶梦。然而，由于当时所采用的国产技术只是经过中试成功的技术，建设万吨级的生产装置尚无先例；该装置投产之后，一系列技术难题相继出现。为使我国自己研制开发的顺丁橡胶技术不断完善，掀起了攻关会战的高潮。作为技术负责人之一的唐学明教授在攻关会战中，始终坚守工地与工人同吃同住，攻克了一道道难关。1985 年，唐学明教授为之奋斗 20 余年的“顺丁橡胶生产新技术”获得了国家科技进步特等奖。

年轻的时候，唐学明教授写道：一个好的科学家，要能不断地开辟研究范围，基础、天资与毅力三者缺一不可，并时刻勉励自己向着研究目标前进。这些宝贵经验固然值得我们好好学习，但我们更需要学习的是唐学明教授的爱国主义情怀、艰苦奋斗及敢于创新的精神。

在实现中华民族伟大复兴的征程中，广大青年人应该努力成为学识广博、底蕴深厚、身心健康、知行合一的新时代青年，将自己的青春之力、奋斗之志转化为脚踏实地、不懈奋进的爱国和报国行动，为实现中华民族伟大复兴的中国梦而奋斗。

案例 17：以奋斗之光，映照师者情怀

崔作林、张志焜两位老师，在纳米材料领域成就斐然，他们还创建了青岛科技大学材料科学与工程学院和纳米材料学科。这是一对在学术研究上时刻追求卓越、勇攀高峰的科研先锋，更是一对甘为人梯、奖掖后学的教坛名师，他们以自强务实、艰苦创业的奋斗之光，照亮了传道授业解惑的师者情怀。

1. 刻苦求学，卯定人生方向

崔作林、张志焜老师均毕业于吉林大学物理系。早毕业两年的崔老师被分配到了上海硅酸盐研究所，张老师被分配到了黑龙江五大连池的农场。在条件艰苦的年代，冬天大学生自己去砍树枝，拖到营房用来取暖；自己推磨磨豆腐，用土豆做粉条，粉条下脚料喂猪。张老师在叙述往事时曾说：“黄豆是个好东西，那时候只要有葱和大酱就很香。吃苦不一定是坏事，可以磨炼你的意志。”崔老师从上海寄来的牛肉干和每周一封的来信，是艰苦岁月的丝丝亮光，支撑着张老师在艰苦环境中再求学。

他们共同在公主岭工厂当技术员十余年，直到 1978 年迎来科学的春天，先后考回了吉林大学读研究生。就这样两位老师在十年之后又重新回到了吉大校园，带着两个孩子踏上了艰苦的再求学之路。他们曾说过：三年研究生阶段的学习和毕业论文的锻炼，为以后进行纳米材料研究奠定了坚实的基础。

2. 自力更生，艰苦创业

1988 年，崔老师、张老师从吉大来到了青岛，成立了纳米材料研究所。纳米材料在当时并不为人熟知，两位老师于 20 世纪 90 年代纳米技术刚刚兴起之时，就以敏锐的洞察力捕捉到新技术的发展趋势，瞄准了纳米材料这一新方向。

1992 年，张老师为开展纳米材料研究，他们自力更生改造小设备，建起了小型电弧制备设备，开始了纳米结构的预研工作。我国著名金属材料科学家、两院院士、中国工程院副

院长师昌绪先生考察了当时的纳米材料研究所之后，评价他们说："制备全国第一，应用也走在前面。"1997 年 12 月，崔老师、张老师主持的"高熔点纳米金属催化剂的制备方法"成果荣获国家技术发明奖二等奖——这是当时我国纳米科技领域获得的最高等级的国家级奖励。后期制备的纳米材料被用于与国内大型家电企业合作制作的抗菌冰箱，给企业和学校都带来了良好的经济效益。2004 年，还将其应用于纺织行业，与青岛即发集团合作开发新产品，也获得了良好的市场反响。两位老师用实际行动诠释了"科学与技术"的内涵，将实验室里的科学切实转化成为实际生产技术。

3. 不断创新，创建材料学院

为把科研深入下去，张老师意识到必须培养新生力量。在她的力推下学校成立了材料系。当时该系只有一个专业——材料物理专业，每届只招收一个班级。对于学科的建设，张老师、崔老师高瞻远瞩，设立多门基础理论课程，为学生成长打造了宽厚的理论知识基础。

在任院长期间，张老师通过细心考察，引进了多名学科带头人和优秀的骨干教师，将材料系由一个只有一个专业、一个班级的单一教学系，发展成为拥有一个博士点、四个硕士点，多层次办学、学科设置完善的学院。

4. 立德树人，诠释师者情怀

两位老师在科研上志同道合，性格上却是互补的。张老师外向开朗，崔老师严谨低调，对事物的机理有执着的偏好。两位老师的办公桌上时常摆着英文原版的书籍、最新的文献，还有各种各样的设备零件；在发现新现象时，总是亲自动手去探索其背后的秘密。正是这种钻研的精神感染着团队成员和同学们，也引领大家走上科研之路。

学校领导曾将张老师、崔老师推动的人才培养、科学研究工作特色概括为"教源于研而重于研"，这一菁华概括已成为材料学院的立院之本。学院因科研而兴，源于科研才有材料学院的发展，而科研更好地服务于社会的方式就是培养更多优秀的专门人才。目前学院教师在日常教学工作中，也更多地将自己的科研成果带入课堂，使得教学更有时效性、前沿性，使科研和教学相互促进。

总之，崔作林、张志焜两位教授身上体现出的"纳米精神"和"纳米品质"，也是广大在校师生建设有精神、有文化、有责任、有活力、有特色的高水平大学的动力源泉。

案例 18：铸造强国之路

曾大本，1955 年考入清华大学铸造工艺及设备专业，1961 年本科毕业后任教于清华大学机械工程系。1993 年晋升教授，次年担任博士生导师。1991 年 11 月至 1998 年 2 月曾担任清华大学机械系副主任；1995 年 12 月至 2000 年 11 月曾任校学位评定会委员，材料加工工程学会分委会主席；1999 年开始任校研究生培养委员会委员。曾教授主要从事材料成型过程中的组织结构遗传机制及控制理论、轻金属材料精确成型制造技术和半固态金属成型方向的研究。现略述曾先生一二事，略表敬慕之情。

1. 选择了铸造，就是选择了一份责任

1955 年，曾先生考入清华大学铸造工艺及设备专业，从此便与铸造结下了不解之缘。当时我国的铸造行业还很落后，急需大量的专业人才。"选择了铸造，就意味着选择了一份沉甸甸的责任"。曾先生在心中默默记住了当时在华苏联铸造专家说的这句话。大学毕业后，曾先生留校任教，从此一直在勤勤恳恳、任劳任怨地耕耘着，为中国铸造业倾尽了一生的心血。

2. 正视存在的问题，不妄自菲薄

1983 年和 1991 年，曾先生先后两次赴日本名古屋大学金属工艺学科和材料工艺学科，作为高级访问学者进行有关铸造石墨球化、蠕化机理及铸造工程材料高级化的研究。通过两年多的学习，他深切认识到：日本产学研结合好，科研成果转化快；企业质量意识强，铸件质量稳定可靠。虽然两国铸造业水平存在巨大差距，但他并没有妄自菲薄，而是正视存在的问题，发挥自己的优势，遇到问题，解决问题。

3. 助力企业提升竞争力，在竞争中立于不败之地

曾先生多次承接铸造企业的重大攻关项目。他学识渊博，对待科研项目极其认真，亲自在企业“驻守”，仔细调研整个铸造生产链，找出问题，“对症下药”，与企业一起攻关，发挥各自优势，结合实际生产工艺提出质量改善措施，同时认真地培训铸造产业工人，使企业的铸件质量得到极大提升，增强了企业的市场竞争力。

4. 教书育人，诲人不倦

曾先生待人和蔼可亲、温文尔雅，从不发脾气，总是给学生“全天候”的关怀与帮助。虽然他退休多年，但退而不休，连续多年担任大一新生导引项目导师，尽自己最大热忱跟年轻学子交朋友，为年轻人的成长保驾护航。

曾先生曾寄言年轻学子要养成终身学习的习惯：要重视基础理论的学习，特别是应用基础理论；要培养自己获取知识的能力，要有问题意识，善于从直接和间接两方面总结经验；要在工作中时刻注意提升分析和解决问题的能力；更要学会与人合作共事的能力，培养良好的团队精神。

案例 19：艰苦奋斗，勇于创新

纳米催化剂由于其高效的还原或氧化作用，在催化领域的应用非常广泛，与普通商用催化剂相比，表现出高活性和高选择性等优异的催化性能。在反应中，催化剂的尺寸、形貌、表面性质等对其活性和选择性起到了关键作用。纳米颗粒由于尺寸小、比表面积大、表面原子多、表面原子配位不全等，表面的活性位置增加，使纳米颗粒具备了作为催化剂的基本条件。随着粒径的减小，表面光滑程度变差，形成了凹凸不平的原子台阶，从而增加了化学反应的接触面，增加了催化剂活性。

纳米金属簇是一类具有独特结构与反应性能关系的新型催化剂材料，素有“第四代催化剂”之称，受到学术界的普遍关注。由于纳米金属簇具有其他催化剂无可比拟的优异性能，使其成为目前世界催化剂领域的研究热点。针对纳米金属簇催化研究中存在的难点问题，中国科学院刘汉范研究员从 20 世纪 80 年代末即开展了纳米金属簇的合成、稳定性和负载研究。纳米金属簇的宏量合成是国际上多年来一直未能解决的难题，而这一难题又恰恰是解决纳米金属簇工业应用的先决条件。刘汉范等通过运用高分子基体效应并结合冷冻干燥法，提出了一种可供规模生产纳米金属簇的合成路线，从而解决了纳米金属簇或金属胶体无法宏量合成的难题。刘汉范等将微波介电加热技术大胆应用于纳米金属簇的合成，在世界上首次实现了纳米金属簇催化剂的连续合成，并提出了纳米金属簇催化剂另一个合成方法——金属簇微波合成法。该法由于具有快速、节能、调控便利及形成的金属簇颗粒小、分布均匀等优点，已成为一项方法学上的新成果，与化学还原法、电化学还原法、辐射分解法、声化学法等一起在世界范围内被广泛应用。催化剂的分离和回收问题是催化剂研究中的另外一个难点，纳米金属簇催化剂要想获得工业化应用，必须找到适用的负载方法。刘汉范等研究人员提出了有普遍适用性的负载方法——配位俘获法及改进的配位俘获法，并制备了第一个带巯基的高活性金属催化剂。国外有评论认为，这一方法将无机化学中的金属簇概念与成熟的载体官能团化技术有机结合起来。在研究金属簇催化反应过程中，反常规地向金属簇中加入适当的金属离子后，非但不破坏金属簇催化体系的稳定性，反而使它的活性和选择性大大提高。由此，刘汉范研究员等提出了金属离子的修饰作用，即金属离子可增强簇催化剂的活性和选择性。这一发现被国际上认为是对贵金属簇催化研究的一项重要贡献。

纳米科技作为最具突破性的战略性前沿技术之一，已在材料、医疗、环境等多领域引起颠覆性改变。一系列数据和科技成果显示，中国科学家已成为当今世界纳米科学与技术进步的重要贡献者，部分基础研究居国际领先水平，纳米科技应用研究与成果转化的成效也已初具规模。这些科学家们都有着一些共同特点，他们开拓创新，勇于探索，始终发扬工匠精神，坚持一项事物、一件事情，静心、耐心地将其做到极致。他们在纳米科学与技术研究领域带领着团队朝着既定的目标一步一步有力迈进，以基础带应用，千锤百炼，栉风沐雨。他们是新时代思想者、实践者、担当者的最好写照。他们投身到滚滚向前的时代大潮中，不忘初心，砥砺前行，坚持不懈参与和助推国家科技的发展进程。

多一些单纯，少一些功利，扛得住诱惑，做好现在，倾听内心，全力以赴。这是我们要向这些科学家们学习的地方。科学研究本就是不确定且多磨砺的工作，没有捷径，也没有人知道确切的通往成功的路径；应尽可能保持自我，不忘初心，无畏艰险，不负时代，不负韶华。在坚定的方向上脚踏实地、不懈奋进、英勇顽强、艰苦奋斗，这也是先贤们留给我们的精神瑰宝。

少年强则国强，少年进步则国进步。我们都有着爱国之心，我们要以这些科学家为榜样，从自己做起，从本职工作做起，为实现中华民族伟大复兴的中国梦贡献智慧和力量。我们还要秉持“祖国的需要就是最高需要”的人生信条，让爱国主义成为青春底色，融入爱国主义的万顷洪流，“扣好人生第一粒扣子”，为把自己培养成为担当民族复兴大任的时代新人而砥砺奋斗。

案例 20：实事求是，敬业拓新

21 世纪科学与技术发展最为鲜明的一个特征，就是学科交叉、融合形成前沿创新阵地。在材料科学领域，材料科学与生命科学相互融合产生出绿色材料、仿生材料、组织工程材料等热点领域；在师法自然之中，模仿生物体的结构和功能，不断推动智能材料、梯度功能材料和自组装材料等新材料的演进。20 世纪 80 年代以来，工程科学与生命科学融合发展形成了组织工程科学，致力于修复与改善生物组织功能。组织工程研究主要集中于三个方面：结构类如皮肤、软骨和骨的替代物；代谢类如生物杂化胰和肝、人工肾、释放生物活性物质的微囊和包囊细胞；细胞类如体细胞的离体扩张、增殖、操纵。组织工程研究与产业的发展为组织缺陷或器官衰竭的病人带来新希望。

自 20 世纪 90 年代后，部分发达国家所研究的人工皮肤、软骨替代物与受体基细胞分离等技术及相关产品陆续获准进入市场，组织工程产业正逐步发展形成千亿美元规模的高附加值市场。我国很多单位也不失时机地开展组织工程研究，但起步相对较晚，在学科发展与产业形成方面与国外相比尚有一定差距。在此背景下，姚康德教授带领天津大学高分子研究所开展生物材料与生物医学工程领域的研究，在人工皮肤支架、骨修复材料、非病毒基因释放载体、细胞和基因活化生物材料等前沿领域不断创新发展。姚康德教授还带领学生与天津医科大学总医院等医疗机构进行广泛而深入的合作，不仅探索出一条生物材料领域研究型人才培养的有效途径，更加速了新材料从实验室走向基础医学临床的进程，推动了我国生物材料与生物医学工程向前迈进。

虽然姚康德教授已于 2011 年 4 月离开了我们，但他的思想、见解和对学术的孜孜追求仍铭刻在人们的心中。校园中的姚康德教授亦如众多高校教师的朴实身影，不尚奢华，不慕浮云，踏实做事的敬业精神感染着一届又一届学子。

姚康德先生自进入天津大学入学开始，“实事求是”便融于一生心志：尊重事实、追求真理、勇于创新，为国家与人民更美好的生活需求而科研；求取科学的真理之“是”、民族复兴之“是”，贯穿一生。我们还要学习姚先生对学术不懈追求、精益求精、求真务实的精神，始终坚持科学研究和淡泊名利的学者风范，不断提高自身品格与修养。

第二部分

原来如此——探索材料发展的奥秘

案例 1：非晶合金发展的故事

非晶态合金（amorphous alloys），也叫作金属玻璃（metal glass），是一类由有序结构的原子簇混乱堆砌而成的金属合金。常见的晶态金属合金存在晶粒、晶界，而非晶合金不存在晶粒、晶界，所以在结构上我们将晶态金属合金称为“长程有序”，而将非晶态合金称为“短程有序、长程无序”。非晶态合金在宏观上表现为均匀性、各向同性，而晶态金属合金常常表现为非均匀性、各向异性。

非晶合金的独特结构使其具有与晶态合金非常不同的性能，如优异的磁性、耐蚀性、耐磨性，高的强度、硬度和韧性，较高的电阻率以及良好的机电耦合性能等。Fe 基、Ni 基、Co 基非晶合金具有很高的磁饱和强度和磁导率、很低的矫顽力以及很低的饱和磁致伸缩系数等性能，可以做成各式各样复杂结构的铁芯，用于各种变压器或电感器，在计算机、网络、通信和工业自动化等领域广泛应用。用非晶态合金铁芯制造的变压器，空载损耗与硅钢片铁芯变压器相比可降低 75%以上，空载电流也可下降 80%左右，这样既降低了能耗，又解决了大功率变压器的散热问题，是节能效果非常显著的新型变压器。Ca 基、Mg 基非晶合金具有良好的生物相容性、可降解性，可广泛应用于医学修复移植和制造外科手术器件，如外科手术刀、人工生物硬组织、电磁刺激的体内生物传感材料等。非晶合金电子皮肤具有非常优良的导电性能，其电阻与应变呈现完美线性关系，可以实现应变和电信号的直接转换，而且非晶合金皮肤具有很宽的弹性范围，这些特点使其能够广泛地应用于各种仿生领域。与晶态金属合金不同，由于非晶合金中不存在位错、层错、晶界等结构缺陷，因而具有很高的强度、硬度，可用来制造汽车发动机中的液压油缸、活塞等耐磨零部件，延长其使用寿命。

非晶合金催化剂是一类新型绿色环保催化剂，不仅具有高效、环保、低成本等优点，而且具有独特的自稳定性、抗中毒性。非晶合金在微观结构、化学组成上常具有晶态合金所没有的多样性、可调变性，可以不受热力学条件的限制，在很宽的范围内调变其化学组成，达到调变其电子结构的目的，由此可针对不同的目标反应获得合适的催化活性中心，从而实现催化性能的优化。非晶态合金催化剂中的活性中心分布非常均匀，而且表面具有浓度很高的配位不饱和原子，其表面能高，使其催化活性和选择性优于相应的晶态催化剂。非晶态合金表面原子排列紧密，可避免产生传统多相催化剂普遍存在的反应物种内扩散影响表面反应的问题。在设计催化活性中心方面，非晶态合金提供了一种可以从原子、分子角度对催化“活性中心”进行设计的途径，所以自非晶合金催化剂问世以来即受到世界各国的广泛重视，研究开发非晶态合金催化剂对于提高化工、石化等领域的生产效率、降低环境污染具有重要意义。

迄今为止非晶合金的制备方法可分为两大类。一类是高速冷却凝固法，即将熔融的金属合金进行高速冷却使其凝固。由于冷速极高，合金凝固时原子来不及有序排列结晶，仍然保持熔融状态下的原子无序排列状态，从而获得长程无序的固态合金结构，即非晶态结构。另一类制备非晶合金的方法是电（化学）法（或称为液相化学还原法），即采用电镀法或化学镀法将液相中的金属离子还原成金属，这一过程伴随着磷原子或硼原子等非金属原子同时被还原出来，由于磷原子或硼原子等非金属原子的存在，金属原子不能按规则方式排列，从而获得长程无序的非晶态结构。

练习与思考

1. 非晶合金结构与性能有哪些特点？
2. 简要阐述非晶合金材料的发展历史。
3. 为什么说非晶合金催化剂是绿色高效催化剂？

参考文献

[1] 汪卫华．非晶态物质的本质和特性．物理学进展，2013，33（5）：177-351.

[2] Michael Miller，Peter Liaw. Bulk Metallic Glasses：An Overview. New York：Springer，2007.

案例 2：半导体材料的发现与发展

1. 何为半导体？

半导体材料的定义为：电导率和电阻率介于导体和绝缘体之间的材料，同时它的电学性质随着外界条件（如光照、温度等）的变化而变化。不同材料的电学参量如图 2-1 所示。

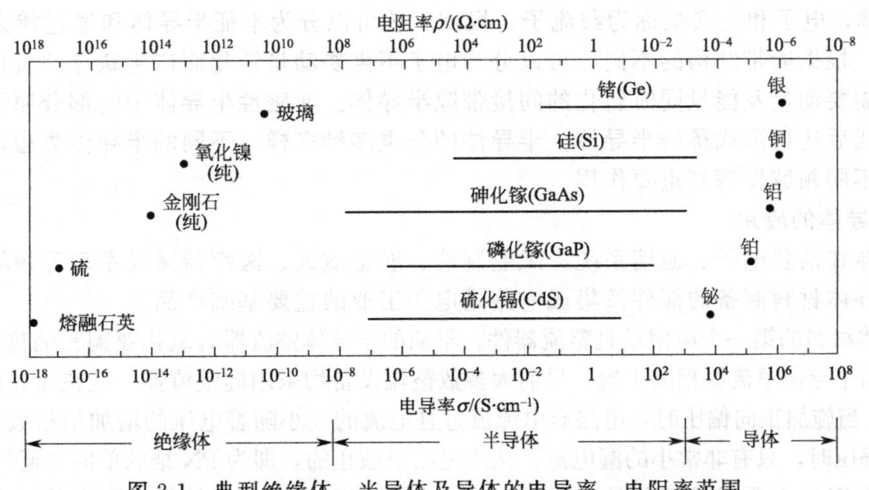

图 2-1 典型绝缘体、半导体及导体的电导率、电阻率范围

通常导体和绝缘体的电学性质较为恒定，而半导体材料以硅为例，其电学参量的数值位于绝缘体和导体之间，同时自身的数值在一定范围内变化。这种对外界条件敏感的特性正是半导体材料的特殊之处，也预示着它在诸多领域具有独特的应用。

2. 半导体的发现

半导体的发现可以追溯到 1833 年。英国科学家巴拉迪最先发现，硫化银的电阻随温度的变化规律不同于一般金属，随着温度上升，这种特殊材料的电阻率反而下降；到 1874 年，德国科学家布劳恩发现某些硫化物的电导与所加电场的方向有关，即当在材料两端施加一个正向电压，材料导电；将电压改为反向电压，材料就不导电，这就是半导体的整流效应。随外界条件而变化的电学性质还可以通过光电导反映，英国科学家史密斯在 1873 年发现，硒晶体材料在光照下电导率增加，后被称为光电导效应。

半导体的特殊性质源于其能带结构，能带结构的不同也是其区分于导体和绝缘体的本质特征。以孤立的氢原子为例，其核外的电子具有相应的能级，能级和能级间的间隔为非允许的能量状态。这种能量的不连续变化不同于经典物理理论，因此解析微观世界粒子的运动状态和能量时通常采用量子力学的方法。当元素的原子序数增加，原子和原子间的距离逐渐缩小时，粒子之间的相互作用趋于复杂化，因此能级产生分裂形成了所谓的能带。允许电子填充的能量状态称为允带，不被允许的称为禁带，而禁带位于两个允带之间。通常最高被填满的允带称为价带，价带之上的允带称为导带。对于导体而言，电子的填充情况为价带全满，导带部分填充。对绝缘体而言，电子的填充情况为价带全满，导带全空。半导体的电子填充情况和绝缘体完全相同，不同点是它的禁带宽度非常小，小于 3.5eV。较窄的禁带宽度导致材料在外界条件变化时，电子更容易从价带跃迁到导带，从而导致能带填充情况发生变化，改变了材料的电学性质，因此半导体材料对外界条件的变化非常敏感。

3. 半导体的分类

大家熟知的半导体材料是硅，日常生活中所用的手机、电脑、照相机等都离不开硅材料。而最早应用于制作集成电路的半导体是单质锗，它与 Si 同属于Ⅳ族元素，其晶体结构为金刚石结构，属于共价晶体（原子晶体）。

根据化学成分不同，半导体材料可以分为元素半导体和化合物半导体。元素半导体为单一元素构成的半导体材料，例如 Si 和 Ge；化合物半导体由多种元素构成，其又分为二元化合物半导体（如 ZnO、TiO_2、GaAs）、三元化合物半导体（$Ga_xIn_{1-x}As$、$CuGaS_2$）和多元化合物半导体（CuInGaSe）。根据导电类型，可分为电子导电的 N 型半导体和空穴导电的 P 型半导体，电子和空穴统称为载流子。根据工艺可以分为本征半导体和通过掺杂形成的杂质半导体。根据能带结构的不同，可以分为电子不需要动量转化而产生跃迁的直接带隙半导体，以及需要动量及能量同时转化的间接带隙半导体。非磁性半导体中的部分原子被过渡金属元素取代后还可形成稀磁半导体。半导体的分类多种多样，不同的半导体类型在电子工业化时代的不同领域发挥着重要作用。

4. 半导体的应用

半导体在消费电子、通信系统、工业制造、航空航天、医疗器械及军事等领域都有广泛应用，半导体材料制备的部件及集成电路是电子工业的重要基础产品。

半导体材料的第一个应用就是整流器件。早期的半导体整流器有氧化亚铜和硒整流器，后期锗和硅单晶半导体整流器相继出现。目前大多数整流设备均采用硅整流器。硅整流器的基本结构是 PN 结。当施加正向偏压时，电路有电流流过且电流的大小随着电压的增加呈指数性增长；当施加反向偏压时，只有非常小的漏电流，认为电路是截止的，即为 PN 结的单向导通特性。

集成电路的主要组成部分是电阻、电容、晶体管和连接元器件的多层布线。其中晶体管的制备材料是单晶硅，以双极型晶体管和 MOS 场效应晶体管为主导。在集成电路中，由于晶体管的加入，大大缩小了以前以真空电子管为主要部件的设备的尺寸。贝尔实验室的发明——晶体管使得它变成了如今的掌中宝，加速了人类信息化的进程。半导体材料的使用使得信息的传输更加便捷，也真正实现了科学家“科技改变生活”的理想。

半导体材料还应用于热敏、气敏元件，其对外界条件敏感的特性使得其在外界温度和气氛变化下产生相应的电学信号，可用来作为热敏电阻和气体传感器。由于光照也能改变半导体的特性，因此光电器件也是半导体的主要应用。通过电激励使其产生光照，可用作半导体激光器和发光二极管（LED）。相反，半导体也可以将光能转化成电能，即太阳能电池。可见，我们的生活和半导体材料息息相关。

练习与思考

1. 半导体材料区分于导体和绝缘体的本质特征是什么？
2. 半导体材料有哪些分类？
3. 生活中半导体有哪些应用？

参 考 文 献

[1] [美] 施敏．半导体器件物理与工艺．赵鹤鸣，钱敏，黄秋萍，译．苏州：苏州大学出版社，2002.
[2] 蒋东平．也谈光电探测器．中国科技纵横，2012 (18)：28-29.

案例 3：可在人体内使用的金属材料

众所周知，金属材料在人类社会的发展史上一直发挥着重要作用，在国民经济建设中也占有举足轻重的地位。在我们的日常生活中随处可见金属材料的身影。但你知道金属材料也可以在我们的人体内使用吗？

1. 生活中不可缺少的生物材料

在我们生活中，你常常会发现有的人牙齿上带着矫形用的金属丝和托槽；有的人因为牙齿缺失而安装了义齿；有的人由于近视而戴着隐形眼镜；有的人因为骨折而要使用钢板进行固定；有的人因为动脉硬化导致血管狭窄而需要植入血管支架等。以上用到的材料被称之为生物医用材料。

生物医用材料（biomedical materials），简称生物材料（biomaterials），是用于生物系统疾病的诊断、治疗、修复或替换生物体组织或器官，增进或恢复其功能的材料。它是研究人工器官和医疗器械的基础，已成为各国科学家竞相研究和开发的热点。生物材料及其制品涉及亿万人的健康，是保障人类健康的必需品，对国民经济和社会发展具有十分重要的意义。生物医用金属材料（biomedical metallic materials）是生物材料的重要组成部分，以其良好的力学性能而广泛应用于骨骼、关节、牙齿等硬组织的修复和替换，是临床应用最广泛的承力植入材料。目前临床应用的生物医用金属材料主要包括医用不锈钢、钴基合金、钛合金、镍钛形状记忆合金、镁合金、磁性合金以及医用贵金属，医用钛、铌、锆等单质金属等。

2. 常用的生物医用金属材料

医用不锈钢（biomedical stainless steel）是最早开发的生物医用金属材料之一，以其易加工、价格低廉和良好的综合力学性能等特点而获得广泛应用。不锈钢一般由 Fe、Cr、Ni、Mo、Mn、Si 等元素组成，其中 Mo 的加入可以增加材料在生理环境（氯离子环境）中的抗腐蚀能力，Cr 可以在材料表面形成致密的钝化膜氧化铬，而 Ni 可以起到稳定奥氏体的作用。因此，医用不锈钢中 Ni 和 Cr 等合金元素的含量均高于普通不锈钢。目前奥氏体不锈钢，特别是 316 和 316L 型不锈钢，具有比其他不锈钢更好的耐腐蚀性能，是临床上应用较多的金属植入材料，如人工关节和骨折的内固定器械、牙齿矫形丝及心血管支架等。医用不锈钢虽然已获得广泛的临床应用，但在长期的临床使用中仍然存在一些问题和不足。一方面是不锈钢具有较高的弹性模量（约 200 GPa），与人体自然骨骼的弹性模量（10～40 GPa）不匹配，从而会引起应力屏蔽效应，容易导致骨吸收或骨萎缩等现象的发生；另一方面是不锈钢在人体生理环境中，由于腐蚀或磨损造成金属离子溶出，引起不良的组织反应，特别是不锈钢中 Ni 离子的溶出，会引起人体过敏反应，有致畸、致癌的危害。因此，近年来，研究、开发医用低镍或无镍奥氏体不锈钢，已经成为国内外医用不锈钢的主要发展趋势。

钛是目前已知亲和性最好的金属之一，其表面易形成致密的二氧化钛钝化膜，植入后引起的组织反应轻微；凝胶状态的二氧化钛膜还能够诱导体液中的钙、磷离子在其表面沉积进而转化成骨矿物成分，从而表现出一定的生物活性；同时钛及钛合金还具有相对较低的弹性模量，与人体骨骼的力学相容性好。因此，钛及钛合金在生物医用金属材料中占有重要的地位，已广泛应用于骨外科、颅脑外科、口腔及颌面外科、心血管等领域。首先应用于临床的是纯钛，但由于其强度低，耐磨性差，仅能用于承受载荷较小部位的骨替代及口腔修复。随后在航空航天领域广泛应用的 Ti-6Al-4V（TC4）被引入医学领域，用于人体受力部位的骨替代或修复。但大量的实验研究和临床数据证实，TC4 中所含的 V 元素对人体产生毒副作用，且生物毒性超过了 Ni 和 Cr，会引发机体代谢紊乱。20 世纪 90 年代中期，德国和瑞士相继开发了第二代医用钛合金——无钒的 $\alpha+\beta$ 型钛合金（如 Ti-5Al-2.5Fe、Ti-6Al-7Nb），但这类合金还是存在比人体骨骼弹性模量高的问题，会导致植入体的松动或失效，且含有对人体有毒的铝元素。为了解决钛合金临床应用中出现的问题，美国和日本最先开始研制新型的 β 型钛合金。目前临床广泛使用的材料仍以纯钛和 Ti-6Al-4V 合金为主，但 β 型钛合金（如 Ti-Nb 系、Ti-Zr 系、Ti-Ta 系等）由于具有更低的弹性模量、更高的耐蚀性和更好的生物相容性，已成为该领域的研究热点，是最有应用前景的生物医用钛合金。

目前临床上常用的骨科植入材料如医用不锈钢、钴基合金、钛合金等，还存在着与骨的弹性模量不匹配、不能自行降解、需要二次手术等问题，而镁合金具有与人骨非常相近的弹性模量和良好的生物相容性，在生物体内可降解吸收从而避免二次手术。因此，镁被誉为“革命性的金属生物材料”，可降解镁基生物材料的研究近年来引起了全世界的关注。可降解镁合金可以用作骨折的内固定器械（如骨螺钉、接骨板等）、血管支架以及骨填充修复材料等，应用前景十分广阔。但目前镁合金应用上存在的主要问题是降解速度过快，降解行为不可控，甚至导致溶血、溶骨现象，因而严重制约了其在临床上的应用。通过添加适当合金元素或对镁合金进行表面改性，可以提高其耐蚀性和生物相容性，成为目前研发的重点。

3. 生物医用金属材料的临床应用

生物医用金属材料以其高强韧性、耐疲劳、易加工成型性等优良的综合性能，而大量应用于骨科、齿科、介入治疗等领域中的各类植入医疗器械。表 3-1 列出了目前临床上常用的生物医用金属材料及其主要临床应用。

表 3-1　常用生物医用金属材料及其主要临床应用

医用金属材料	临床应用
医用不锈钢	人工关节和骨折内固定器械、齿科修复（如齿冠、齿桥、固定支架、牙齿矫形弓丝、托槽等）、心血管系统（各种传感器、植入电极的外壳和合金导线、血管内扩张支架等）等
医用钴基合金	人工关节、人工骨及骨折内固定器械、齿科修复中的义齿等
医用钛合金	人工关节、骨折内固定器械、牙种植体、义齿、义齿基托和支架、心血管支架、人工心脏瓣膜的框架、心脏起搏器外壳等
医用形状记忆合金	支架（血管支架、肠道支架、食管支架等）、牙齿矫形弓丝、骨折内固定器械、血管滤器、室间隔封堵器等
医用贵金属	齿科修复、植入式电极和电子检测设备等
医用镁合金	骨折内固定器械、骨填充材料、心血管支架等

练习与思考

1. 列举你所了解的生物医用材料制品，并谈谈它们是由哪种材料制造的？
2. 简述常用的生物医用金属材料及其主要临床应用。
3. 谈谈你对生物医用金属材料未来发展方向的看法。

参考文献

[1] 李世普．生物医用材料导论．武汉：武汉理工大学出版社，2000.
[2] 郑玉峰，李莉．生物医用材料学．哈尔滨：哈尔滨工业大学出版社，2005.

案例 4：钢铁是怎样炼成的

公元前 1500 年左右的赫梯人在安纳托利亚高原首先开始了人工炼铁，自此铁器就再也没有离开过人类社会，且以器物划分人类文明的铁器时代一直沿用至今。我国在春秋后期就发明了规模制钢技术，即固体渗碳制钢，具体方法是将块炼铁放在炭火中加热渗碳；或者用优质块炼铁配合定量的渗碳剂和催化剂，密封加热渗碳。这一制钢技术大量应用在兵器中。战国时期人们又发明了脱碳制钢技术，具体方法是把比较薄的生铁铸件经过脱碳退火，使其变成钢；或者把生铁加热到熔化或基本熔化后，经过炒炼，使其氧化脱碳而成为钢。这种钢一直使用并发展到西汉时期。汉武大帝之所以能“逐匈奴于漠北”，正是得益于用脱碳钢改良了兵器。西汉后期，人们又发明了“炒钢”技术，即先将铁矿石冶炼成生铁水，即所谓“烧冶之，使成水”，然后炒炼成钢，再反复锻打，制成钢剑。南北朝时期，人们又发明了“灌钢”冶炼法，同时兼用生铁和熟铁两种原料，利用生铁含碳量高，比熟铁熔点低而先熔化的特点，把两种原料配合，同时加热，先熔化的生铁作为渗碳剂，使之灌注到熟铁间疏松的间隙中，熟铁的含碳量升高而成为钢材。隋唐以后的社会生产力大幅度提高，钢普遍用在了农业和手工业的工具上。宋代把生铁片嵌在盘绕状熟铁条中间，用泥把炉密封起来烧炼，炼成灌钢。明代的冶炼技术又有所提高，工匠们把生铁片覆在扎紧的熟铁薄片上，使先熔化的生铁液均匀地渗透到熟铁薄片中，换用涂泥的草席覆盖炉口，这样在熔化过程中更容易从空气中得到氧气，提高冶炼效率。

我国古代不仅在冶铁炼钢技术方面走在世界前列，而且还发明了一系列经济、实用且极具工艺价值的热处理方法，极大地推动了钢铁技术的发展。到了近代，工业革命开始以后，社会发展对钢铁的需求空前高涨，炼钢技术以及钢铁工业迅速发展。在短短几十年时间里，便形成了一套相对完整的钢铁生产工艺、流程。

目前，大规模工业化钢铁生产的流程主要由以下工序组成：选矿→烧结→炼焦→高炉炼铁→电炉或转炉炼钢→连铸→轧制等。辅助系统有：制氧、制氮、循环水系统、烟气除尘及煤气回收等。铁矿石是炼铁的主要原料，根据成分不同又分磁铁矿（Fe_3O_4）、赤铁矿（Fe_2O_3）、褐铁矿（$2Fe_2O_3 \cdot 3H_2O$）、菱铁矿（$FeCO_3$）等。一般需根据不同矿石类型，采取相应的选矿方法，且普遍采用多级联合的方法进行选矿。烧结是为了确保高炉中的铁矿石含有均匀的铁，并且为保证炉子的透气性，需将选出精铁矿的尺寸大小控制在 10～25mm 块状。烧结法和球团法是目前制作铁矿粉使用最广泛的两种方法，得到的块矿分别是烧结矿和球团矿。高炉冶炼使用的主要燃料是焦炭，在高炉风口前燃烧产生大量的热和煤气，煤气上升将热量传递给炉料，为高炉中各种物理和化学反应提供适宜的条件。炼焦就是将普通的煤炭在隔绝空气的环境下进行高温处理，得到合格焦炭的过程。将铁矿石、焦炭和溶剂等原材料按一定的比例和顺序由炉顶依次加入高炉，并使炉喉料面保持在相应的高度。向炉内添加原材料时应使矿石和焦炭形成交替的分层结构。空气经鼓风机升压后送入风箱，与底焦层中的焦炭进行燃烧产生大量的热量和炉气。矿石料在下降过程中逐渐被还原、熔化成铁和渣，聚集在炉缸中，然后定期从铁口、渣口排出。此时得到的是生铁，即碳含量很高的铁。生铁液有两个去处：一是直接浇铸到铸型中，形成铸铁（生铁）件；二是送进转炉炼成钢。转炉炼钢是把氧气鼓入熔融的生铁里，进行脱碳、脱磷、脱硫、脱氧，去除有害气体和非金属夹杂物，同时提高温度和调整成分等一系列工艺过程。假如原材料不是铁矿石，而是回收来的废旧钢铁材料，则要用到电弧炉炼钢。炼钢是一个相对复杂的过程，尤其当对钢的品质要求比较高的情况下，从转炉或电炉炼出来的钢液，还需要经过精炼炉进行精炼处理。精炼得到的钢液需要连续铸造成钢坯。生产出来的钢坯只是半成品，必须经过轧制工艺后，才能成为合格产品。轧制又分为冷轧和热轧。顾名思义，冷轧不需要加热，而热轧需要加热到一定温度。通过轧制之后，可得到钢板、型钢、钢丝等产品，再经过精整工序，就可以出厂了。出厂之后的钢材被机械加工成一定形状、一定尺寸的产品，如厨房中用的各种不锈钢厨具，以及桥梁、铁路等重大工程项目中使用到的各种各样的钢铁材料。

我国古代拥有光辉灿烂的文明，钢铁冶炼技术一直领先于世界其他国家和民族。如今的中国，在钢铁产量及规模方面，早已是世界第一大钢铁生产国。进入新时期，在积极参与“一带一路”建设的过程中，中国钢铁有能力为“一带一路”沿线国家，乃至世界经济的发展作出更多的贡献。

练习与思考

1. 从古代“灌钢法”炼钢发展至今，对于现阶段中国钢铁产业的发展有什么启示？
2. 现阶段中国钢铁工业所面临的问题有哪些，有什么解决方法或研究方向？
3. 你认为未来钢铁行业的发展有什么样的前景和方向？

参考文献

[1] 高古辉，桂晓露，谭谆礼，等．一种超低磷贝氏体钢及其贝氏体钢轨．CN105316596B，2017.

[2] 石禹，陈妍瀚．中国钢铁工业——砥砺前行 70 年．冶金管理，2019（18）：4-10.

[3] 王国振．钢铁企业安全技术监督的研究．北京：中国地质大学，2010.

[4] 郭超．教书育人，教师本分——记机械系新生导引项目导师曾大本．清华大学新闻网，2009.

[5] 翁宇庆，等．超细晶钢：钢的组织细化理论与控制技术．北京：冶金工业出版社，2003.

[6] 庚晋，白杉．中国古代灌钢法冶炼技术．铸造技术，2003，024（1004）：349-350.

[7] 董瀚，廉心桐，胡春东，等．钢的高性能化理论与技术进展．金属学报，2020，56（4）：558-582.

案例 5：表面技术在日常生活中的应用

表面技术（surface technology）是指通过对材料进行表面处理，改变表面的形貌、化学组成、相组成等，或是在材料的表面形成涂层，提高材料抵御环境作用的能力，或赋予材料表面某种功能特性的工艺技术。表面技术已经深入我们日常生活的各个方面。

例如，手机的外壳、按键等，利用电镀或沉积技术，进行金属化装饰；利用沉积技术，在钢铁制品的表面沉积金黄色的 TiN 涂层，既有美丽的外观，又有防腐和耐磨损的作用，既有装饰性又有功能性。还有，常见的钢铁表面镀锌，如卷帘门用的薄钢板，镀锌处理后耐蚀性远高于普通的钢板。

在中国，汽车的年产销量是 2000 多万台，发动机的制造过程要经过大量的金属切削。在切削刀具的表面制备一层超硬的涂层，既能延长刀具的使用寿命，又能提高切削速度和被加工件的表面质量，保证了发动机的加工精度，大幅度减少了切削刀具的消耗。

芯片的制造过程则要经历刻蚀—涂层—再刻蚀等过程，构筑立体电路等。

因此，在日常生活的方方面面，均与表面技术密切相关。

案例 6：导电聚合物为什么会抑制钢铁的腐蚀

钢铁的腐蚀是一种普遍存在的现象，不论是在大气、海水、土壤这些自然环境中，还是在酸、碱、盐等工业介质中，钢铁都遭受着因化学或电化学反应而引起的破坏。在诸多的防腐方法中，最常采用的方法就是在钢铁表面覆盖防腐保护层。

1. 防腐保护层的分类

钢铁的防腐保护层主要分为金属镀层和非金属涂层两大类。

金属镀层按照其在腐蚀电池中的极性，可被划分为阴极性镀层和阳极性镀层两大类。阴极性镀层的防护原理是机械屏蔽环境对钢铁的腐蚀；而阳极性镀层是靠牺牲阳极来保护钢铁。常见的金属镀层有锌镀层、铝镀层、锡镀层、铝-铬双元镀层以及铜-镍-铬三层镀层等。

非金属涂层包含无机涂层和有机涂层两大类。其中无机涂层又分为化学转化膜（磷化膜、化学氧化膜等）、搪瓷涂层、硅酸盐水泥涂层、陶瓷涂层等。而有机涂层主要包含塑料涂层、硬橡胶覆盖层（通常用作衬里）、防锈油脂（对金属零件的暂时保护）和防腐涂料涂层。其中，防腐涂料涂层因具有高附着力、高弹性、良好的耐候性和耐腐蚀等特点，广泛应用于航空、船舶、化工、输油管道、桥梁、石油钻井平台等领域。

2. 防腐涂料的组成及分类

防腐涂料主要由以下四部分构成：

① 成膜物质。常见的成膜物质有合成树脂、天然树脂和植物油脂等。其作用是将涂层各组分牢固附着于钢材表面，所以成膜物质是涂料的基础。

② 分散介质。分散介质通常是水或挥发性的有机溶剂，其作用是便于涂料的涂覆。

③ 助剂。常用的助剂有固化剂、催干剂等，起到改善涂料制造及使用中性能的作用。

④ 颜料及填料。作用是着色，提高涂层的防腐性能。

根据涂料中的成膜物质成分，防腐涂料可分为环氧树脂防腐涂料、聚氨酯防腐涂料、含氯树脂防腐涂料、酚醛树脂防腐涂料等。

高性能防腐涂料的发展，关键是耐腐蚀合成树脂和新型颜填料的研发。

3. 导电聚合物简介

导电聚合物，因具有金属的导电性，又称为“合成金属”，是有高度共轭结构的聚合物。Alan J. Heeger，Alan G. MacDiarmid 和 Hideki Shirakawa 因为发现了导电聚合物，而获得了 2000 年的诺贝尔化学奖。他们通过研究发现，一些我们通常认为绝缘的聚合物材料在一定条件下也能导电。典型的导电聚合物有聚乙炔（PA）、聚苯胺（PANI）、聚吡咯（PPy）、聚噻吩（PTh）、聚对苯（PPP）、聚亚苯基亚乙烯（PPV）和呋喃树脂（FA）等。这些共轭聚合物可以是绝缘体、半导体或导体，取决于掺杂剂的性质和掺杂程度。通过处理掺杂剂或让聚合物发生化学或电化学反应，都能使聚合物的电导率提高若干个数量级。

导电聚合物分子内有线型共轭大 π 键结构，因此载流子-自由电子能够离域迁移。导电聚合物的两种普遍结构式为：

$$\text{P 型掺杂}\quad [(P^{+})_{1-y}(A^{-1})_{y}]_{n}$$

$$\text{N 型掺杂}\quad [(P^{-})_{1-y}(A^{+1})_{y}]_{n}$$

式中，P^{+}代表带正电的高聚物链；P^{-}代表带负电的高聚物链；A^{-1}代表一价对阴离子；A^{+1}代表一价对阳离子；y代表掺杂度；n代表聚合度。电子导电型聚合物是由一价对离子和π共轭高聚物链构成，并且两者之间无化学键合，只靠正负电荷的吸引。因此，导电聚合物具有掺杂和脱掺杂过程可以完全可逆的重要特征。通常来讲，只要共轭聚合物主链里有电荷注入，就可称为掺杂。常见的掺杂手段有化学掺杂、电化学掺杂、界面电荷注入掺杂等。

导电聚合物是功能型的π共轭高聚物，它既有普通高聚物结构多样化的特点，可进行分子设计和合成，又有半导体能进行N型掺杂或P型掺杂的特点，还有金属的电导率高、电磁屏蔽等特性。所以，导电聚合物在电池、传感器、电磁屏蔽、电致变色设备及腐蚀防护等诸多领域都有应用价值。

4. 导电聚合物的防腐原理

将导电聚合物作为填料添加至防腐涂层中，可以有效提高涂层的防腐性能。导电聚合物防腐机理的主要代表理论有以下几种。

(1) 金属钝化理论

导电聚合物的存在使得它与金属界面处形成一层致密的、有保护性的金属氧化物膜，金属的电极电位因此处于钝化区。导电聚合物使金属钝化主要归因于阳极保护作用。通过将电位稳定在金属钝化状态，减小金属腐蚀溶解的速率。

Fahlman等已经通过X射线光电子能谱分析（XPS）技术，观察到钝化膜的主要成分是外层的$\gamma\text{-}Fe_2O_3$和内层的Fe_3O_4，并且划痕处裸露的金属表面上也有该钝化膜的存在。这项研究很好地解释了导电聚合物涂层耐划伤和耐孔蚀的原因。

(2) 屏蔽作用

涂料基本都具有屏蔽保护的作用，能够将金属与腐蚀环境隔离开。对导电聚合物膜的电化学阻抗谱（EIS）进行研究后发现，只有在膜超过1 μm的厚度时才会有明显的缓蚀效果，这种效果来源于导电聚合物的屏蔽作用。

(3) 缓蚀作用

经一些特殊掺杂离子掺杂后的导电聚合物，在腐蚀环境中会发生脱掺杂现象。脱掺杂的离子从聚合物中脱离，并与金属表面的金属阳离子络合，络合物吸附在金属表面，从而起到抑制金属腐蚀的作用。

(4) 电场作用

Jain等认为导电聚合物与金属的界面处会产生电场。该电场的方向与电子传递方向相反，从而阻碍金属向氧气等氧化物质传递电子，起电子传递的屏障作用，这是常规涂层不具有的性质。

此外，不同氧化程度和掺杂水平的导电聚合物，在不同的腐蚀环境中表现出的防腐行为也不同。

因此，导电聚合物的防腐机理是一个很复杂的过程，很多时候是上述多种机理共同作用的结果。

5. 导电聚合物防腐涂层的研究现状

导电聚合物防腐涂层的常见制备方法目前有以下几种。

(1) 电化学聚合法

电化学聚合法包含恒电位法、恒电流法、脉冲极化法和动电位扫描法等。此方法通常是在双电极体系中，以金属作阳极，直接在金属表面沉积制得导电聚合物涂层。陈世刚等用电化学聚合法在304不锈钢基体上制得了聚吡咯涂层，覆盖聚吡咯涂层后，不锈钢在3.5%的NaCl溶液中得到了很好的保护。然而电化学沉积只适用于少量导电聚合物涂层的制备。

(2) 共溶

将导电聚合物与其他物质（传统聚合物或另一种导电聚合物等）在溶剂中共溶后，涂抹在金属基底表面，得到导电聚合物的复合涂层。但是，导电聚合物在大多数溶剂中都难溶甚至不溶，导致得到的涂层均一性和附着力差。

(3) 共混

导电聚合物的附着性较差，所以通常是作为填料与黏附性强、易成膜的防腐涂料共混，起到增强涂料防腐性能的作用。Sakhri等在氯化橡胶涂料中添加1.5%的聚苯胺后，金属在3.5%的NaCl腐蚀介质中的防腐蚀效果得到明显改善。为了进一步提高导电聚合物涂层的防腐性能，很多科研工作者将导电聚合物填料进行改性。通过将导电聚合物与其他材料复合以及微观形貌的调控，得到性能更优的防腐涂层。

练习与思考

1. 导电聚合物为什么能够防腐？
2. 导电聚合物有哪些特性？
3. 常见的防腐涂料有哪些？

参考文献

[1] 孙齐磊，王志刚，蔡元兴．材料腐蚀与防护．北京：化学工业出版社，2015.

[2] 邓俊英．聚苯胺微纳米结构的制备及其在防腐蚀技术中的应用研究．北京：中国科学院研究生院（海洋研究所），2010.

案例7：海洋环境腐蚀与防护技术的研究现状

人类进入21世纪，可持续发展战略已成为世界各国的共识，大力开发和利用海洋资源势在必行。随着海洋开发的日趋深入，大量结构设施在海上建设起来，高温、高湿、高盐、高光照的海洋环境使这些海洋构筑物面临着严重的腐蚀问题。海洋腐蚀区域可划分为大气区、浪花飞溅区、潮差区、全浸区和海泥区五个区域。每个区域具有自己的环境特点，因此在海洋防腐中要因地制宜地采取防护措施。

1. 海洋环境的耐蚀合金材料

海洋腐蚀区中浪花飞溅区腐蚀最为严重。浪花飞溅区位于平均高潮位以上，涨潮时海水不能浸泡而海水的浪花飞沫和海水微粒能飞溅到。由于经常处于潮湿多氧的状态，还有较强而频繁的海浪冲击作用，海洋构筑物在该区域处于干湿交替状态，加上海水的冲刷、供氧充分、日照充足、温度上升，这些因素综合导致了构筑物在浪花飞溅区腐蚀最为严重。不锈钢在飞溅区一般是耐蚀的，这是因为飞溅区充分的充氧条件促进了其钝化，304、316L、317L、蒙乃尔合金不锈钢已成功应用于飞溅环境。A537钢是渤海湾石油钻井平台管架的主要用材，这种材料在使用过程中能够承受海水腐蚀和风载、波浪载荷的共同作用。FH550高强船板钢在飞溅区也具有良好的抗应力腐蚀能力。

船板用钢有D36、Q345B、Q345、DZ35、921、E460、E690等，其所处环境没有浪花飞溅区的腐蚀性严重，但也要求具有较好的抗横向撕裂能力。

伴随油气勘探工作的不断深入，国内不少地区相继发现和开发了天然气藏或天然气井，结构部件要面临的是 CO_2、H_2S 等酸性气体的腐蚀。P110 系列套管钢、X60～X80 系列管线钢被广泛应用于海底石油输送管道。

铝合金密度小、强度大、刚度大，在常规环境下具有良好的稳定性，因而广泛应用于飞机，海洋船舶构件也会选取铝合金来替代钢铁材料，常用的铝合金有 LC4、1100、5052、5083、2195、7050 等。此外，铜基合金、镍基合金由于其优良的耐高温、耐海水腐蚀性能，往往被用于海工设备零部件、管道等。

我国发展海洋经济的重点已延伸至深海矿产、热液矿床、可燃冰、油气和生物资源的开发和勘探，以及深海工程建设与深海装备的开发应用。继我国自行设计、自主集成的载人潜水器“蛟龙号”成功潜水至7000m 深度后，2020 年 11 月“奋斗者号”全海深载人潜水器万米海试成功完成并胜利返航。与此同时，深海腐蚀问题也日益突显。钛合金、铜合金、铝合金、不锈钢、低合金钢乃至碳钢在深海装备与管线中应用较广，但是依靠表面钝化膜提高耐蚀性的高强材料，较易受到深海高压、低氧、低温条件的影响。研究表明，钛合金是当前深海性能表现优异的材料，其次为铜合金，而碳钢、铝合金和不锈钢都将面临高静水压力下的应力腐蚀隐患。

2. 海洋大气区的涂镀防护

海洋大气区通常采取涂镀层防护，鉴于海洋大气区的高湿、高光照、高温、高盐度等苛刻环境，其涂镀防护较常规涂镀防护更要严格。

（1）重防腐涂料保护

海上钢结构设施一般选择具有长效防腐性能的重防腐涂料。现阶段，在实际钢结构工程中常用的重防腐涂料有聚脲弹性体涂料、无机富锌涂料。为了更好地提升钢结构的防腐能力，可以水性无机富锌涂料为底漆，以高固体分复合树脂防腐涂料为面漆实施涂覆。Zn-Al 合金鳞片涂料是一种新型高性能重防腐涂料，它由聚合物和经过处理的一定规格的鳞片、颜料和助剂组成。有机防腐涂料中性能比较优异的有聚氨酯涂料、氟树脂涂料、有机硅涂料等，有机-无机复合涂料是当前涂料发展方向之一。随着纳米技术的发展，纳米涂料的研究也得到了广泛关注，其中钛纳米聚合物重防腐涂料具有极高的附着力和抗渗透、耐蚀、耐磨和阻垢性能。

随着海洋开发的日趋深入，对钢结构的防腐提出了更加苛刻的要求。单一的涂层体系已无法满足防腐要求，合理设计涂层的结构、厚度，开发优异防腐性能的复合涂层，是重防腐涂料必然的发展趋势。

（2）热浸镀的应用

热浸镀是将被镀物体浸在熔融液态金属中，物体取出冷却后在基体表面形成镀层。对于海洋钢结构来说，热浸镀层防腐技术有着广泛的应用，该技术能够有效延长钢的使用寿命。现已开发比较成熟的耐蚀热镀合金有 Zn-55Al、Zn-5Al、Zn-5Al-RE、Zn-6Al-3Mg、Zn-55Al-1. 5Si、Zn-11Al-Mg 等热浸镀层。研究表明，Zn-Al-Si 镀层的腐蚀速度显著低于其他镀层，抗蚀性能也最为突出。

（3）金属热喷涂保护

金属热喷涂保护技术，是指将加热到熔融或者半熔融状态的金属材料喷射到钢结构表面，从而在表面形成涂层的方法。热喷涂耐腐蚀涂层具备防腐的原理，首先是具有牺牲阳极的阴极保护作用，其次是涂层隔离腐蚀介质的屏蔽作用。在海洋钢结构中，热喷涂锌、铝等是最常用的金属热喷涂技术。由于喷涂层具有一定的孔隙，可选择适当的封孔剂涂覆在涂层表面，延长涂层使用寿命。装甲兵工程学院装备再制造技术国防科技重点实验室根据舰船所处的腐蚀环境，应用电弧喷涂技术可将舰船钢结构的防腐寿命延长至15年以上。

3. 浪花飞溅区和潮差区的包覆保护技术

浪花飞溅区为5个海洋腐蚀区域中腐蚀最严重的区域，经过科学家们多年的努力，提出了实用性很强的包覆技术，其与潮差区相邻，因此往往一起进行防护。事实上，包覆技术是在涂镀层防护的基础上实施的，即联合使用涂镀层防护和包覆技术，能够有效延长浪花飞溅区钢铁构件的防腐寿命及使用寿命。

包覆保护技术形式较多，在码头、栈桥等浪花飞溅区，钢铁构件中应用较多的是覆层矿脂包覆防腐技术，防腐效果较好，防腐时间也比较持久。对于覆层矿脂包覆技术来说，矿脂防蚀膏是其中主要的物质，对该技术应用的可靠性与持久性有着十分密切的影响。

包覆金属或合金护套是在钢结构表面焊接蒙乃尔合金、铜-镍合金以及不锈钢材料。蒙乃尔合金护套可在近20年的时间里仍处于十分完好的状态，在浪花飞溅区钢铁构件中有着巨大的应用潜力。铜-镍合金护套具有可塑性、可焊性、高度的耐蚀性及较低的价格等优点，已被广泛应用于国内外浪花飞溅区钢铁构件的防护工程中。

包覆保护技术中包覆混凝土的方法是一种相对传统的技术，防腐效果也比较好，至今还有很多国家使用。经研究发现，混凝土包覆护套只有在延伸到平均低潮位以下时，才可以达到最佳的腐蚀防护效果；与重防腐涂料相似，混凝土包覆层越厚，防护寿命越长。

4. 全浸区和海泥区的阴极保护

全浸区和海泥区一般采取电化学的阴极保护法对海洋构筑物实施腐蚀防护。它利用外部阴极电流使易腐蚀金属的电位降低至稳定区，从而减缓或抑制金属的腐蚀。阴极保护根据电流来源不同又分为牺牲阳极法和外加电流法两种。前者是将被保护金属与电位更负的活泼金属（牺牲阳极）直接偶联，形成电流回路，依靠牺牲阳极提供电子令被保护金属发生阴极极化。后者则是利用外加电源，将被保护金属与电源负极相连，通过辅助阳极构成电流回路，使金属发生阴极极化。

牺牲阳极阴极保护法是较古老的一种电化学保护方法，由于其具有不需要外加电源和专人管理、设备简单、施工方便、电流的分散能力好、不会干扰邻近金属设施、不需要经常维护检测等优点，仍被广泛应用于金属结构件的腐蚀防护中，在某些场合甚至必须采用这种电化学保护方法。

近年来，随着海洋资源的开发和利用，特别是海上油田的开发，大量采油平台和海底管线被投入建设和使用，牺牲阳极的需求量也急剧增加。据日本中川防蚀公司安装的海上石油平台阴极保护系统统计，约90%以上的平台和所有的海底输油管线都在使用牺牲阳极保护法。牺牲阳极保护法的经济效益非常显著。据统计，在一条海船的建造费用中，涂装费占比5%，牺牲阳极的材料费和施工费加起来不超过1%。在一座海上采油平台建设中，施工建设费用超过1亿元，而投入牺牲阳极保护的费用仅需100万～200万元。如果不采取腐蚀防护方法，该平台的寿命只有5年，而在牺牲阳极保护条件下可以延长15年以上。在海底输油管线中实施牺牲阳极保护的费用也仅占总投资的0.3%～0.6%。由于牺牲阳极法具有低成本、高效益的优点，因此它是目前较受欢迎的电化学保护方法之一。

5. 海洋生物污损

海洋腐蚀是海洋环境的物理、化学、生物因素共同在同一界面作用的结果，而海洋腐蚀和海洋生物污损则是在同一界面上发生的两个自然过程，其中包括离子、分子、偶极子等微粒的吸附和脱附、聚凝和解析等物理过程，也包括酸碱中和过程。海洋生物污损包括微生物污损和可视生物污损。海洋生物污损如果形成致密附着层会阻隔氧输运过程，降低腐蚀速度，但生物污损往往是不完善附着层，反而会导致氧浓差电池腐蚀。此外，海洋生物活动将改变局部海水介质成分，局部的光合作用会增加氧浓度，连同其 CO_2、H_2S 产物都会加速腐蚀过程。有些海生物能够穿透、破坏保护性涂层，加速金属构件腐蚀。各种合金中铜合金、镀铬层、镀镉层很少生物附着，而硅铸铁、不锈钢、碳钢、铝合金、铅锡镁合金、蒙乃尔合金等易于遭受生物污损。特别是热带海洋环境，近岸环境生物污损严重。

随着海洋防腐技术的发展，海洋生物污损日益引起人们的重视。传统防污涂料中含有生物毒剂，溶解渗出后杀灭、抑制生物附着和生长效果明显，施工方便。但涂料中毒物污染海水，20 世纪 80 年代发现有机锡在鱼类、贝类体内积累导致遗传变异和进入食物链，对海洋生态环境造成了严重危害。国际海事组织于 2008 年全面禁止防污涂料中使用有机锡。铜元素在海洋海港中大量聚集，会导致海藻大量死亡，影响鱼虾蟹的胚胎生长，破坏生态平衡，因此毒性防污涂料必将被取代。当前环境友好防污涂料通常采用的是陆生植物桉树叶、生姜、辣椒碱提取物，海洋植物中大叶藻、红藻、孔石莼的化学提取物，海洋动物中的海绵和珊瑚虫的化学提取物。无锡自抛光无毒防污涂料是不含有机锡、具有自抛光能力的涂料，是国内外当前的开发热点；类似海豚皮、鲨鱼皮结构，荷叶结构的仿生防污涂料也是一个很有前景的研究方向，它具有表面高度规则和尺寸合适的微结构，可改变表面浸润性，不利于有机体附着，具有自清洁能力；低表面能防生物附着涂料的表面能低于 $2.5\times10^{-4}\ N\cdot m^{-1}$，海水中的酶蛋白和多糖不会吸附在表面，使得海洋生物不易附着，很容易被冲掉。其性能取决于表面能、弹性模量、涂层厚度、光滑性、表面分子流动性和极性基团，主要是有机硅和有机氟系列。

除了防污涂料，还有液态氯、电解海水、电解重金属、铜合金覆膜、水解酶、抗菌材料，及采取过滤、灼热、超声波振动、紫外线灭菌等物理方法，都是当前比较有效的预防海洋生物污损的方法。人们还发现阴极保护过程中，钢构件表面很少生成海洋生物的附着，可见阴极极化具有抑制生物附着的能力。阴极极化和超声波方法结合可以高效、长期抑制微生物附着和控制生物污损。

练习与思考

1. 如何划分海洋环境腐蚀区域？
2. 涂镀层防护一般应用在哪个海洋腐蚀区域？
3. 浪花飞溅区通常采取何种防腐技术？

参考文献

[1] 侯保荣．我的海洋浪花飞溅区腐蚀情缘．海洋科学，2020，44（7）：179-193.
[2] 何业东，齐慧滨．材料腐蚀与防护概论．北京：机械工业出版社，2005.
[3] 侯保荣．海洋工程结构浪花飞溅区腐蚀与控制研究．北京：科学技术文献出版社，2009.
[4] 丁康康，范林，郭为民，等．典型金属材料深海腐蚀行为规律与研究热点探讨．装备环境工程，2019，16（1）：107-113.
[5] 刘海．海洋浪溅区钢结构的腐蚀与防护研究进展．中国新技术新产品，2020，（1）：53-54.
[6] 陈孟丽．海洋构筑物镁铝复合牺牲阳极的开发与应用研究．重庆：重庆大学，2009.

案例 8：高性能铝基复合材料发展概况

铝基复合材料是以铝或铝合金为基体，以纤维、晶须、颗粒等形式存在的物质为增强相，通过特殊手段使其结合为一体所形成的一类材料。铝基复合材料的研究始于 20 世纪 50

年代。近 20 年来，无论在理论上还是在技术上，都取得了较大的进步。由于铝合金密度低、整体刚度大、耐腐蚀性能好、焊接性能好、塑韧性好等优异力学性能，以及熔点低、易成型、与多种增强相结合性能好、凝固过程中没有多余相变等有利因素，铝基复合材料得到飞快发展。到现在为止，制备的铝基复合材料主要包括 SiC、B、B_4C、Al_2O_3 颗粒/纤维/晶须增强铝基复合材料。这些材料在具有优异的加工性能和良好的塑韧性的同时，兼具高比模量、高比强度、高耐磨性、良好的尺寸稳定性、高硬度及低热膨胀等特点，在电子封装、航空航天、汽车工业和兵器装备等领域应用广泛。

铝基复合材料按照增强相的不同，可以分为颗粒、长纤维、短纤维、晶须增强等铝基复合材料。其中，颗粒增强铝基复合材料的颗粒大小及颗粒间距通常大于等于 1μm，在基体中均匀分布，宏观上表现为各向同性。采用空心陶瓷颗粒作为增强相添加到铝合金基体中，在实现增强作用的同时，也能够进一步降低复合材料的体密度。无论是长纤维增强、短纤维增强，还是晶须增强，都属于纤维增强。其中，晶须长度为数十微米，短纤维长度一般为数毫米，而长纤维的长度可以贯穿整个基体，因此晶须和短纤维增强铝基复合材料，在宏观上仍然可认为各向同性，而长纤维增强复合材料则表现出明显的各向异性。

颗粒增强铝基复合材料是所有铝基复合材料中应用最为广泛的一类，其特点是制备方法多样、制备难度低、成本低廉、尺寸稳定性高，且性能上各向同性。20 世纪 80 年代末，美国首次报道了光学级碳化硅颗粒增强铝基复合材料。20 世纪 90 年代美国又推出了电子级 SiC 颗粒增强铝基复合材料，用 SiCw/Al 复合材料代替 W/Cu 合金和 Kovar 合金作为电子封装件。目前经常作为铝基复合材料增强相的颗粒有：SiC 颗粒、B_4C 颗粒、Al_4C_3 颗粒、Al_2O_3 颗粒、SiO_2 颗粒、Si_3N_4 颗粒以及 AlN 颗粒。

晶须增强铝基复合材料中的晶须增强相因具有较大的长径比，相对于颗粒增强铝基复合材料中的颗粒增强相而言，其承载和传递载荷的能力更强；加之晶须的弹性模量比颗粒高，因此广大研究者对晶须增强金属基复合材料也进行了广泛研究。自 1948 年美国贝尔电话公司首次发现晶须以来，目前已经开发出金属、氧化物、碳化物、氮化物、硼化物以及无机盐类等数百种晶须。1989 年日本首次制备了 $9Al_2O_3$-2（B_2O_3）硼酸铝晶须，并以"Aluborate"为商品名推向市场。由于碳化硅晶须昂贵，所以制备的碳化硅晶须增强铝基复合材料主要用于航天航空等高技术领域。

目前，铝基复合材料应用的广度、发展速度和制备规模，已经成为衡量一个国家材料科技水平，特别是金属基复合材料应用水平的重要指标。铝复合材料的应用需求不断扩大，而成本却一直居高不下，这极大制约了铝基复合材料的应用和发展。因此，铝基复合材料的发展趋势是需要进一步发展低成本制备/成型技术，发展结构/功能一体化的铝基复合材料，发展纳米复合材料以及废料再利用和回收技术。

练习与思考

1. 铝基复合材料的优异性能有哪些？
2. 简要说明铝基复合材料中增强相的特点。

参考文献

[1] 林师朋，刘金炎，纪艳丽. 铝基复合材料的增强体研究及发展现状. 有色金属加工，2016，45（6）：6-11.
[2] 薛云飞. 先进金属基复合材料. 北京：北京理工大学出版社，2019.

案例 9：神奇的磁性液体

某网站热卖的减压神器，透明玻璃瓶里封装了几毫升的“墨汁”，当你拿起一块磁铁靠近它时，“墨汁”会随着磁铁的方位、移动速度任意变形，若多个磁铁组合使用，那变化就堪称千变万化！知道里面的黑色“墨汁”是什么高科技吗？它就是大名鼎鼎的磁性液体！

1. 什么是磁性液体?

磁性液体又叫磁流体，由表面活性剂、磁性颗粒、基液组成，可将粒度为纳米级的磁性粒子使用表面活性剂进行表面处理，使其表面亲水或者亲油。由于电荷或空间位阻效应，此类纳米粒子就可以长期稳定悬浮于水相或者油相基液，不会出现团聚和沉淀现象。因为具有磁性和流动性的特性，所以磁性液体在各行各业都有广泛的应用。

2. 磁性液体的性质

磁性液体中的磁性粒子均为纳米级，因此会具有超顺磁性。在没有外加磁场时，磁性纳米粒子内部磁矩方向杂乱无章，任意取向，整体对外不呈现任何磁性。当有外加磁场作用时，磁矩的总体方向会与外加磁场方向一致，表现出很好的磁性行为。当去除外加磁场后，磁性粒子的磁矩方向立刻恢复为杂乱无章，其剩磁和矫顽力都为零，没有磁滞现象。这也是减压玩具随着磁场不同变化的原因。

3. 磁性液体的制备方法

(1) 磁性液体的基本组成

磁性液体由磁性颗粒、表面活性剂、基液三部分组成。磁性颗粒通常是粒径小于 10nm 的 Fe_3O_4、γ-Fe_2O_3、α-Fe、α-Fe_3N 或 γ-Fe_4N 等。水、煤油、矿物油、烃类、精制油、二酯基液及水银等可以使得磁性颗粒均匀、稳定地分布于其中的液体，即基液。表面活性剂一般是双亲型有机分子，同时具有亲水基团和亲油基团，它使磁粉表面吸附一层长链分子，可以均匀悬浮于基液中。

(2) 磁性液体的制作工艺

磁性液体最早由 S. S. Pappel 研制成功，主要解决航天员的宇航服和头盔的动态密封问题。具体过程是将磁铁矿粉、油酸和润滑油按比例混合在一起，并经过球磨和离心分离的方式制得。而现在材料制备技术日臻完善，人们可以采取各种方法制备磁性纳米粒子，如常用的共沉淀法、水热法、热分解法、微乳液法等。只要制备出粒径细小的磁性纳米粒子 (Fe_3O_4，γ-Fe_2O_3，α-Fe，α-Fe_3N 或 γ-Fe_4N 均可)，将它与表面活性剂、水或油按比例混合，然后均匀分散，就可以得到磁性液体。

在实验室也可以自己制备减压神器。以氯化铁、氯化亚铁、氢氧化钠为原料，用共沉淀法制备磁性 Fe_3O_4 纳米粒子；然后将它分散到植物油当中，大豆油、玉米油等都可以，油与粉末的比例为 1∶1.5；再滴上两滴洗洁精，洗洁精就是表面活性剂，它能让 Fe_3O_4 粒子和食用油混合更均匀；最后拿着磁铁在瓶子的边缘晃动一下，就能看到磁性液体在磁场中的表现。

4. 磁性液体的应用

磁性液体最初应用于航天领域中太空服的研制，既要让宇航员的头部能够自由转动，又要保证宇航帽和宇航服连接处密封度高。但当时的密封技术达不到要求，因此宇航员的生命受到严重威胁。1965 年，美国宇航局的技术人员使用磁性液体解决了这个高难度技术问题。目前，磁性液体主要用于扬声器、电机阻尼、磁性传感器等方面。

练习与思考

1. 请列举生活中常见的磁性材料，它们都分别应用在哪些方面？

2. 为什么磁性颗粒的粒度必须很小才能应用在磁性液体中？

参考文献

[1] 李德才．神奇的磁性液体．北京：科学出版社，2017.

案例 10：神奇的陶瓷材料之透明陶瓷

一提到陶瓷大家可能立刻会联想到：不生锈、硬度高、不燃烧、可赋形等基本特性。正因为陶瓷具有这些优秀的品质，所以它的应用非常广泛。首先我们日常生活中离不开陶瓷产品，日用瓷碗、瓷盘、瓷刀叉方便我们的生活，各种艺术瓷点缀我们的生活，随处可见陶瓷的影子。除此之外，在高科技领域也随处可见它扮演着重要角色和发挥着不可替代的作用。例如，陶瓷做的绝热片使航天飞机可以多次在大气层冲进冲出；众所周知，现代电子计算机的迅猛发展得益于集成电路（IC），而集成电路就是在陶瓷做的基片上制成的；生啤酒经过陶瓷过滤器处理后，味道会更加醇美；人的骨头和牙齿也可以用陶瓷来制作。但是，给我们大家的印象是普通陶瓷是不透明的。那么有人可能会有疑问，陶瓷可以制成透明的吗？答案是肯定的，下面我们就来看看什么是透明陶瓷？透明陶瓷又是如何做出来的呢？它们又有何用途？

所谓透明陶瓷（transparent ceramics），是指采用陶瓷制备工艺制得的能透过一定光线的多晶材料。最先打破陶瓷不透明概念的是 1959 年美国通用电气公司发明的透明氧化铝陶瓷 Lucalox（商品名称）。随后氧化镁、锆钛酸铅陶瓷、氧化钇、镁铝尖晶石等透明陶瓷相继研制问世。由于这种材料不仅有较高光线透过率，且耐腐蚀、强度高、介电性能优良，能在高温高压下工作，所以逐渐在照明技术、光记忆、宇航材料、无线电子技术及高温技术等领域获得日益广泛的应用。

一般而言陶瓷材料是不透明的，主要原因是：陶瓷微观结构主要由多晶体组成，尤其是非等轴（立方）晶系晶粒排列是杂乱无章的，这就导致晶粒间折射系数不连续；存在大量晶界相、气孔以及有缺陷的晶格等，如图 10-1 所示。这些因素不可避免地对光产生散射、折射和吸收等，造成一定光损耗，所以一般得到的陶瓷是很难透明的。

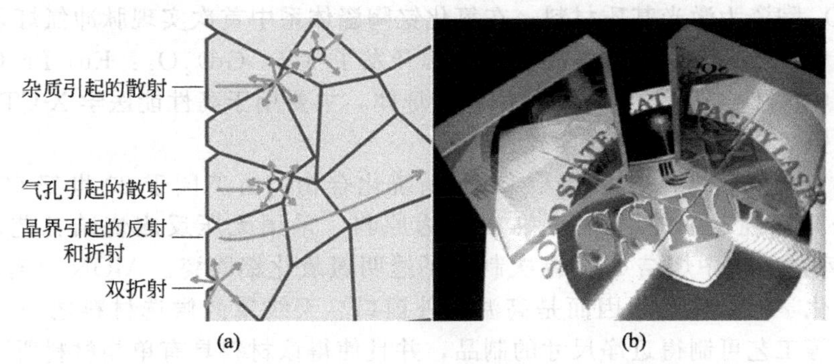

图 10-1 多晶陶瓷中主要光散射效应及激光透明陶瓷

（a）多晶陶瓷中主要光散射效应；（b）日本 Konoshima 公司制备的 100mm×100mm×20mm Nd：YAG 激光透明陶瓷

但是早在 20 世纪 60 年代就有学者从理论上推测，各向同性的同种材料组成的高密度多晶在光学性质上和单晶应该没有什么区别，唯一的问题是寻找一种制备透明陶瓷材料的适宜方法。要使陶瓷材料具有高透明度，最基本的就是：从制备的各个工艺环节上彻底排除可能导致光损耗的各种不利因素。综合起来就是透明陶瓷应满足如下条件：首先是高的致密度（达到理论密度的99.9%以上），晶界窄，没有杂质相和气孔，晶粒大小均匀，内无气孔；晶体结构最好为立方相，无光学各向异性；表面粗糙度要高。只有满足以上条件，通过采用高纯原料，选择立方对称结构的材料体系，控制烧结有效排除这些散射源后，就可以实现陶瓷的透明化。透明陶瓷具有优异的热学和力学性能，还可以实现高浓度、多种类发光离子的均匀掺杂，因此通过选择合适的发光离子，可以实现透明陶瓷作为闪烁材料和激光基质材料。

1. 透明陶瓷分类

从世界上第一块透明陶瓷——氧化铝透明陶瓷出现，至今已经过半个多世纪的不断研究，透明陶瓷家族的成员越来越多。从其化学组成来分包括从最初的氧化物、氮化物、氟化物、氮氧化物到硫化物、硒化物等透明陶瓷。氧化物陶瓷是透明陶瓷体系中研究最早和最为成熟的一类。目前已经开发的透明陶瓷有氧化铝、氧化钇、氧化锆等各种氧化物透明陶瓷以及各种闪烁、光电和激光透明陶瓷等。随着科学技术的不断进步与发展，更多新颖、具有特异性能的透明陶瓷材料会不断涌现。下面介绍几种透明陶瓷。

（1）透明氧化铝陶瓷

1962年美国通用电气公司成功制备了世界上第一块透明陶瓷即氧化铝透明陶瓷。它也是最早投入生产并且目前已经成功产业化的透明陶瓷材料。氧化铝透明陶瓷的制备工艺：首先制备高纯度、分散性良好的氧化铝粉末，再按照一定的化学计量比加入氧化镁、氧化锌、氧化镧等烧结助剂后压制成型，烧结工艺采取氢气保护或真空焙烧，从而保证气孔完全排除，得到具有较高透明度的陶瓷。氧化铝陶瓷具有良好的可见光和红外光透过性，还具有较高的高温强度、较低的热导率、很强的耐腐蚀性及较大的电阻率等特点，因此在高压钠灯、金属卤化物灯等高强度气体放电灯的放电管以及透红外窗口等领域得到广泛应用。

（2）透明氧化钇陶瓷

透明 Y_2O_3 陶瓷是在1966年由 Brissette 等首次制备出来的，采用类似锻压的方法，但没有报道具体使用的烧结温度和压力。1973年，Greskovich 等公布了商业化透明 Y_2O_3（Yttralox 为商品名称，ThO_2 为烧结助剂）的制备工艺，流程是：首先制备高纯和分散性良好的 Y_2O_3 粉体；然后经过等静压成型，使用的成型压力为275MPa；最后在流动氢气气氛中烧结，温度为2170℃，保温时间为30～125h，制得 Y_2O_3 透明陶瓷。随后 Anderson 等采用以上 Y_2O_3 陶瓷为激光基质材料，在氧化钇陶瓷体系中首次实现脉冲氙灯泵浦的激光输出。后来通用电气公司在此研究基础上又成功开发了（Y，Gd$)_2O_3$：Eu，Pr（YGO）透明陶瓷。目前 YGO 材料是应用最成功的陶瓷闪烁体，主要用于高性能医学 X-CT 医疗器械。

（3）透明氮氧化铝（AlON）陶瓷

氮氧化铝（AlON）为 AlN-Al_2O_3 二元系统化合物，由美国于20世纪60年代研制成功。Mccauley 以高纯超细的 Al_2O_3 和 AlN 为原料，采用无压反应烧结工艺，在2025℃、0.1MPa 下流动的氮气中烧结1h，首次制成了透明氮氧化铝陶瓷。AlON 具有优异的光学、物理、力学和化学综合性质，因而是高温红外窗口、天线罩的候选材料之一。通过干压成型、注浆成型等工艺可制得近净尺寸的制品，并且使得该材料具有单晶材料所不具备的形状和尺寸的可调控性。与传统的单晶材料（如蓝宝石）相比，AlON 透明陶瓷具有生产成本低、易制备大尺寸异形器件的优势。

（4）PLZT 电光陶瓷

掺镧的锆钛酸铅（lead lanthanum zirconate titanate，PLZT）是一种典型的透明铁电陶瓷。1970年 G. H. Haerting 首次采用热压烧结工艺，制备了掺铋的锆钛酸铅透明陶瓷，此后因其可制成大尺寸的制品而深受关注。在 PLZT 制备过程中，氧化铅易于挥发，所以烧结过程中关键是控制陶瓷中的铅含量，以得到化学组成均匀、致密性高和透明度高的产品。Snow 于 1972 年首先采用气氛烧结工艺制备出透明的 PLZT 陶瓷，其在透明度上可与热压烧结工艺得到的陶瓷相媲美。PLZT 陶瓷主要表现在高的光透过性和电光效应。这种材料经过人工极化后，还具有压电、光学双折射等特性，利用这些性能可以开发出一系列器件。其主要应用领域有光闸、光滤波、显示和空间光调制等。

2. 透明陶瓷应用

在民用领域，透明陶瓷最早是使用在灯具上。例如，高压钠灯是一种发光效率很高的电光源，但钠蒸气放电时会产生 1000℃以上的高温，且具有很强的腐蚀性，玻璃灯管根本没法耐受，所以高压钠灯一直没有问世；直到出现氧化铝透明陶瓷，高压钠灯才得到实际应用。除高压钠灯外，透明陶瓷还用于其他新型灯具，如铯灯、铷灯、钾灯等。另外，PLZT 铁电陶瓷具有高光透过率和良好的耐高温力学性能，用它可以做成夹层结构的护目镜。这种眼镜可以随周围环境光强的变化而自动进行调节，不仅方便核试验人员观察和操纵实验，也方便电焊工人工作。透明 PLZT 具有优良的电光性能，现已开发成光调制器、光开关、光记忆中的编码器等器件。目前随着超轻薄数码相机的市场需求，重量更轻的光学镜头组件已成为当前竞争的焦点，如日本 CASIO 公司采用高科技的透明陶瓷替换照相机内的传统玻璃组合镜片，使变焦镜头体积缩为原来的 80%。

一直以来透明陶瓷在军事领域深受关注和重视。透明陶瓷可以被应用在坦克窗口和士兵的防护面罩上，这些陶瓷材料不仅重量轻而且防护性能优异。随着导弹技术的发展，其整流罩材料不仅要求具有多波段、宽范围特性以确保导弹能跟踪敌机辐射的红外线，还要有高的强度和抗热冲击能力。目前能够胜任的材料只有透红外陶瓷，例如响尾蛇导弹的整流罩就是用镁铝尖晶石或者 AlON 透明陶瓷做的。近年来美国空军研究实验室与 Surmet 公司共同对以特殊透明陶瓷为基础的新型防弹护板进行了试验，其经受住了连续射出的枪弹考验，而重量仅是普通防弹玻璃的 1/2。随着定向能武器的发展，需要更大功率的激光器，目前的玻璃和单晶材料难以满足此方面的需求，透明陶瓷是解决这个问题的关键材料。

3. 发展趋势

透明陶瓷集结构与功能于一体，在一定程度上代表新型无机非金属材料研究、发展和制备技术的更高水准。它将为国防、航空航天、医疗、照明等高新技术的发展提供关键支撑材料。制备一般透明陶瓷的技术要求就非常苛刻了，而要进一步做到有激光输出的透明陶瓷，更是难上加难。因为在一般透明陶瓷中，微结构缺陷造成的少许光折射散射损耗，对光线穿透率影响不是很大。但是，当极强方向性的激光穿过透明陶瓷时，若存在一丁点儿结构瑕疵就会造成光线方向的偏转，导致“致命误差”。因此，研发激光透明陶瓷须从最微观处即结构单元“晶胞”出发，这是检验新材料领域科研实力的“试金石”。

除此之外，目前透明陶瓷在制备过程中，如何控制原料纯度、粒度分布、分散性能，如何降低烧结成本，如何控制内部缺陷的产生，如何制备大尺寸透明陶瓷等一系列问题都是研究中亟待解决的；在理论方面，陶瓷微观结构与光学性能相互关系、单掺杂和多掺杂机理等仍需要进一步厘清。但是，随着该领域内更多的科研工作者不断深入探索与研究，未来透明陶瓷材料必将为高新技术发展发挥更大的作用。

练习与思考

1. 列举一些生活中常用的陶瓷制品，简述它们的性能。

2. 查找资料了解中国陶瓷发展史。

3. 简述透明陶瓷种类和应用。

参考文献

[1] 施剑林，冯涛．无机光学透明材料：透明陶瓷．上海：上海科学普及出版社，2008.

[2] 潘裕柏，李江，姜本学．先进光功能透明陶瓷．北京：科学出版社，2013.

[3] 李霞．掺钕钇铝石榴石（Nd：YAG）激光陶瓷的制备与性能表征．济南：山东大学，2005.

案例 11：压电、铁电功能陶瓷

日常大家所见到的、接触到的陶瓷大多是日用陶瓷，如陶瓷盘、碗、杯子等，卫生用瓷如洗脸盆等，以及各类艺术瓷。关于日用瓷的研究已经相对较成熟，现在无机非金属材料科学研究领域研究较多的是工业陶瓷，如利用陶瓷的耐磨、高硬度、耐高温和耐腐蚀等特性的结构陶瓷，如氧化铝陶瓷、氧化锆陶瓷、碳化硅陶瓷等。这些结构陶瓷主要利用陶瓷的力学和热学性能，如陶瓷轴承、陶瓷切削刀具、陶瓷磨料、陶瓷球阀、陶瓷防弹衣、隔热瓦、热电偶保护套等。除结构陶瓷外，还有一大类陶瓷，叫作功能陶瓷。功能陶瓷在应用时主要利用其非力学性能，其通常具有电、磁、光、热、化学、生物等特殊功能的一种或多种，如耐高压介电陶瓷、铁磁材料、铁电材料、激光陶瓷、医用骨科修复材料、齿科修复材料等；有的能实现耦合效应，如压电效应、磁致伸缩效应、热电效应、电光效应等。

在众多功能陶瓷领域中，铁电材料是电子陶瓷中研究比较热门的一类材料。很多著名企业如日本的村田制作所、京瓷、TDK，中国的三环集团、国瓷等都致力于电子陶瓷材料的研制。铁电材料被广泛应用于汽车电子、通信基站和通信器材（如手机等）、医学检测、声呐探测、无损探伤等众多领域。

1. 铁电材料

铁电体是一类具有非中心对称结构的极性材料。这类材料在居里温度以下具有自发极化，其自发极化具有两个或两个以上的可能取向，且取向可以在外场的作用下改变。其极化强度 P 与外加电场 E 之间具有回线关系，此回线与铁磁体的磁滞回线类似，故被称为电滞回线。当温度超过某一值时，自发极化消失，铁电体转变为顺电体，该转变通常称为铁电相变，相应的相变温度称为居里温度。

铁电材料的研究大致始于 1921 年。明尼苏达大学研究生 J. Valasek 发现了罗息盐（酒石酸钾钠，$NaKC_4H_4O_6 \cdot 4H_2O$）晶体的特异介电性能，引发了“铁电性”概念的出现。在铁电材料中有一类非常重要的材料，即钙钛矿型铁电材料，它们是目前性能最优异、应用最广泛的铁电材料。在钙钛矿型铁电材料中，钛酸钡（$BaTiO_3$）是最先被发现的。钛酸钡是第一个不含氢的氧化物铁电体，科学家对它的研究也较深入彻底。后来陆续发现了众多钙钛矿型铁电材料，如铌酸钾（$KNbO_3$）、铌酸钾和铌酸钠的固溶体铌酸钾钠（$K_xNa_{1-x}NbO_3$）、钽酸钾（$KTaO_3$）、铌酸锂（$LiNbO_3$）和锆钛酸铅（$PbZr_xTi_{1-x}O_3$）等。其中性能最优异、应用最广泛的是锆钛酸铅系列陶瓷。近一个世纪以来，铁电材料的研究越来越受关注。目前，已经发现的独立的铁电材料种类已高达 200 多种，铁电材料与相应器件研究已成为现代材料科学研究领域中的热门研究。铁电材料的研究主要集中在铁电陶瓷、铁电单晶和铁电薄膜几个领域。在实际应用中，由于陶瓷制作成本低，应用最为广泛。铁电薄膜主要用于铁电存储器和 MEMS 器件中。

2. 压电材料

压电效应（piezoelectric effect），存在于缺少对称中心的物质中，它是某些物质在受到外界机械应力时同时在它的两个相对的表面上出现相反电荷的现象，外界应力撤除之后恢复到不带电状态，称为正压电效应。逆压电效应是指在某些物质表面施加外加电场，物质会随之发生变形；当外电场撤销之后，物质的形变随之恢复的现象；存在压电效应的物质，同时也存在逆压电效应。

此现象最早于1880年由皮埃尔·居里（Pierre Curie）和雅克·居里（Jacques Curie）兄弟发现。沿着某些晶体的特定方向施加应力时，晶体的极化发生改变（包括从无到有），在弹性形变范围内，晶体极化的变化与应力成正比，这就是正压电效应。相反，对晶体施加电场导致应变或应力的产生，且应变与电场成正比的现象称为逆压电效应。

具有压电效应的材料有很多，比如石英晶体，钛酸钡、锆钛酸铅铁电材料。这里需要指出的是，所有的铁电材料都具有压电效应。所以，现在在各个领域大规模应用的压电材料主要是锆钛酸铅系列铁电材料。在民用领域由于重金属铅有一定毒性，所以现在仍在探索、开发具有较高压电性能的无铅压电材料，如钛酸钡、钛酸铋钠、铌酸钾钠等。但是，现有的无铅压电材料的性能还无法与锆钛酸铅系列陶瓷相比。

压电效应刚被发现时并未引起足够的重视，直到第一次、第二次世界大战期间，由于战争的需求，需要对海水中的潜艇进行探测，才开始大量研究压电材料及其制造的超声波器件。但是，当时的压电材料性能并不是很好，直到20世纪40年代发现了钛酸钡系列钙钛矿结构铁电材料，压电器件及铁电材料的理论才获得飞速发展。现在压电材料的应用已经渗透到众多领域，比如用作换能器，可以制作军用声呐装置、扬声器和耳机、压电点火装置、超声波探伤以及超声波人体检测等；可以用作驱动器、制作压电马达、压电喷墨打印等；可以用作传感器，比如压电加速度计、超声波雷达等。

练习与思考

1. 简要描述压电效应和逆压电效应。
2. 铁电材料和压电材料中哪一种材料的应用范围更广泛？
3. 现阶段应用最广泛的铁电陶瓷材料是什么？

参 考 文 献

[1] 周静，孙华君，陈文．锰锑酸铅-锌铌酸铅-锆钛酸铅陶瓷的压电性能．硅酸盐学报，2006，34（3）：289-292.

案例12：高分子材料的发展简史

聚合物又称高分子、大分子。高分子的英语为“polymers”，为希腊语“poly-”和“-mers”的组合体。高分子是由很多简单的、相同的结构单元通过共价键连接而成的分子量很大的分子，其分子量通常在1万～100万。

高分子材料包括天然高分子材料和人工合成高分子材料；其中，天然高分子材料涉及树胶、棉花、木材、蚕丝、动物皮毛等。虽然远古人类一直在使用天然高分子材料，但是对高分子的改性却始于天然橡胶的硫化，1844年Nelson Goodyear获得了天然橡胶硫化的专利。纤维素是化学改性的第二种天然高分子，1856年Alexander Parkes获得关于硝酸纤维素的专利，以硝化纤维素、樟脑为主要成分的赛璐珞塑料至今还被用来制造乒乓球和台球等。

1. 人工合成高分子材料的发展历史

从19世纪开始，人类就开始了对人工合成高分子材料的研究，人类历史上第一个工业化的合成高分子是酚醛树脂，它由Adolf Bayer于1872年首次合成，但是其兴趣倾向于合成染料，对制备出来的黏糊糊的东西并不感兴趣；之后，很多科学家也进行了研究，但始终无法实现精确控制化学反应，美籍比利时化学家Leo Hendrik Baekeland最终解决了这个问题，改进了酚醛树脂的生产技术，并于1907年将其商业化生产。酚醛树脂是第一种人工合成的树脂，在粉状酚醛树脂中添加木屑混合均匀后，将混合物在高温高压下进行模压成型，就得到了酚醛塑料的制品。毫无疑问，这是人类制造的第一种全人工合成的高分子材料，它的诞生也标志着人类社会正式进入了塑料的时代。从19世纪末到20世纪30年代，脲醛树脂、醋酸纤维素、聚苯乙烯、聚氯乙烯、聚甲基丙烯酸甲酯以及最重要的热塑性塑料——聚乙烯，陆续诞生了。第二次世界大战刺激了对合成高分子材料的需求，丁苯橡胶、聚酰胺（俗称尼龙）、聚四氟乙烯及蜜胺树脂等都是在这一时期相继问世的。在20世纪50年代，出现了高密度聚乙烯、聚丙烯、聚碳酸酯、聚甲醛及ABS工程塑料；在20世纪60年代出现了聚砜、聚苯醚和芳香聚酯；在70年代及80年代分别发明了芳香尼龙及聚芳醚酮，高分子材料的家族越来越庞大了。

通常来说，生成高分子的聚合反应按照聚合机理的差异可分为两大类：链式聚合与逐步聚合。在链式聚合反应中，最主要的是加成聚合，含有双键的单体，在引发剂的作用下，双键打开并与另一个单体相连接，这一过程重复出现，就生成了高分子长链。在逐步聚合反应中，最为典型的则是缩合聚合反应，参与反应的单体中都含有两个或两个以上的官能团，利用单体官能团之间的相互反应，在生成小分子副产物的同时两个单体得以连接，多个缩合反应连续进行，就获得了高分子材料。

2. 高分子材料的应用领域和分类

目前，如果按照体积进行衡量，全世界高分子材料的年产量已超过钢铁材料，高分子材料已经渗透到国民经济和日常生活的每一个角落，主要包括：①电气行业的绝缘材料；②建筑行业的管道、门窗等；③包装行业；④汽车行业的轮胎、仪表盘、座椅等；⑤家具行业的座椅、抽屉、隔板等；⑥农业中的地膜和大棚膜。高分子材料改变了我们的生活，也带来人类社会的不断进步。

高分子材料的分类方法多，达十余种，根据其来源的不同可分为天然高分子和人工合成高分子；按其工程应用，则可分为塑料、橡胶、纤维、涂料及黏合剂等几大类，这也是最常见的分类方法。

3. 常见热塑性塑料简介

塑料是高分子材料中最大的一个家族，按照其热行为的差异，可分为热塑性塑料和热固性塑料。对于热塑性塑料而言，其大分子是线型结构或支化链结构，在热或溶剂的作用下具有一定的流动性；而热固性塑料一旦固化成型形成三维网络结构，就不再具有流动性。对于线型或支化结构的非晶态高分子而言，当使用温度处于其脆化温度与玻璃化转变温度之间时，可以作为热塑性塑料使用；对于晶体高分子而言，当使用温度处于脆化温度与熔点之间时，可以作为热塑性塑料使用。另外，根据热塑性塑料力学性能、热性能等方面的差异，塑料也可以分为通用塑料与工程塑料。

聚乙烯是结构最简单的高分子材料，于1939年首先在英国ICI公司实现了商业化生产，至今仍占据着热塑性塑料全球产量第一的位置。采用不同的聚合机理及聚合条件，乙烯单体可以聚合成为具有不同分子量、不同结晶度、不同支化度的多种聚乙烯。最早出现的聚乙烯是在高压条件下通过自由基聚合而获得的，该产物支化度高，被称为高压聚乙烯或低密度聚乙烯。采用 Ziegler-Natta 催化剂在较低压力下进行聚合，所得产物的支化度低，被称为低压聚乙烯或高密度聚乙烯。低密度聚乙烯适用于薄膜、导线包覆等非结构应用的场所，高密度聚乙烯则应用于注射制品、容器及地下管线等对力学性能要求较高的场合。少量 1-丁烯与乙烯进行共聚，其产物线型低密度聚乙烯则兼具高密度聚乙烯的性能以及低密度的特点。分子量超过 100 万的超高分子量聚乙烯则具有突出的耐磨性能，但是存在加工流动性不佳的弊病。与其他热塑性塑料相比，聚乙烯的优点除了价格低廉之外，还具有优异的耐腐蚀性，但聚乙烯突出的缺点是强度与耐热性较低。

根据空间构型的差异，聚丙烯可分为全同、间同和无规三种类型。其中，全同与间同聚丙烯是结晶高分子，其模量、强度、硬度均超过高密度聚乙烯；无规聚丙烯则不能结晶。目前大规模生产的全同聚丙烯的主要缺陷就是脆性较明显，尤其存在低温脆性，这是其聚集态结构之中的无定形部分玻璃化转变温度不够低的原因所致；通过共聚合，可以显著改善其低温脆性的问题。由于结构单元中存在叔氢原子，聚丙烯的抗氧化与抗紫外光的能力稍逊于聚乙烯。

聚氯乙烯是产量第二大的热塑性塑料，常见的生产方法包括乳液法和水相悬浮法。乳液法生产的聚氯乙烯多用于制备聚氯乙烯糊，用来生产发泡制品与人造革制品；对于水相悬浮法生产的聚氯乙烯，分子量较高的在增塑后可用于生产软制品，分子量较低的树脂则可以直接用于生产硬制品。在过去很长的一段时间内，聚氯乙烯常被用来生产管道，既可以用于生活供水也可用于工业用水，不过近年来已逐渐被聚丙烯所替代。聚氯乙烯的强度可与工程塑料相媲美，但缺陷是韧性低，将聚氯乙烯用于工程结构件的时候，必须对其进行增韧改性。最常用的增韧剂是氯化聚乙烯弹性体。

目前在工业和日常生活中广泛使用的无规聚苯乙烯具有很高的透明度，其一个重要用途是用于生产包装泡沫。为克服聚苯乙烯脆性的问题，将少量的丁苯橡胶溶于苯乙烯单体，之后进行接枝聚合，可得到高抗冲聚苯乙烯，其韧性获得了大幅度提高。ABS 工程塑料是由丙烯腈、丁二烯与苯乙烯三种单体共聚所获得的典型的三元共聚物，ABS 和高抗冲聚苯乙烯都具有较高的韧性和良好的加工流动性，占据了几乎全部家用电器外壳的市场。相比而言，ABS 的表面粗糙度较低，亮度要好一些。

当聚烯烃结构单元的氢原子部分或全部为氟原子所取代之后，就获得了氟塑料。氟塑料中最常见的品种就是大家熟悉的聚四氟乙烯，即特氟龙，有“塑料王”之美誉，它可以耐任何酸、碱，表面光滑，而且表面能很低，是优异的疏水疏油材料。但是，聚四氟乙烯的流动性极差，不能采用常用的高分子材料熔体加工方式进行成型，而只能采用陶瓷行业烧结成型的工艺进行加工。

尼龙的学名是聚酰胺，其大分子主链上存在重复出现的酰胺基团。尼龙大部分是二酸与二胺的缩合产物，但是也可以是内酰胺的开环聚合产物。尼龙是最早出现的工程塑料之一，长期使用温度可达 120 °C 以上。但尼龙最大的缺点是吸潮，干燥状态下的尼龙冲击强度不高，但是吸收一定水分后，冲击强度可获得显著提高。

最常见的聚酯包括聚对苯二甲酸乙二醇酯与聚对苯二甲酸丁二醇酯。其中，前者多用于饮料的包装，但是也用于生产包装材料与纤维；后者的每个结构单元中比前者多两个亚甲基，大分子链的柔顺性获得改善，具有更好的加工流动性及更低的吸潮性，但其自身强度略低。将其增强改性后，刚度可与热固性材料相比，但是可以保持良好的韧性，是一种很有竞争力的结构材料。

聚碳酸酯是线型无定形聚合物，具有高冲击强度、高透明度、耐高温等优点。其透明度与有机玻璃相似，但其韧性要比有机玻璃高出很多。聚碳酸酯拥有良好的抗紫外光性质，即使长期在室外使用，也不会影响其机械强度和透明度；其缺点是在溶剂作用下容易发生应力开裂。

4. 常见热固性塑料简介

热固性塑料的预聚物通常是线型或者支链结构，可溶、可熔，具有良好的可塑性和流动性。但是，其一旦成型且固化之后，生成了网络结构，就永久地丧失可塑性，不能再溶解，也不能再熔融。

酚醛树脂是热固性塑料家族中最古老的成员，其原料是苯酚和甲醛。其聚合过程通常先经过线型的阶段，再经过线型与交联的中间阶段，最后才是能够形成完全交联的阶段。处于中间阶段时酚醛树脂是脆性的固体，可制成粉末，与固化剂混合后可以采用模压工艺进行成型，通常要混入木粉以提高酚醛树脂材料的强度与韧性。酚醛树脂具有优良的电绝缘性、低吸潮性和较高使用温度。

不饱和聚酯的预聚物的分子主链中含有双键，在过氧化物的作用下，双键可以被打开，形成活性反应点；在其成型固化的过程中，向其预聚物中加入的苯乙烯单体可以在大分子链支架中充当架桥的作用。不饱和聚酯的主要用途是浸渍织物，以制备船体、车体、浴缸等大型制件。预聚物树脂在浸渍前与固化剂混合，成型24h内即可完成固化。

蜜胺树脂固化后形成了网络结构，其最大的用途是制作仿瓷餐具，具有易加工、易上色、高韧性、耐高温等优点。脲醛树脂的原料是尿素和甲醛，其主要用途是作为黏合剂制造复合板。

5. 常见橡胶简介

弹性体是广义的橡胶，指的是具有高弹性的高分子材料。美国材料与试验协会（ASTM D1566，Standard Terminology Relating to Rubber）将弹性体定义为“较小的应力下可发生较大的形变，当应力释放后，可迅速恢复至初始尺寸和形状的高分子材料”。

通常我们所说的天然橡胶，是从中美洲、南美洲橡胶树上采集的天然胶乳，经过凝固、干燥等工序而获得的弹性固体物。哥伦布将其带回欧洲，历经三百年也没找到用途，干燥后的胶乳强度低，弹性弱。1770年，英国科学家 Joseph Priestley 偶然发现天然橡胶能擦去铅笔书写的字迹，于是给它起了个名字：橡皮（rubber）。1839年，Charles Goodyear 发现在胶乳中加入硫黄后升温处理，可以得到具有一定强度和良好弹性的硫化橡胶，这是橡胶行业的标志性重大事件；1844年，他又发现无机金属氧化物与硫黄并用，能够加速橡胶的硫化，缩短硫化时间。之后，天然橡胶很快被用于制造轮胎，并在胶管、胶带、传送带、密封圈、密封垫等领域得到了广泛应用。

天然橡胶的最大特点就是综合性能良好，但也存在缺点，如易在光、氧、热的环境下发生老化。天然橡胶作为一种热带作物，只生长于特定的区域，因此橡胶资源非常容易受到控制和垄断。基于这个原因，多年来人们一直在努力寻求天然橡胶的代用品。丁苯橡胶是丁二烯与苯乙烯无规共聚的产物，通过调节苯乙烯的含量可以实现对橡胶强度与弹性的调控。丁苯橡胶主要用于轮胎，还可用于导管、垫圈、传送带等。丁腈橡胶是丁二烯与丙烯腈的共聚产物，极性腈基基团的引入，赋予了丁腈橡胶优异的耐油性。氯丁橡胶是氯化丁二烯的聚合物，与天然橡胶相比，耐候性和耐溶剂性能得到提高。顺丁橡胶的化学组成是顺式结构的1,4-聚丁二烯，其性能与天然橡胶相仿，具有良好的高弹性。丁基橡胶的主要成分是异丁烯，且含少量的异戊二烯以提供交联点，其气密性良好且耐臭氧能力强，广泛用于制作轮胎的内胎。

热塑性弹性体同时具备了热塑性塑料高温下的可塑性，以及室温下橡胶的高弹性，有时候也被称为热塑性橡胶。作为热塑性弹性体，其大分子之间通常存在物理交联点。常见的热塑性弹性体有三类。

聚氨酯弹性体的分子链由硬性链段和柔性链段连接而成，聚氨酯的原料包括长链二醇、短链二醇和二异氰酸酯。在长链增长的聚合过程中，随着扩链反应的进行，体系也同时发生相分离。聚氨酯本身是一个多相体系，长链二醇柔性长链部分构成了体系的软段相，而短链二醇和二异氰酸酯则构成了体系的硬段相，其相互之间以氢键结合；硬段区就是弹性体区域的物理交联点。聚氨酯的软硬程度可进行任意调节，通过控制软、硬段的种类和比例，可以制备出从橡胶到塑料在内的系列高分子材料。

嵌段共聚型热塑性弹性体最典型的就是线型或星形的苯乙烯-丁二烯-苯乙烯嵌段共聚物。聚苯乙烯相在室温下处于玻璃态，形成了物理交联点；分散相微区的形状与尺寸取决于各组分的含量与分子量。苯乙烯-丁二烯-苯乙烯嵌段共聚物作为一种全世界产量最大的热塑性弹性体，其理论上的使用下限温度是顺丁橡胶的玻璃化转变温度，理论上的使用上限温度则是聚苯乙烯的玻璃化转变温度。

塑料、橡胶进行物理共混也可以得到热塑性弹性体，但二者之间必须实现相分离且具有良好的界面作用。对于熔融共混法制备的聚丙烯、乙丙橡胶共混型热塑性弹性体，乙丙橡胶构成共混体系的软相，而结晶塑料聚丙烯构成体系的硬相；它们通过聚丙烯的无定形区域与乙丙橡胶链的缠结结合在一起。熔融共混法制备的热塑性弹性体往往界面结合较弱，通过物理或化学增容，性能可得以改善。

6. 高分子材料的循环使用

高分子材料丰富了我们的生活，也带来了严重的环境问题。大量的高分子包装及废弃物使垃圾的体积迅速膨胀，白色垃圾到处存在；废弃橡胶产生的黑色垃圾，可能给环境带来比白色垃圾更大的伤害。传统的焚烧垃圾发电，在焚烧过程中会产生大量的二氧化碳，并造成温室效应。目前对高分子垃圾的治理，应强化垃圾分类处理，尽可能地回收利用一切可再加工的材料。废品回收还需要依赖全民素质的提高。

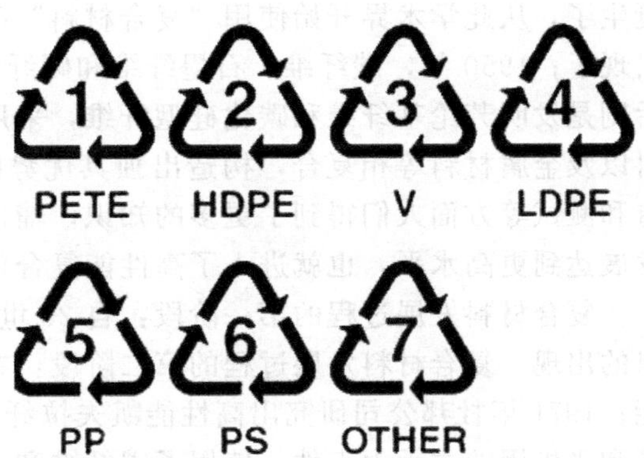

图 12-1 塑料分类回收标志

塑料容器的回收是不容忽视的问题。全球通用了一种塑料容器编号制度（图 12-1），以便提醒人们自觉将不同的塑料制品分类堆放，便于回收。通常将塑料分为七类，前六类是最常用的塑料，此六类以外的都被归入其他类，也就是第七类。前六类塑料分别是：聚酯、高密度聚乙烯、聚氯乙烯、低密度聚乙烯、聚丙烯及聚苯乙烯；第七类范围比较宽，但是生活中也常见，如喝水的太空杯，如果是透明清澈的，那么它的材质就是聚碳酸酯，属于第七类。

练习与思考

1. 列举生活中常见的高分子制品，并尝试说出它们的原料是什么？
2. 简要说明一下高分子材料的发展历史。
3. 了解一下生活中常见的热塑性塑料和橡胶。

参 考 文 献

[1] 励杭泉．材料导论．北京：中国轻工业出版社，2006.

[2] 高长有．高分子材料概论．北京：化学工业出版社，2018.

案例 13：复合材料简介

人类发展的历史与材料的发展是密不可分的，我们知道人类历史可划分为旧石器时代、新石器时代、铜器时代和铁器时代等。每个时代的发展进步都有材料进步的影子，材料的进步促进了人类各个方面的发展，尤其每一种新材料的出现，则是极大地促进了人类改造自然的步伐。我国古代的四大发明就是最好的例证。

1. 复合材料的定义

复合材料的定义是相比较单一材料而言的，它是由两种或者两种以上单一材料所构成，并显示出新的性能特点的材料。复合材料保留了原来单一材料的一些优点，克服了存在的缺点或者缺陷，赋予了材料一些新的性能。

2. 复合材料的发展简史

复合材料的历史可以追溯到古代，最典型的一个例子就是稻草增强复合黏土，它就是由两种材料经过复合而成的。1940 年，由于航空工业需要，俗称玻璃钢的玻璃纤维增强塑料诞生了，从此学术界开始使用“复合材料”（composite materials），“复合材料”这个名称就出现了；1950 年，碳纤维、石墨纤维和硼纤维等高模量和高强度的纤维陆续出现；1970 年后则是发明芳纶基纤维和碳化硅型纤维，采用上述高性能纤维能与聚合物或者无机非金属材料以及金属材料等相复合，构造出独具优势的新型复合材料。1980 年以后，由于设计、制造和测试等方面人们得到了更多的知识，辅以各类新型基体材料的使用，复合材料现代化的发展达到更高水平，也就进入了高性能复合材料以下发展阶段。

复合材料发展过程的第一阶段：自 20 世纪 40 年代开始，标志性事件是玻璃纤维增强塑料的出现。复合材料发展过程的第二阶段：在 1965 年，碳纤维被英国科学家发现具有高性能；1971 年杜邦公司研究出高性能凯夫拉纤维（Kevlar-49 型）；1975 年最大的进展则是火箭和飞机用的主承力工件，使用了碳纤维和 Kevler 纤维增强-环氧树脂型复合材料。复合材料发展过程的第三个阶段：自 20 世纪 80 年代开始，以纤维为增强相、以金属材料为基体的时代，特别是铝基增强型复合材料应用广泛。1990 年以后，第四代复合材料出现了，尤其是多功能和多用途的复合材料，智能功能与梯度功能的复合材料则是其中的优秀代表。

3. 复合材料主要的分类方法

复合材料的分类有很多方法，如果按照基体材料的种类来分，可以分为三类：①金属基复合材料（metal-based composite）；②陶瓷基复合材料（ceramic-based composite）；③聚合物基复合材料（polymer-based composite）。

同时，根据有机物和无机物的区分，也可以设计、制造出它们之间相结合的复合材料，包括有机/无机复合材料（organic/inorganic composite）、有机/有机复合材料（organic/organic composite）、无机/无机复合材料（inorganic/inorganic composite）。

此外，按照复合材料所具备的功能，如力（mechanical）、声（acoustic）、电（electric）、光（optical）、热（thermal）、磁（magnetic）、老化（deteriorative）等，可以分为多种功能型的复合材料；按照增强相颗粒的形状来划分，又可以分为颗粒增强型复合材料（particle-reinforced composite）、短纤维增强型复合材料（short fiber-reinforced composite)、晶须增强型复合材料（whisker-reinforced composite）、连续纤维增强型复合材料（continuous fiber-reinforced composite）、单丝纤维增强型复合材料（monofilament reinforced composite）、相互渗透相复合材料（interpenetrating phase composite）。

4. 复合材料独有的特点

将不同的组分、含量、结构、复合方式等通过设计和选择来组成复合材料，这样复合材料的性能可由每一个组分作出贡献，能够优势互补，从而出现不同于单一组分的新的独特性能；同时，各组分复合后还能保持其原先固有的物理化学性质。复合材料的主要优点如下。①高的比强度（即材料的强度/密度）、高比模量（即材料的模量/密度）。例如，纤维增强的复合材料密度仅为钢铁的 1/5，铝和铝合金的一半，所以具有很高的比强度、比模量。②抗疲劳性能非常好。金属材料容易产生低应力的疲劳破坏，或者又称为疲劳脆断，纤维增强型复合材料则可以有效地抵抗裂纹的扩展，大幅提高耐疲劳性能。③减振性能好。受力元件减振要考虑自振频率，而自振性能与材料的比模量关系密切，复合材料具有很好的比模量和吸振能力、较强的阻尼特性，因而减振方面用途广泛；过载时安全性好，过载尤其是抗偶然过载对于承载元件具有重要的意义，过载损伤或者过载断裂会造成重大财产损失和人员伤害，所以过载安全性是一个重要的指标。④可设计性好。性能设计是复合材料独特的优势，通过调整增强纤维的种类、长径比、填充方式和密度以及取向排列的有序性，可以获得具有不同载荷分布或者承载能力的复合材料。⑤加工工艺性能好（材料和制品的制备一步到位）。可以通过一次成型，得到负荷材料增强材料；减少零部件个数、工艺复杂度，可降低成本、缩短加工周期，节能环保。

5. 复合材料的展望

复合材料还有一些缺点：材料可选范围有限、性能不能完全满足设计要求、制备工艺复杂、产品质量重复性差、成本高。复合材料众多的优点，体现了与单一材料相比所具备的独特性能；同时，复合材料还有很好的可设计性，人们可以通过性能设计、工艺组合，制造新颖的复合材料。高性能复合材料因优异的综合性能，可作为国民经济建设战略性材料，已应用于航天、轨道交通、航空、风力发电、汽车等多个重点领域，发展前景广阔。

练习与思考

1. 复合材料和单一材料主要区别是什么？
2. 复合材料的优势有哪些？

参考文献

[1] 周祖福．复合材料学．武汉：武汉理工大学出版社，2005.
[2] 周曦亚．复合材料．北京：化学工业出版社，2016.

案例 14：电催化在能源领域的应用简介

1. 电催化在燃料电池中的应用简介

（1）燃料电池的工作原理

燃料电池是一种发电装置，能够将燃料的化学能通过电化学反应直接转换为电能。燃料电池由阴极、阳极、电解质和辅助部件组成。根据电解质的不同，燃料电池分为质子交换膜燃料电池（PEMFC）、碱性膜燃料电池（AEMFC）、固体氧化物燃料电池（SOFC）、磷酸燃料电池（PAFC）、熔融碳酸盐燃料电池（MCFC）等。质子交换膜燃料电池工作温度低，作为移动设备的动力电源应用前景广泛，代表性的质子交换膜有杜邦公司生产的 Nafion 系列膜。质子交换膜燃料电池的阳极以氢气、低碳醇或酸等为燃料，阴极通入氧气或空气。其工作原理如图 14-1 所示。电池工作时，阳极发生燃料电化学氧化反应。以氢气为例，氢气在阳极发生电化学氧化生成质子和电子，质子通过质子交换膜到达阴极，电子则通过外电路到达阴极；在阴极，氧气与质子、电子反应生成水，即氧还原反应（ORR）。从质子交换膜燃料电池的工作原理来看，该类电池具有洁净、高效等技术优势，被誉为“21 世纪最理想的发电技术”。

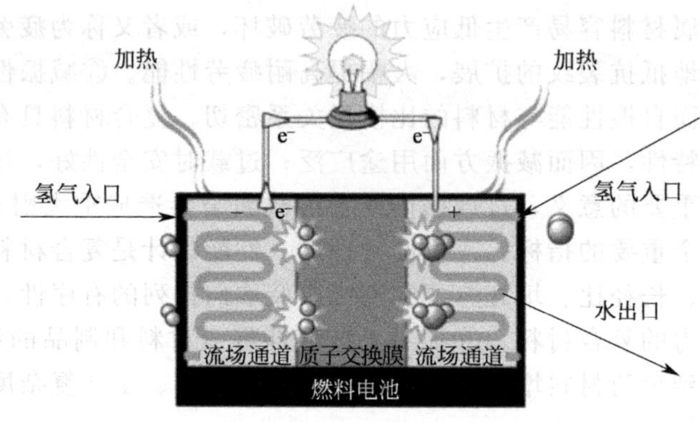

图 14-1　燃料电池工作原理图

（2）质子交换膜燃料电池中电催化剂面临的挑战

质子交换膜燃料电池目前普遍使用基于 C—F 骨架的质子交换膜，这种膜的玻璃化转变温度较低，一般高于 130℃即发生玻璃化，从而失去传导质子的能力；受限于质子交换膜的玻璃化转变温度，质子交换膜燃料电池只能工作于 100℃以下，因此电极反应动力学速率慢，尤其是阴极氧气还原反应。氧分子键能较高（494 $kJ \cdot mol^{-1}$），O ═O 键活化困难，在 Pt 等电催化剂作用下，反应能垒显著降低，反应速率加快。然而 Pt 资源有限，全球已探明储量仅 1.4 万吨，未来将严重限制燃料电池技术的发展。针对如何提高贵金属 Pt 的催化活性，降低其用量，全球进行了大量研究。除了催化活性，催化剂在燃料电池运行中的稳定性也非常重要。燃料电池在运行过程中存在局部热点，以及强酸环境造成催化剂聚集、流失等问题。在原子层面对催化剂活性位的配位环境、微区结构等进行优化设计，是实现催化剂良好性能的关键。

2. 电催化在电解水制氢技术中的应用简介

氢作为燃料电池的燃料，在能源结构中得到高度关注，我国正在加快“将氢能发展提高到国家战略层面”的进程。在各种制氢技术中，利用可再生能源耦合电解水制氢，被视为通向“氢经济”的最佳途径。

（1）电解水制氢的原理

电解水制氢根据电解溶液的不同，主要分为碱性电解水制氢和酸性电解水制氢。其原理是阳极和阴极的氧还原反应，如下所示：

碱性溶液中：$2H_2O+2e^- \!=\!=\!= 2OH^- + H_2$，$E^\ominus = 0-0.0591pH$

酸性溶液中：$H_2O \!=\!=\!= 2H^+ + 1/2O_2 + 2e^-$，$E^\ominus = 1.228-0.0591pH$

目前，碱性电解槽是最常用也是最经济的电解槽，但缺点是效率低，启动响应慢。而采用质子交换膜体系的固体聚合物（SPE）电解水制氧技术，功率应变性强，可以有效耦合利用风能、太阳能、水电等波动性电力；电流密度最高可达 3 A·cm^{-2}，是碱性电解池的10倍以上，且具有效率高（可达90%）、耗能小、电解质性能稳定、体积小、重量轻、寿命长等优点，是目前最有希望大规模利用可再生能源的制氢技术。

（2）电解水制氢的技术挑战

然而，SPE电解槽造价较高，主要是催化剂仍面临着贵金属用量高的问题，特别是阳极氧化的氧析出反应（OER），目前面临着如下问题：①酸性OER是动力学慢过程，阳极OER是整个酸性电解水过程的速控步骤，过电势较高，对系统性能的发挥影响较大；②强酸且高电位条件下催化剂易发生腐蚀。具有OER催化活性的过渡金属及其氧化物普遍存在氧化溶解的问题。因此，酸性OER催化剂的开发已成为电解水技术中最具挑战的难点和热点之一。国内外研究正朝着低负载和非贵金属等方向发展，以求降低成本，达到工业化规模的要求。

3. 电催化在金属/海水电池中的应用简介

随着我国海洋资源利用与开发的深入开展，水下设备的使用日益频繁，对高容量、长寿命、安全可靠和良好海洋环境适应性水下电源的需求更加迫切。金属/海水电池是一种以海水为电解质，金属单质或合金为阳极，溶解氧或海水作为阴极反应物的电池体系。由于金属/海水电池可以使用海水作为天然的电解质，工作时不需要携带电解质，不但降低了电池重量，提高了电池能量密度，更重要的是避免了携带电解质带来的安全隐患问题。另外，与常规具有耐压性外壳的电池相比，金属/海水电池具有开放式结构，电池结构简单，是水下仪器设备的理想电源。

（1）金属/海水电池工作原理

金属/海水电池以金属为阳极，海水为电解质，以氧还原催化剂或析氢催化剂作为阴极。按阴极反应不同，金属/海水电池分可为溶氧型和析氢型，其电极反应方程式如下：

阳极反应：$$M \longrightarrow Mg^{n+} + ne^- \quad (14\text{-}1)$$

阴极反应：$$2H_2O + O_2 + 4e^- \longrightarrow 4OH^- \text{（溶氧型）} \quad (14\text{-}2)$$

$$2H_2O + 2e^- \longrightarrow H_2 + 2OH^- \text{（析氢型）} \quad (14\text{-}3)$$

式中，M为 n 价活泼金属，一般为金属镁合金或铝合金。

（2）金属/海水电池的技术挑战

相比常规电池，金属/海水电池具有结构简单、能量密度高、储存性能好等优势。然而，受海洋实际工况的限制，当前金属/海水电池的水下应用还面临诸多技术挑战。对于溶氧型金属/海水电池来说，其放电性能受海水中溶解氧浓度的影响，而溶氧浓度又受到海水温度、深度和水域等影响，故该类电池的实际应用会受到较大限制。尤其是海水深度对其性能影响最大，随海水深度的增加，溶氧浓度降低，导致电池性能迅速下降，难以满足深海设备的供电需求。析氢型金属/海水电池以海水为阴极反应物，极大克服了溶氧型金属/海水电池对溶氧浓度的依赖。即便在深海无氧环境中，析氢型金属/海水电池依然能够正常工作，有望满足深海环境下设备的供电需求。但该类电池仍然面临阴极析氢极化反应大、电池整体性能差等挑战。因此，开发高效的析氢反应催化剂、降低阴极极化，是提升金属/海水电池性能，推动其实用化的关键。

4. 电催化在二氧化碳电还原中的应用简介

（1）二氧化碳电还原的原理

CO_2 电还原反应是在催化剂的参与下，CO_2 分子耦合质子和外电路提供的电子，把 CO_2 还原为CO或其他烃类的过程。生成相应产物的还原电位如下所示。

$$2H^+ + 2e^- \longrightarrow H_2 \qquad E^{\ominus} = -0.41\ V(vs.\ NHE)$$

$$CO_2 + e^- \longrightarrow CO_2 \cdot^- \qquad E^{\ominus} = -1.90\ V(vs.\ NHE)$$

$$CO_2 + 2H^+ + 2e^- \longrightarrow CO + H_2O \qquad E^{\ominus} = -0.53\ V(vs.\ NHE)$$

$$CO_2 + 2H^+ + 2e^- \longrightarrow HCOOH \qquad E^{\ominus} = -0.61\ V(vs.\ NHE)$$

$$CO_2 + 4H^+ + 4e^- \longrightarrow HCHO + H_2O \qquad E^{\ominus} = -0.48\ V(vs.\ NHE)$$

$$CO_2 + 6H^+ + 6e^- \longrightarrow CH_3OH + H_2O \qquad E^{\ominus} = -0.38\ V(vs.\ NHE)$$

$$CO_2 + 8H^+ + 8e^- \longrightarrow CH_4 + 2H_2O \qquad E^{\ominus} = -0.24\ V(vs.\ NHE)$$

$$2CO_2 + 12H^+ + 12e^- \longrightarrow C_2H_4 + 4H_2O \qquad E^{\ominus} = -0.34\ V\ (vs.\ NHE)$$

评价催化剂电还原CO_2能力的指标有：过电位、产物的分电流密度、产物的法拉第效率及稳定性。前两个是评价催化剂活性的指标；法拉第效率则对应于产物的选择性；稳定性则是评价催化剂使用寿命的指标。

CO_2电还原的测试是在三电极体系中进行的。阴极为CO_2的还原反应，阳极为H_2O的氧化反应。生成的气相产物如H_2、CO、CH_4、C_2H_4的产量是通过在线气相色谱来获得的，而液相产物如甲酸、乙醇、甲醇等的产量是通过核磁共振仪或液相色谱来获得的。

（2）二氧化碳电还原的技术挑战

CO_2是一直线型分子，C=O键键能高，难活化，过电位高；CO_2电还原反应存在着严重的竞争反应——析氢反应。此外，CO_2电还原产物众多，主要有一氧化碳、甲烷、甲酸、甲醇等C_1产物，乙烯、乙醇、乙酸等C_2产物，产物选择性低；反应的动力学速率慢。因此，需要高效的催化剂来降低反应的过电位、提高反应的动力学速率及产物的选择性。

练习与思考

1. 燃料电池的工作原理是什么？为什么燃料电池被视为清洁能源？
2. 举例说明纳米催化在能源领域有哪些应用？
3. 催化剂在反应过程中的作用是什么？

参考文献

[1] 衣宝廉．燃料电池——高效、环境友好的发电方式．北京：化学工业出版社，2000.
[2] Vladimir S Bagotsky．燃料电池——问题与对策．孙公权，王素力，姜鲁华，译．北京：人民邮电出版社，2009.
[3] 孙世刚．电催化纳米材料．北京：化学工业出版社，2018.

案例15：走进荧光纳米材料的斑斓世界

荧光性质与纳米技术在材料方面的结合已经发展成为一个新兴的研究领域，即荧光纳米探针。荧光纳米材料是纳米技术迅猛发展的前沿领域，近年来其在生物标记及诊疗领域的应用越来越受到人们的关注。荧光纳米材料的理化性质具有独特的尺寸依赖性，使之在生物应用领域具有不可或缺的地位。同时，基于荧光的检测方法因其灵敏度高、简单、多样性强，而成为生物传感中最常用的方法。荧光纳米探针具有独特的光学特性和复杂的表面化学性质，为细胞、组织和生物的荧光成像和传感，以及体外和体内标记开辟了新的道路。因此，该方法被广泛应用于生物学和医学的各个领域，包括蛋白质组学和基因组学研究、疾病诊断、药物筛选、药物传递、组装分子控制、蛋白质纯化、生物治疗和医学成像（如体内成像、癌症研究中的传感和选择性肿瘤靶向）。荧光纳米探针主要包括半导体量子点、稀土掺杂量子点、贵金属纳米簇、碳量子点、二氧化硅量子点、荧光蛋白、有机聚合物粒子等。以下简要介绍几种主要的荧光纳米探针：有机荧光染料、半导体量子点、碳量子点、聚集诱导发光型纳米粒子、稀土上转换纳米粒子。

1. 有机荧光染料

有机荧光染料作为一种常用的荧光纳米探针，在生物成像方面有广泛的应用。近年来，随着荧光显微成像技术的飞速发展，有机荧光染料作为荧光探针被广泛应用于蛋白质及细胞的荧光成像、抗体免疫分析、DNA 自动测序等多个领域。有机荧光染料的发光机制属于单光子激发，即需要短波长的光激发，而发射长波长的荧光。另外，有机荧光染料通常具有较高的选择性、高灵敏度、高荧光量子产率等优点。

有机荧光染料分子上多携带活性基团，使其能够与很多生物分子以共价键方式连接。目前，常见的有机荧光染料主要包括荧光素类、罗丹明类、芴类、吖啶类、萘酰亚胺类、香豆素类、含四吡咯基团类、噁嗪和噻嗪类。

目前，荧光素和罗丹明因具有水溶性较好、发射波长较长（一般＞500 nm）、光稳定性较好、荧光量子产率高等优点，在应用方面最为广泛。然而，由于分子中含有羟基和氨基，应用环境中的 pH 值对荧光素和罗丹明染料有显著影响，因而应在应用中严格控制工作环境的 pH 值。

客观来说，有机荧光染料作为荧光纳米探针，其应用仍然最为广泛。然而，有机染料的光化学稳定性较差，导致了严重的光漂白和光降解问题。另外，有机荧光染料的荧光寿命多在纳秒尺度，其激发光源通常采用高能量的紫外线或者可见光，从而导致其在组织中的穿透能力差，对生物组织的破坏能力强，且受生物体自身背景的荧光干扰，因此限制了其在生物医学中的应用。

2. 半导体量子点

近几十年来，半导体纳米材料的研究和应用受到广泛关注。量子点是一种半导体纳米晶体，其尺寸多处在 2～20 nm，由元素周期表中Ⅱ～Ⅵ族（如镉、锌、硒和碲）或Ⅲ～Ⅴ族（如铟、磷和砷）的原子组成，如硒化镉、碲化镉、硫化铅、砷化铟、磷化铟和砷化镓。量子点具有有机染料和荧光蛋白所不具备的独特光学性质，如激发范围宽、发射峰窄、亮度高、化学稳定性好、耐光漂白等，在荧光纳米探针材料领域占据重要位置。半导体量子点具有可比拟于传统荧光染料的高量子产率，但消光系数要大 10～50 倍，而且光漂白率显著降低。整体效果是量子点的荧光亮度提高了 10～20 倍，光稳定性提高了 100～200 倍。

不同的半导体量子点可发出特定频率的荧光，可通过调节半导体量子点的尺寸来调变其荧光频率从紫外区间跨越到近红外区间。由于量子点在限制电子和电子空穴方面与自然界中的原子或分子相类似，因而被称为量子点。

量子点的尺寸可以小到只有 2～10nm，这也就相当于是 10～50 个原子的直径叠加，这样一个量子点可以包含 100 到数万个原子。通常说来，量子点的常规尺寸多在 10～50nm 之间。通过光刻成型的门电极或者刻蚀半导体异质结中的二维电子气形成的量子点，横向尺寸可以超过 100nm。将 10nm 尺寸的 300 万个量子点首尾相接排列起来，可以达到人类拇指的宽度。

3. 碳量子点

碳量子点的尺寸多在 10 nm 以内，是由分散的类球状碳颗粒组成的一种碳基零维荧光材料。碳量子点具有合适的尺寸、出色的光学性质、良好的生物相容性等优点，在生物医学应用领域受到广泛的关注，并证实在细胞成像、环境监测、化学分析、发光二极管、能源催化等领域有良好应用。

2004 年，美国南卡罗来纳大学的 Xu Xiaoyou 等在制备单壁碳纳米管时首次发现了荧光碳量子点的存在。此后十余年间，全球的科研人员相继报道了各种各样的合成策略用于合成碳量子点。根据碳前驱体的不同，这些方法可被归纳为“自上而下”法和“自下而上”法。

“自上而下”法是指将大尺寸的碳材料通过物理或者化学方法切割成小尺寸的碳量子点。在该合成体系中，大尺寸的碳材料包括活性炭、碳纳米管、碳纤维、石墨棒等，通过电刻蚀、激光烧蚀等手段将其分解，从而形成小尺寸的碳量子点。

与“自上而下”法相反，“自下而上”法则是利用分子态或者离子态的小尺寸碳材料为碳前驱体，合成出较大尺寸的碳量子点。在“自下而上”法的合成体系里，各种有机小分子（如柠檬酸、葡萄糖、尿素等）或低聚物（如聚乙二醇等）均可作为碳前驱体，经特定的处理步骤（如化学氧化、燃烧、微波处理等）合成碳量子点。

传统的半导体量子点一般含有铅、镉、汞等有毒的重金属，在生物应用中有潜在风险，对环境也有潜在的危害。相比而言，碳量子点不含有重金属，且具有化学稳定性高、生物兼容性好等优点，在生物医学及环境应用中皆有广阔空间。

4. 聚集诱导发光型纳米粒子

聚集诱导发光（AIE）现象的发现，挑战了荧光分子中发光团的聚集不利于发光这一通识。以往对荧光分子的处理，都是尽可能避免荧光分子的聚集。与之相反，AIE 效应则是利用分子的聚集来实现荧光强度的显著提升。与传统的聚集导致聚集荧光猝灭（ACQ）分子的表现相反，具有 AIE 特点的荧光分子的发光团，在分散状态时不发荧光或者只发出微弱的荧光。然而，当这些 AIE 分子聚集时，则发出强烈的荧光。

六苯基噻咯是最早发现的一个非常有代表性的 AIE 荧光分子。与在溶液状态下六苯基噻咯分子不发荧光或只发微弱荧光的现象截然相反，在聚集状态下，六苯基噻咯分子的非平面构型有效阻止了因 π-π 堆积而导致的荧光猝灭。另外，它在聚集态时由于分子内旋转严重受限而抑制了激发态的非辐射衰变渠道，从而打开了辐射衰变渠道，使荧光强度大幅度提高。

后来，四苯乙烯的引入使 AIE 分子家族的成员库进一步扩大，并使得 AIE 分子易于合成且结构可调变。事实上，AIE 相关研究表明，如蒽和芘一类传统 ACQ 分子，也可以通过与单个或多个四苯乙烯单元连接而成为 AIE 分子，这进一步丰富了 AIE 分子家族的成员库。

随着对 AIE 本质机理探索工作的开展，AIE 分子家族里已经扩充了如 AIE 探针、AIE 聚集体、AIE 金属有机框架及 AIE 金属笼等许多 AIE 成员。新的 AIE 结构的设计与合成共同推动了 AIE 荧光材料在生物传感、临床诊疗、光电器件制备、环境监测等领域的高速发展。

当前，在光电领域许多具有高量子产率且荧光范围涵盖从可见光至近红外区的 AIE 分子，已被用作有机发光二极管器件的发光材料。同时，AIE 分子在液晶显示屏方面的应用也可圈可点。在环境监测领域，利用 AIE 探针的光信号在检测有害气体、污染物、细菌和毒性物质方面也大获成功。近年来，科学家们将 AIE 探针与诸如试纸条和智能手机这样的便携式设备相整合，实现了 AIE 的实用化和实时现场检测。另外，随着 AIE 点亮型荧光探针的发明，AIE 分子在生物医学和纳米医药领域的发展也迅速驶入了快车道。例如，研究人员利用 AIE 点亮型荧光探针，已成功实现了对生物体内外过程的持续检测。AIE 荧光纳米粒子也被广泛应用于细胞和亚细胞成像、血管造影、疾病诊疗及癌症分级等方面。

5. 稀土上转换纳米粒子

稀土上转换发光材料与上述荧光纳米探针的发光机制截然不同，它是一种在受到长波低频光的照射下能发出短波高频光的荧光材料，也就是利用多光子机制将长波辐射转化为短波辐射的材料。因此，上转换材料最大的特点是其发射的光子能量远高于其所吸收的光子能量，因而被称为上转换发光材料，也叫反斯托克斯发光材料。

传统的有机荧光染料等材料所遵循的斯托克斯定律认为，材料只能在短波高频光的激发下发射出长波低频的荧光。而上转换发光则与之相反，指的是材料受到长波低频光的激发，发射出短波高频荧光的现象。

迄今为止，上转换发光的性质为掺杂稀土离子的化合物所特有，这些化合物主要包括氧化物、氟化物、氟氧化物、含硫化合物、卤化物等。上转换发光效率最高的基质材料当属 $NaYF_4$。

稀土上转换发光材料的优点很多，比如化学稳定性好、毒性小、光稳定性好、发射带窄、荧光寿命长等。另外，稀土上转换发光材料可由近红外光（980 nm 或 808 nm）激发，因而还具有光穿透力强、无背景荧光、对生物组织几乎无损伤等特点。综上所述，稀土上转换发光材料在生物成像、光催化、光动力学治疗、药物释放等领域均应用广泛。在上述应用中，稀土上转换纳米材料的功能主要在于低能量光源向高能量光源的转换。例如，稀土上转换发光材料经近红外光激发后，可产生不同颜色的可见光，在生物成像中实现对细胞的标记；通过将低能量的近红外光转换成高能量的紫外线，稀土上转换发光材料在光催化领域可实现对有机污染物的有效光降解；在光动力学治疗领域，利用稀土上转换发光材料的光源转换功能并将其与相应的光敏剂偶合，可产生对癌细胞有害的单线态氧，从而实现对癌细胞的消杀；在药物释放方面，将稀土上转换纳米材料与药物载体复合，可利用近红外光控达到对靶向药物可控释放的功效。

练习与思考

1. 列举几种常见的荧光纳米探针材料。
2. 列举荧光纳米探针材料在生物医学领域的几种主要应用。
3. 在生物医学应用中，荧光纳米探针的荧光发射波是在近红外区好，还是在紫外区好？

参考文献

[1] Yao Jun, Yang Mei, Duan Yixiang. Chemistry, Biology, and Medicine of Fluorescent Nanomaterials and Related Systems: New Insights into Biosensing, Bioimaging, Genomics, Diagnostics, and Therapy. Chemical Reviews, 2014, 114 (12): 6130-6178.

[2] Wang Youfu, Hu Aiguo. Carbon Quantum Dots: Synthesis, Properties and Applications. Journal of Materials Chemistry C, 2014, 2 (34): 6921-6939.

[3] 胡蓉，辛德华，秦安军，唐本忠．聚集诱导发光聚合物．高分子学报，2018 (2): 132-144.

[4] Wang Feng, Banerjee Debapriya, Liu Yongsheng, et al. Upconversion Nanoparticles in Biological Labeling, Imaging, and Therapy. Analyst, 2010, 135 (8): 1839-1854.

[5] 张丽萍，张纪梅，米超，等．量子点纳米材料研究进展．现代化工，2017，37 (11): 17-22.

案例 16：无处不在的纳米材料

什么是纳米？纳，是科学术语中的十亿分之一。纳米，即十亿分之一米。原子的尺寸一般是几个埃。DNA 分子的螺旋直径约为 2.5 nm。各种病毒体的大小差别很大，最大的约 300 nm，最小的仅 20 nm，大多数病毒体小于 150 nm。又如红细胞，其直径在几千纳米。简言之，纳米这一单位非常小。尽管小，在纳米级别发生的事件，却实实在在地造就了你所能见到的众多现象：是它们将夕阳染成红色，是它们让鸟儿可以飞翔，也是它们让壁虎、蜘蛛、苍蝇以及一些甲虫等有能力在不使用水的情况下飞檐走壁。经过纳米技术的发展，我们真正具备了观察纳米级别世界的能力。自然界中的众多生物都具有纳米级别的微粒或结构。通过电子显微镜可以对纳米世界进行观察，纳米世界不仅看起来不同，事物的运作在这个尺度也大不相同。

1. 纳米材料

纳米科学技术的发展开始于20世纪末并一直持续高度发展。至今，其结合了多学科的发展，大幅度推动了各学科的进步。在纳米科学和技术领域，各学科是相互独立和渗透的。其中，纳米材料的理论研究与制备是整个纳米科学和技术的基础之一。有关纳米材料的定义最早是1990年在美国巴尔的摩的国际会议上提出的。所谓纳米材料，是指各种固体超细材料，其微结构的至少一个维度上为纳米级（1～100 nm），或由它们作为基本单元构成的材料。随着纳米材料理论与制备的不断进步，新型纳米材料正在不断发展，现阶段对纳米材料可以从化学组成和结构、光学、电子、磁性、热学、生物等性能以及表面活性等方面来分类。在纳米材料的理论研究中，三维尺寸皆为1～100nm的材料通常称为零维纳米材料，如纳米粒子。将两维空间尺寸处于1～100 nm尺度的材料称为一维纳米材料，如纳米管或纳米棒等；将仅有一维处于1～100 nm的材料称为二维纳米材料，如纳米膜等。

2. 纳米材料的特殊性质

纳米材料基于其小尺寸效应表现出大的比表面积，表面原子的占比大大增加导致其原子配位不足，具有高的化学活性，从而表现出不同于块体材料的优越性能。这种由表面性质带来的效应称为表面与界面效应。表面与界面效应除提供大的比表面积，在力学方面能够表现出优越韧性外，因其能量要降低使体系趋于稳定，具有高化学活性，还表现出优越的催化性能。假如把一个立方体的表面展开，可以看到这个立方体有多少面积能够与外界发生反应。如果将立方体切割为8个小立方体，其表面积会增加一倍。如果不断这样切割出更小的立方体，其比表面积将会变得十分巨大。比表面积越大，意味着发生反应的地方越多。如糖粉溶解起来比糖块快得多，就是这个原因。一大块铝不易发生反应，但铝纳米粒子活泼的化学性质，让它们足以成为火箭燃料的一部分。通常做面食的面粉，堆成一堆时很难烧起来，是因为比表面积不够，但如果将其分散，和很多空气混合在一起，点燃时会发生爆炸现象。当进入纳米级别的世界时，连光也表现得十分不同。白色光包含了所有颜色。当颗粒变得非常小的时候，它们就只会反射一部分颜色，而通常反射出来的颜色会被认为是它们的本征颜色。如当金的体积逐渐减小时，它不再是金色，而反射出红色、紫色、蓝色并最终变成无色，因为这时其体积非常小，已经无法反射光中任何能看到的颜色。光的这些奇特性质带来很多有趣性能。在大自然中，把一只蝴蝶翅膀放到显微镜下，能看到数以千计的亮蓝色小鳞片。这些鳞片成为蓝色的原因在于表面上一条条小小的凸起。而这些凸起的结构，假如剖开来看，就像是一棵圣诞树，这种结构十分精巧，它们只会反射光中的蓝色部分，所以这只蝴蝶是亮蓝色的。如果把这一纳米结构中的空气替换成液体，蝴蝶翅膀的颜色会被从亮蓝色变成亮绿色。液体将纳米结构中的空隙填了起来，就使它变得更易反射绿色光。而当液体蒸发时，它就重新开始反射蓝色。通过纳米级别上种种技术的巧妙运用，我们终于能了解大自然的纳米秘密，并将这些方法化为己用。许多热带植物叶子不会沾水，这可以让它们保持清洁，假如我们在纳米级别进行观察，可以发现防止叶子沾水的原因是其表面有许多微小构造。只要模仿这些构造，我们就能制造出防水表面。有些甚至连蜂蜜都无法粘上。蚂蚁可以站在天花板上，拿起百倍于自身重量的东西而不掉落。通过仔细观察，可以发现蚂蚁脚上有十分微小的“脚趾”，帮助它们粘在平面上。通过研究昆虫足部的细微结构，我们可以设计出让它们难以立足的表面，应用于杀虫领域中。猪笼草捕食坠入其中的昆虫，但只有当边缘全都浸有水时才可以。猪笼草为了使自己时刻处于最滑的状态，存在一种纳米效应，水甚至可以逆重力向上流动。如果仔细观察，能发现猪笼草的边缘上有着许许多多的凹槽。而假如在纳米级别观测，在这些凹槽之中，我们还能看到更小的凹槽，这被称为超亲水表面，换言之这种表面是十分亲水的。一旦水被薄薄地铺在了这一细小的纳米槽中，它们将变得十分光滑。猪笼草就是通过这种作用完成捕食的。亲水表面的用途十分广泛，其中尤为杰出的是一种新式滤水器。它能过滤脏水中哪怕最小的疾病源，把它变为安全的饮用水。大自然界中还存在许许多多类似的纳米尺度的表面与界面现象。

3. 纳米材料的制备方法

人工制备纳米材料的历史至少可以追溯到一千多年前。中国古代利用燃烧蜡烛的烟雾制成炭黑，作为墨的原料以及用于着色染料，这就是最早的纳米材料。根据生成机理与制备过程，可粗略地将纳米材料的制备方法分成物理法和化学法。物理法仅仅通过简单的物理原理进行纳米材料的制备。物理法包括三大类：一是物理粉碎法；二是物理气相法；三是机械合金化法。物理粉碎法理论上粒径可达 10～50 nm，就目前的设备与工艺来说很难达到，通常采用高能球磨法、电火花爆炸法、高能气流粉碎法等。物理粉碎法原理上虽然简单，但是具有一系列缺点，如引入杂质、粒度不均匀、成本高。物理气相法通常采用惰性气体蒸发-凝聚法、旋转油面真空沉积法、溅射法三种。用该方法制备出的纳米颗粒纯度虽高，但对于技术与设备的要求十分严苛。纳米材料的制备方法关键是对于形貌及粒度分布均匀的控制，机械合金化法虽能够降低制备成本，但是对于纯度和粒度分布则不尽人意。化学法是从原子分子角度出发，通过化学反应制备纳米材料，通常包括化学气相沉积法、沉淀法、溶剂热法、溶胶凝胶法、电解法、微乳液法、模板法、辐射合成法和爆炸法等。纳米材料的性能与结构，与其尺寸及其分布密切相关。因此，有效控制纳米材料或结构体系的尺寸及其分布、组成、缺陷、形状和序列等，是纳米材料制备的核心问题。在实际操作中，对于纳米材料制备的要求都建立在工艺、成本、纯度、粒度、产率、稳定性等方面考虑之上的。

4. 纳米材料的应用

得益于纳米科技，人类能够制造出连大自然都未曾尝试过的新构造，人们称之为纳米组装体系或者纳米尺度的图案材料。它是以纳米粒子以及纳米丝、管等为基本单元，在一维、二维和三维空间组装排列成具有纳米结构的体系，其中包括纳米阵列体系、介孔组装体系、薄膜嵌镶体系等。科研工作者们在各种精细条件下进行试验，探索能够创造出什么样的新型纳米结构，结果是十分震惊的。这些新构造拥有不同的特性，开发其应用会对我们的生活方式带来不一样的影响：从可以安装在屋顶上的太阳能电池板到小得根本看不见的芯片。目前使用的传统块体材料有很大的局限性，受力太大时，它们就会损坏。但对于纳米的研究让我们不断发现避开这一局限的方法。如现在的电子器件是以硅为基础的，而硅的弹性并不怎么好。但基于纳米材料，已经找到了让电器有弹性的方法。当把一层很薄的金镀到橡胶上，然后拉伸橡胶，这层金不会裂开，这是因为当金处于几纳米的尺度范围时，它会产生许多裂缝，而这些裂缝可以让金变得有弹性、可延伸。这意味着，将来把手机拉长戴在手腕上有可能成为现实，甚至还可以嵌在衣服里。使用由纳米科技提供的新材料，我们可以建造出更牢固的房子、生产出更结实的车辆，甚至把我们自己变得更为强壮。医学研究者们已经在考虑使用纳米粒子来投送药物，或者用它们来寻找恶性肿瘤，研发可以进入肿瘤从而确认肿瘤细胞位置的纳米粒子。基于纳米粒子，未来也有可能实现纳米药物在体内的“巡逻”，追捕疾病并进行治疗。进一步了解纳米后，发现物体的内部构型十分丰富，而这彻底改变了我们对于纳米世界的认识。比如采用扫描隧道显微镜观察石墨烯，可以得到一幅图像，图像中可以观察到斑点，即为碳的一个个原子；也就是说，一个斑点就是一个原子。科研工作者们有史以来第一次绘制出了一个单分子的内部结构，也是至今所拥有的对物质样貌最为细致的图像，并与所模拟的分子模型一致。扫描隧道显微镜不仅能够成像，也可用来逐一改变每个原子的位置：通过扫描隧道显微镜选取表面上的一个原子，然后把它移动到一个新的位置；通过不断重复、移动任意多的原子，就能制造出新的结构。纳米科技的主要内容就是通过新的结构，在原子层面上改变物质的属性。纵观历史，我们一直在制造越来越小的机器。如今科研工作者们正在研究在最微小的级别上制造机器的方法，用原子来做元件，建造出能够制造一切东西的分子机器。这会对我们的生活产生重大的影响。如果分子机器能够实现，在我们身体的细胞里，就存在很多分子级别的机器，进行着各种物理、化学过程，进行各种能量的转化，起到修复损伤、保暖和制造新细胞等功能的作用。也就是说生物体本身可作为分子纳米技术的作品。如果把一种很小的设备植入体内，能够直接和大脑进行交流，就像互联网能与整个世界连通一样，会对科技发展、社会进步产生极大的促进作用。

练习与思考

1. 何种纳米材料在 20 世纪 90 年代初兴起以后受到各国政府和科学家们的重视？
2. 自然界中的纳米材料有哪些？人工制备的纳米材料有哪些？

参考文献

[1] 张立德，等．纳米材料和纳米结构．北京：科学出版社，2001.
[2] 刘漫红，等．纳米材料及其制备技术．北京：冶金工业出版社，2014.

案例 17：纳米金银颗粒的发展概况

当材料的尺寸减小到纳米级别时，由于纳米效应而展现出一系列独特的物理化学特性。一千多年前，我国古代利用蜡烛燃烧产生的炭黑作为染料及墨的原料，就是最早人工合成并应用的纳米材料，古代铜镜上涂有的防锈层也被证明是一层纳米氧化锡薄膜，只是限于当时的科技水平，人们并不知道这些材料的构成。直到 18 世纪中叶，随着胶体化学的建立，研究人员开始对粒径在 1～100nm 的颗粒系统进行研究。在后来催化剂的研究中，人们制备了铂黑，这大概是最早的金属纳米材料。

根据历史记载，早在 16 世纪，欧洲现代化学奠基人之一 Paracelsus 就已经制备出了纳米金，并将其应用于治疗精神类疾病，并命名为“饮用金”，自此，纳米金在科学的舞台上有了一席之地。到了 1857 年，法拉第在研究道尔顿的理论时，发现了一个奇特的现象：他利用氯化金还原出红宝石颜色的纳米金溶胶，在其中加入少量电解质后，溶胶颜色会变蓝并慢慢变为无色，而加入一些大分子物质如明胶等会阻止这种变化。限于当时的科技水平，他并没有认识到其中的原理，但这一发现为纳米金的应用奠定了科学基础。直到 1908 年，Mie 通过求解麦克斯韦的电磁方程，解释了法拉第金溶胶中强烈的颜色变化，并认为这种现象与溶胶中纳米金对光的吸收和散射有关。

1971 年，Faulk 和 Taylor 首次将纳米金溶胶和兔抗沙门氏菌抗血清结合作为标记，通过免疫细胞化学技术来灵敏检测沙门氏菌的表面抗原，开创了现代四大标记技术之一的纳米金免疫标记技术。金纳米粒子独特的理化性能受到越来越多科研人员的关注。

历史上，银不仅作为货币和装饰品使用，还是一种古老的抑菌材料。大约一千年前，蒙古牧人就已经知道使用银器皿装马奶，可以使马奶不变质。19 世纪，新生儿因结膜炎导致失明的问题一直无法得到解决，F. Crede 作为一名产科医生为了解决这个问题，首次尝试在新生儿眼中滴入1%浓度的 $AgNO_3$ 溶液，成功将新生儿失明率降到0.2%。直到现在，这种预防方法仍然被许多国家在使用。1893 年，C. Von Nageli（纳格列）深入研究后发现，细菌和其他低等生物对于金属的耐受性较低，尤其是银，对细菌具有强烈的致死效应。因此，银在消毒杀菌方面具有很大的潜力。银的尺寸达到纳米级别后，可以在菌体内与活性氧代谢酶结合后，使细菌缺氧而死亡，大多数细菌、真菌等微生物和纳米银接触后都会由于这种独特的杀菌机制而死亡，却不会让细菌产生耐药性。除了在医疗领域广泛应用外，纳米银粒子由于优异的物理化学性能，在催化领域、新能源领域等诸多领域都有着广泛的应用。

从应用的角度来说，金银纳米颗粒各有优缺点。金纳米颗粒由于化学性质不活泼，在生物相容性和化学稳定性等方面更具优势，并且制备方法较为简单，形貌、尺寸容易控制，表面等离子体共振的吸收峰也可以通过调节形貌和尺寸等，实现由可见光区到近红外区的变化。相对于纳米金而言，银纳米颗粒化学性质活泼，容易在空气中氧化。银纳米颗粒具有更高的表面增强拉曼活性和表面等离子体共振折射率灵敏度，这是其他金属难以相比的。因此，为了结合两种金属的优点，科学家们将它们复合在一起，构建了双金属纳米合金，大大增加了其应用范围。常见的金银双金属纳米颗粒包括金银合金、金核银壳、银核金壳等。金银双金属纳米颗粒与单金属纳米颗粒相比，在光学、电子和催化等方面有着独特的优良性质，其制备方法也日益引起关注。

练习与思考

1. 简要描述一下目前你对金属纳米材料的认识。
2. 列举生活中你所了解过的一些金属纳米材料。
3. 纳米金颗粒以及纳米银颗粒在生活中的应用领域有哪些？

参考文献

[1] 王东辉，等．纳米金催化剂及其应用．北京：国防工业出版社，2006.

[2] 刘漫红，等．纳米材料及其制备技术．北京：冶金工业出版社，2014.

案例 18：二氧化钛的纯白与多彩

光催化是材料科学、环境科学、催化化学、光电化学和半导体物理等多学科交叉的研究领域。光催化剂是一类具有光催化功能的半导体材料，是光催化过程中最核心的部分，二氧化钛是其中的典型代表。1972 年，日本东京大学的 Honda 和 Fujishima 在《自然》杂志上首次报道了 TiO_2 半导体电极光解水制氢的研究，是利用半导体光催化剂将光能转化成电能或化学能的里程碑，开创了多相催化研究的新纪元。1976 年，Garey 等将 TiO_2 用于水中污染物的光催化降解，进一步拓展了半导体光催化技术在生活科学方面的应用。自 20 世纪 80 年代以来，半导体光催化剂以其高活性、低成本、优异的稳定性，成功实现了太阳能的转化和存储，太阳燃料的制备和应用领域也在不断扩大和深化。

1. 单质钛概述

(1) 起源

钛是一种金属化学元素，化学符号 Ti，原子序数 22，在元素周期表中位于第 4 周期、第ⅣB族。

金属钛能与氧、氮、氢、碳等直接激烈地化合，而且钛的氧化物极其稳定，所以单质钛很难制取。最早发现的钛是粉末状的二氧化钛，而不是金属钛。从发现钛元素到制得纯品，经历了100多年。1910年，美国化学家亨特第一次制得纯度达99.9%的金属钛。

(2) 物化性质

金属钛是一种银白色的过渡金属，其特征为重量轻、强度高、具有金属光泽、有良好的可塑性、机械强度大、耐热性能好，属于新兴的结构材料，又被称为“宇宙金属”。单质钛的还原性很强，表面容易生成致密的、钝性氧化物薄膜，其具有优良的抗腐蚀性，特别是抗海水腐蚀。

(3) 用途

钛在军事、工业和医学领域有着非常广泛的用途。利用钛合金制造的军舰、潜水艇等航海设备，没有磁性，不会被磁性水雷发现和跟踪，抗深水压力，而且可以下潜到4500m以下的深海，是一般潜水设备所不能达到的深度。在冶金工业中，钛可以作为钢铁制品的脱氧、除氮和去硫剂等，能改善产品性能，使钢材坚韧而有弹性。在医学领域，钛合金具有优良的生物相容性和耐腐蚀性，又被称为“亲生物金属”，可以植入人体取代坏掉的骨头或关节。

2. 二氧化钛（TiO_2）概述

(1) 物化性质和用途

天然的TiO_2又称金红石，是一种桃红色晶体，通常因含有微量的Fe、Nb、Sn、V和Cr等杂质而呈黑色。经过化学处理制备的纯净TiO_2是雪白色的粉末，俗称钛白，无毒，具有最佳的不透明性、最佳白度和光亮度，被认为是现今世界上性能最好的一种白色颜料。1g钛白就可以把约450cm^{2}的面积涂得雪白，遮盖性大于锌白，持久性高于铅白。另外，TiO_2的黏附性很强，不易起化学变化，可用作高级白色颜料、白色橡胶、食品用白色素和高级纸张等的填充剂。另外，其熔点很高（1800℃），可用于制造耐火玻璃及、耐高温的实验器皿、瓷釉、珐琅等。同时，TiO_2还具有优异的紫外线掩蔽作用和透明性，被广泛用于化妆品、木器保护、食品包装塑料、家用薄膜、人造纤维和天然纤维、透明涂料中。

(2) 半导体光催化研究与应用

以TiO_2为代表，半导体光催化反应机理都可以用半导体的能带理论来解释。半导体能带理论的基本内容是：与具有连续的电子能级的金属不同，半导体具有空能级区域。最上层的满带称为价带（VB），最下层的空带称为导带（CB），中间的空能级区域称为禁带。半导体表面多相光催化的基本原理可以描述为：当光子能量（$h\nu$）高于禁带宽度（E_g）时，半导体表面受光照可激发，价带上的电子可被激发跃迁到导带上，同时在价带产生相应的空穴，这样就在半导体内部生成电子（e^-）-空穴（h^+）对。随后，电子-空穴对迁移到粒子表面的不同位置，与吸附在半导体表面的电子受体（A）及电子给体（D）发生相应的氧化或还原反应，同时激发态重新回到基态。与电荷分离相逆的是电子-空

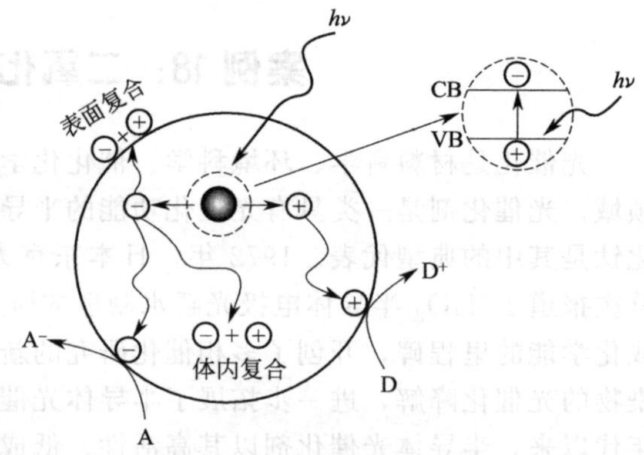

图18-1 光照激发后半导体的电子空穴迁移及复合过程

穴对的复合过程，这是半导体光催化剂失活的主要原因。电子空穴对的复合将在半导体体内或表面发生，并释放热量。另外，在吸附物到达半导体表面的电荷转移发生后，反电荷转移过程也有可能发生。图 18-1 详细阐述了以上过程。

近年来，随着科研人员对光催化体系认识的不断深入，光催化技术被广泛用于空气净化、废水处理、消毒杀菌、水分解制氢、二氧化碳还原制取燃料等领域中，在环境保护和新能源开发利用等方面显示出了诱人的开发潜力。特别是在污染物处理方面，半导体光催化与传统治理手段相比具有许多优点：①半导体光催化利用化学氧化的原理，将有机污染物分解彻底，而传统的相转移和过滤法只是通过物理作用富集并转移污染物，容易造成二次污染；②光催化属于深度氧化技术范畴，反应条件温和，室温下即可进行，装置简单易搭建，而传统的高温焚烧法耗能大，容易燃烧不完全生成有毒中间物；③光催化直接利用太阳能来驱动反应进程，从能源、环境等各个角度都具有巨大的开发潜力。

如果说纯白是对于 TiO_2 本身固有的颜色而言，那么多彩则代表了科研人员对于这种半导体材料的改造和创新。随着科学技术的不断进步，TiO_2 材料从结构、组成到性能、用途也一直在拓展和优化，如今已作为一种耳熟能详的光催化剂产品走入千家万户。太阳能光化学涉及了光能、生物能、化学能以及电能等多种能量复杂的转化过程，进行深入研究不仅可以在众多能源领域产生许多新概念、新方法、新理论，而且可望指导更多未知领域的开发。

练习与思考

1. 说出我们身边常见的几种太阳能转换技术，并尝试解释其能量转换形式（如太阳能→热能）。
2. 列举光催化技术的应用领域。
3. 分析我国新能源技术未来的发展趋势。

参 考 文 献

[1] 张金龙，陈峰，何斌．光催化．上海：华东理工大学出版社，2004.

[2] Fujishima Akira，Honda Kenichi. Electrochemical Photolysis of Water at a Semiconductor Electrode. Nature，1972，238：37-38.

案例 19：锂离子电池发展与认识

化学电源是一种电能的存储与转化装置。锂离子电池作为一类重要的化学电源，它的应用极为普遍，从小型遥控器用纽扣电池到大规模储电站用蓄电池组，锂离子电池在电能存储与利用方面都发挥着不可替代的作用。几乎所有笔记本电脑和智能手机都配备和使用锂离子电池。纯电动汽车使用的动力电池绝大多数也是锂离子电池。

锂离子电池又被称为“摇椅式电池”，因它是借助于锂离子在正极与负极材料间来回穿梭而得名。当充电时，锂离子由正极脱出，经电解液中扩散，到达并嵌入负极中，电子则从正极经由外部导线传输至负极；放电过程则与之相反。锂离子电池的正极材料通常有层状钴酸锂（$LiCoO_2$）、尖晶石型锰酸锂（$LiMn_2O_4$）、三元材料（如 $LiNi_{0.8}Co_{0.1}Mn_{0.1}O_2$）和橄榄石型磷酸铁锂（$LiFePO_4$）这四类，而商品化锂离子电池的负极材料通常只有石墨负极和硅碳复合材料这两类。除正、负极材料外，锂离子电池还包含聚烯烃微孔隔膜材料（通常是聚丙烯或者乙烯-丙烯共聚物）、由锂盐和有机溶剂组成的电解液、金属铝箔和铜箔集流体、极耳以及电池外壳等。根据外观构造的差异，锂离子电池又可分为纽扣电池、圆柱形电池、方形电池和软包电池等。通常，手机电池使用软包电池，而笔记本电脑和新能源汽车则使用圆柱形电池居多。

以下简要介绍锂离子电池的发展历史，并从材料、能量转化和电池应用等三个维度分别介绍锂离子电池的基本知识。最后，结合青岛科技大学材料学院多年来在锂离子电池和新型电化学储能技术领域的研究积累，简要介绍当前该领域的发展概况。

1. 锂离子电池的发展历史

自20世纪中期以来，石油危机的爆发迫使人们寻求新的可替代能源，用蓄电池代替石油来驱动汽车便成为解决能源危机的有效途径之一。与此同时，半导体科学技术获得迅猛发展，随着集成电路、电子器件以及医疗器械等科技的不断进步，它们对化学电源的使用也提出了更高要求。当时，便携式电子产品所使用的镍镉电池以及锂金属电池不仅具有污染环境、安全性差等问题，它们的能量密度和使用寿命也很难满足设备需求。因此，研发具有高安全性、小型化、轻质化、高能量密度和长寿命等特征的新型化学电源器件已迫在眉睫。然而，二次电池（也就是可再充电电池）作为一个独立且高度集成的系统，其稳定、高效运行需要各个组件间的协同耦合，任何部件的失效都会给电池造成不可挽回的后果，甚至导致起火、爆炸等事故，这也给商品化锂离子电池的开发与应用带来了巨大障碍。

在1970～1980年间的科学研究中，“电化学嵌入”概念逐步被认识，越来越多的固体材料也被提出具有快速传导锂离子的能力，这期间研究工作也催生出了第一块商品化金属锂电池（图19-1）。在Exxon（埃克森公司）研究实验室中，M. Stanley Whittingham研发出了以二硫化钛为正极材料，以金属锂为负极材料的锂金属电池，为锂离子电池后续探索奠定了坚实基础。然而，由于安全性问题，锂金属电池只能在手表和小型设备中推广使用。在此期间，Michel Armand研究了石墨嵌锂的可能性并随后提出了“摇椅式电池”概念，这也为锂离子电池发展指明了方向，后期研究主要集中在寻找正、负极可嵌锂的化合物材料，以及与正、负极材料相匹配的非水电解质。

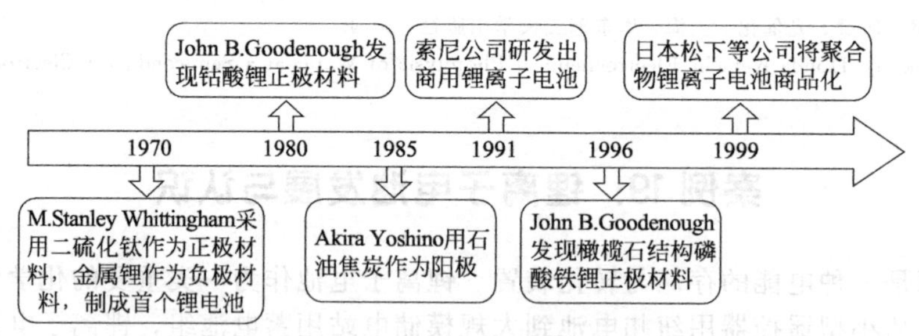

图19-1 锂离子电池发展历史概况

1980年，John B. Goodenough的研究工作表明，Li_xCoO_2可能具有潜在应用价值。1985年，日本科学家Akira Yoshino发现石油焦炭可以代替金属锂作为电池阳极材料。在此期间，人们也逐步认识到嵌入化合物材料与非水电解质之间界面对电池体系的重要性。经长达六年的研发历程，索尼公司于1991年成功推出第一款商品化锂离子电池，并用于其研发的摄像机中。1996年，John B. Goodenough开发出了磷酸铁锂正极材料，该材料后来在电动汽车中广泛使用。日本松下等公司在1999年开发出更为安全的聚合物锂离子电池，并用于电子产品和小型电子设备中。自此，针对锂离子电池的研究和开发不断取得新进展和技术突破，人们对于基础理论的认识和理解也不断深化，锂离子电池进入了蓬勃发展的新时代。

2019 年 10 月 9 日，为表彰他们在锂离子电池方面的突出贡献，诺贝尔化学奖授予了 John B. Goodenough、Akira Yoshino 以及 M. Stanley Whittingham 三人。时至今日，锂离子电池仍然是使用最为广泛和最为普遍的化学电源，它的存在和发展已经改变了几代人的生活习惯，并在未来很长一段时间内继续处于举足轻重的地位。有理由相信，从事锂离子电池研究和开发是有前景的，但同时也是辛苦、艰难的，希望广大学子能够借鉴历史，憧憬未来，为我国的锂电事业作出自己的贡献。

2. 从材料角度认识锂离子电池

锂离子电池中的材料如表 19-1 所示，它涵盖了由纯金属元素组成的金属材料到由一种或多种元素组成的无机非金属材料、高分子材料以及液态有机溶剂等。虽然单一材料的元素组成比较简单（例如较复杂的磷酸铁锂正极材料只包含四种元素），但是材料微观和宏观结构复杂多变。不同材料发挥着不同功能和作用，不同材料合成方法也可以制备出结构和性能完全不一样的电极材料，这在锂离子电池研究领域非常普遍。

表 19-1 中还列出了常见的锂离子电池中材料在微观和宏观尺度下的状态。从价键结构角度可以发现，不同材料的价键结构具有很大差异。通常情况下，金属材料中只存在金属键（在高熔点金属中也存在共价键成分），由多种元素组成的无机非金属材料主要是共价键和离子键，高分子材料中则以共价键和分子间作用力为主。对于液态有机溶剂而言，分子间作用力以及分子内部共价键占主导。当锂盐（如六氟磷酸锂）溶解于溶剂中时，锂离子和六氟磷酸根阴离子则被电离出来，进而与有机溶剂形成溶剂化离子结构，这些溶剂化离子在接触到电极时便会形成电极-电解质界面。价键结构是组成宏观材料的基础，也是决定材料性能的主要因素之一。离子导体材料，特别是锂离子导体材料，可以作为正极材料使用，也可以用于固态电解质材料。

表 19-1 从微观尺度到宏观尺度认识锂离子电池中主要材料

电池中的材料		价电子排布	价键结构	材料分类与晶体结构	宏观形态及尺寸	电极中形态及尺寸
正极材料	$LiCoO_2$	Co：$3d^7 4S^2$	共价键/离子键	无机非金属材料/层状结构	类球形单晶颗粒/8～20μm	双面涂覆膜/10～30 μm
	$LiFePO_4$	Fe：$3d^6 4s^2$	共价键/离子键	无机非金属材料/橄榄石结构	碳包覆的纳米颗粒组装体/0.5～10μm	双面涂覆膜/几十微米
电解液	$LiPF_6$	P：$3s^2 3p^3$	共价键/离子键	无机非金属材料/六角晶系	结晶粉末/—	溶解于溶剂中，电离出 Li^+ 和 PF_6^-/—
	EC/DMC	—	共价键/分子间作用力	非质子极性有机溶剂/—	液态/—	与 Li^+ 和 PF_6^- 生成溶剂化离子结构/—
负极材料	石墨 C	C：$2s^2 2p^2$	共价键/分子间作用力	无机非金属材料/层状结构	球形化石墨颗粒/几十微米	双面涂覆膜/几十到几百微米
	金属锂	Li：$1s^2 2s^1$	金属键	金属材料/体心立方结构	箔片/30～50μm	Li 箔/30～50μm
集流体	金属铜/金属铝	Cu：$3d^{10} 4s^1$	金属键	金属材料/面心立方结构	箔片/15μm	15μmCu 箔/15μmAl 箔
黏结剂	PVDF	F：$2s^2 2p^5$	共价键/分子间作用力	高分子材料/晶区、非晶区共存	白色粉末/—	黏结电极材料与导电剂，均匀分散于电极片中/—

续表

电池中的材料		价电子排布	价键结构	材料分类与晶体结构	宏观形态及尺寸	电极中形态及尺寸
导电剂	炭黑	—	共价键/分子间作用力	无机非金属材料/无定形碳	黑色粉末/—	颗粒分散于电极片中/—
电解液添加剂	FEC	—	共价键/分子间作用力	非质子极性有机溶剂/—	液态/—	可优先与电极发生反应，生成稳定电极-电解质界面/—

晶体结构对锂离子在材料中的迁移具有重要影响。不同晶体结构可以容纳不同锂离子数量，也可以提供不同的锂离子迁移通道，进而影响电池充放电容量以及速率。对于层状结构钴酸锂正极材料而言，带正电的锂离子能够将带负电的钴氧八面体相互连接起来，并组成较大的单晶结构。从图 19-2 可以看出，钴酸锂材料只能脱出 0.5 mol 锂离子，继续脱出锂离子时，由于带负电的钴氧八面体失去锂离子的牵引而变得互相排斥，最终导致电极材料结构坍塌、电化学失活和容量衰减。而对于石墨负极而言，最终嵌锂产物为 LiC_6，继续放电则会生成金属锂沉积物，这会严重影响电池的安全性。对于金属铝箔和金属铜箔而言，它们都属于面心立方晶体结构，表现出优异的延展性和电子导电性，用作锂离子电池中的集流体材料。

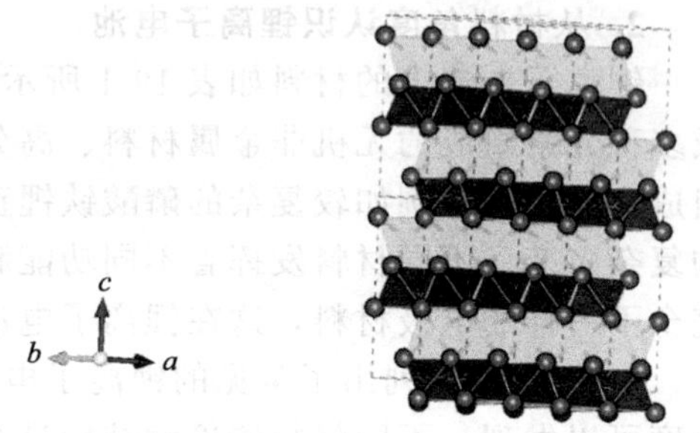

图 19-2 钴酸锂的晶体结构示意图（4×2×2）小圆球代表氧原子，钴原子位于八面体（深色阴影部分）中心，锂原子位于绿色八面体中心（浅色阴影部分），钴氧八面体和锂氧八面体组成层状结构

在颗粒尺度以及电极尺度下，材料分布状态将发生一定变化。通常情况下，电极由正负极材料、导电炭黑以及黏结剂混合均匀后涂覆于集流体上面制成，电极厚度以及材料载量可以根据对电池的需求进行控制。值得注意的是，不同颗粒尺寸材料具有不同振实密度，相同厚度电极可能具有不同活性材料载量。所以，控制颗粒尺寸对于获得致密、厚实电极至关重要。

在锂离子电池电解液中通常也含有少量添加剂。这类材料的主要作用是在电极与电解液接触界面处形成一种稳定、不易于溶解的固体界面层，这种界面层一方面可以有效传导锂离子并隔绝电子，另一方面也可以抑制电极材料和电解液之间的不可逆化学或电化学反应。这两方面作用对于实现电极材料稳定、高效的循环使用至关重要，也是当前科学研究的重点内容之一。

材料是组成器件的基础，而器件是材料性能和功能的具体体现形式。锂离子电池作为一种高度集成的储能系统，其各部分组件都发挥着不可或缺的作用。在锂离子电池工作过程中，各组件中的材料都有着各自的功能和任务。从材料角度考虑，锂离子电池充放电过程实际上就是正、负极材料间锂离子和电子不断进行传输、交换和转移的过程。为了更好地理解这一过程，在今后学习和科研中需要从原子-分子尺度、晶体尺度、颗粒尺度以及电极尺度等多维度、多方面，来充分认识锂离子电池中材料是如何具体发挥它们各自功能的。

3. 从能量转化角度认识锂离子电池

锂离子电池是一种电能存储和转化装置。在放电时，电池内部电极材料化学能转化为可供外载荷用电能。以正极钴酸锂和负极石墨材料为例，在充、放电时，电极内部发生电极反应以及电池反应，如表 19-2 所示。如前所述，钴酸锂在充电时只能脱出 0.5 mol 锂离子，这时所对应电子转移量也是 0.5 mol。在讨论电池的容量时，使用质量比容量可以方便地对不同电极材料进行横向比较，计算公式如下：

$$C=\frac{nN_{\mathrm{A}}e}{3.6M} \tag{19-1}$$

式中，n 代表电子转移量；N_{A} 为阿伏伽德罗常数；e 为单电子电荷；M 为所计算材料的摩尔质量。对于钴酸锂正极材料而言，其理论比容量为 137.5 $mA\cdot h\cdot g^{-1}$，而石墨负极的理论比容量为 372 $mA\cdot h\cdot g^{-1}$。

表 19-2 锂离子电池中的能量转化以及性能参数

项目	从化学能到电能	从电能到化学能
电极反应方程式	正极：$Li_{0.5}CoO_2+0.5e^-+0.5Li^+\longrightarrow LiCoO_2$ 负极：$LiC_6\longrightarrow Li^++e^-+6C$	正极：$LiCoO_2\longrightarrow Li_{0.5}CoO_2+0.5e^-+0.5Li^+$ 负极：$Li^++e^-+6C\longrightarrow LiC_6$
电池反应方程式	$2Li_{0.5}CoO_2+LiC_6\longrightarrow 2LiCoO_2+6C$	$2LiCoO_2+6C\longrightarrow 2Li_{0.5}CoO_2+LiC_6$
电极的比容量	正极：137.5mA・h・g^{-1} 负极：372mA・h・g^{-1}	
电极的电势	正极：3.6V(vs. Li/Li^+) 负极：0.2V(vs. Li/Li^+)	

电极反应发生时，伴随着电极电势的变化。随着放电过程不断进行，正极材料中锂离子不断嵌入钴酸锂正极材料晶格中，其电极电势也逐步下降，在反应进行中，其平均电极电势为 3.6V（vs. Li/Li^+）；而对于负极而言，石墨电极放电平台约为 0.2 V（vs. Li/Li^+）。这时组成电池的平均电压约为 3.4 V。

除电池容量和电压外，电池充放电快慢也是人们关注的重要性能指标。电池充放电快慢很大程度上取决于锂离子在电极材料中扩散以及电荷转移过程。不同电极材料、不同颗粒尺寸以及不同电极厚度，通常表现出不同的锂离子扩散速率。而对于电荷转移过程而言，很大程度上取决于电极的离子和电子导电性。通过元素掺杂、碳包覆、微纳结构设计以及复合材料等综合途径来改善锂离子电池的倍率性能，是当前该领域研究的重要课题。

电池能量密度取决于电极材料的容量以及电压。虽然电极材料的理论能量密度很高，但是对于能量密度这一关键性能指标，需要从不同角度进行阐述。单纯电极材料的理论能量密度直接取决于其理论比容量以及放电电压。而对于电极材料而言，其包含了导电炭黑以及黏结剂等非活性成分，其能量密度也会因为正、负极容量和质量配比变化而变化。在计算单体电池能量密度时，又需要考虑隔膜、电解液、集流体以及电池壳等非活性成分。因此，能量密度参数不仅仅取决于电极材料的容量以及电压，也取决于电池类型以及电池中非活性组分的含量。以锂-硫电池为例，放电终态 Li_2S 材料的理论比容量高达 1167 $mA\cdot h\cdot g^{-1}$，其平均电压为 2.2 V，因此其理论能量密度高达约 2600 $W\cdot h\cdot kg^{-1}$。然而，由于硫电极通常需要大量碳材料来提高其电子导电性，并且电解液用量较多时锂-硫电池才能发挥较高的比容量，因此其单体电池的实际能量密度可能会小于 500$W\cdot h\cdot kg^{-1}$，甚至达到 300 $W\cdot h\cdot kg^{-1}$ 目标也比较困难。

4. 从应用角度认识锂离子电池

虽然锂离子电池能量密度高、使用寿命长，但是它并非适合所有化学电源应用场景。如表 19-3 所示，从微型、小型器件到大型规模储电站以及未来电动交通工具，锂离子电池只占据部分商业市场，这主要是各类应用场景对电池性能需求不同导致的。

表 19-3　各类电池的应用场景、主要电极材料以及需求角度

应用场景	心脏起搏器	遥控器、电子计算器	手机、笔记本电脑	电动工具	电动自行车	电动汽车	电动卡车	普通汽车用电瓶	功能储电站
电池类型	锂-碘电池	干电池	(聚合物)锂离子电池	镍氢电池	铅酸蓄电池	动力型锂离子电池	动力型锂离子电池	启停蓄电池	钠-硫电池
主要材料	金属锂负极、碘正极	炭棒和锰正极、锌片负极	石墨负极、钴酸锂正极	氢氧化镍正极、金属氧化物负极	二氧化铅正极、铅负极	磷酸铁锂/三元正极、石墨负极	三元正极、石墨负极	二氧化铅正极、铅负极	单质硫正极、金属钠负极
需求角度	微小化、高能化	高能化、低成本	高能化、高安全	高速率放电、低成本	低成本、易回收	高安全、高功率、高能化	高安全、高功率、高能化	高功率、低成本	低成本、高安全

具有高能量密度的一次锂-碘电池更适合用于小型心脏起搏器，而手机和笔记本电脑使用具有高体积能量密度、安全性较高的聚合物型锂离子电池。对于电动自行车而言，当前使用最多的仍然是较为廉价的铅酸蓄电池，而普通汽车用启停电瓶也大量使用铅酸蓄电池。对于有高功率要求的电动工具，则以镍氢电池为主，而动力型锂离子电池的应用集中于电动汽车和未来的电动卡车等交通工具。此外，涉及民用和军用的其他化学电源也因各自应用需求不同而不同。

市场决定产品，产品取决于技术。当前，纯电动汽车仍然存在安全隐患、里程焦虑以及低温续航短等问题，这就要求我们研发安全性更高、能量密度更高以及低温性能更优异的锂离子电池产品。此外，随着小型化、微型化、柔性化以及智能化电子产品和器件的发展，对电池的要求越来越高，这也是当前该领域的重要研究课题。

锂离子电池的发展与研究所涉及的学科内容极为丰富，以物理化学和材料科学为基础，涵盖了包括数学、物理、化学及工程科学在内的传统学科的基本要素，同时又涉及纳米科学、计算科学、智能制造等新兴交叉学科领域：一方面，社会对锂离子电池的需求，特别是对高安全性、低成本、长续航纯电动汽车的需求，推动了与锂离子电池相关的储能技术、储能理论的进步，更微观、更先进和更综合的理论基础不断被认识和深化；另一方面，技术的不断更迭和理论的不断深化也推动着新材料、新工艺和新产品的研究和开发，进而带动整个储能科学与技术领域的不断进步。

练习与思考

1. 简要说明锂离子电池的组成，并列举几种锂离子电池正极材料。
2. 从能量转化角度简要说明锂离子电池的工作原理。
3. 了解一下生活中常见的几种电池的应用以及电池中的主要材料。

参 考 文 献

[1] 郭炳焜，李新海，杨松青．化学电源——电池原理及制造技术．长沙：中南工业大学出版社，2000.
[2] Armand Michel，Tarascon Jean-Marie. Building Better Batteries. Nature，2008，451：652-657.
[3] Scrosati Bruno. History of Lithium Batteries. Journal of Solid State Electrochemistry，2011，15：1623-1630.

案例 20：纳米世界中的一维碳材料——碳纳米管

碳元素以单质或化合物广泛存在于茫茫苍穹的宇宙间和浩瀚无垠的地球上，它是地球上

一切生物有机体的骨架元素，可以说没有碳元素就没有生命。碳的化合物数以万计，形貌千姿百态，性能千差万别。20 世纪 80 年代以前，人们认为碳只有金刚石和石墨两种晶体结构，后来科学家们又陆续发现了富勒烯、碳纳米管、石墨烯和石墨炔。这一系列碳的同素异形体都因其在力学、电学等方面的优异性质而被人们寄予厚望，望其能带来材料科学甚至整个工业发展的又一次革命。

就目前而言，人们关注最多的碳的同素异形体要数碳纳米管和石墨烯，而碳纳米管是其中唯一具有一维结构的碳材料。碳纳米管可看成是由片层结构的石墨卷成的无缝中空的纳米级同轴圆柱体，按石墨层数不同，可分为单壁碳纳米管和多壁碳纳米管。单壁碳纳米管由一层石墨烯卷曲而成；多壁碳纳米管则由两层或两层以上的石墨片卷曲而成，层与层之间的距离为 0.34 nm。碳纳米管直径一般为 0.8～20nm，只有头发丝的几万分之一，即几万根碳纳米管并排起来才与一根头发丝相当。碳纳米管这种独特的一维纳米管腔结构，长径比大，密度小，比表面积高，使得碳纳米管具有独特的吸附能力和其他物理特性，因此碳纳米管可以作为催化剂载体、药物载体、储能材料，也可以用作制备纳米材料的微反应器。

最有意思的是它的电学性质。研究表明碳纳米管的电学性质，特别是单壁碳纳米管的导电特性，与它的手性密切相关。

如前文所言，碳纳米管可以看成是将一层由碳原子组成的平面卷起来而形成的，就如同把一张纸卷成纸筒那样。而将这张碳平面卷起来的方式决定了最终产生的碳纳米管的性能。现有一张纸，我们可以沿着边的平行线［图 20-1（a）］、对角线［图 20-1（b）］或其他方式［图 20-1（c）］把它卷起来。如果将片层石墨沿着与边平行的线卷，就得到了“锯齿型”碳纳米管。它会表现出类似半导体的导电性，这种碳纳米管有望取代单晶硅，应用在芯片中。如果沿着对角线卷，所得到的碳纳米管则被称为“扶手椅型”。电子在其中传输时不发生散射，如同从大炮中发射的炮弹一般。该类型的碳纳米管具有非常高的导电性（比铜高 10000 倍）。至于用其他方式卷得的碳纳米管，被称为“螺旋型”碳纳米管，其导电性介于前两者之间。

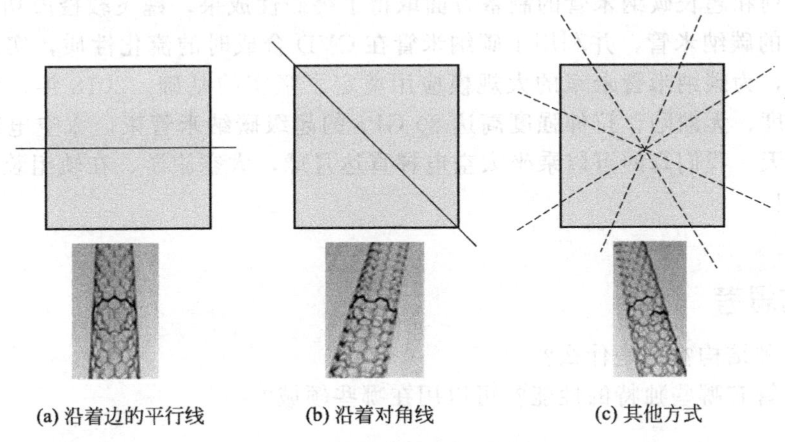

图 20-1　碳平面卷起来的方式

碳纳米管具有尺寸小、易被电场调控、电子传输速度快等优势，可以制备尺寸更小、速度更快、功耗更低的电子器件和集成电路。如果利用碳纳米管晶体管代替硅晶体管，效能可提高 1000 倍。我们每天使用的手机、笔记本电脑等内部的锂离子电池也添加了碳纳米管，以改善电池的导电性，延长其使用寿命。现在电动汽车的动力电池中，也添加了碳纳米管，以保证电动汽车能更持久地行驶。

碳纳米管还可以用作透明导电薄膜。什么是透明导电薄膜呢？我们每天使用的智能手机屏幕上就有一层，它的导电性可以使我们通过手指接触去控制屏幕，而透明性又让我们可以看到显示的画面。碳纳米管薄膜同时具有高的电子导电性和透光率，因此可以用作触摸屏的替代材料。目前使用的透明导电薄膜都是氧化铟锡（ITO）材料，因为铟属稀缺资源，所以ITO造价高，而碳纳米管的原料是甲烷、乙烯、乙炔等气体，不受稀有矿产资源的限制。此外，碳纳米管触摸屏具有柔性、抗干扰、防水、耐敲击与刮擦等特性，已在可穿戴装置、智能家具等领域得到应用。

除了导电性，碳纳米管的力学性能也特别引人关注。碳纳米管具有完美的一维管式结构，由自然界中最强的碳-碳共价键构成，因此它的强度和韧性都非常好，其强度大于100GPa，杨氏模量大于1 TPa。碳纳米管的密度只有钢铁的六分之一，但是其单位质量上的拉伸强度是钢铁的400多倍，是目前人类已知的力学性能最好的材料。2020年8月，我国科学家证实碳纳米管具有超长的耐疲劳寿命，在大应变循环拉伸测试条件下，单根碳纳米管可以被连续拉伸上亿次而不发生断裂，并且在卸除载荷后，其抗拉强度依然能保持90%以上的初始强度。由于重量轻、韧性强、耐疲劳，因此碳纳米管在制备飞机骨架、导弹、火箭以及航天器等尖端领域比碳纤维更有优势。

探月一直是人类的梦想，现在探月的主要技术是以火箭搭载卫星的方式进行探月卫星的安置，一个空间站需要造价昂贵的火箭跑上几十趟才可以完成。长久以来，人类就梦想着建造一架太空电梯，从地面直达太空，从而节约大量燃料和发射火箭进入太空的经费。但这种太空电梯需要极高强度的缆绳来进行牵引，经过科学家计算，能够跨越此长度而承受自身重量不被拉断的材料只有碳纳米管！目前碳纳米管的生产技术还不能大规模量产，只要材料技术出现重大突破，我们就可以像坐电梯一样到月球旅行！

如今，作为曾经学术界最耀眼的“明星”，碳纳米管与现在其他新兴崛起的二维材料相比，受到的关注大大下降，但仍有很多科学家在踏踏实实地攻克一些技术难题，连连取得重大突破。我国科学家在这方面表现突出，中科院物理所的解思深院士和清华大学的魏飞教授在碳纳米管阵列和超长碳纳米管的制备方面取得了突破性成果，魏飞教授成功制备出单根长度高达65 cm的碳纳米管，并利用了碳纳米管在CVD合成时的流化性质，实现了碳纳米管的大规模量产，为碳纳米管未来的大规模应用奠定了坚实的基础。2018年，他们又制备出一种厘米级长度、无缺陷、拉伸强度高达80 GPa的超级碳纳米管束。太空电缆已经曙光初现，或许有一天，我们真的可以乘坐太空电梯直达月球，太空旅游、在轨组装大型空间站都可以成为现实！

练习与思考

1. 碳有几种结构？都是什么？
2. 碳纳米管有哪些独特的性能？可以用在哪些领域？

参考文献

[1] 成会明．纳米碳管：制备、结构、物性及应用．北京：化学工业出版社，2002.

[2] Graham Andrew P，Duesberg Georg S，Seidel Robert V，et al. Carbon Nanotubes for Microelectronics. Small，2005，1 (4)：382-390.

[3] Bai Yunxiang，Zhang Rufan，Ye Xuan，et al. Carbon Nanotube Bundles with Tensile Strength over 80 GPa. Nature Nanotechnology，2018，13：589-595.

案例 21：材料在海洋中的应用

21 世纪是海洋的世纪，海洋在全球的战略地位日益突出。海洋开发可谓意义重大，随着时间推移，陆地上可开发的资源越来越少，而全球如今正处于人口增长大爆发的时代，陆上资源终究会有枯竭的一天，而占据全球大部分面积的海洋，拥有比陆地更为丰富的资源，为了人类未来的发展，开发海洋资源势在必行。但开发海洋资源绝非易事。材料科学是开发海洋资源、发展海洋科学的基础，如果没有高性能的材料作为物质基础保证，我国海洋资源的开发、海洋科技的发展以及产业化将受到极大制约。目前，除了在航天等少数领域以外，我国的许多高性能材料及高新技术产业在世界范围内，尚不具备特别强的竞争力。加速海洋材料领域的科学研究以及高科技成果的产业化已迫在眉睫。

例如受到国外垄断的"蛟龙号"所用的钛合金材料究竟是什么？为什么要选择钛合金作为核心舱的材料呢？钛合金是以钛和铝为主，再加上一些少量的金属元素组成的合金材料，重量轻、机械强度高，无论是韧性还是抗拉性能都非常出色，其密度只有钢的 60%，强度却和钢差不多。更厉害的是钛合金没有磁性，而且其耐腐蚀性能极强，尤其是抗海水腐蚀的性能极佳，因此被广泛应用到航空航天和海洋工程中，用于海洋载人深潜再合适不过了。但钛合金的缺点也很突出，那就是材料极其昂贵，而且不容易加工和焊接。钛合金之所以昂贵是因为它作为一种新材料诞生时间并不长。其实钛这种元素在地球的储量并不稀缺，主要以钛铁矿和金红石的形式存在，广泛分布在地壳和岩石中。最常见的钛的化合物是氧化钛，包括用于制造白色颜料的钛白粉，其他钛化合物还包括四氯化钛及三氯化钛，在工业生产当中都非常有用。不过钛在地球上的数量虽然不少，但其分布非常分散，而且不容易提取。钛本身的化学性质极其活泼，尤其是在高温下更是极易被氧化，这就给钛的冶炼造成很大的麻烦。钛金属甚至还能在高温下与坩埚的耐火砖材料发生反应，争夺氧分子，对冶炼容器造成严重的破坏，因此直到 1910 年美国通用电气公司的 M. A. Hunter 才利用加热四氯化钛和钠金属，冶炼出第一块纯净的钛金属。其生产难度大，价格自然就被推高了。不仅如此，钛合金材料的加工性能也不好，主要表现在钛金属表层的氧化膜是一种硬度极高的物质，切削加工很困难，再加上其弹性模量较小，机加工时对刀具的磨损很厉害，因此是一种很不容易加工的材料。另外，钛合金的焊接也很困难，目前对于钛合金的焊接方法只有氩弧焊和电子束焊，对焊接设备、人员技术的要求都非常高，因此也推高了其制造成本。而这些都是我们材料专业的工作者们所要解决的问题。

即使不是深海这种高压环境，常规的海洋环境中高温、高湿、高盐以及复杂的受力状况，对各种涉海工程的材料也有着巨大影响，例如港珠澳大桥的桥身结构材料、桥面铺装材料等都要接受复杂海洋环境的巨大挑战。另外，海洋中大量的微生物与海洋生物对涉海材料的影响也是非常巨大的。据统计，海洋微生物附着有关的材料破坏和失效占到涉海材料总量的 70%～80%，微生物膜对材料腐蚀的影响已经受到材料界和海洋界的广泛关注。

"高盐"，即人们常说的"咸"，主要是说海洋中含氯的腐蚀性环境。内陆环境空气成分简单，湿度也较为恒定，而海洋环境湿度高、盐度大，对于各类工程材料都有极强的腐蚀作用。

海水不同于淡水，海水中存在大量的离子，如 SO_4^{2-}、Cl^- 等。它们与混凝土相互作用，使得混凝土表面劣化。硫酸盐还会在混凝土内产生结晶盐，这些晶体的生长会将混凝土胀裂，使得混凝土中的钢筋暴露出来。钢本身又非常容易生锈，一旦失去了外层混凝土的防护，Cl^-、金属阳离子和溶解氧就会接触到钢筋，从而加速腐蚀，引起钢筋的断裂，整个工程结构将岌岌可危。

“咸”仅仅只是海水腐蚀性的一部分原因。之所以海洋环境对建筑物的伤害巨大，还有一个重要因素是干湿交替的环境。完全浸没在海水中的建筑结构，例如桥墩，虽然它的周围都是海水，但是因为海水中环境稳定，环境湿度始终不变，所以它所受到的腐蚀作用并不强。反倒是在海面以上的飞沫区，虽然不直接接触海水，但大量裹挟着盐分的海水不断冲击工程结构，表面一会儿湿一会儿干，这部分的结构用不了几年就被腐蚀得不能够再使用了。更严重的是，多数海域的夏天都非常炎热，我国的南海更是一年四季处在高温环境，高温也可以极大地加快腐蚀过程。

如何应对海洋工程材料防腐蚀的问题呢？

方法1：勤换零件。对于像海洋桥梁这种设计使用寿命动辄高达上百年，像港珠澳大桥这样的超级工程使用寿命更要达到120年，最有效的方法就是将那些易损耗的构件定期更换。虽然每次更换势必影响到设施的使用，但比起高昂的维修费，即使花费一段时间也是在成本控制范围内的。

方法2：加强混凝土。在海洋工程中，对混凝土的强度要求更高。例如，在民用建筑中采用的混凝土强度应达到30 MPa，而在海洋工程中，就要选择60MPa、80 MPa甚至更高的混凝土。除了要求强度更高，混凝土的致密性也要更好，从而使得海洋中的水分子或离子更难透过。

方法3：钢筋防锈处理。钢筋是混凝土中重要的支撑结构。众所周知，钢铁是特别容易腐蚀的材料。在混凝土内部，属于强碱性环境，钢筋表面发生钝化，是不容易生锈的。但在海洋环境中，一旦海水中的腐蚀性离子接触到钢筋表面，即使是不锈钢也难以抵御氯离子的腐蚀（点蚀作用）。所以，在海洋结构中通常会增加混凝土的致密性和厚度来延缓钢筋被侵蚀。除此之外，在混凝土中添加一些具有缓蚀效果的物质，例如亚硝酸盐、有机胺等可防止钢筋被腐蚀。

方法4：替代材料。用不易腐蚀的材料替代易腐蚀的材料。何种材料不容易腐蚀呢？塑料。当然，常见的塑料还是不行。要选用强度高、性能优异的复合材料，例如超高分子量聚乙烯纤维、芳纶纤维，以及无机材料中玻璃纤维、碳纤维等。将这些材料和其他材料进行复合之后，就可以制成复合材料应用于建筑材料之中。这些复合材料不仅防腐性能优异，而且强度也不比钢材低。

以上所述的还仅仅是常规海洋工程材料所要达到的耐高湿、高盐、高微生物附着等的要求，而要探索北冰洋、南极洲等低温海洋环境，还需要更特殊的低温钢。它需要具有耐－40℃以下的冲击性能，屈服强度达到690 MPa以上，具有高强度、高韧性、抗疲劳、抗层状撕裂、良好的焊接性及耐海水腐蚀性。

深海的海底热液活动则又是一个极端的环境。所谓热液，就是原来比较冷的海水沿裂隙进入洋中脊的地壳。由于这里的地壳是地球上最薄的地方，海水可以继续渗入数公里深处的地幔处，并发生物质交换，被地幔加热后返回到海底。由于高温（300～400 ℃）且密度小、富含硫化物，这种热液的喷出速度高达数米每秒，就如黑烟一般，蔚为壮观。而这个神奇的地方是人类认识地球深部过程的窗口，其产物之一热液硫化物，富含铜、铅、锌、金、银等多种金属元素，是极具开发远景的潜在资源。热液活动区生物群落奇异的生命表现，改变了传统的极端环境下无生命存在的认识，丰富了深海生物基因库，在工业、医药、环保等领域有广泛的应用前景。尽管可以借助深潜器或者间接的物理手段进行考察，但仍免不了管中窥豹的缺陷。从海底的地震源区到热液活动区，都需进行长期连续、而不是瞬间短暂的观测。因此，需要研发新型的适应深海极端环境的材料，才能将观测点布置到海底这些极端环境区域，达到长期观测、研究的目的。

除此以外，海水淡化工程用材料、海洋生物材料、渔业资源开发所需的新材料，都需要材料学相关专业的人才去研发和生产。综合以上，在国际层面上，海洋材料研究才刚刚兴起；在国家层面上，新型材料的研发已经成为海洋科技发展的瓶颈；在学术层面上，海洋科技的发展需要专用海洋材料和谙熟海洋和材料的复合型人才。

练习与思考

1. 海洋环境中应用的各类材料还有哪些？
2. 了解一下各类材料抗海水腐蚀性能的优劣。
3. 简述海洋工程材料防腐蚀的策略。

参考文献

[1] 沈晓冬，李宗津．海洋工程水泥与混凝土材料．北京：化学工业出版社，2017.
[2] 尹衍升，黄翔，董丽华．海洋工程材料科学．北京：科学出版社，2008.

案例 22：热障涂层概述

1. 引言

随着科学技术的飞跃进步和社会生产的突飞猛进，各国航空航天事业迅速发展。2016 年 11 月，我国运载能力最大的“长征五号”火箭发射成功，实现了近地轨道 25t 的运载能力。2018 年，美国将 63.8t 的“猎鹰”重型火箭发射至近地轨道。目前，美国已实施两个国家级推进技术计划。第一个是“综合高性能涡轮发动机技术”(IHPTET) 计划，支撑了 F-22 战斗机的 F119 发动机和 F-35 战斗机的 F135 发动机，推重比提升一倍。第二个是“通用经济可承受先进涡轮发动机”(VAATE) 计划，其目标是将发动机的经济可承受性提高 10 倍，推重比提高一倍，使发动机的发展、采购和寿命周期维护费用降低 60%。2018 年 12 月，俄罗斯试射成功了高超音速导弹“锆石”。随着高超音速飞行器呈现竞争扩散态势，高推重比、高涵道比和高热效率的航空发动机受到各国的竞逐。

燃气轮机是以连续流动的气体为工作介质，带动叶轮高速旋转、将燃料的化学能转化为动能的内燃式动力机械。随着超音速飞行装置的发展，目前先进的燃气轮机如美国的 F135 发动机的涡轮前进口温度已达到 1577～1727K，超过了现有高温合金的使用极限，急需相应的措施来确保热端部件的可靠性。在过去的几十年里，发动机零部件材料和制备技术获得了长足发展，主要有以下三个方面。

① 采用真空熔炼和精密铸造等先进制备技术，提高现有合金材料的热性能；研制了新型的定向凝固合金和单晶合金等，从最初的锻造合金到单晶镍基高温合金经历了漫长的发展历程，高温部件的工作温度提升了近 300℃。

② 采用先进的冷却技术和制造工艺相结合。如叶片气膜冷却技术与单晶高温合金相结合，有效提升了发动机的性能。目前镍基高温合金的工作温度仅达 1150℃，Ni_3Al 单晶合金的耐温极限也不超过 1200℃，而且通过合金成分和微观组织调控提高耐热合金的使用温度难度极大。另外，气膜冷却技术在降低基材温度的同时，造成发动机能量损失，从而加重发动机负担。

③ 在高温热端部件表面沉积氧化物陶瓷保护涂层，即热障涂层。由上述①和②可知，通过基体合金材料研发和发动机结构设计提高发动机热端部件的工作温度十分困难，而热障涂层通过将金属基体和高温燃气隔离，实现保护叶片和提高热机效率的目的。在现有的冷却技术下，0.25 mm 厚的热障涂层可将叶片温度降低 110～170℃。与开发新型高温耐热合金相比，采用热障涂层对发动机热端部件防护的成本要低得多。因此，开发热障涂层技术是提高燃气轮机叶片使用温度的有效途径。

2. 热障涂层简介

热障涂层是在涡轮叶片表面沉积一层耐高温、低热导、抗氧化和耐热冲击的陶瓷涂层，阻止外部环境热量向叶片传递，从而降低其表面温度的热防护技术。为了提高陶瓷涂层与金属基体之间的物理相容性，通常需要采用真空等离子体喷涂技术，在涡轮叶片表面沉积一层厚度为 75～150 μm 的 MCrAlY（M＝Ni/Co）合金涂层，即结合层。由于含有 Al 元素，结合层在增强叶片与陶瓷涂层结合的同时，还具有良好的抗氧化性能。如果长期处于 700 ℃以上的工作环境，结合层将发生氧化作用，Al 会优先向外扩散至结合层和陶瓷层之间的界面，形成以 α-Al_2O_3 为主的致密热生长氧化物层，即 TGO 层。TGO 层的致密化程度也会影响燃气中的氧向基材扩散的速度，而厚度将影响表面陶瓷层和结合层之间的相容性。因此，TGO 层的结构将影响热障涂层的寿命。

由此可见，热障涂层主要包括三部分，即合金结合层、热生长氧化物层和表面陶瓷涂层。热障涂层的使用可提高涡轮进口温度，提高热机效率。同时，燃气温度的提高可降低 CO_2 和烃类的排放。另外，在涡轮进气温度一定的情况下，热障涂层可以通过降低基体金属热瞬变和温度，提高部件的可靠性和耐久性，延长发动机的寿命。

3. 热障涂层的制备技术

目前，热障涂层的制备技术主要包括热喷涂和气相沉积技术。其中，热喷涂又包括等离子体喷涂、超音速火焰喷涂、爆炸喷涂等。气相沉积主要包括电子束物理气相沉积、化学气相沉积、磁控溅射等。其中，等离子体喷涂（PS）和电子束物理气相沉积（EB-PVD）是最常用的制备技术。

4. 热障涂层的热传递与影响因素

涡轮内高温燃气通过对流、辐射等传热方式使涡轮热端部件表面温度升高，部件内部的传热主要依靠传导和辐射。而陶瓷涂层通过热传导将热量从陶瓷表面传递到金属基材，该过程依赖于陶瓷涂层的热导率。

由于多数陶瓷材料在 1500℃以下时，热辐射不明显，其导热主要依靠晶格振动的格波来实现，其导热载体主要是声子。根据量子理论，格波在传播过程中不可避免地与晶体中的缺陷、杂质和晶界碰撞，产生散射，该过程可以理解为声子散射。根据德拜的设想，其热导率可由下式表示：

$$\kappa=\frac{1}{3}C_{v}\bar{v}\bar{l} \tag{22-1}$$

式中，C_v 为单位体积的声子热容，在高温条件下，材料热容基本不变，可作常数处理，并近似等于 $3R$；$\bar{v}$ 为声子的平均速度，与材料弹性模量 E 和密度等有关，而温度对 E 有影响，故 $\bar{v}$ 值随温度升降略有变化，为简化起见，近似把 $\bar{v}$ 作常数项处理；$\bar{l}$ 为声子平均自由程。由上式可知，除了热容，声子的平均自由程是影响无机非金属材料热导率的主要因素。而声子平均自由程的大小主要取决于声子之间的相互“碰撞”和固体中缺陷对声子的散射。对于理想晶体，既没有缺陷和杂质对声子的散射，也没有声子之间的相互作用所造成的散射，声子平均自由程将达到理论最大值。当晶体缺陷和杂质浓度较高时，声子振动的非简谐性较强，声子所受散射较严重，平均自由程变小。另外，晶体结构、晶体缺陷、气孔形貌和气孔率等也会对声子的平均自由程产生影响。

5. 热障涂层的材料体系

（1）氧化钇部分稳定的氧化锆（YSZ）

热障涂层的工程化应用始于20世纪60年代，经过几十年的发展，涂层材料趋于成熟。在众多研究的材料体系中，氧化锆基涂层因其优良的热学和力学性能得到了最为广泛的应用。纯 ZrO_2 有三种晶型：单斜相（monoclinic，m）、四方相（tetragonal，t）、立方相（cubic，c），相变过程为：

$$m\text{-}ZrO_2 \underset{1150℃}{\overset{950℃}{\rightleftharpoons}} t\text{-}ZrO_2 \overset{2370℃}{\rightleftharpoons} c\text{-}ZnO_2 \overset{2680℃}{\rightleftharpoons} 液态$$

其中，降温过程中 t→m 相转变伴随3%～5%的体积膨胀，产生的应力导致裂纹形成和材料开裂。在实际应用中，通常会加入一定量的稳定剂，如 MgO、CaO、CeO、Sc_2O_3 或 Y_2O_3 等对其高温相进行稳定。

经验表明，Y_2O_3 质量分数为6%～8%时的 Y_2O_3 部分稳定的 ZrO_2（YSZ），具有较低的热扩散系数、较高的热膨胀系数（约 $10\times10^{-6}K^{-1}$），以及良好的抗热冲击性能和抗高速气流冲蚀性能等，是目前应用最广泛的热障涂层材料。在 ZrO_2 中掺杂 Y_2O_3 的方程如下：

$$Y_2O_3 \xrightarrow{ZrO_2} 2Y_{Zr'} + V\ddot{O} + 3O_O \tag{22-2}$$

为维持YSZ材料电价平衡，每两个 Y^{3+} 取代两个 Zr^{4+} 形成一个氧空位。其中，Y^{3+} 和氧空位均为声子的散射中心。因此，YSZ材料较低的热导率源于 ZrO_2 块体材料较低的本征热导率［2.5～4.0W·(m·K)$^{-1}$］和 Y_2O_3 添加引入的氧空位，形成了声子散射缺陷，降低了声子平均自由程。

但是，YSZ热障涂层在1200℃时亚稳四方相分解为四方相和立方相，在冷却过程中四方相转变为单斜相，热循环过程中发生体积变化，导致涂层中裂纹增殖扩展及应力集中，使涂层过早失效。另外，高温下，YSZ容易发生烧结，导致气孔率减小和弹性模量增大，从而降低热障涂层的隔热性能和热循环寿命。因此，YSZ热障涂层的长期最高使用温度不超过1200℃。

（2）稀土锆酸盐

尽管YSZ在热障涂层的应用中具有无法取代的地位，但高温相变和易烧结等缺点限制了其更高温度下的应用。因此，世界各国加紧对新型热障涂层材料的开发，以得到具有比YSZ更低热导率和更好高温稳定性的涂层材料，包括缺陷萤石结构和烧绿石结构的稀土锆酸盐；磁铅石型的稀土六铝酸盐；钙钛矿结构的 $BaZrO_3$、$SrZrO_3$、$LaYbO_3$ 等。其中，烧绿石结构的稀土锆酸盐材料是目前研究最多的新型热障涂层材料。

烧绿石结构（$A_2B_2O_7$）稀土锆酸盐材料的熔点在2000℃以上，且熔点以下易发生有序烧绿石相-缺陷萤石相转变，称为有序-无序转变，随着离子半径比（R_A/R_B）的降低，该相变较易发生。但与YSZ的相变过程不同，该相转变过程基本不引起体积变化。另外，与传统的YSZ相比，稀土锆酸盐材料具有相近的热膨胀系数、更低的热导率［1.1～1.7W·(m·K)$^{-1}$］、良好的抗烧结性能、较低的氧离子电导率，可在一定程度上提高黏结层的抗氧化性能，有望成为新型热障涂层的候选材料。目前，研究较多的稀土锆酸盐材料包括锆酸镧、锆酸钆、锆酸钐等。其中，以锆酸镧研究最多。但该材料热膨胀系数较低，在使用过程中由于热失配容易产生涂层的失效。而锆酸钐由于具有较低的热导率和与YSZ相近的热膨胀系数，且具有较低的烧结速率，是潜在的热障涂层材料。但是，由于 Sm_2O_3 和 ZrO_2 的蒸气压差较大，难以通过 EB-PVD 工艺制备化学计量比的 $Sm_2Zr_2O_7$ 涂层，而等离子体喷涂受蒸气压影响较小。因此，有望通过等离子体喷涂制备结构可控的 $Sm_2Zr_2O_7$ 涂层。

练习与思考

1. 发展热障涂层对军事和民用领域分别有什么意义？
2. 氧化锆基热障涂层在应用过程中的优势和不足有哪些？
3. 新型的热障涂层材料有哪些？应该从哪些方面考虑选材？

参考文献

[1] 奚同庚．无机材料热物性学．上海：上海科学技术出版社，1981.

案例 23：神奇的纳米碳材料

纳米碳材料指的是至少有一维在纳米尺度（1～100 nm）的碳材料。纳米碳材料主要包括富勒烯、碳纳米管和石墨烯等，都已经被广泛应用于分析检测、疾病诊断、生物传感、组织工程等各个不同领域。

1. 常见的纳米碳材料

长期以来，人们只知道碳的同素异形体有三种：金刚石、石墨和无定形碳。自从 1985 年发现了新的碳的同素异形体富勒烯 C_{60} 后，拉开了纳米碳材料研究的序幕。1999 年，韩国科学家又合成了新型纳米碳材料——有序介孔碳纳米结构材料。2004 年，英国曼彻斯特大学的科学家首次得到了二维单层碳材料——石墨烯，又掀起了纳米碳材料合成的热潮。2010 年，中国科学院李玉良院士团队在石墨炔的制备方面获得了重要突破，通过化学方法成功地在铜片表面上合成了大面积具有二维结构的石墨炔薄膜，并且第一次被李玉良院士等研究人员用汉语命名为“石墨炔”。一系列新型纳米碳材料被科学家发现，在向科学界不断地注入新活力的同时，其奇特的结构，良好的物理和化学稳定性，特殊的电子性质、表面性质、吸附特性、限域效应等也引起了科学家的广泛关注，一系列重大科技成果的取得与突破令人振奋。

2. 富勒烯

富勒烯是在 1985 年被一束激光通过石墨表面时意外发现的，是稳定的碳同素异形体。富勒烯在结构上由五边形和六边形组成，富勒烯 C_{60} 由 12 个五边形和 20 个六边形组成，分子中共含有 30 个双键和 60 个单键，以达到稳定结构。富勒烯有不同的形式和大小，为 30～3000 个碳原子。富勒烯家族中还存在富勒烯 C_{70}、C_{80}、C_{82} 等，可通过炭烟颗粒制备富勒烯（C_{60} 和 C_{70}）。富勒烯常用的制备方法主要有：石墨激光气化法、石墨电弧放电法、太阳能加热石墨法、石墨高频电炉加热蒸发法、苯火焰燃烧法、有机合成法等，目前主要还是通过石墨电弧放电法来获得富勒烯。在惰性气氛（如氦气）中通过放置在两个电极之间的石墨电弧热气化合成高纯度富勒烯 C_{60}。C_{60} 具有的良好热压稳定性、化学性能与导电性（10^{-4} S·cm^{-1}），使其成为在许多高新技术领域应用潜力巨大、不可替代的材料，被业界称为“纳米王子”，在生物医药、新能源、新材料、催化剂、电子学等领域都有着重要应用。

3. 碳纳米管

1991 年，日本科学家饭岛澄男发现了碳纳米管，引起了科学家们极大的研究兴趣。他在用电弧放电法制备富勒烯的过程中首次发现了多壁纳米管，并在随后的几年里研究单壁纳米管。单壁纳米管由一片石墨片无缝地卷曲成圆柱体，尽管在结构上与石墨薄片相似（石墨薄片是一种零带隙半导体），但单壁碳纳米管可以有金属性能，也可以有半导体性能，这取决于石墨薄片被轧制成纳米管圆柱体的方向；多壁碳纳米管由嵌套同心的单壁碳纳米管壳体组成，单个壁之间的间距为 3.4 Å（1Å＝0.1nm）。碳纳米管具有体积小、重量轻、机械强度高、杨氏模量高与电导率高等特点。

4. 纳米碳纤维

纳米碳纤维是由多层石墨片卷曲而成的纤维状纳米碳材料，从 20 世纪 80 年代开始气相生长碳纤维成为研究的热点。制备方法有基板法和流动法两类：前者是将催化剂直接负载于基板表面，后者是催化剂和原料气体同时进入反应器。根据纳米碳纤维的石墨片层与纤维轴向所成的角度，可以将纳米碳纤维分成三类，即管状（平行的）、鲱鱼骨状（成一定角度的）和片层状（垂直的）。在由气相生长方法制备的碳纤维结构中，碳是由内层和外层组成的，内层是碳原子以 sp^2 排列的晶态结构，是具有理想的石墨结构、中间空心的初期纤维，外层为热解碳覆盖。碳纤维由于具有优异的力学性质、良好的导热性和导电性、卓越的热和化学稳定性以及特殊的表面性能，有望用于催化剂和催化剂载体、锂离子二次电池阳极材料、双电层电容器电极、高效吸附剂、分离剂、结构增强材料、场电子发射材料等。所有这些，都引起了人们对纳米碳纤维研究的极大兴趣。

5. 石墨烯

石墨烯是一种以 sp^2 杂化碳原子组成的单层二维材料，呈六角形、蜂巢状。它作为构成其他维度碳材料的基本组成部分，可以堆叠成三维石墨、卷曲成一维碳纳米管、缠绕成零维富勒烯。石墨烯包括单层石墨烯、双层石墨烯与少层石墨烯（层数≤10）。石墨烯生产最常用的方法有化学气相沉积法、机械剥离法、Hummer 法、外延法与液相剥离法。石墨烯的重要特性包括室温下的量子霍尔效应、伴随载流子弹道传导的双极性电场效应、可调带隙与高弹性等。

石墨烯是已知强度最高的材料之一，同时还具有很好的韧性，石墨烯的理论杨氏模量达 1.0 TPa，固有的拉伸强度为 130 GPa。石墨烯具有非常好的热传导性能，纯的无缺陷的单层石墨烯的热导率高达 5300 $W \cdot (m \cdot K)^{-1}$，是到目前为止热导率最高的碳材料。石墨烯的化学性质与石墨类似，石墨烯可以吸附并脱附各种原子和分子。当这些原子或分子作为给体或受体时，可以改变石墨烯载流子的浓度，而石墨烯本身可以保持很好的导电性。石墨烯的研究与应用开发越来越深入，广泛应用在电池电极材料、半导体器件、透明显示屏、传感器、电容器、晶体管等方面。鉴于石墨烯材料优异的性能及其潜在的应用价值，在化学、材料、物理、生物、环境、能源等众多领域已取得了一系列重要进展。

6. 石墨炔

“石墨炔”不是指一个构型，而是指一系列构型的统称。石墨炔是由炔键（—C≡C—）基单元（sp-C）与芳香环（sp^2-C）组成的平面网络结构的全碳分子，因其结构与石墨和乙炔相似而得名。根据连接两个芳香环的炔键的数目（n）命名石墨炔，$n=1$ 时为石墨单炔；$n=2$ 时为石墨二炔；$n=3$ 时为石墨三炔，依此类推。石墨二炔（GDY）是目前石墨炔家族中最活跃的成员，具有多种不同的分子构型，典型的分子构型为 α-GDY、β-GDY 和 γ-GDY。希腊字母（α、β、γ）表示 GDY 与描述它们的对称修饰的六方石墨烯层的紧密性，其中 α-GDY 最接近于石墨烯，在此分子构型中，二炔键在对称修饰中取代了石墨烯的所有 C—C 键；只有 2/3 或 1/3 的 C—C 键被二炔键取代时，得到的 GDY 称为 β-GDY 或 γ-GDY。

GDY 包括一个中心苯环和一个丁二炔。由于 sp 和 sp^2 共杂化作用，GDY 中的 C—C 键有四种类型：①苯环的 C sp^2- C sp^2；②苯环与乙炔键之间的 C sp^2-C sp；③C sp-C sp 三碳键；④两个乙炔键之间的 C sp-C sp单碳键。

由于18碳三角环结构，GDY具有较低的原子密度，提供了较大的比表面积、快速传质和暴露更多活性位点的多孔结构，GDY理论比表面积大于2630 $m^2 \cdot g^{-1}$；sp和sp^2杂化高度π共轭体系，使GDY在室温下具有2.516×10^{-4} $S\cdot m^{-1}$的高电导率。DFT计算表明，GDY片的本征带隙为0.46 eV，本征电子（e^-）迁移率与空穴（h^+）迁移率分别为$2\times10^5 cm^2\cdot(V\cdot s)^{-1}$和$2\times10^4 cm^2\cdot(V\cdot s)^{-1}$；GDY在有机溶剂和强酸性/碱性溶液中表现出优异的化学稳定性。

7. 纳米多孔碳材料

纳米多孔碳是一类除金刚石、富勒烯、石墨、碳纳米管和石墨烯之外一种重要的碳材料。近年来，介孔碳、碳纳米笼等一系列新型、具有纳米级孔道结构的碳材料相继被发现，将碳材料的研究推向了一个新领域。这些新型碳材料由于具有密度小、强度大、高的导电性和导热性、高的比表面积、丰富的表面官能团、耐高温、抗化学腐蚀等一系列优异的特性，在场发射材料、储氢材料、超级电容器材料、吸波材料以及催化剂载体等方面显示出巨大的应用潜力，引起了全世界科学家的广泛关注。

传统制备多孔碳的方法有：催化活化法、化学（物理）活化法、气凝胶碳化法和混合聚合物碳化法等。然而这些方法制备的多孔碳材料孔径分布较宽，近10年才制备出真正具有均匀的纳米级孔径和规整结构的多孔碳材料。最近，科学家采用软化学的方法，通过碳化成碳聚合物与成孔聚合物形成有序的超分子自组装结构，成功制备出了有序纳米多孔碳材料，这种方法成功地解决了制备过程复杂、成本高等缺点，为实际应用奠定了基础。纳米多孔碳材料具有高度发达的孔隙率和比表面积、丰富多样的孔结构以及良好的热力学和化学稳定性等特点，在分离、催化、电容和电池等领域有广泛的应用。

纳米碳材料一直是纳米科学技术研究中的热点，已取得了一系列的科技成果。由于其具有独特的结构及优异的物理化学性能，在锂离子电池材料、光电材料、催化剂载体、化学及生物传感器、储氢材料及超级电容器材料等方面都深受关注。随着对纳米碳材料的研究和产业化的不断深入，富勒烯、碳纳米管和石墨烯等纳米碳材料将能够实现大规模、低成本的连续批量生产，其优异特性将实现突破性飞跃，未来在催化、储氢和复合材料等领域的应用也将会更加广阔。

练习与思考

1. 简述纳米碳材料的发展历史。
2. 列举与碳材料相关的获得诺贝尔奖的研究内容。
3. 了解一下生活中用到的纳米碳材料。

参 考 文 献

[1] 李玉良，李勇军．石墨炔：从发现到应用．北京：科学出版社，2018.
[2] 张锦，张莹莹．碳纳米管的结构控制生长．北京：科学出版社，2018.

案例 24：生物材料与组织工程系统

随着社会和经济的不断发展，人的平均寿命也随之增加。健康是生命的基础，各类疾患依然是威胁人类生存的第一因素。每年世界上因组织缺损或器官衰竭而需外科手术治疗的病人达数百万，其中部分病患可以通过组织移植或器械辅助治疗而再次获得基本健康。多数机械装置功能相对单一，难以具备生物器官所有功能，仅能维持患者基本生理需求。部分组织缺损的治疗可通过自体组织移植获得较好的临床效果，如皮肤与骨骼等，但这种以牺牲健康组织为代价的“以伤治伤”方法也有其自体的供区极限。姑且不论同种异体组织器官移植时的排异风险，其供源在全世界范围内都广泛存在严重不足。20 世纪 80 年代，美国学者 Langer 和 Vacanti 提出组织工程的再生医学概念，研究开发具有修复或改善人体组织功能的替代结构，用于替代器官的一部分或全部功能。自此，组织医学工程的不断发展为人类生存与健康提供了新的保障方案。

组织医学工程作为现代改善治疗水平的重要技术，其核心为可置换结构或与生理缺损、疾患的组织和器官相关的生物材料的研究与开发。增强生物材料结构与功能设计，使其移植时与受体宿主有更好的生物相容性，如应用易为植入物的宿主环境接受的生物相容聚合物涂层以及包囊材料。良好的组织相容性生物材料既可用作支架以支撑细胞，也可用作移植复合材料。

组织工程构筑新组织的基本路线可大致分为三类。①分离细胞或者细胞替代物。此法可避免复杂的外科手术，仅置换所需功能的细胞。②细胞在基材上或基材内的负载上生长。现在组织工程研究已遍及各种哺乳动物组织，涉及外胚层的皮肤、角膜与神经系统，内胚层的肝、胰与胃肠等腔管状组织结构，以及中胚层的血管与细胞、骨骼和肌肉等组织的置换。③组织诱导物质。此法依赖于生物信息分子的基础生理研究及信息分子靶向释放方法的开发。

1. 组织——细胞复合材料与系统

组织可视为细胞的多相复合材料，它由三种主要结构构成：组成功能单元的细胞、细胞外基质和骨架等相关支持组织。组织工程应用活细胞，通过细胞外环境的调整，培育组织替代物，以修复、置换、维持或增强特定的组织或器官，为第一类组织医学工程路径。

美国 Baxter 医疗公司开发出了用于细胞移植与分子缺陷的细胞治疗 Thera Cyte 系统。该装置为多层材料复合的平板膜室，其结构依次为：最外层以聚酯网为支撑；中间层是 $5\mu m$ 孔的聚四氟乙烯（PTFE）膜，它可诱发新血管在膜旁形成，促进氧、营养物和治疗分子进入装置；内层是 $0.45\mu m$ 厚的聚四氟乙烯膜，其可防止植入细胞泄漏，也可避免疾患细胞进入装置。此方法最大优点是包封的同种异体细胞免受免疫排斥。临床确认此装置具有较好生物相容性，可用于血友病、糖尿病和癌症的治疗。

美国 Integra 生命科学公司也是再生医学技术开发中的佼佼者，其代表商品有用于皮肤、关节软骨或末梢神经组织丧失等疾病治疗的胶原再生模板等。有效的人工皮肤必须既满足所取代的生物组织主要功能，也有利于自体细胞组织再生，并且具有理想的生物相容性。Integra^{TM} 人工皮肤为双层膜结构，其皮层为交联胶原纤维与软骨素构筑的多孔网格结构，诱导皮层组织细胞再生；表皮层则为具有良好生物相容性的聚硅氧烷，提供类皮肤的湿气通量与组织结构支撑。

2. 生物降解材料

人体由各类生物降解材料构成。生物降解材料也是生物医学材料的首选，如手术中的缝线、止血棉、体内骨固定装置和药物持久释放载体等。近年来，随着组织工程的发展，生物降解材料的开发与生产呈指数增长。

20 世纪 70 年代，聚乳酸基生物降解材料便已获得各国食品医学卫生组织的批准，广泛应用于骨片结合组织等组织工程。但近代研究表明，部分人工合成的可降解材料因微量的残余金属离子或降解产物不利于生物组织康复，甚至引发局部炎症反应。鉴于生物可吸收生物降解材料在构成人工细胞外基质中的重要作用，美国 Joachim Kobn 等研制了一系列“拟”聚氨基酸。此类新型聚合物的生物相容性良好，其降解产物为天然的氨基酸，易于代谢，并且可通过改变结构调控聚合物的降解吸收速率。同时，这一聚合物的低熔点也有利于热敏性生物活性物质的物理负载。

3. 生物活性物质的缓释技术

组织工程医学的进一步发展不仅为缺损组织提供了可替代物，也为细胞级精准治疗提供了可行方案。例如，美国细胞治疗公司曾开发脊柱植入的聚合物缓释包囊，通过定位释放止痛剂以缓解难以治疗的严重慢性疼痛。

生物组织多由细胞和细胞外基质组成，而细胞外基质成分蛋白质、多糖等构建成类水凝胶结构。生物体内的营养物质与各类组织信号传递都有赖于这一水凝胶结构。各类负载生长因子的仿生水凝胶成为组织工程研究热点。当负载生长因子的水凝胶生物降解与组织再生相协调时，则不仅有利于负载生长因子，也可成为有利于组织再生的结构支架。美国 Focal 介入治疗公司以脂肪族聚酯-聚乙二醇-脂肪族聚酯的大单体，制备得到多肽、寡核苷酸和基因的聚合物缓释凝胶，促进了骨与神经组织再生。近年来，可响应温度、pH 值、电场或化学物质的变化而发生溶胀或收缩的高分子凝胶结构特性不断被研究人员发现，由此开发形成了各类新型“智能型”凝胶缓释结构体系。因此，水凝胶作为药物释放载体、软骨支架、细胞外基质，在组织医学工程领域显示出巨大的应用前景。

练习与思考

1. 了解组织工程系统构建的基本路线。
2. 列举一种高分子缓释制剂，并尝试说出它们的组成、结构与功能。

参考文献

[1] 姚康德，尹玉姬．组织工程相关生物材料．北京：化学工业出版社，2003.
[2] 姚康德．智能材料．天津：天津大学出版社，1996.
[3] 姚康德，成国祥，沈锋，等．组织工程用生物材料与系统．功能材料，1999，30（1）：1-3.
[4] 姚康德，王向辉，侯信．组织工程相关生物材料．天津理工学院学报，2000，16（4）：1-5.

第三部分

面向未来——揭示新材料发展的奥秘

案例 1：非晶合金与纳微材料

1. 非晶合金与纳米碳纤维表面改性

纳米碳纤维是一种新型的碳材料，它除了具有普通气相生长碳纤维的特性，如低密度、高比强度、高导电性能等外，还具有缺陷数量少、直径小、比表面积大等优点，可用作催化剂和催化剂载体、锂离子二次电池、电极材料、储氢材料、高性能复合材料的增强体、吸波材料等，是一种有广阔发展前景的新材料。

纳米碳纤维是由非晶碳组成的，它在性能上也存在一些不足，如磁导率较低，导致其磁损耗较低，影响了其对微波吸收性能的进一步提高；电导率偏低，影响了其作为电磁屏蔽材料的性能提高；作为高性能复合材料的增强体，其与金属、陶瓷基体的界面结合强度较低；直接用作催化剂，其适用范围窄、催化活性低等。通过表面改性技术可以克服上述缺点。

在碳纳米纤维的表面改性研究中，表面金属化受到越来越多的重视。由于存在表面/界面效应、量子尺寸效应和宏观隧道效应，表面金属化纳米碳纤维与普通碳纤维材料相比，具有无可比拟的优势，有着广阔的应用前景，一直是材料领域研究的热点。表面金属化的纳米碳纤维具有以下优点：可以改善纳米碳纤维作为复合材料的强化相与基体材料界面的结合强度，从而提高复合材料的性能；可以提高纳米碳纤维的导电性能，使其成为优良的电磁屏蔽材料；可以赋予纳米碳纤维良好的磁性能，在保持纳米碳纤维比较高介电损耗的同时，提高其磁损耗，使纳米碳纤维成为电磁损耗型吸波纤维，有效地提高其微波吸收性能；纳米碳纤维比表面积大，边缘碳原子活性点多，是优良的催化剂和催化剂载体。研究纳米碳纤维表面金属化，可以集金属和纳米碳纤维的优点于一身，开发出性能优异的新型催化材料；可以用表面金属化的纳米碳纤维制造各种功能性的元器件等。因此，研究纳米碳纤维表面金属化技术具有重要意义。

目前纳米碳纤维表面金属化的方法主要有以下几种：电镀法、化学镀法、置换镀法、金属粉末喷涂法、离子镀膜法以及溅射法等，其中化学镀法受到越来越多的重视。与其他方法相比，化学镀非晶合金技术具有以下优点：可在纳米碳纤维表面获得多种金属或合金镀层，镀层成分可调，且镀层连续，厚度非常均匀；纳米碳纤维分散性良好；方法简单，设备投资少，成本低；可实现批量生产，易于工业化。

图 1-1（a）是未经前处理的纳米碳纤维的 FE-SEM 照片，可以看出纳米碳纤维表面比

较光滑，直径在100～250 nm，长径比很大，纳米碳纤维的形状呈螺旋形、圆弧形或直线形。图1-1（b）是化学镀镍磷非晶合金镀层纳米碳纤维的FE-SEM照片，可以看出镀层连续、均匀地覆盖了纳米碳纤维表面。

图1-1 纳米碳纤维及包覆非晶合金镀层纳米碳纤维的FE-SEM图

（a）未经前处理的纳米碳纤维；（b）包覆非晶合金镀层的纳米碳纤维

图1-2（a）为纳米碳纤维表面化学镀镍磷镀层的EDX谱图，表明镀层的成分为镍和磷。其中，含Ni量为87.48%（质量分数），含P量为12.52%（质量分数）。金属镍的晶体结构为面心立方，每个镍原子与12个镍原子相邻。磷的加入使得这种原子排列发生变化，不可能生成很大的晶粒，而随着镀层中磷含量的增加，镀层逐渐由晶态变为微晶，最后变为非晶。一般认为磷质量分数小于7%（质量分数）的低磷合金镀层为微晶结构。随着磷含量的增加，微晶逐渐转变为非晶，而磷含量为12%（质量分数）时镀层已经完全转变为非晶态结构。图1-2（b）为纳米碳纤维表面化学镀镍磷镀层的XRD谱图。可以看出，镍磷镀层为非晶态结构，在20°和40°的两个特征弥散峰分别代表纳米碳纤维及非晶态镍磷合金。

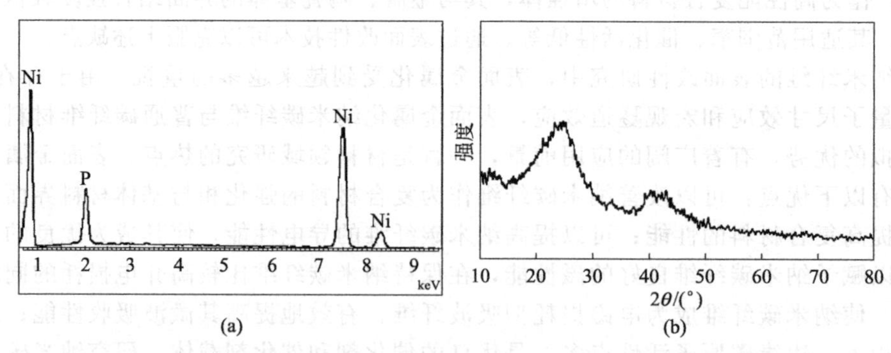

图1-2 纳米碳纤维表面化学镀镍磷镀层的EDX谱图（a）及XRD谱图（b）

非晶态的纳米碳纤维表面镍磷合金镀层经适当的热处理，可发生晶态转变。图1-3为纳米碳纤维表面镀层在氢气中经400℃、1h热处理后的XRD谱图。可以看出，镀层已转变为晶体结构，衍射峰分别对应Ni和Ni_3P。

化学镀镍磷纳米碳纤维是一种优良的加氢催化剂。表1-1为Ni-P镀层纳米碳纤维和Raney Ni催化剂在不同反应时间时对硝基苯转化率的影响，表1-2为催化剂使用次数对硝基苯转化率的影响。可见，Ni-P镀层纳米碳纤维催化剂的催化活性较高，而且性能比较稳定。与Raney Ni催化剂相比，其催化活性和稳定性都要好。

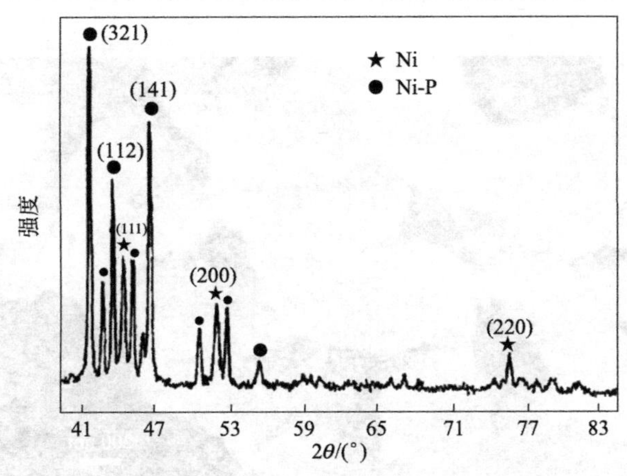

图 1-3　热处理后碳纤维表面镀层的 XRD 谱图

表 1-1　不同反应时间时催化剂对硝基苯转化率的影响

催化剂	硝基苯转化率/%			
	0.5h	1.0h	1.5h	2h
Ni-P/CNFs	76.30	98.21	98.65	98.80
Raney Ni	56.54	97.21	97.89	98.75

表 1-2　化学镀镍磷纳米碳纤维催化剂使用次数与转化率（%）的对应关系

使用次数	1	2	3	4	5
Ni-P/CNFs	98.70	99.57	99.82	99.31	99.17
Raney Ni	98.56	98.75	98.92	99.42	98.23

化学镀镍磷纳米碳纤维优良的催化活性来源于其独特的非晶态结构，以及纳米碳纤维载体。非晶态合金具有短程有序而长程无序的结构特征，在热力学上处于不稳或亚稳状态，从而显示出独特的物理化学性质：①非晶态合金短程有序，含有很多配位不饱和原子，富于反应性，从而具有较高的表面活性中心密度；②非晶态合金长程无序，是一种没有三维空间原子周期排列的结构，其表面保持液态时原子的混乱排列，有利于反应物的吸附，而且从结晶学观点来看，非晶态合金不存在通常结晶态合金中所存在的晶界、位错和积层等缺陷，在化学上保持近乎理想的均匀性，不会出现偏析、相分凝等不利于催化的现象。研究表明，非晶态合金表面存在结晶合金中所没有的催化活性中心，这可能是由于几个原子团构成的活性中心，并且在大多数情况下都是配位不饱和键。其活性高于相应的晶态合金，有特殊的选择性，且成本较低，不会造成污染，是一种新型绿色催化材料。另外，它具有一般晶态合金所没有的特性，如较高的电阻率、较高的导电性、良好的抗辐射性能及抗腐蚀能力。同时，纳米碳纤维独特的表面结构、高比表面积和良好的化学稳定性，使其成为一种优良的液相载体材料。另外，化学镀非晶态 Ni-P 镀层纳米碳纤维催化剂与中空结构型催化剂相比，具有更高的强度，从而在使用过程中不易塌陷。因此，该催化剂具有良好的应用前景。

纳米碳纤维表面除了镀覆二元非晶合金镀层外，还可以镀覆多元非晶合金镀层。图 1-4 为化学镀 Ni-Fe-Co-P 非晶合金镀层纳米碳纤维的 FE-SEM 照片。图 1-5 为化学镀 Ni-Fe-Co-P 非晶合金镀层纳米碳纤维/环氧树脂复合涂料的反射率曲线。涂料中加入 20%（质量分数）的 Ni-Fe-Co-P 镀层纳米碳纤维，吸波涂层的厚度为 1.60 mm。由图 1-5 可见，微波频率为 13.92 GHz 时，存在一个明显的吸收峰，峰值为－24.49 dB，反射率低于－10dB 的频带宽为 4 GHz。

这表明化学镀 Ni-Fe-Co-P 非晶合金镀层纳米碳纤维具有良好的微波吸收性能。

图 1-4　化学镀 Ni-Fe-Co-P 非晶合金镀层纳米碳纤维的 FE-SEM 照片

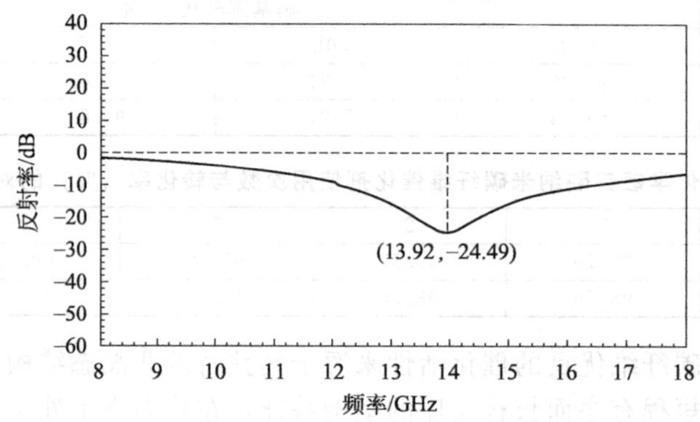

图 1-5　化学镀 Ni-Fe-Co-P 非晶合金镀层纳米碳纤维/环氧树脂复合涂料的反射率曲线

2. 非晶合金空心微球

在一些关键性技术领域，如新能源技术、工业催化技术、微电子技术、微系统技术以及生命科学技术等，都要求材料具有微观或介观尺度的中空结构。具有中空结构的超细材料，如空心微球和纳米中空纤维等，它们具有与相应实心材料不同的结构，通常表现出一些特殊的光、电和磁性能。在空心粉体材料内部进行组装，可得到内外电、磁性能截然不同的复合粉末。这些空心或经组装后的粉末可望应用于高性能的光电、电磁器件（如传感器）、微波吸收材料等的制备。而用空心金属粉末烧结而成的块体材料，因其较低的热传导性和极轻的重量，被认为是一种极具潜力的工程材料。采用超细空心磁性金属粉末制成微波隐身涂层，可以获得比同等吸收效果的实心粉末更小的密度，在军事、电子工业等领域中具有非常广阔的应用前景。金属空心微球具有很大的比表面积和很高的活性，是一种优良的工业催化材料。

以空心玻璃微球为模板，利用化学镀方法在其表面镀覆非晶合金镀层，然后用氢氧化钠溶液将模板刻蚀掉，即可制备出非晶合金空心微球。图 1-6（a）为制备的空心镍磷合金微球的 FE-SEM 照片。从图中可以看出，制备的金属微球直径分布在 20～50 μm 范围，取决于所用模板的尺寸。非晶合金微球的壁厚约为 0.3～0.5 μm，可以通过化学镀反应时间来控制。当化学镀反应时间很短时，理论上可以获得纳米级壁厚的金属微球。但是，由于所用的模板直径太大，超薄球壳的微球强度很低，极易破碎，因此为了获得完整的金属微球，化学镀反应时间必须足够长。从破碎的微球［图 1-6（b）］可以看出，制备的金属微球具有明显的空心结构。

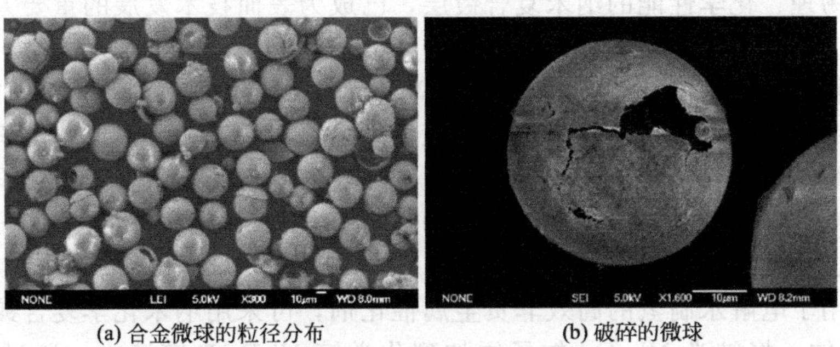

(a) 合金微球的粒径分布　(b) 破碎的微球

图 1-6　空心镍磷合金微球的 FE-SEM 照片

图 1-7 为镍磷合金微球的 XRD 谱图，可以看出，45°有一个特征弥散峰，表明所制备的镍磷合金微球的确为非晶态结构。XRD 谱图中没有其他杂质的衍射峰，表明制备微球过程中所采用的去除模板方法是可行的，玻璃微球模板已经被彻底去除。

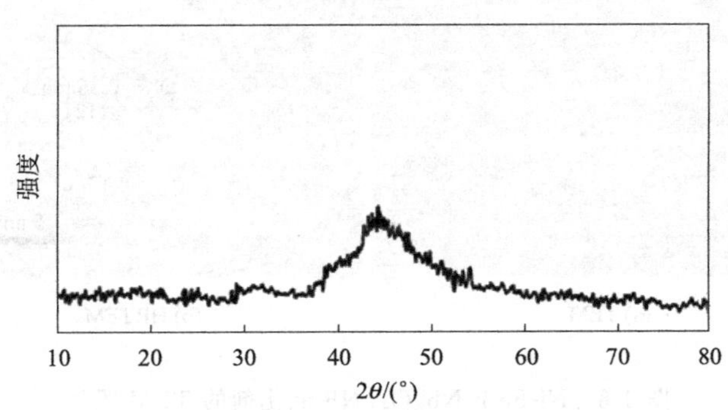

图 1-7　镍磷合金微球的 XRD 谱图

非晶态镍磷合金空心微球具有优良的催化加氢性能。表 1-3 为非晶态镍磷合金空心微球催化剂的反应时间对硝基苯转化率的影响，表 1-4 为非晶态镍磷合金空心微球催化剂使用次数对硝基苯转化率的影响。

非晶态镍磷合金空心微球之所以具有优良催化活性的机理，在于其独特的非晶态结构和很大的比表面积，其很大的比表面积不仅与其中空结构有关，还与其独特的多孔、网络状的球壳结构有很大关系。

表 1-3　反应时间对硝基苯转化率的影响

反应时间/h	0.5	1.0	1.5	2
转化率/%	80.70	99.97	99.97	99.97

表 1-4　催化剂使用次数对硝基苯转化率的影响

使用次数	1	2	3	4	5
转化率/%	99.79	96.53	99.98	100.00	100.00

3. 非晶合金与纳米复合镀层

近年来，随着纳米科学技术的发展，用纳米材料和纳米技术改善传统材料的性能，或赋予传统材料一些独特的新性能，拓展传统材料的应用范围，已成为材料领域的研究热点。其中，将纳米材料与化学复合镀层技术相结合，获得具有优异的耐磨、减摩、耐腐蚀、耐高温以及某些独特物理、化学性能的纳米复合镀层，已成为表面技术发展的重要方向，显示出广阔的应用前景。

纳米化学复合镀技术，是在非晶态 Ni-P 等二元或多元化学镀液中，添加不溶性的固体纳米粒子，利用共沉积原理获得纳米颗粒增强型复合镀层的工艺。形成共沉积的纳米粒子对复合镀层的组织结构和性能影响很大。纳米复合镀层的制备受到很多因素影响，其中纳米粒子的分散是关键因素。到目前为止这一问题仍然具有挑战性，影响了纳米粒子性能的发挥，阻碍了纳米复合镀层技术的进一步发展。

为了研发用于电解水制氢的高效非贵金属催化剂，可采用纳米化学复合镀方法，以泡沫镍（NF）为载体，将纳米 Nb_2O_5 粒子添加到化学镀 Ni-Fe-P 镀液中，通过复合沉积制备 Ni-Fe-P-Nb_2O_5/NF 催化剂。图 1-8 为 Ni-Fe-P-Nb_2O_5/NF 催化剂的 TEM 照片，可以看出具有晶体结构的纳米 Nb_2O_5 弥散分布在具有非晶结构的 Ni-Fe-P 合金基体中，Nb_2O_5 粒子的直径在 3～5 nm 范围内。

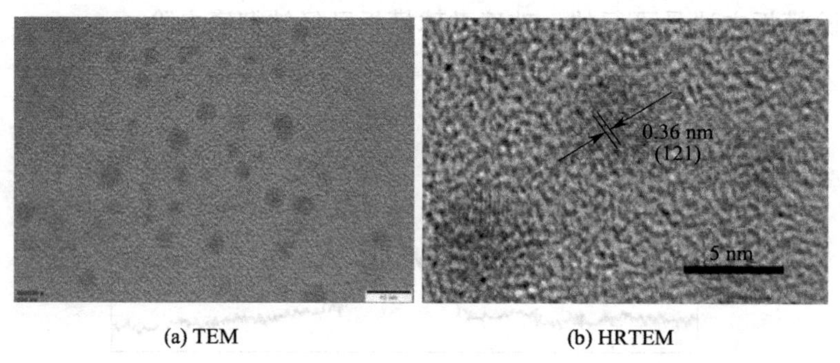

(a) TEM　　(b) HRTEM

图 1-8　Ni-Fe-P-Nb_2O_5/NF 催化剂的 TEM 照片

图 1-9 为在 1mol・L^{-1} KOH 电解液中 Ni-Fe-P-Nb_2O_5/NF 催化剂的催化性能曲线。由图 1-9（a）可以看出在－10 mA・cm^{-2} 电流密度下，析氢过电位仅需 39.05 mV，明显优于没有复合 Nb_2O_5 纳米粒子的 Ni-Fe-P/NF 催化剂（77.34 mV），与 Pt/C 电极相当。图 1-9（b）的阻抗谱表明 Ni-Fe-P-Nb_2O_5/NF 催化剂具有较低的电荷传输阻力。从图 1-9（c）可见 Ni-Fe-P-15g・L^{-1} Nb_2O_5/NF 催化剂的塔菲尔斜率仅为 24.97 mV・dec^{-1}［dec 是 decade（十进位）的缩写］，表明其具有优良的反应动力学性能。

在制备 Ni-P-TiO_2 纳米化学复合镀层工艺中，为了解决纳米粒子在镀液和镀层中的分散问题，将钛溶胶而不是纳米 TiO_2 粒子直接加入化学镀液中进行化学复合镀，可以很好地解决纳米粒子团聚问题，实现纳米粒子在镀液和镀层中的良好分散。

图 1-10 是纳米化学复合镀层 Ni-P-TiO_2 在不同放大倍数下的断面、表面扫描电镜照片。可以看到复合镀层内部弥散分布着大量的白色纳米粒子，纳米粒子之间没有团聚，呈明显的单分散状态，纳米 TiO_2 粒子的粒径在 20～30 nm 范围内，大小均匀。纳米粒子与镀层之间的界面结合良好，复合镀层内部也没有发现孔隙的存在，表明纳米复合镀层是致密的。

Ni-P-TiO_2 纳米化学复合镀层无孔隙的机理分析如下。一方面，由于镀液中加入钛溶胶

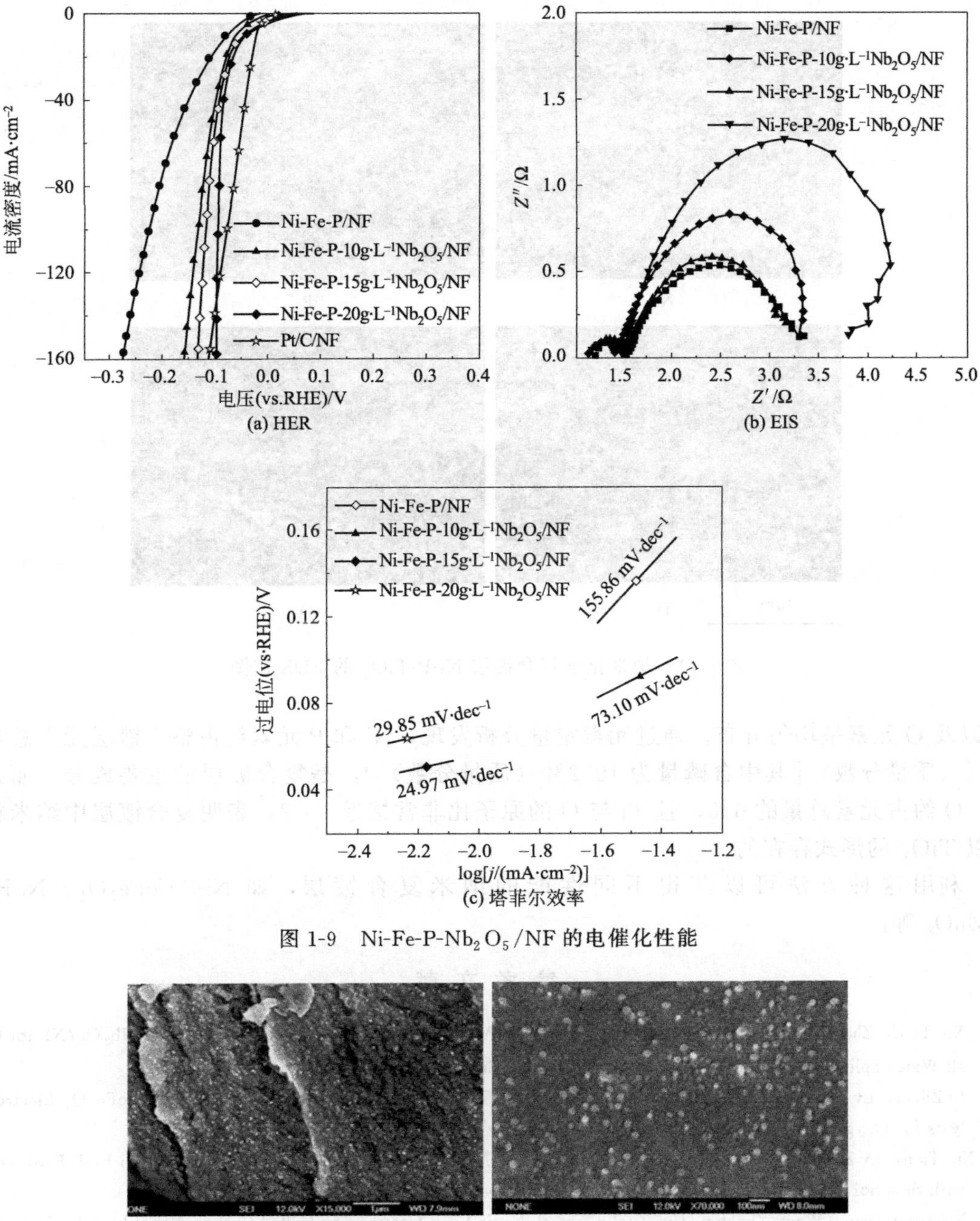

(a) HER

(b) EIS

(c) 塔菲尔效率

图 1-9　Ni-Fe-P-Nb_2O_5/NF 的电催化性能

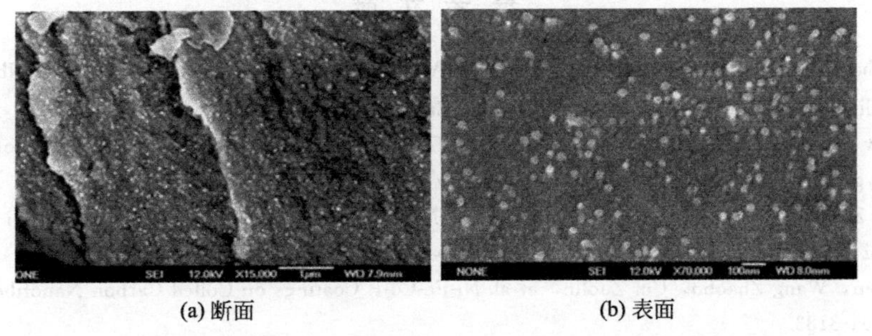

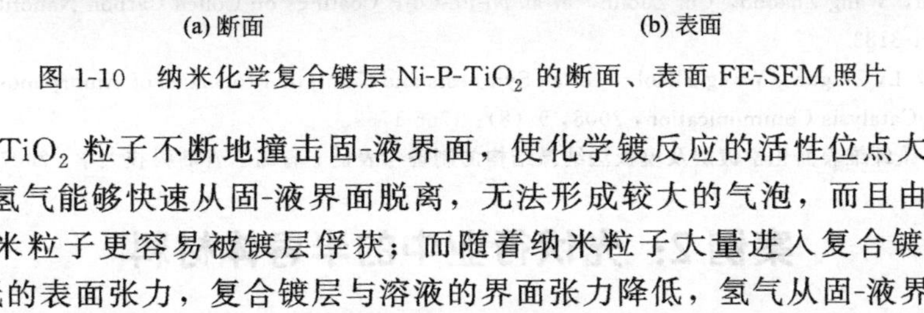

(a) 断面　　(b) 表面

图 1-10　纳米化学复合镀层 Ni-P-TiO_2 的断面、表面 FE-SEM 照片

后，大量纳米 TiO_2 粒子不断地撞击固-液界面，使化学镀反应的活性位点大大增加，反应过程中产生的氢气能够快速从固-液界面脱离，无法形成较大的气泡，而且由于纳米粒子的粒径很小，纳米粒子更容易被镀层俘获；而随着纳米粒子大量进入复合镀层，由于纳米 TiO_2 具有很低的表面张力，复合镀层与溶液的界面张力降低，氢气从固-液界面的脱离更加容易，因而镀层中难以形成孔隙。另一方面，在复合镀层形成过程中，粒径很小的纳米粒子弥散分布在镀层中，会不断掩盖和修复镀层中的缺陷，从而使得镀层结构致密。

图 1-11 是纳米化学复合镀层 Ni-P-TiO_2 的 EDX 谱图，从图中可以清楚地看到 Ni、P、

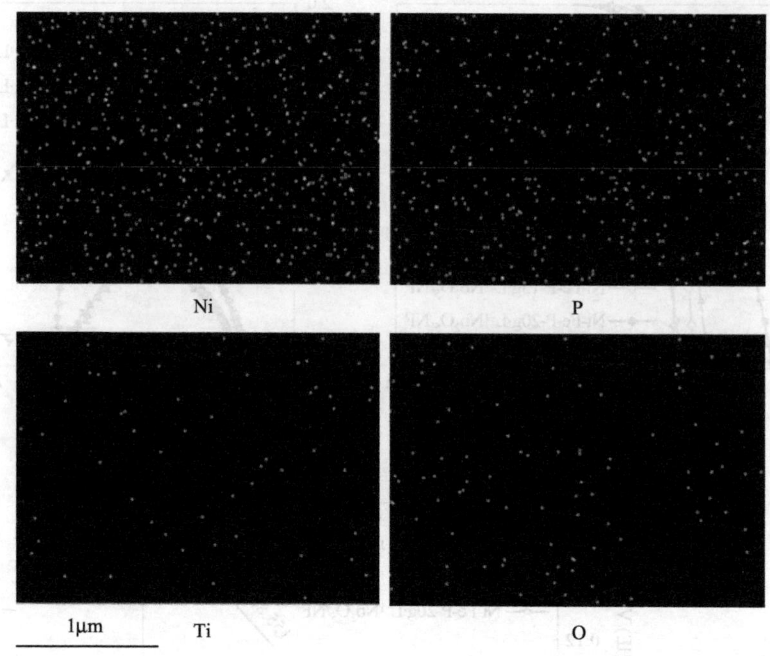

图 1-11 纳米化学复合镀层 Ni-P-TiO_2 的 EDX 谱图

Ti 以及 O 元素呈均匀分布。通过元素定量分析发现，Ni 和 P 元素约占整个镀层元素总量的 94%（质量分数）[其中含磷量为 10.2%（质量分数）]，是复合镀层的主要成分。而元素 Ti、O 约占元素总量的 6%，且 Ti 与 O 的原子比非常接近 1∶2，表明复合镀层中纳米粒子是以 TiO_2 的形式存在的。

利用这种方法可以获得不同性能的纳米复合镀层，如 Ni-S-$CoFe_2O_4$、Ni-Fe-P-$FeMnO_3$ 等。

参考文献

[1] Xie Tian，Zhao Haixia，Lv Zunhang，et al. A Highly Active Composite Electrocatalyst Ni-Fe-P-Nb_2O_5/NF for Overall Water Splitting. International Journal of Hydrogen Energy，2021，46（1）：581-588.

[2] Li Zihan，Lv Zunhang，Liu Xin，et al. Magneticfield Guided Synthesis of Highly Active Ni-S-$CoFe_2O_4$ Electrocatalysts for Oxygen Evolution Reaction. Renewable Energy，2021，165：612-618.

[3] Xie Tian，Lv Zunhang，Wang Kaihang，et al. $FeMnO_3$ Nanoparticles Promoted Electrocatalysts Ni-Fe-P-$FeMnO_3$/NF with Superior Hydrogen Evolution Performances. Renewable Energy，2020，161：956-962.

[4] Xie Guangwen，Wang Zhaobo，Cui Zuolin，et al. Ni-Fe-Co-P Coatings on Coiled Carbon Nanofibers. Carbon，2005，43（15）：3181-3183.

[5] Xie Guangwen，Lv Zhiguo，Wang Zhaobo，et al. Synthesis and Catalytic Properties of Amorphous Ni-P Alloy Hollow Microspheres. Catalysis Communication，2008，9（8）：1766-1769.

[6] 谢广文．纳米碳纤维表面化学镀层及模板法纳微结构的制备与表征．青岛：青岛科技大学，2007.

案例 2：光伏行业中的半导体材料

太阳能电池是有效利用太阳光的器件，也是新能源产业发展的重要分支。太阳能电池的核心部分是 PN 结。在光照条件下，半导体材料产生光生载流子，由于 PN 结内建电场的存在，载流子被分离而传输到外部电路，将光能转化为电能。组建太阳能电池的关键材料是半导体，其材料的选择取决于其自身的禁带宽度、光吸收效率和载流子的传输效率。太阳光光谱的主要能量分布在可见光波段 400～800nm。可见光的光子能量大于其禁带宽度值，才会产生光子的吸收和光电的转换。

单晶硅的禁带宽度为 1.12eV，是理想的电池材料。自从 1839 年法国科学家 E. Becquerel 首次发现光伏效应，太阳能电池已经经历了长期的发展历程。而直至 20 世纪 50 年代，美国贝尔实验室研究人员 D. M. Chapin、C. S. Fuller 和 G. L. Pearson 才首次报道了具有实用意义的单晶硅太阳能电池，其效率约 6%。

硅材料分为单晶硅、多晶硅和非晶硅。单晶硅由于其晶格完整，电子空穴传输效率高，多用于电子电路。作为太阳能电池的主要材料，其优点是转化效率高、稳定性好、寿命长。其制备可分为直拉（又称柴可拉斯基法，CZ）单晶硅、区熔单晶硅和外延单晶硅片（EPI）。CZ 单晶硅的特点是直径大、机械强度高、电阻率低、氧含量较高，主要用于制造集成电路、晶体管、低电压小功率二极管、传感器和太阳能电池。晶片尺寸的大小是其制备的重要参数，硅晶圆经历了从 6 英寸（1 英寸＝0.0254m）到 8 英寸再到 12 英寸的过程。

单晶硅的性能优良但其制备成本和能耗较高，半导体产业近年来普遍应用多晶硅和非晶硅来替代单晶硅以降低成本。硅基太阳能电池仍占据主流市场，新能源的高效利用促使科学家寻找更加有效的替代材料并研发新型太阳能电池。有机太阳能电池、染料敏化太阳能电池就是在这种背景下诞生的。其中，环境友好、无污染的氧化物半导体在其中发挥着重要作用。

以 ZnO 为例，其小尺寸的晶体材料既可以作为太阳能电池的传输层，又可以增加光吸收效率，提高电池转化率。ZnO 为 N 型半导体，是禁带宽度为 3.24 eV 的宽禁带半导体，电子传输效率较高，多用于电学和气敏元件。在常温条件下可制备纳米棒状材料，尺寸在 30～50 nm，通过扫描探针显微镜可测量其电学性能。可通过改善生长环境，将材料的基底换为导电玻璃，并在表面旋涂 ZnO 晶种，在水浴条件下，经过不同时间就可以得到取向为[0002]的 ZnO 纳米阵列。

科学家还通过多步水热法，将 ZnO 纳米阵列作为树干，通过控制反应液和反应温度，继续在树干上生长分支，得到多级纳米结构，称为纳米森林，枝干的尺寸在 20～30 nm。不同形貌的 ZnO 可以应用于不同的器件，发挥其电学特性。太阳能电池需要载流子的分离和传输，科学家将 ZnO 制备为 10～20 nm 的颗粒涂覆于活性层，利用颗粒的光散射效应提高太阳光的利用效率，同时利用 ZnO 固有的能级位置传输电子并阻碍空穴的反向传输，达到提高载流子分离效率的目的。不同方法制备出的纳米材料电学性能不尽相同，王中林教授通过物理法制备了梳状结构，期待其在器件的小尺寸化方面发挥作用。

2009 年，太阳能电池又有新成员加入——钙钛矿太阳能电池。这种新型太阳能电池异军突起，效率从 3.8%上升到了 25.4%（2020 年），成为新型太阳能电池中的主力军，其效率增长量已经远超染料敏化太阳能电池和有机太阳能电池。

钙钛矿是一种晶体结构的名称。早在 1839 年，科学家们就在俄罗斯乌拉尔山的变质岩中发现了钙钛矿材料 $CaTiO_3$，并以著名的矿物学家 A. von Perovski 的名字命名。生活中常见的此类材料有 $CaTiO_3$、$BaTiO_3$。由于其特殊的结构和性质，可以作为铁电材料、磁阻材料、氧敏材料和电致伸缩材料。钙钛矿化合物的化学通式可以用 AMX_3 表示。其中，A 和 M 分别代表两种尺寸相差较大的阳离子，X 则表示与 A 和 M 均有化学键相连的阴离子。有机金属卤化物钙钛矿是指一类具有钙钛矿晶格结构的新型材料。其特点是禁带宽度为 1.6 eV，既可以传输电子，也可以传输空穴。双向传输的作用大大提高了钙钛矿太阳能电池的载流子分离效率，减小了复合效率。钙钛矿材料的结构示意如图 2-1 所示。

具有 AMX_3 化学通式的钙钛矿晶体，可以分成无机氧化物钙钛矿（AMO_3）和卤化物

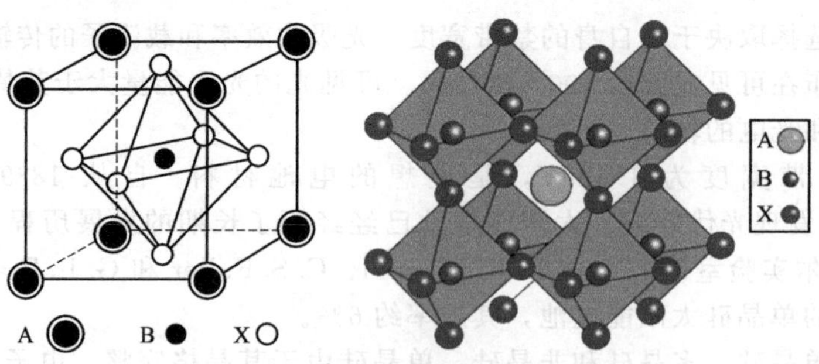

图 2-1 钙钛矿材料的结构示意图

钙钛矿（AMX_3，X＝F、I、Cl、Br）。无机氧化物钙钛矿通常由二价金属阳离子和四价金属阳离子与氧离子相互作用形成。而卤化物钙钛矿又可分成两类：碱金属卤化物钙钛矿和有机金属卤化物钙钛矿。在 2009 年，Miyasaka 等首次报道了 $CH_3NH_3PbX_3$（X＝I、Br）钙钛矿应用于液态染料敏化太阳能电池，并获得了最高 3.8％的电池效率。Park 等通过改善光阳极的厚度及其界面，进一步发展了这种太阳能电池，获得了 6.5％的效率。2012 年，Grätzel 及合作者首次将固态的空穴传输材料 spiro-OMeTAD 应用于钙钛矿太阳能电池，实现了全固态的钙钛矿电池，并获得了 9.7％的转化效率。Snaith 等进一步将 spiro-OMeTAD 应用于使用介孔氧化铝支架的钙钛矿电池，获得了 10.9％的转化率。钙钛矿薄膜沉积技术在 2013 年将电池效率提高到了 15％。2015 年，美国可再生能源实验室给出的钙钛矿太阳能电池最高认证效率是 20.1％，这基本达到了单晶硅太阳能电池的水平。有机金属卤化物钙钛矿材料高效率和价格低廉的特点，使其在太阳能电池中有广泛的应用前景。它在整个可见光波段中展现出了强吸光能力，可同时传输电子和空穴，因而是全固态太阳能电池的首选材料。薄膜钙钛矿电池效率主要取决于钙钛矿层、空穴传输层、电子传输层的性质。钙钛矿层的形貌和结晶性直接影响电荷的传输与复合，进而影响电池光电转换效率。层与层之间的能级匹配和界面效应，决定着载流子的输运及电能的有效转化。目前该型太阳能电池的瓶颈问题主要是薄膜均匀性和结晶性，大尺寸的钙钛矿晶体的制备是科学家面临的挑战。晶体的形貌和结晶性是制约光生载流子在钙钛矿材料中分离和传输的关键。同时，晶体在一定湿度条件下的稳定性也是影响工业化生产的主要因素。

当难题被一步步攻克，瓶颈问题被逐步解决后，新型太阳能电池将有望取代传统的硅基太阳能电池成为产业的主导。在光伏行业迅猛发展的这趟列车上，半导体得以飞速发展，同时新型半导体材料的诞生也促进了光伏产业的发展。

参 考 文 献

[1] Wang Xiao，Fan Yingping，Wang Li，et al. Perovskite Solution Aging：What Happened and How to Inhibit. Chem，2020，6（6）：1369-1378.

[2] Liu Ranran，Li Zhipeng，Chen Chen，et al. The Possible Side Reaction in the Annealing Process of Perovskite Layers. ACS Applied Materials & Interfaces，2020，12（31）：35043-35048.

[3] Hao Lianzheng，Li Zhipeng，Wang Li，et al. A Temperature Gradient-induced Directional Growth of a Perovskite Film. Journal of Materials Chemistry A，2020，8（33）：17019-17024.

[4] Meng Hongguang，Shao Zhipeng，Wang Li，et al. Chemical Composition and Phase Evolution in DMAI-Derived Inorganic Perovskite Solar Cells. ACS Energy Letters，2019，5（1）：263-270.

[5] Li Zhipeng，Wang Li，Liu Ranran，et al. Spontaneous Interface Ion Exchange：Passivating Surface Defects of Perovskite Solar Cells with Enhanced Photovoltage. Advanced Energy Materials，2019，9（38）：1902142.

[6] Fan Yingping，Meng Hongguang，Wang Li，et al. Review of Stability Enhancement for Formamidinium-Based Perovskites. Solar RRL，2019，3（9）：1900215.

[7] Li Zhipeng, Zhang Cuiping, Shao Zhipeng, et al. Controlled Surface Decomposition Derived Passivation and Energy-level Alignment Behaviors for High Performance Perovskite Solar Cells. Journal of Materials Chemistry A, 2018, 6 (20): 9397-9401.

案例 3：生物医用镁合金及其表面改性

镁合金密度低，是目前实际应用中最轻的金属结构材料，具有比强度和比刚度高、消振性好、电磁屏蔽效果好、导电导热性能优良以及可回收利用等优点，在航空航天、汽车、机械设备和电子产品等领域有着非常广阔的应用前景。同时，镁合金还是一种可降解的医用金属材料，是继不锈钢、钛及钛合金之后出现的第三代医用金属材料。医用镁合金的问世在生物医用金属材料的发展过程中具有里程碑式的意义，被誉为“革命性的生物医用金属材料”。

1. 生物医用镁合金的特点

镁及镁合金的密度约为 1.74～1.85 $g \cdot cm^{-3}$，远低于常用的医用不锈钢（7.8～8.2 $g \cdot cm^{-3}$）和钛合金（4.4～4.5 $g \cdot cm^{-3}$），与人体骨的密度（1.8～2.1 $g \cdot cm^{-3}$）非常接近。同时，镁还是人体所需的主要元素之一，能催化和激活体内多种酶，参与体内能量代谢，因此镁及镁合金具有优良的生物相容性。镁合金的弹性模量约为 44～45 GPa，也显著低于医用不锈钢和钛合金，与人体皮质骨的弹性模量（7～30 GPa）相近，可以避免由于与骨弹性模量不匹配所造成的应力屏蔽现象，因此镁合金具有良好的生物力学性能。镁的化学性质极为活泼，其标准电极电位较低，约为－2.37 V，并且其表面形成的氧化膜疏松、多孔，起不到保护作用，造成镁及镁合金的耐腐蚀性能差，在含氯离子的人体生理环境中可以通过腐蚀而发生降解，因此成为新一代可降解的生物医用金属材料。

与传统骨科用金属材料相比，镁合金具有良好的生物力学性能和优异的生物相容性，由于其体内可降解吸收，具有避免二次手术等独特的优势，引起了全世界的关注，在骨科、血管支架等领域显示出了广阔的应用前景。但是，镁合金在人体生理环境中的降解速率太快，与骨组织愈合的速度不匹配，容易导致植入体的失效。因此，控制可生物降解镁合金在体内的降解速率，成为临床应用的主要挑战。对镁合金进行表面改性，可以在调控镁合金降解速率的同时提高其生物相容性，是目前研究的重点方向之一。

2. 镁合金表面微弧氧化涂层

微弧氧化（micro-arc oxidation，MAO）是一种直接在轻金属（如 Al、Mg、Ti 等）表面原位生长陶瓷膜的工艺。可将金属置于电解液中作为阳极，利用弧光放电形成瞬时的高温高压，在合金表面产生电火花烧结，原位生长以金属氧化物为主并辅以电解液组分的陶瓷涂层。微弧氧化工艺制备的涂层与基体结合牢固，结构致密，具有良好的耐磨、耐腐蚀等特性，且该工艺操作简单，不会造成环境污染，是一种绿色环保的材料表面处理技术，在很多领域都具有广阔的应用前景。

微弧氧化工艺过程中的电压、氧化时间、脉冲频率和占空比等参数，将直接影响生成涂层的厚度、致密度、耐腐蚀性等性能。图 3-1 为不同微弧氧化时间下 AZ31B 镁合金表面所制备的 MAO 涂层的微观形貌。从图中可以看出，在电流为 0.25 A、频率为 400 Hz、占空比为 75％的条件下，改变氧化时间，MAO 涂层将呈现粗糙多孔的微观形貌。随着氧化时间的延长，涂层的厚度增加，产生孔洞的数量减少。但同时涂层的孔洞直径越来越大，并且在一定程度上表现的形貌也变得越来越不均匀，同一涂层表面的孔洞有大有小。这是由于随着时间的增加，涂层变厚，样品表面可被击穿的地方越来越少，在相同能量下被击穿的弧点处的能量越来越高，导致被击穿部位的孔洞也越来越大。

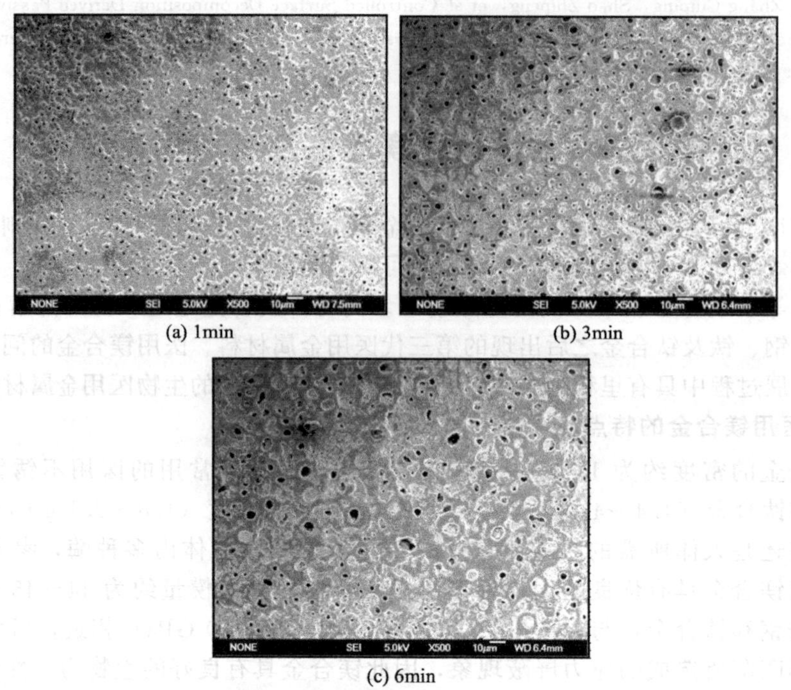

(a) 1min (b) 3min

(c) 6min

图 3-1 不同微弧氧化时间下制备的 MAO 涂层的 SEM 图

对镁合金进行微弧氧化处理，在镁合金表面生长微弧氧化涂层，可以在一定程度上提高镁合金基体的耐蚀性，延长其在人体生理环境中存在的时间。但由于微弧氧化涂层中含有较多的孔洞，而这些孔洞往往会成为腐蚀的通道，因此微弧氧化涂层对基体的保护作用有限。另外，微弧氧化涂层以氧化物为主，其生物相容性和生物活性较低，往往需要与其他涂层复合来进一步改善涂层的综合性能。

3. 镁合金表面羟基磷灰石涂层

羟基磷灰石［$Ca_{10}(PO_4)_6(OH)_2$，hydroxyapatite，HAP］是人体骨骼和牙齿主要的无机组成部分，具有良好的生物相容性和生物活性，目前已广泛应用于骨缺损的填充与修复、整形外科等的临床手术中，是一种公认的性能良好的骨修复替代材料。在镁合金表面制备HAP涂层，不仅可以提高镁合金在人体内的耐蚀性，还可以改善镁合金的生物相容性，是一种较好的镁合金表面改性的方法。近年来，在镁合金表面制备HAP涂层的方法主要有溶胶凝胶法、仿生矿化法、电化学沉积法、微弧氧化法以及水热法等。

水热法是指在密封的压力容器中，以水为溶剂，在高温高压下进行的化学反应。采用水热法也可以在镁合金表面制备HAP涂层。首先将一定尺寸的镁合金样品分别用不同粗细的砂纸逐一打磨，直至样品表面光滑无明显的划痕，然后用无水乙醇、丙酮、去离子水分别超声清洗一定时间，最后用吹风机吹干备用。在采用水热法制备HAP涂层的过程中，一般需要加入金属离子螯合剂以利于钙盐在镁合金表面的沉积。水热溶液一般选择 $CaCl_2$ 和 KH_2PO_4 作为钙盐和磷盐的来源，溶液的pH值也会影响沉积涂层的质量。

图 3-2 为水热反应前后镁合金表面的宏观变化情况。从图中可以看出，经过水热反应后镁合金基体表面被一层致密的白色涂层所覆盖，涂层较为均匀致密，覆盖较为完整。图 3-3 为水热法处理后涂层的SEM图。从图中可以看出，镁合金表面的涂层由大量的球状聚集体组成。从放大的图中可以看出，球状物的尺寸在 $2\mu m$ 左右，为毛绒状的簇状结构，并相互

连接堆叠在一起，但涂层并不十分致密，会存在一定量的孔隙。涂层的厚度大约为 10μm，随着水热时间的延长，涂层厚度会有所增加。电化学测试和浸泡实验表明，该涂层可以显著提高镁合金基体的耐蚀性。

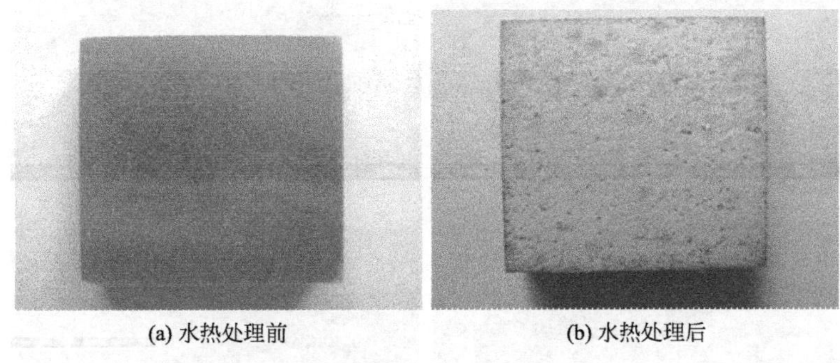

(a) 水热处理前　(b) 水热处理后

图 3-2 水热反应前后的镁合金表面图片

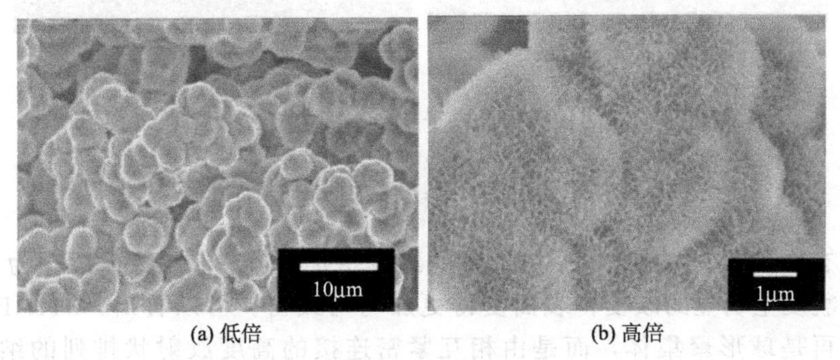

(a) 低倍　(b) 高倍

图 3-3 镁合金表面羟基磷灰石涂层的 SEM 图

4. 镁合金表面 MAO 与氟离子掺杂羟基磷灰石复合涂层

为了进一步提高镁合金表面 MAO 涂层的生物相容性，并改善 MAO 涂层疏松多孔的微观特性，通常将 MAO 涂层与其他生物陶瓷涂层结合起来。以 MAO 涂层为内层，以 HAP 涂层为外层的复合涂层，是改善镁合金的耐蚀性、增强涂层的生物活性和黏结性能的较好方法。人体骨组织中的无机成分并不是纯的 HAP，还含有许多微量元素如镁、锶、氟、锌、硅、铜等，这些微量元素在人体骨的新陈代谢中起着至关重要的作用。通过离子掺杂可以合成一种比纯 HAP 更接近于天然骨组织无机成分的材料，从而可以有效提高 HAP 涂层的生物相容性和功能性，促进周围骨组织的生长。F 是人类牙齿和骨骼中必不可少的微量元素，由 F^- 部分取代羟基磷灰石中的 OH^-，可以获得 F^- 掺杂的羟基磷灰石（FHAP）。通过 F^- 的掺杂可以减小 HAP 涂层的溶解度，提高稳定性和成骨活性。

图 3-4 为采用水热法在镁合金表面制备的不同氟离子掺杂浓度的 FHAP/MAO 复合涂层的 SEM 图。图 3-4(a) 为不掺杂氟离子的 Ca-P/MAO 复合涂层的表面形貌，其微观形貌主要由不同长度的纤维组成，纤维均匀地分布覆盖住先前形成的微弧氧化涂层，并且这些纤维之间排列比较疏松，存在着明显的不均匀的缝隙和孔洞。随着 F^- 的加入，一些球形聚集体开始出现在复合涂层中［图 3-4(b)］，此时 F/Ca 的掺杂比为 0.05。当 F/Ca 的掺杂比为 0.1 时，复合涂层表面的形貌已经完全由球形聚集体组成［图 3-4(c)］。但是，这些球形聚

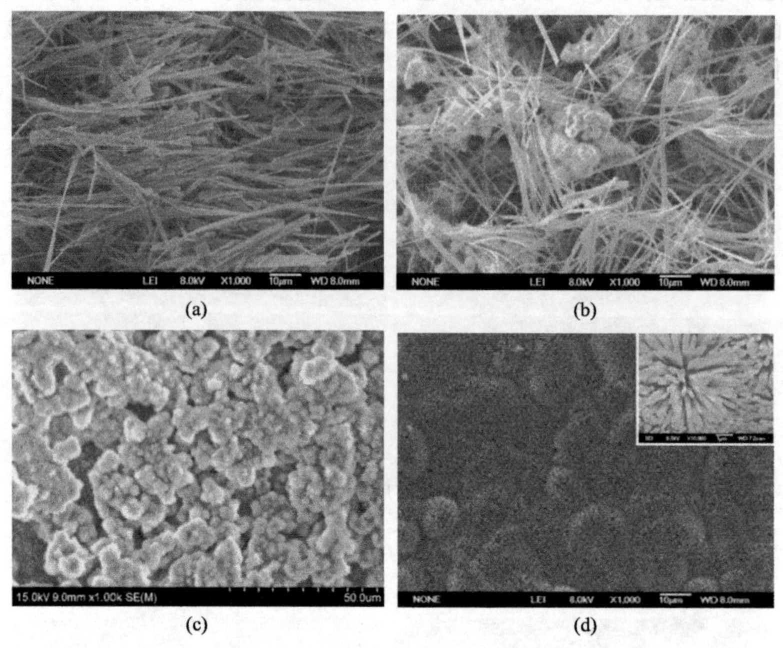

图 3-4 镁合金表面不同氟离子掺杂浓度的复合涂层的 SEM 图

(a) Ca-P/MAO 涂层（F/Ca=0）；(b) FHAP1/MAO 涂层（F/Ca=0.05）；
(c) FHAP2/MAO 涂层（F/Ca=0.1）；(d) FHAP3/MAO 涂层（F/Ca=0.2）

集体之间仍然有许多孔洞。随着 F^- 掺杂量的继续增加，当 F/Ca 的掺杂比为 0.2 时，复合涂层的微观形貌发生明显的改变，表面变得更加均匀致密。可以看出，FHAP3/MAO 复合涂层的形貌不再是球形聚集体，而是由相互紧密连接的高度放射状排列的纳米棒［图 3-4(d)］组成，并且从图 3-4(d) 的放大图中可以看出，这些高度紧密排列的纳米棒的直径约为 150nm。这种结构较之前的纤维状和球形聚集体更加致密、均匀，大大降低了 FHAP3/MAO 复合涂层的孔隙率，也在微弧氧化涂层的基础上提高了复合涂层整体的厚度和耐腐蚀性能。

镁合金在降解过程中会使周围环境发生碱化，通过监测镁合金不同样品在模拟体液（SBF）中浸泡不同时间下溶液的 pH 值变化，可以在一定程度上评价样品的耐腐蚀性能。图 3-5 为不同样品浸泡溶液的 pH 值与浸泡时间之间的关系。从图中可以看出，浸有 AZ31B 镁合金基体的模拟体液的 pH 值在一开始时就迅速上升，pH 值最大上升到 9.2±0.1，这表明未涂覆的镁合金基体在 SBF 中很快就被腐蚀，且腐蚀过程一直持续不断。而与镁合金基体相比，涂有 FHAP3/MAO 复合涂层的样品，pH 值变化幅度非常小，在整个浸泡周期内 pH 值始终保持在 7.4～7.7 左右，这表明复合涂层对镁合金基体起到了很好的保护作用，因此样品的腐蚀速率较慢。此外，从图 3-5 中两个样品的插图可以看出在浸泡过程中样品的宏观形貌变化，浸泡 3d 后，AZ31B 镁合金基体便发生了快速而严重的腐蚀，此后腐蚀一直持续到第 22d，镁合金基体表面被腐蚀得布满孔洞。但是，在同样浸入 22d 后，FHAP3/MAO 复合涂层涂覆的样品仍保持着原始宏观形貌的完整性，这说明这种复合涂层具有足够的耐腐蚀性能，可以保护镁合金基体不受腐蚀。

为了进一步研究 FHAP3/MAO 复合涂层的生物相容性，选用 MC3T3-E1 细胞在样品上进行体外细胞培养实验。图 3-6 为细胞培养 2d 后 AZ31B 镁合金基体样品、涂覆 Ca-P/MAO

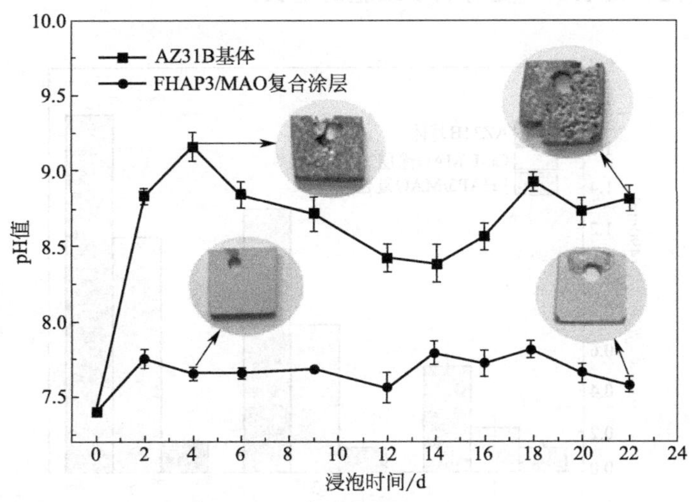

图 3-5 AZ31B 基体和 FHAP3/MAO 复合涂层样品在 SBF 中浸泡不同时间后的 pH 值变化

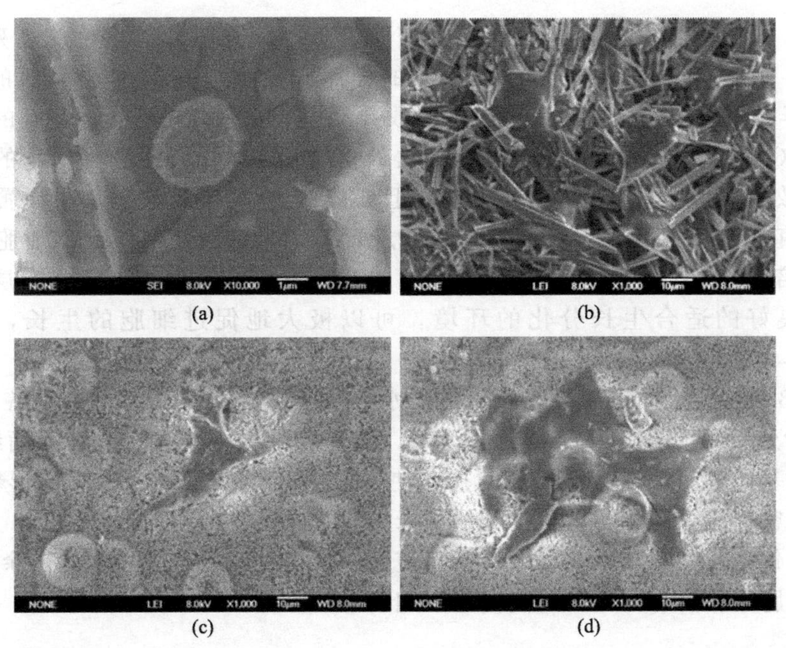

图 3-6 MC3T3-E1 细胞在不同涂层样品上培养 2d 后的 SEM 图

(a) 镁合金基体；(b) Ca-P/MAO 涂层；(c)，(d) FHAP3/MAO 复合涂层

的样品以及涂覆 FHAP3/MAO 复合涂层的样品表面附着的 MC3T3-E1 细胞的 SEM 微观形貌。从图 3-6 中可以看出，未涂覆的镁合金基体［图 3-6(a)］上的 MC3T3-E1 细胞的形貌是球形的，只是简单地附着在合金表面而没有任何的铺展，说明细胞在未涂覆的镁合金基体上没能进行良好的铺展。而在涂覆 Ca-P/MAO 涂层的样品［图 3-6(b)］表面发现，细胞紧密地附着包裹在样品的表面，并且产生了良好的铺展，表现出活跃的细胞骨架延伸。图 3-6 中 (c)、(d) 显示的是 FHAP3/MAO 复合涂层样品上的细胞形貌，细胞紧密地铺展在材料表面，并表现出更多的丝状伪足和片状骨架延伸，这表明该复合涂层比 Ca-P/MAO 涂层具有

更适合细胞黏附和延伸的表面，更有利于细胞的生长。

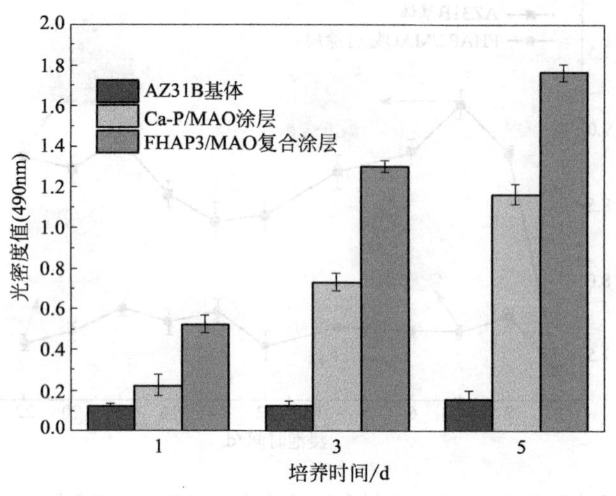

图 3-7 不同样品的 MC3T3-E1 细胞毒性测试结果

图 3-7 为 MC3T3-E1 细胞在不同样品表面培养 1d、3d 和 5d 后细胞增殖情况。从图中可以看出，细胞培养 1d 后，未涂覆涂层的样品和涂覆涂层的样品表面的细胞数显示出明显的差异，涂覆涂层的样品表面细胞数要明显多于空白镁合金表面的细胞数，且 FHAP3/MAO 复合涂层的样品表面细胞数最多。此外，经过 3d 和 5d 的培养，三个样品上细胞数量的差异变得更加明显，并且 FHAP3/MAO 复合涂层涂覆的样品表面的细胞数一直远多于未涂覆的样品和 Ca-P/MAO 涂层的样品。综合细胞毒性分析的结果和细胞培养 2d 后扫描电镜的图片可以得出，FHAP3/MAO 复合涂层表面给细胞提供了一个良好的适合生长分化的环境，可以极大地促进细胞的生长，具有优良的生物相容性。

在 AZ31B 镁合金表面采用微弧氧化法与水热法相结合的方式，可以制备以 MAO 为内层，FHAP 为外层的 FHAP/MAO 复合涂层。该复合涂层既具有较高的界面结合强度，又能够显著提高基体的耐蚀性。氟离子的掺入使得 FHAP/MAO 复合涂层的形貌由球形聚集体变为相互紧密连接的高度放射状排列的纳米棒状，涂层变得更加致密均匀，对基体可以起到很好的保护作用。同时，氟离子的掺杂还使涂层具有更好的细胞相容性，涂层的表面微观结构有利于细胞的黏附与铺展，并能促进细胞的早期分化。

参考文献

[1] Yu Wentao，Sun Ruixue，Guo Ziqiang，et al. Novel Fluoridated Hydroxyapatite/MAO Composite Coating on AZ31B Magnesium Alloy for Biomedical Application. Applied Surface Science，2019，464（15）：708-715.

[2] 于文韬 . AZ31B 镁合金表面羟基磷灰石基涂层材料的制备及其性能研究 . 青岛：青岛科技大学，2020.

[3] 赵丹丹 . AZ91D 镁合金表面磷灰石涂层的制备及其腐蚀行为研究 . 青岛：青岛科技大学，2015.

[4] Sun Ruixue，Liu Peng，Zhang Ruixue，et al. Hydrothermal Synthesis of Microstructured Fluoridated Hydroxyapatite Coating on Magnesium Alloy. Surface Engineering，2016，32（11）：879-884.

[5] Zhao Dandan，Sun Ruixue，Yang Xiaogang，et al. Influence of Different Chelating Agents on Corrosion Performance of Microstructured Hydroxyapatite Coatings on AZ91D Magnesium Alloy. Journal of Wuhan University of Technology-Materials Science Edition，2017，32（1）：179-185.

案例 4：贝马复相钢在高铁车轮中的应用研究

我国轨道交通已进入高速和重载时代。我国幅员辽阔，轨道交通系统极其复杂，其中不乏高寒线路（如哈大高铁，最低温度为－45℃；若出口到俄罗斯，则要经受－60℃低温）、超长线路（如京广高铁，全长约 2300km）。轮轨系统是轨道交通中与安全最为直接相关的重要走行部件系统。在高速、重载条件下，轮轨系统易产生表面摩擦、疲劳剥离和斜裂纹等缺陷，导致车轮和钢轨下线检修甚至最终失效。此外，车轮和钢轨内部易产生裂纹——辋裂和核伤，这不仅会降低零件的使用寿命，更影响轨道系统的运行安全。轮轨材料的批量稳定、高可靠性是确保列车运行安全裕量的重要基础，尤其是在轮轨系统轮辋金属材料约束致脆、高应变、疲劳损伤、动态衰退等导致安全性恶化和影响寿命周期方面的科学问题，是轮轨材料的重要研究方向。针对我国铁路高速化、重载化发展的需求，开展大变形量、高应变速率、低温、复杂动载等环境下轮轨材料抗疲劳行为及可靠性问题等基础研究是关键。

车轮是高速列车的关键部件，由于高速运行所带来的巨大载荷，容易发生损坏，极大地威胁列车的运行安全，甚至会造成乘客的生命安全受到损害。因此，高铁车轮在世界上又被称为“技术要求严格、生产难度特别大”的制品。日、德等制造高铁车轮的国家，将这个相关的产业作为战略核心的最高机密之一，他们不发表论文，甚至连最基础的交流都予以禁止，以此提高高铁车轮的价格，最高可以达到普通车轮的数十倍，从而谋求暴利。然而，这些进口车轮在运行途中问题也是相当大，集中体现于疲劳损伤、寿命短，已经严重威胁到了高铁运行安全，提高了使用成本，使我国走出去的战略布局受到限制。

2016 年 9 月，根据相关统计，我国可运行的高铁线路达到了 70 多条，总的运行里程约为 2 万多公里。在高铁交通迅猛发展的带动下，高铁车轮的使用量也不断上升，尽管如此，中国高铁车轮这一重要的零部件依旧主要依靠进口，这种局面迟迟没有被打破。众所周知，高铁车轮的使用性能要求极其严格，对车轮的冶金质量、成型水平和热处理工艺等标准非常严苛。高铁车轮不仅起到了支撑整个列车重量的作用，而且它将动力向钢轨进行有效传递，其质量将直接决定着整个高铁列车的正常安全运行，直接和旅客生命财产安全相关。目前我国高速铁路的建设工作正在有条不紊地推进中，也正在稳步提速，只有对高铁车轮的质量进行严格把关，不断开发生产高水平、高质量的高铁车轮，才可以满足我国铁路运输的需求，推动我国交通事业的发展。

据铁路专家计算，我国每年至少需要 2.8 万个高铁车轮、1 万吨钢材。因此，我们势必要在高铁车轮领域走出一条独立自主的道路，并拥有自己的研发专利，进而实现高铁车轮的产业化和工业化，一步一个脚印，在将国外技术完全吸收的基础上，逐步掌握核心科技。

对于高铁车轮材料，要求材料具有高强度、高韧性的特性。传统珠光体轮轨材料存在的不足包括：强度、耐磨性已接近珠光体钢极限；高强度、高耐磨性难以兼顾高塑韧性；难以满足高速、重载长远发展需求。而贝氏体组织可以较好地满足这些需求。贝氏体组织的潜在优点包括：强度和耐磨性提高潜力大（达 2000MPa）；冲击韧性 a_k 和断裂韧性 K_{IC} 明显提高；焊接性、冷加工性优良（C 含量珠光体钢 0.5%～0.6%；贝氏体钢 0.1%～0.3%）；低温性能（－40℃/－60℃）明显提高。笔者所在的课题组有多年贝氏体钢合金设计和强韧化研究基础，在钢的组织调控及其对力学性能的影响方面开展了较深入的研究。研究试制的新型贝氏体高强钢，主要合金元素为锰、硅、铬，降低了合金成本，细化了贝氏体组织。

20 世纪 90 年代，笔者所在的课题组就开始了贝马复相钢的研究，通过长期试验探索，提出了针对 1500MPa 级的低合金钢的强韧化思路：①通过组织调控工艺使之形成贝马复相组织，贝氏体可分割马氏体板条束并阻碍裂纹扩展；②显微组织中的碳化物会成为疲劳裂纹源，同时也会使裂纹易于贯通，因此在贝马复相组织中采用无碳化物贝氏体来代替常规含碳化物贝氏体；③保留一定的残余奥氏体，稳定的残余奥氏体薄膜能分割贝氏体铁素体片条，相当于形成具有类似大角度晶界的纳米结构。

此外，考虑到我国的资源现状，在 Mn-B 系贝氏体钢的基础上，加入适量的 Si 和 Cr，进一步降低贝氏体组织的转变温度，使所设计的钢在空冷或连续冷却条件下即可获得含有一定无碳化物贝氏体的贝马复相组织。经过 30 多年的系统研究，课题组对 Mn-Si-Cr 系无碳化物贝马复相钢的显微组织、相变机制、强韧化机制、延迟断裂性能和疲劳性能都有了深入认识。

当下，课题组的研究目标就是采用高强度、高韧性的贝马复相钢制备高铁车轮，具体研究内容包括：成分-组织配比优化；不同服役条件下组织演变规律及对相关性能的影响；贝氏体轨和贝氏体轮间的匹配，为建立标准、批量应用奠定基础。

相信在我们共同努力下，高铁车轮国产化一定会实现，且能走出去，抢占国际市场！

案例 5：金属材料的表面强化技术

金属材料的应用已有几千多年的历史，经过长期发展，已经形成了相对完善的理论。金属材料以其高强度、高塑性、耐热性、持久性等优点，广泛地应用于承受力的零件。这些零件的失效形式主要有断裂、磨损、腐蚀等，而这些失效形式往往是从零件表面开始的。针对这些从表面开始的失效形式，有目的地提高金属零件表面的抗失效能力，可以起到事半功倍的作用。因此，金属材料的表面强化，具有深远的实际意义，并且已经广泛地用于工业生产。新型金属材料表面强化方法不断出现，为大规模的工业生产奠定了基础。

金属表面强化技术是以提高金属零件表面的某些性能为目的的方法，尤其是提高金属零件表面的力学性能，如硬度、强度、耐磨性、应力状态、抗氧化性、耐腐蚀性等。如提高表面硬度，可以提高零件的抗磨损能力；制备表面的压应力，可以提高疲劳强度；在金属零件的表面制备钝化膜及提高金属的电极电位，可以大幅度提高在大气及腐蚀介质中的耐蚀能力等。

金属表面强化技术，不但能节约稀有金属，而且对提高生产率和产品的质量起到了非常关键的作用，甚至带来革命性的进步。

1. 金属材料的表面强化方法

金属表面强化技术包括很多方法，如化学热处理、制备硬质涂层技术、热喷镀技术、热渗镀技术等，其中化学热处理和制备硬质涂层技术在金属表面强化领域中占有重要的地位。

(1) 化学热处理

化学热处理是一种改变钢铁零件表面的化学成分、组织和性能的金属热处理工艺，是在钢铁零件的表面用扩散的方法渗入其他不同于钢铁零件基体材料的元素，使零件表面渗入的元素浓度大于基体的浓度。如渗碳、渗氮、渗硼、渗金属等，有时会在零件的表面形成化合物层和扩散层，使零件的表面和基体具有不同的力学性能。表面和基体各司其职，承受不同的载荷，协同提高零件的失效抗力。

(2) 制备硬质涂层技术

制备硬质涂层技术是在零件的表面制备一层不同于基体的物质，尤以金属间化合物为主，如 TiN、TiC、TiCN 等。这些金属间化合物具有极高的硬度、熔点和极好的耐磨损性能等。

所谓金属间化合物，是金属与金属、金属与部分非金属（如 H、B、N、S、P、C、Si 等）所形成的化合物，这种化合物不同于正常价态的化合物，其成分可以在一定范围内变化。金属间化合物具有全部或部分金属的性能。一般来说，金属间化合物具有高熔点、高硬度、良好的耐磨性和耐高温性等特点，某些金属间化合物有“金属陶瓷”之称。金属间化合物缺点是脆性大，因而限制了它的使用。

硬质涂层所选用的金属间化合物，主要是过渡金属元素（如 V、Nb、Ti、Cr、W、Zr 等）与部分非金属元素（如 C、N、B、Si、P 等）形成的金属间化合物（如氮化物、碳化物、硼化物等）。这些金属间化合物硬度高（如 TiC、NbC 等硬度可达 HV 4500，TiN 硬度在 HV 2100 以上），因此成为研究和开发的重点，并且取得了极大的成功。

在金属零件的表面制备硬质涂层，是既能充分利用硬质涂层的高硬度，又能利用金属基体的韧性，避免硬质涂层脆性的有效方法。

2. 几种钢铁材料的表面强化方法

(1) 钢铁材料的氮化技术

钢铁材料的表面渗氮技术起始于 20 世纪 20 年代的气体渗氮工艺，目的是提高钢铁零件的表面硬度、耐磨性、疲劳极限和抗蚀能力。在此基础上，又发展了氮碳共渗工艺。为提高零件的抗咬合性，在渗氮或氮碳共渗的基础上，加入硫元素，形成硫氮碳的三元共渗层。

气体氮化的工作原理是将钢铁零件在密闭的容器中加热到 520～590℃，然后通入氨气；由于铁的催化作用，氨气在钢铁零件的表面分解出活性的［N］原子，并吸附于零件的表面，随后扩散到基体中；当氮原子的浓度达到一定量后，形成 $\varepsilon\text{-}Fe_xN$ 化合物，同时氮原子继续渗入基体，形成表面的化合物层和扩散层。氮原子的渗入，引起钢铁零件表面的体积膨胀，形成压应力，从而提高了疲劳强度。最外面化合物层（$\varepsilon\text{-}Fe_xN$）的硬度远高于基体及扩散层的硬度，从而提高了钢铁零件的耐蚀性和耐磨性等。随后，各种渗氮方法相继出现，主要有离子渗氮、真空渗氮以及液体渗氮等。

液体氮化工艺经过近几十年的发展，取得了长足的进步。液体渗氮工艺，实际上是液体氮碳共渗，起源于 1929 年。早期使用剧毒的氰化物，使得这种工艺的普及受到很大的限制。20 世纪 50 年代，德国对此工艺进行了深入研究，发现真正起氮化作用的并不是氰化物，而是氰酸盐。因此，对此工艺进行了改进，用无毒性或低毒性的氰酸盐代替剧毒的氰化物，使得此工艺获得了新生。20 世纪 80 年代，美国科林（Kolene）公司再次对液体氮化工艺进行改进，在氮化后增加了机械抛光和氧化，进一步提高了氮化层的耐蚀性，使零件具有黑色的外观和较低的摩擦系数。对氮化加氧化后的钢铁零件进行盐雾腐蚀试验表明，这种处理工艺所获得的渗层的耐蚀性超过电镀铬，从而进一步扩大了此工艺的使用范围和性能。至此，此工艺定名为 QPQ 工艺。其他氮化工艺也模仿此方法进行氮化后的氧化处理，同样取得了极大的成功。经过氧化处理的氮化层，腐蚀电位可达 1400mV。

液体氮化是在 520～590℃的氮化盐浴中进行的，其原理是钢铁零件的表面对氰酸根的分解起催化作用，在钢铁零件的表面氰酸根（CNO^-）分解成活性的氮［N］和少量的碳原子［C］。这些分解出的活性［N］和［C］原子，首先吸附于零件的表面，然后向基体内部扩散。反应方程式如下：

$$4CNO^- \longrightarrow CO_3^{2-} + 2CN^- + CO\uparrow + 2[N] \qquad (5\text{-}1)$$

$$2CO \longrightarrow CO_2 + [C] \qquad (5\text{-}2)$$

当钢铁零件表面的氮浓度达到一定值时，形成 $\varepsilon\text{-}Fe_xN$ 化合物。

在反应产物中，除了有用的活性［N］和［C］原子外，还有副产物如 CO_3^{2-} 和 CN^-。

其中，CO_3^{2-} 通过加入特制的有机物（称为再生盐）进行还原，使之转换为 CNO^-，反应原理与用尿素制备氰酸盐相似，利用了含有氨基的高熔点有机化合物进行还原，这种化合物国内已经研究成功。反应方程式如下：

$$K_2CO_3 + 2(NH_2)_2CO \longrightarrow 2KCNO + H_2O\uparrow + CO_2\uparrow + 2NH_3\uparrow \quad (5\text{-}3)$$

而降低 CN^- 的方法则是通过氧化剂进行氧化：

$$2CN^- + O_2 = 2CNO^- \quad (5\text{-}4)$$

由于氮化温度低，碳的原子半径较大（0.077nm），扩散能力弱，而氮的原子半径相对较小（0.071nm），扩散能力强。在氮化温度下，钢铁零件处于铁素体状态，没有足够大的间隙容纳碳原子。因此，碳原子很难向钢铁基体中扩散，而原子半径较小的氮原子可以在铁素体晶格中扩散，所以在这个温度下是以渗氮为主。

虽然液体氮化原料中不含有剧毒的氰根离子（CN^-），但在工作过程中，氰酸根（CNO^-）的分解同样会产生 CN^-。为解决这个问题，将氮化后的零件在氧化盐浴中进行冷却，彻底分解 CN^-，以避免零件带出的氰根离子进入冷却水。

经过 QPQ 工艺处理的零件，在表面形成一层化合物层（ε-Fe_xN）和最外层的 Fe_3O_4 氧化物层（图 5-1），化合物层（ε-Fe_xN）的硬度可达 HV 1000 以上。也可以根据需要，在氮化层的表面形成一定厚度的疏松层，疏松层有储存润滑油的作用，可以进一步减小摩擦系数。

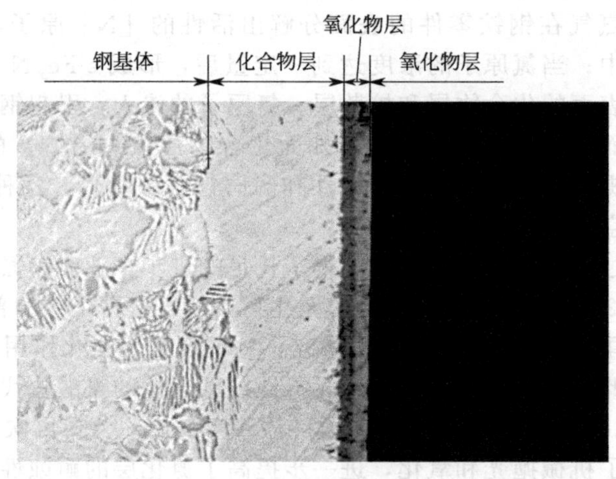

图 5-1　氮化层加氧化层的截面图

由于氮化工艺是在 520～590℃进行的，只要在氮化之前的热处理温度（主要是回火温度）等于或高于氮化温度的零件，再在此温度下进行氮化，都不会引起组织的变化。所以，经过氮化后的零件，如调质钢、高速钢、热作模具钢以及不锈钢和经过冷变形强化的钢种等，只有极微量或可控的变形。

目前，国外已有公司研究不降低表面粗糙度的氮化方法，甚至在研究氮化和氧化一次完成的工艺，从而进一步降低液体氮化工艺的成本。也有人在研究深层液体氮化，希望提高渗层的厚度，降低渗层的孔隙率。氧化方法也在改进中，如提高氮化加氧化层的耐蚀性等。因此，液体氮化工艺仍有很大的发展空间。

（2）TD 热处理

TD 热处理是由日本丰田公司中央研究院于 20 世纪 70 年代发明的，最初命名为丰田扩散法（Toyota diffusion method），后改为热扩散法（thermo diffusion method）。

TD热处理的工作过程是将强碳化物形成元素（如V、Nb、Cr等）的金属粉末加入硼砂盐浴中，使这些金属粉末呈悬浮状态，然后将要处理的工件放入硼砂盐浴，在900～1050℃的温度下保温2～6h，在工件的表面形成VC、NbC或Cr_7C_3等金属碳化物的涂层。之所以将该碳化物称为涂层，是因为碳化物和基体之间有明确的分界（图5-2）。

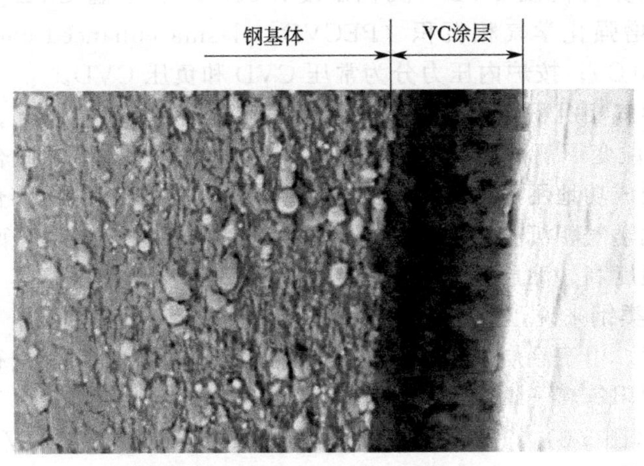

图5-2 TD热处理VC涂层的截面图

这种硬质涂层的形成是利用了悬浮于硼砂盐浴中的金属粉末（如V、Nb、Cr等）和钢铁材料中的C反应。以VC的形成为例，反应方程式如下：

$$V+[C]\longrightarrow VC \tag{5-5}$$

这种涂层的特点是硬度高（如VC的硬度在HV 3200以上）、摩擦系数低（VC涂层在干摩擦的条件下摩擦系数约为0.28）、耐磨性极强。涂层的厚度与处理温度、时间以及基体中的碳含量和合金元素的含量及种类有关。一般来说，Cr12MoV类钢的涂层厚度在6～10μm，高碳钢的涂层厚度可达20μm甚至更高。

由于TD热处理在开放式的坩埚盐浴炉中进行，可以随时取出试样检查涂层厚度，实现在线监测，保证涂层质量。

由于处理温度高，还需后续的真空淬火或直接淬火加回火，然后进行抛光。因此，此工艺只适用于微变形钢种（如Cr12MoV、SKD11等钢种）及对变形量要求不高的零件。此工艺已经广泛用于冷成型模具、热成型模具、粉末冶金成型模具、有色金属挤压模具等。由于涂层的硬度高，一般高于普通砂纸的硬度，只能用金刚石磨具才能进行表面的抛光处理，如金刚石研磨膏等。

（3）化学气相沉积（chemical vapor deposition，CVD）

化学气相沉积（CVD）起源于1949年，以制备出TiC涂层为标志。经过60多年的发展，已经制备出TiC、TiN、TiCN以及Al_2O_3等硬质涂层，这些涂层已经成功地用于模具及切削刀具领域，被称为材料界的一次革命。用化学气相沉积法可以在零件表面制备单层及多层硬质涂层，大幅提高了模具及金属切削刀具的使用寿命，为现代高速的金属切削提供了有力保证。尤其是现代的数控加工机床，不仅保证了运行效率，甚至改变了加工方式。

CVD的工作原理是在密闭的金属容器中，将工件加热到高温状态，然后导入反应气体，如H_2、N_2、$TiCl_4$、有机金属等，在高温下发生气相反应。由于金属零件表面的催化作用，在零件表面会发生还原或高温分解反应，生成的碳化物、氧化物等物质附着在金属零件的表面，形成涂层。所用反应物必须是气态或能够气化或升华的物质，如 H_2、N_2、$TiCl_4$、$SiCl_4$、BCl_3 等。以 TiC 及 Ti(CN) 涂层的形成为例，反应方程式如下：

$$TiCl_4+CH_4 \longrightarrow TiC+4HCl \tag{5-6}$$

$$H_2+TiCl_4+N_2+CH_4 \longrightarrow Ti(C_xN_y)+HCl \tag{5-7}$$

按反应温度高低分为高温 CVD（沉积温度＞900℃）、中温 CVD（沉积温度在 700～900℃）以及等离子增强化学气相沉积（PECVD，plasma enhanced chemical vapor deposition，沉积温度＜600℃）；按炉内压力分为常压 CVD 和负压 CVD。

一般来说，化学气相沉积法制备硬质涂层的过程温度在 700℃以上。对于模具来说，只适用于 Cr12MoV 类微变形钢种；而对于切削工具来说，只适用于硬质合金工具。目前，化学气相沉积技术已经成功地用于硬质合金刀具和冷作模具，与不涂层零件相比，其使用寿命提高了百倍以上。化学气相沉积硬质涂层的厚度可达 10μm 甚至更厚，而不会引起涂层的剥落。这是因为沉积温度高，涂层和基体有扩散作用，所以结合力极好。

对于 Cr12MoV 类钢来说，沉积完成后，需重新进行淬火和回火，还要进行表面抛光，以恢复其表面粗糙度。由于涂层的硬度极高，只能用金刚石磨具对其进行抛光处理。

青岛科技大学利用等离子增强化学气相沉积法（PECVD）制备了 TiN、TiCN、Ti-Al-N、Ti-Si-N 等涂层（图 5-3）。其中，Ti-Si-N 涂层的显微硬度可达 HV 6000 以上，耐氧化性超过 800℃；并发现 Ti-Si-N 涂层的结构由极小的 TiN 纳米晶粒和非晶态的 Si_3N_4 组成，与单一的 TiN 涂层相比，Ti-Si-N 涂层的组织更加致密［图 5-3(d)］。此结果一经发表，立即在国内外引起广泛关注。

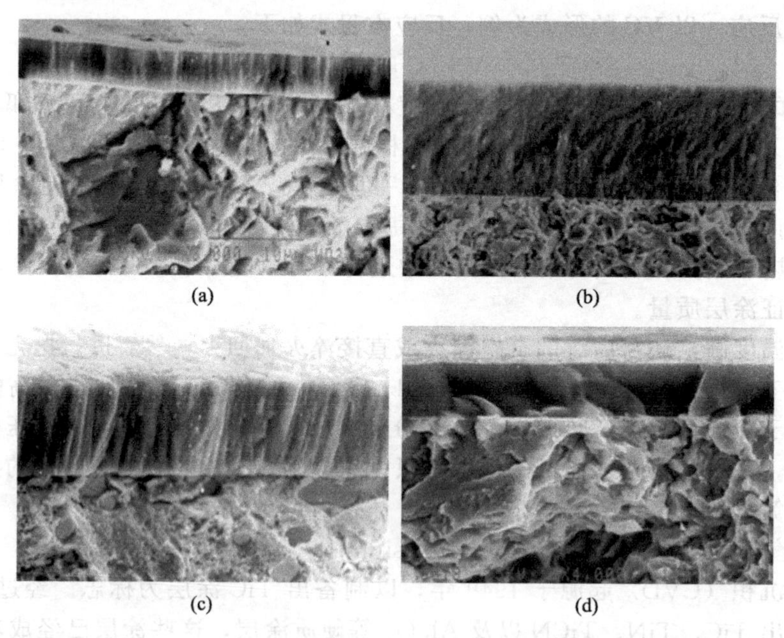

图 5-3 TiN (a)、TiCN (b)、Ti-Al-N (c)、Ti-Si-N (d) 涂层的结构

(4) 物理气相沉积（physical vapor deposition，PVD）

物理气相沉积（PVD）技术经历了由最初的真空蒸镀到 1963 年出现的离子镀技术。20 世纪 70 年代末出现的磁控溅射技术，使得 PVD 技术有了新的突破。

PVD的工作原理是在密闭容器中、真空条件下利用各种物理方法，将沉积材料气化成原子、分子或使其离子化，直接沉积到零件表面上；或者是将气化的物质在空间与气体反应，生成要沉积的物质，直接沉积到零件的表面。PVD技术主要包括真空蒸镀、磁控溅射镀膜、离子镀膜等，这些方法的目的都是将要沉积的物质进行气化。

磁控溅射是将固体材料（阳极靶）气化的一种方法。电子在电场的作用下加速飞向基片，过程中与氩原子发生碰撞，电离出大量的氩离子和电子，电子飞向基片，而氩离子在电场的作用下加速轰击靶材，溅射出大量的靶材原子，呈中性的靶材原子（或分子）沉积在基片上形成涂层。用于磁控溅射的氩离子能量大，几乎所有的固体材料都可以用磁控溅射的方法制备涂层。

PVD法已广泛用于机械、航空、电子、轻工和光学等工业和民用领域，已经制备了耐磨、耐蚀、耐热、导电、磁性、光学、装饰、润滑、压电和超导等各种镀层，成为国内外近几十年来争相发展和采用的先进技术之一。

PVD法涂层的形成机理与CVD法相似，都是在气体条件下，在零件的表面发生反应，或是直接将靶材气化，沉积在零件的表面，形成涂层。目前，其可以制备单层或多层硬质涂层［如TiN、Ti(CN)、TiAlN等］。

PVD涂层的厚度一般在2～5μm，沉积温度低于560℃。对于高速钢和硬质合金来说，只有极微量或可控的变形。沉积完成后，不会降低零件的基体硬度，基本不改变零件的表面粗糙度，不必后续加工。因此，PVD工艺适用于高速钢和经过高温淬火加高温回火的Cr12MoV类钢种。

降低PVD工艺的沉积温度一直是国内外追求的目标，国外已经出现了在GCr15钢制零件上沉积TiN涂层的产品。若能将PVD沉积硬质涂层的温度降低到200℃以下，此工艺由原来只能处理高速钢和经过高温淬火加高温回火的Cr12MoV类钢，以及硬质合金等材料，将扩大到可以处理其他经过低温回火的零件，大幅度扩大物理气相沉积技术的应用范围。降低沉积温度，制备硬度更高、更耐用的单层及多层硬质涂层，仍有广阔的发展空间。

案例6：静电纺聚苯胺涂层对碳钢的防腐性能影响

近年来，导电聚合物用于金属防腐的研究越来越受到人们关注。其中，聚苯胺（PANI）由于具有良好的环境稳定性、成本相对较低、合成工艺简单、可逆的掺杂/去掺杂化学特性，而成为最有可能实用化的导电聚合物。更重要的是，聚苯胺因其特殊的物理化学特性，对金属不仅能起到物理屏蔽作用，还有缓蚀和电化学保护的效果，是一种有应用前景的防腐材料。

1. 聚苯胺简介

聚苯胺是一种古老、有潜力、用途广泛的导电聚合物，具有合成条件温和、环境稳定性好和简单的酸/碱掺杂/去掺杂化学反应等特点。由于聚苯胺的纳米形式有新的性质或增强的性能，所以在过去的几年里引起了大量科研工作者的兴趣。

聚苯胺起源于1835年的“苯胺黑”，当时任何通过氧化苯胺得到的产品都叫作苯胺黑。聚苯胺可以很容易通过化学氧化或电化学聚合法获得，当本征态聚苯胺（emeraldine base）被酸掺杂后就会导电，掺杂的情况可以简单地通过控制掺杂酸的pH值来调节。聚苯胺从未掺杂的绝缘体（$\sigma \leqslant 10^{-10} S \cdot cm^{-1}$）到完全掺杂的导电盐（$\sigma \geqslant 1 S \cdot cm^{-1}$），其电导率随掺杂程度的增加而增大。电导率也可以通过化学或电化学法改变氧化状态来控制。因为通过掺杂能够可逆地改变聚苯胺的电导率，所以聚苯胺在很多领域都是一种有前途的材料。

2. 静电纺聚苯胺防腐涂层的制备

目前聚苯胺防腐涂层大多是将涂料直接刷涂到金属表面获得。聚苯胺因不溶的特点很难在涂料中均匀分散，因而大大影响了聚苯胺的防腐效果。从这个角度来看，合成高效防腐涂层的先决条件是能够在涂层中均匀分散聚苯胺微/纳米结构。因此，制备用于腐蚀防护且有着良好均匀性和黏附性的高效 PANI 涂层，具有重要的意义。

静电纺丝是公认的组装微/纳米结构导电聚合物纤维的可行性技术。近年来，静电纺丝制备的聚合物纳米纤维应用越来越广泛。据统计，静电纺丝技术大多应用在医学假肢（移植和血管）、过滤系统、组织模板、电磁屏蔽、液晶装置和复合材料上。需要指出的是，这些应用中大多数仍然处在实验室研究和开发阶段，但是静电纺丝巨大的应用潜力吸引了全世界学术界和工业界的注意。静电纺丝法在腐蚀防护领域的应用鲜有报道，以下就探讨一下静电纺丝法制备的涂层能否制备出防腐性能优异的聚苯胺涂层。

MacDiarmid 曾用硫酸掺杂的聚苯胺与常用的聚合物（聚环氧乙烷、聚苯乙烯、聚己酸内酯或聚丙烯腈）混合，制备出了多种静电纺聚苯胺纤维。但一个重要问题是聚苯胺在常用的溶剂里溶解性都很差，使得聚苯胺很难均匀分散在聚合物基体里。因此，可通过选用特定的掺杂酸来制备可溶性的聚苯胺，进而得到聚苯胺均匀分散的纺丝液。

以此思路进行设计，如图 6-1 所示，将本征态聚苯胺进行十二烷基苯磺酸（DBSA）和樟脑磺酸（CSA）的掺杂，并将其溶于氯仿和间甲酚的混合溶液中，得到两种酸掺杂的聚苯胺混合液（PANI·DBSA＋PANI·CSA）。电纺溶液是通过将聚苯胺混合液与聚甲基丙烯酸甲酯（PMMA）的四氢呋喃（THF）溶液混合得到。通过改变聚苯胺溶液在电纺溶液中的含量，制备了不同 PANI 含量（4%～35%）的 PANI/PMMA 复合物。将准备好的 PANI/PMMA 电纺液加入 5mL 注射器中，高压直流电源与注射器的针头相连，开路电压为 12kV。直径为 0.5cm 的注射器针头用铜线连接到电源正极，Q235 碳钢电极作为接收器与针尖保持 16cm 的距离。在高压静电力的作用下，连续的微米纤维沉积在 Q235 碳钢上，形成了厚度为 40～48μm 的无纺布 PANI/PMMA 纤维涂层。作为对照，用传统的滴涂法在 Q235 碳钢上也制备了 PANI/PMMA 复合涂层。

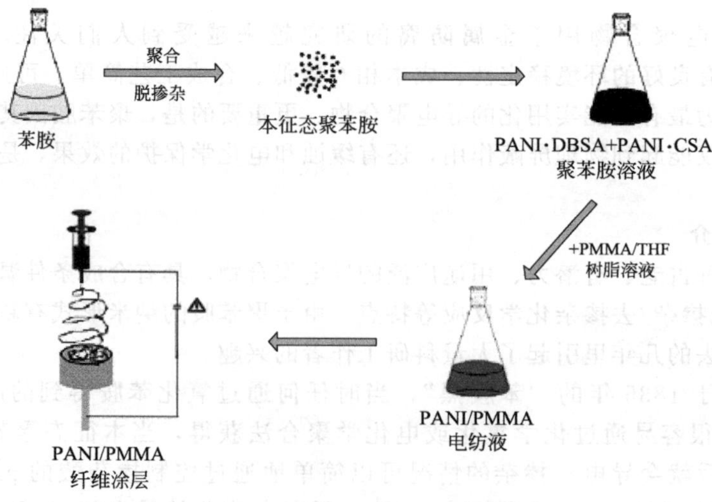

图 6-1 静电纺聚苯胺防腐涂层的制备流程

3. 静电纺聚苯胺防腐涂层的形貌特征

图 6-2 显示了不同聚苯胺含量的静电纺 PANI/PMMA 涂层的 SEM 照片，右上角插图显示的是对应的静态接触角。其中，接触角测定是采用 2μL 去离子水的水滴进行，每种涂层样品至少检测 5 个点，取接近平均值的图。从图 6-2 中可以看出，PANI 的含量对 PANI/PMMA 复合物的形貌有重要影响。当 PANI 含量为 4%时，合成了均一的平均直径为 3μm 的 PANI/PMMA 纤维；而随着 PANI 含量的增加，如高于 8%时，合成的 PANI/PMMA 微米纤维间的黏性逐渐增加。值得注意的是，当 PANI 含量为 25%时，PANI/PMMA 微米纤维达到最高的黏性。PANI 含量继续增加，达到 35%时，PANI/PMMA 由微米纤维变成直径为 3μm 的微米颗粒。

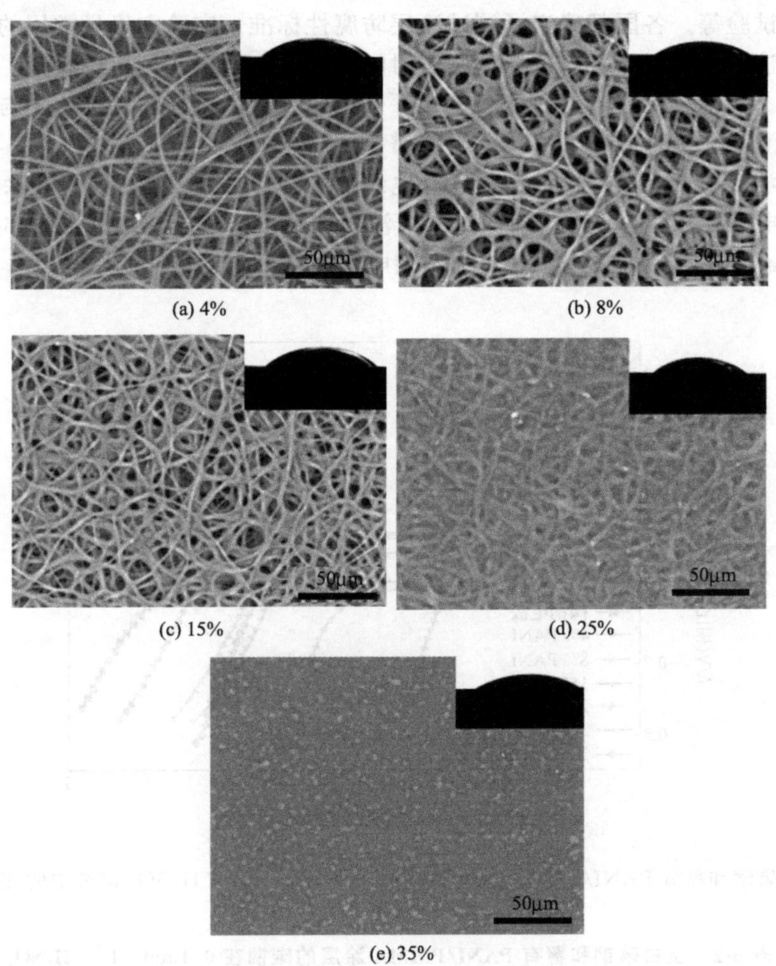

图 6-2　不同聚苯胺含量的静电纺 PANI/PMMA 涂层的 SEM 照片

表 6-1　静电纺 PANI/PMMA 涂层的表面浸润性和抗介质渗透性

样品	4% PANI	8% PANI	15% PANI	25% PANI	35% PANI
静态接触角/(°)	41.1	34.7	37.3	39.9	31.1
膜的质量/mg	17.9	18.3	16.1	17.1	16.8
吸水质量/mg	180.7	128.6	30.1	10.2	17.5

表 6-1 给出了不同静电纺 PANI/PMMA 涂层的表面浸润性和吸水性测试结果。如表 6-1 所示，静电纺丝法合成的 PANI/PMMA 涂层，静态接触角基本在 30°～40°的范围里，说明这些涂层有相似的浸润性和表面行为。抗介质渗透性测试是通过将覆有涂层的电极浸泡在水中 30min，随后擦去涂层表面水渍测得的。称量空白电极的质量、覆有涂层的电极质量、擦干表面水渍的电极质量，然后计算可得到表中数据。可以看出，尽管这些涂层的浸润性相似，但抗介质渗透性相差很大。当 PANI 含量为 25%时，PANI/PMMA 微米纤维涂层样品的吸水质量最小，说明其抗介质渗透性最好，涂层孔隙率最小。高度黏性的 PANI/PMMA 微米纤维结构使得涂层有最小的孔隙率，以及最好的屏蔽腐蚀介质能力。

4. 聚苯胺涂层对碳钢的防腐性能影响

迄今为止，工业上的防腐涂层测试法主要为宏观测试法，包括盐雾试验、湿热试验、浸渍试验、耐候试验等。各国都确定了测试涂层防腐性标准。实验室里最常用的是电化学测试法，因为该方法大多情况下可以定量，测试时间短，信息丰富，可原位测量，能获得反应机理方面的信息。对金属腐蚀进行速度测量和评价，是在腐蚀机理和腐蚀检测与控制研究中的重点。常用的测试有极化曲线和电化学阻抗谱等。

通过电化学工作站测出裸钢、覆盖了静电纺 PANI/PMMA 膜和传统滴涂的 PANI/PMMA 膜的碳钢电极，在 0.1mol·L^{-1} H_2SO_4 溶液中的 Tafel 极化曲线如图 6-3 所示。由电化学软件 Nova 1.8 拟合出的电化学参数腐蚀电流密度（i_{corr}）和腐蚀电位（E_{corr}）以及计

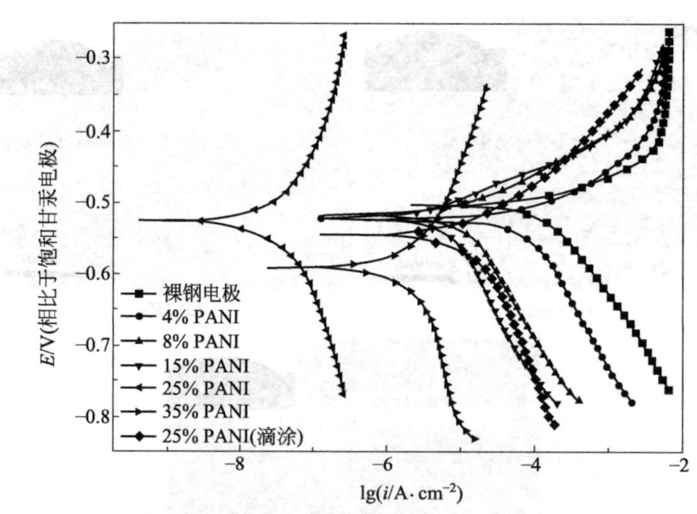

图 6-3 空白碳钢和覆有 PANI/PMMA 涂层的碳钢在 0.1mol·L^{-1} H_2SO_4 溶液中的 Tafel 极化曲线

表 6-2 空白碳钢和覆有 PANI/PMMA 涂层的碳钢在 0.1mol·L^{-1} H_2SO_4 溶液中的 Tafel 曲线拟合出的电化学参数

样品	涂层厚度/μm	腐蚀电位/mV	腐蚀电流密度/mA·cm^{-2}	防腐效率/%
裸钢电极	0	−506.96	0.443	—
4% PANI	45	−536.62	9.99×10^{-2}	77.44
8% PANI	40	−511.37	1.08×10^{-2}	97.56
15% PANI	48	−522.83	4.95×10^{-3}	98.88
25% PANI	46	−533.65	6.54×10^{-5}	99.99
35% PANI	45	−590.97	4.79×10^{-4}	99.89
25% PANI(滴涂)	43	−544.39	5.35×10^{-3}	98.70

算出的防腐效率见表 6-2。可以明显地看出，PANI 含量为 25%的静电纺 PANI/PMMA 微米纤维涂层有最高的防腐效率，它优异的防腐性能可能归因于其特殊而紧密的微观形貌。可以通过比较静电纺 PANI/PMMA 涂层和滴涂法制备的 PANI/PMMA 涂层来证明上述观点。PANI 含量为 25%的滴涂 PANI/PMMA 涂层的防腐效率为 98.70%。这个结果证实了特殊又紧密的微观形貌利于阻止腐蚀介质渗透到金属表面。而当 PANI 含量继续增加超过 25%时，防腐效率有下降趋势，这是特殊又紧密的纤维结构消失导致的。

电化学阻抗谱和盐雾试验等实验结果，可以进一步验证静电纺丝法制备的聚苯胺涂层对碳钢具有优异的防腐蚀性能。然而静电纺丝法很难大规模地制备防腐涂层，尽管已经出现手持便携式静电纺丝仪器，但纺丝法制备防腐涂层要想实用化，还需有很大的改进。

参考文献

[1] Shi Shuanger，Zhao Yunyan，Zhang Zhiming，et al. Corrosion Protection of a Novel SiO_2@ PANI Coating for Q235 Carbon Steel. Progress in Organic Coatings，2019，132：227-234.

[2] Zhao Yunyan，Xing Cuijuan，Zhang Zhiming，et al. Superhydrophobic Polyaniline/Polystyrene Micro/Nanostructures as Anticorrosion Coatings. Reactive and Functional Polymers，2017，10（119）：95-104.

[3] Zhao Yunyan，Zhang Zhiming，Yu Liangmin，et al. Electrospinning of Polyaniline Microfibers for Anticorrosion Coatings：An Avenue of Enhancing Anticorrosion Behaviors. Synthetic Metals，2016，212：84-90.

案例 7：铝合金牺牲阳极及其在深海防腐中的应用

在众多铝合金牺牲阳极中，Al-Zn-In 系牺牲阳极使用广泛，研究深入，获得普遍认可，属于商品化比较成熟的牺牲阳极。目前在 Al-Zn-In 三元系牺牲阳极的基础上已经开发出了四元系～七元系等各种多元合金阳极材料，所添加元素种类繁多，主要有 RE（Ce、La 等）、Ti、Mg、Si 及 Mn 元素等。

1. Al-Zn-In-Si-Mg 牺牲阳极

镁是一种比较活泼的元素，铝合金中添加适量的镁可以提高铝阳极的活性，加速其溶解。Mg 元素和 Al 元素的互溶性较好，常温条件下 Al 中 Mg 的溶解度约为 1.5%。Mg 在铝合金中可以是固溶体，也可以形成化合物偏析相，而 Mg 元素主要通过化合物偏析相影响铝合金的电化学性能。大多含 Mg 的化合物偏析相电位较负，且多位于晶界处，在铝合金活化过程中会优先溶解，起到很好的活化作用。当然过多的第二相（如 Mg_2Al_3）也会导致铝合金的自腐蚀，降低阳极电流效率，所以要严格控制其在铝合金中的含量。此外，Mg 元素的加入还可以促进其他合金元素在铝基体中的固溶度。

铝合金阳极的电化学性能很大程度上取决于其微观组织。当 1.00%（质量分数）Mg 和 0.12%（质量分数）Si 一起加入 Al-Zn-In 系合金（试样 M12）中时，阳极试样晶粒细小，晶界偏析占主导。此时，晶界偏析相主要成分为 $MgZn_2$，$MgZn_2$ 的标准电位为－0.86V（vs. SHE），而其周围的 Mg 和 Zn 含量较低的区域腐蚀电位为－0.57V（vs. SHE）；相比之下 $MgZn_2$ 电位更负，将作为阳极相促进点蚀的发生，提高铝合金阳极的活化性能。该合金的微观组织较理想，表明在 Al-In-In 系牺牲阳极的基础上同时添加适量 Mg 和 Si，对提高铝合金阳极的组织性能是有益的。图 7-1 为 M12 阳极试样浸蚀前后的金相照片。

铝合金阳极的性能可以通过交流阻抗谱（EIS）进行测试分析。如图 7-2(a) 所示，M12 阳极试样随浸泡时间延长，高频容抗弧先增大后减小，显示了 M12 阳极试样表面活性先减小再增加的过程。这主要是由于阳极试样表面腐蚀产物沉积初期，产物没能及时脱落，导致

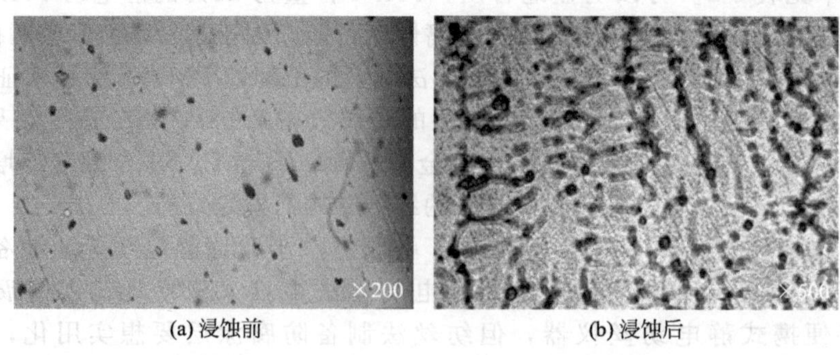

(a) 浸蚀前　(b) 浸蚀后

图 7-1　M12 阳极试样浸蚀前后的金相照片

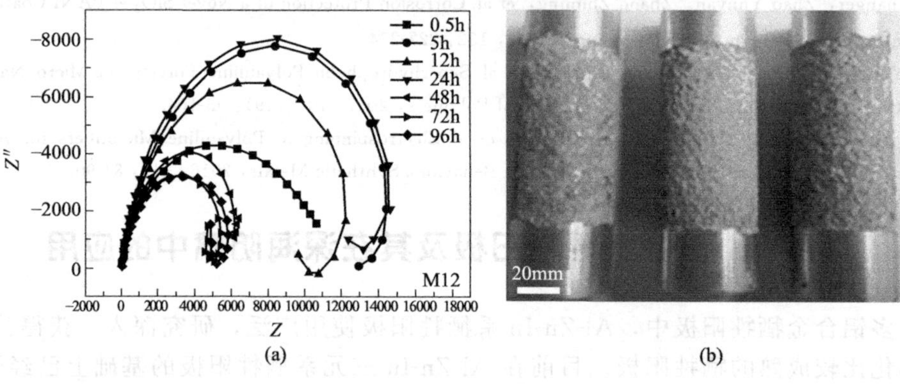

(a)　(b)

图 7-2　M12 阳极试样的交流阻抗图谱（a）及其腐蚀形貌（b）

阳极的后续溶解受阻。随着浸泡时间延长，腐蚀产物逐渐脱落，确保了阳极的持续溶解。这也与低频区感抗弧的出现及其由小变大、继而减小的变化趋势一致。阳极表面疏松的产物层是由 Zn^{2+} 和 In^{+} 等以溶解-再沉积的形式形成的。图 7-2(b) 为 M12 阳极试样的腐蚀形貌，试样表面呈现均匀的全面腐蚀形貌，结合图 7-2(a) 中出现的感抗弧可知，铝阳极的腐蚀是合金表面缺陷。如晶界偏析相处，首先吸附 Cl^{-} 而诱发点蚀，再逐渐由点至面，形成均匀腐蚀，此时阳极表面活性均匀，各处腐蚀速度相近。该阳极室温恒电流加速实验表明（表 7-1），其工作电位为－1.01V（vs. SCE），电流效率高达 97.70%，是性能优良的铝合金阳极。

表 7-1　恒电流加速实验法测试结果

试样编号	平均开路电位 (vs. SCE)/V	平均工作电位 (vs. SCE)/V	实际电容量 /A·h·kg^{-1}	理论电容量 /A·h·kg^{-1}	电流效率 /%	消耗率 /kg·(A·a)$^{-1}$
M12	－1.14	－1.01	2780.04	2845.35	97.70	3.19

2. 铝/镁复合牺牲阳极

海洋构筑物的阴极保护一般可分为三个阶段：保护初期、保护中期和保护后期。阴极保护初期时在被保护体表面将生成钙镁沉积物，此时需要的保护电流较大。当钙镁沉积物形成连续致密的保护层后，阴极保护即进入稳定的中后期，此后维持阴极保护的极化所需的电流较小。研究表明，阴极保护初期所需电流密度约为整个保护周期平均电流密度的 3～5 倍。

在实际工程应用中，通常将初期保护电流密度值设计为被保护钢结构使用寿命期限内平均保护电流密度值的 2 倍左右。结合阴极保护的特点，如果能够在保护期内既满足牺牲阳极寿命的要求，又能符合初期极化大电流密度的条件，就可以达到经济合理、安全保护的目的，因此复合牺牲阳极应运而生。

复合牺牲阳极是指将两种活性不同的牺牲阳极材料通过适当的方式复合在一起，一般是由相对活泼的阳极材料（外部阳极）包覆相对稳定的阳极材料（内部阳极）。例如，在传统锌基或铝基合金阳极的外面包覆一薄层镁基合金阳极，保护初期由外层镁阳极对被保护的钢结构件实施保护，其所提供的电流可满足钢结构初期对保护电流的需求。镁阳极溶解消耗完结时，钢结构表面已形成连续致密的钙镁沉积层，只需要很小的保护电流密度就可以维持后续的阴极保护，内层铝阳极或锌阳极开始释放电流，对钢结构实施长期、稳定的保护。

这种复合阳极用在海洋钢结构的腐蚀防护时，可以针对不同极化阶段钢结构所需电流密度的不同，利用不同活性的牺牲阳极材料施以保护，保护效果优于单一阳极材料。此外，内外层阳极材料各尽其用，在不增加阳极材料的前提下既满足初期极化的需求，又避免了中后期阳极材料的浪费问题，同时减轻了构筑物的荷载。

当前复合阳极多采取浇铸方式实现，一个难以避免的问题是异种金属的浇铸界面上易于生成脆性金属间化合物，既影响界面的结合，又影响后期内层阳极材料的放电效率。有人尝试采用铆接方式将两种阳极材料连接在一起，但由于无法对内层阳极材料实施完整包覆，所以会在极化初期导致内层阳极材料钝化，无法保证中后期复合阳极的持续放电。在一些文献中提到过用挤压方式代替浇铸复合方式，但由于现阶段挤压过程中也存在使内层阳极钝化的隐患，所以人们还是一直用浇铸的形式进行复合。还有研究人员提出并致力于研究高活化牺牲阳极，来解决铝阳极在阴极保护初期驱动电压小的问题。但是，高活化牺牲阳极往往需要添加部分有毒或稀有的合金元素，从环境保护和经济成本上来说并不可取；而且高活化牺牲阳极并没有从根本上解决阴极保护中后期材料浪费的问题，所以复合牺牲阳极的制备与性能研究仍是亟须解决的关键问题。

浇铸式铝/镁复合牺牲阳极试样如图 7-3 所示，阳极试样表面加工光滑，确保其均匀溶解，产物易于脱落；内铝柱位于中心，说明浇铸外层镁液时没有发生偏移，且界面结合良好，无气孔、杂质等明显缺陷。扫描电镜（SEM）元素线扫描分析（图 7-4）显示，铝/镁界面处仅有微量 O 元素存在，可见浇铸过程中界面没有氧化物生成，内层铝阳极活性不会因氧化产物而降低，且 Mg、Al 元素分别向对方基体发生了扩散，促进了镁、铝界面的结合。

(a) 上端面 (b) 中剖面 (c) 下端面

图 7-3 复合牺牲阳极试样界面宏观形貌

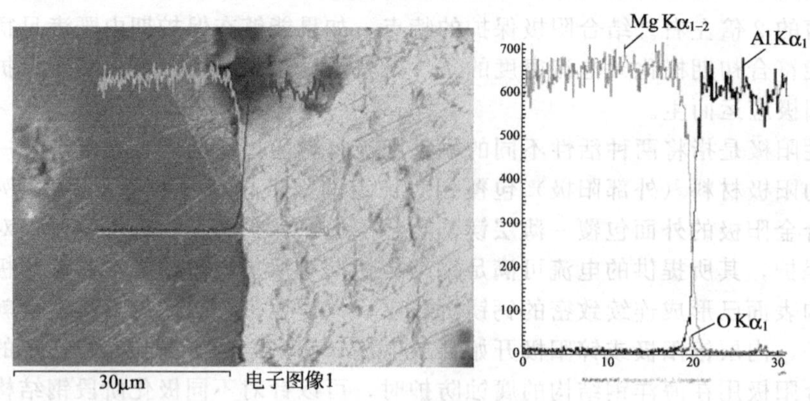

图 7-4 复合牺牲阳极界面 SEM 电镜形貌元素线扫描分析

图 7-5 为复合牺牲阳极试样在静止海水中自放电实验的电化学性能。结合实验现象与实验数据可知，内外层阳极放电比较连续，90h 后阳极保护电位趋于稳定，内层铝阳极仍能够稳定工作。实验中存在外层镁阳极溶解不均匀，导致内层铝阳极包覆不完整而提前接触腐蚀介质的现象。从保护电位的变化范围可以看出，阳极放电过程中有过保护现象发生。内层铝阳极包覆不完整阶段先后经历镁阳极放电保护钢铁构件，与铝阳极（容易引发内层铝阳极钝化）、镁阳极共同放电保护钢铁构件两个过程。

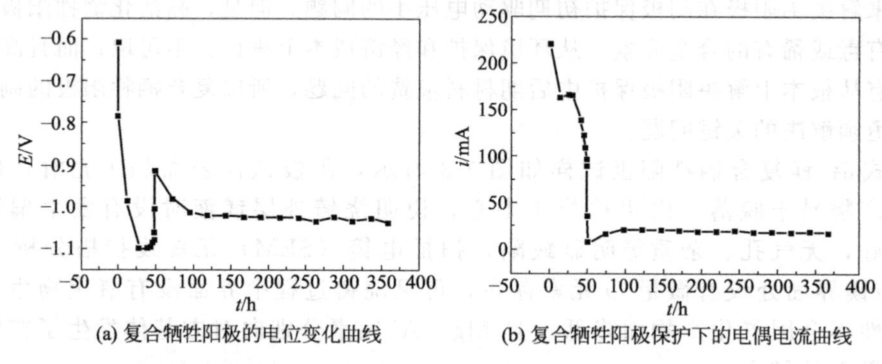

(a) 复合牺牲阳极的电位变化曲线

(b) 复合牺牲阳极保护下的电偶电流曲线

图 7-5 复合牺牲阳极自放电实验的电化学性能

图 7-6(a) 为复合牺牲阳极试样的腐蚀形貌。复合牺牲阳极的腐蚀不十分均匀，其可能原因是前文提及的内层铝阳极包覆不完整阶段，裸露出的铝阳极表面被镁阳极保护，表面生成氧化物或钙镁沉积产物，影响了内层铝阳极的持续放电。图 7-6(b) 为与复合牺牲阳极试样相偶合的碳钢阴极表面形貌。从图中可以看出，阴极表面形成了一层均匀致密的钙镁沉积层，其中弥散分布的白点是过保护引起的析氢气泡导致的。

上述内层阳极部分钝化和过保护现象在实海试验中得到了抑制（图 7-7）。这主要得益于流动海水及时带走了复合阳极表面腐蚀产物，确保了复合阳极持续、均匀地放电。

牺牲阳极的阴极保护广泛应用于交通运输、石油天然气开发、海上平台、输油管道、城市管网等各个领域，已经取得了良好的社会经济效益。随着海洋资源的大力开发和利用，阴极保护工程对牺牲阳极的需求量也在逐年递增。目前，传统牺牲阳极材料的电化学性能总是

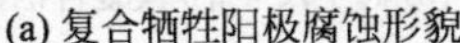
(a) 复合牺牲阳极腐蚀形貌

(b) 复合牺牲阳极保护下碳钢阴极形貌

图 7-6　自放电实验后的复合阳极腐蚀形貌和阴极形貌

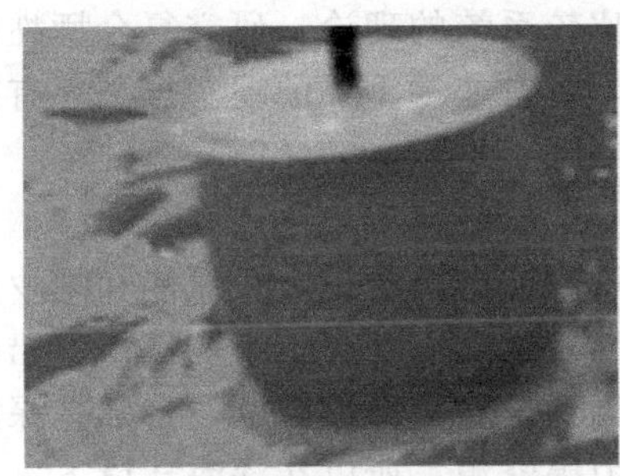
(a) 实海试验复合阳极腐蚀形貌

(b) 实海试验碳钢阴极表面形貌(24d)

图 7-7　复合牺牲阳极的实海试验

不尽如人意，每种单一牺牲阳极都有其使用范围和条件的限制，很容易造成阳极材料的浪费或保护达不到预期效果。使用铝镁复合牺牲阳极有望解决上述难题。初期由外层高电位镁阳极对被保护结构体进行保护，在不增加阳极数量的情况下，其所提供的电流可满足钢结构初期对保护电流的需求。外层镁阳极消耗殆尽时，钢结构所需保护电流密度已经很小，内层具备高电流效率的阳极开始释放电流，对钢结构实施长期、稳定的保护。图 7-8 和图 7-9 为海工尺寸铝/镁复合牺牲阳极的浇铸制备及宏观形貌。

图 7-8　海工尺寸铝/镁复合牺牲阳极的浇铸制备

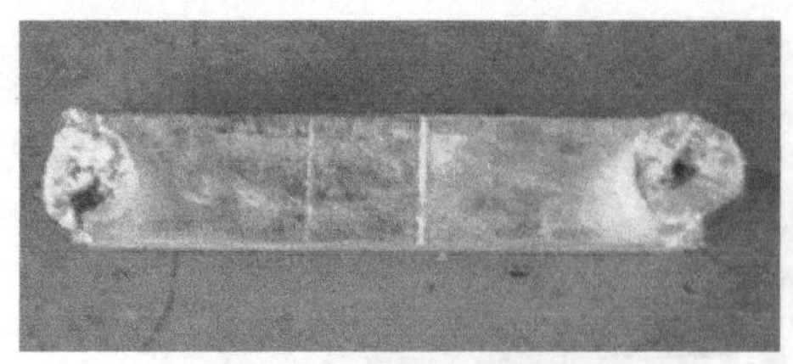
(a) 海工尺寸铝/镁复合牺牲阳极

(b) 海工尺寸铝/镁复合牺牲阳极截面

图 7-9 海工尺寸铝/镁复合牺牲阳极宏观形貌

国内外对复合牺牲阳极的研究还没有形成比较系统的理论，研究复合牺牲阳极对于阴极保护技术的发展，特别是牺牲阳极的推广应用，具有非常重要的现实意义，有望带来巨大的经济利益。

3. 深海环境牺牲阳极研究

我国面积广阔的海域蕴藏着海底油气田、可燃冰、海底矿产、风能和潮汐能等极为多样的各种资源。海洋资源的开发带动了海洋工程的发展，海上的钢铁构筑物、船舶等呈现不断增加的趋势。与此同时，也带来了海洋环境下钢铁设施的腐蚀问题，特别是深海工程材料设备，其价值高、维护成本高、耗费大量人力物力等资源，所以在深海环境下，金属材料的腐蚀防护非常重要。为了保证海工设施的正常服役，必须加强对海工设施的深海腐蚀防护研究。

一般意义上的深海指的是水深 200m 以下的海域。与 200m 之上的浅海环境不同，深海环境中材料腐蚀的影响因素都发生了显著变化，海水的温度低、海水压力极大、溶解氧含量略高，此外 pH 值、盐度等诸多因素都与浅海环境不同，环境更加复杂多变，极易引发钢铁材料的点蚀、应力腐蚀等多种腐蚀类型的发生。国内外对深海牺牲阳极性能的研究，主要集中在单一环境因素或者多因素对牺牲阳极性能的影响；对牺牲阳极实海性能测试研究不多，系统地介绍牺牲阳极和典型深海金属阴极材料的研究更加少见。

图 7-10 为铝合金阳极试样 Al-Zn-In-Si-Ce-Ti-Mg（A21）浸蚀前后的金相照片。由图可以看出 A21 阳极微观组织基体是 α 固溶体，合金元素或固溶于基体相中，或以偏析相的形式分布于基体或晶界处，大部分析出物沿晶界呈连续或半连续的网状分布。Ce 元素的加入对晶粒细化和偏析相形成起到了很大的作用，稀土元素的原子半径比铝原子大，所以稀土在铝中的溶解度很小，大部分以合金化状态存在。根据凝固原理及 Al-Ce 二元相图，溶质的扩散系数小，有效地增加了形核质点数量，阻止了晶粒长大，起到了晶粒细化的作用。另外，稀土元素可以阻止其他合金元素向固溶体相扩散，使合金中的偏析相数量增加，促进了 Al-Ce-Zn-Mg 偏析相的形成；而 Al-Ce-Zn-Mg 偏析相主要分布在晶界，从而进一步阻止了晶粒长大。Ti 元素在细化晶粒方面也有很大作用。Ti 元素会与 Al 形成 Al_3Ti，Al_3Ti 熔点高，大量细小的 Al_3Ti 颗粒起到外来晶核的作用，所以 Al-Zn-In-Si-Ce-Ti-Mg（A21）阳极整体晶粒细小且均匀。

在模拟深海环境下，对比常规 Al-Zn-In-Si（S）阳极和添加微量 Mg 元素的 Al-Zn-In-Si-Mg（M12）阳极、七元 Al-Zn-In-Si-Ce-Ti-Mg（A21）阳极电化学性能。由实验结果（表 7-2）可以看出，模拟深海环境下的铝合金牺牲阳极的电化学性能，较实验室浅海环境都有所下降。S 标准阳极在模拟深海环境下的工作电位为－0.85～－0.70V（vs. Ag/AgCl），电

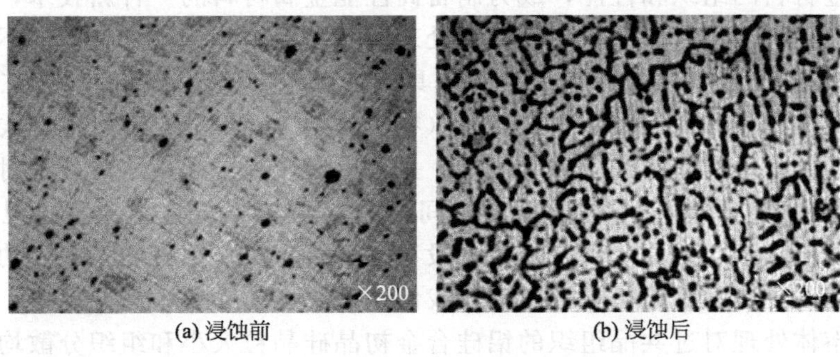

(a) 浸蚀前　　(b) 浸蚀后

图 7-10　A21 阳极试样浸蚀前后的金相照片

流效率为 77.71%，阳极表面存在较深的点蚀坑，大部分表面未溶解，失重较少，导致电流效率低。S 阳极性能不够理想的原因为阳极表面没有足够多的活性点，在实施阴极保护时表面发生了钝化，工作电位偏正，初始点蚀坑向深处发展，未能实现均匀腐蚀，腐蚀形貌较差。M12 阳极在深海环境下工作电位为−0.60～−0.50V（vs. Ag/AgCl），不满足深海环境中−1.15～−1.00V（vs. Ag/AgCl）的工作电位要求。从微观形貌观察，还可以明显看出有晶粒脱落现象。A21 工作电位为−1.20～−1.00V（vs. Ag/AgCl），电流效率为 84.6%，宏观表面溶解形貌表现为均匀溶解，没有晶粒脱落现象，阳极放电充分，实际电容量较高，综合性能最好，具备应用于深海钢建筑物阴极保护的基本条件。

表 7-2　深海环境下的恒电流加速实验结果

试样编号	理论电容量 /A·h·kg^{-1}	实际电容量 /A·h·kg^{-1}	工作电位(vs. Ag/AgCl) /V	电流效率 /%	腐蚀形貌
S	2853.27	2217.37	−0.85～−0.70	77.71	未腐蚀区域较多
M12	2845.44	2702.97	−0.60～−0.50	95.00	晶粒脱落
A21	2838.83	2284.26	−1.20～−1.00	84.60	腐蚀均匀

参考文献

[1] Liu Xin, Yang Chao, Xie Guangwen, et al. Study on the Corrosion-Resistant Performance of ZSM-5 Zeolite Film on the Surface of Al2024. Advanced Materials Research, 2014, 1033-1034: 1254-1257.

[2] Liu Xin, Liu Xueqing, Chen Mengli, et al. Study on the Performance of Mg/Al Composite Anode. Advanced Materials Research, 2013, 790: 98-101.

案例 8: 金属熔体原位反应增强铝基复合材料的研究

1. 超声铝合金熔体处理

铝硅合金由于强度大，密度低，且具有优良的导热性、导电性、耐蚀性等特点而获得大量应用。通常，为获得高性能的铝硅合金，需要对铝硅合金的初晶硅和共晶硅组织进行细化。对金属的凝固组织有效控制，仍然是当前过共晶铝硅合金研究的重要课题。与传统采用添加变质剂如磷和稀土元素来细化晶粒相比，施加物理场来细化晶粒更具有优越性和应用前景。物理场按其性质可以分为三种：①磁场；②电流场；③超声场。因为超声波振动（USV）需要的生产设备成本更低，易于引入熔体中，已被广泛应用于液体处理以改善铸锭微观结构的金属。超声波熔体处理技术有细化晶粒、初生颗粒和减小金属间化合物的作用，能够改善铝合金材料的组织和性能，成为制备高性能金属材料的一种新技术，也是当前国内外研究的热点之一。有学者研究了超声熔体处理对共晶组织的铝硅合金凝固不同阶段时的组织的影响，把熔融金属在 720℃浇铸在巨大模具中进行超声处理，凝固合金在凝固的不同阶段经历了超声的作用：首先在液体中，然后（在模具的中间部分）穿过液相线，最后在糊状区，在液相线温度附近时超声细化效果最好。另有学者研究了超声熔体处理对铝硅合金组织和性能的影响，超声功率为 1500W，超声时间为 80s，在 720℃浇铸成型。但在金相中观察到初晶硅尺寸仍比较大，内部呈现破碎状，没有完全被超声作用打碎。在大功率长时间的超声作用下可以达到更好的细化效果。因此，我们探索了在大功率下不同温度、长时间超声作用下，超声波熔体处理对过共晶组织的铝硅合金初晶硅晶粒大小和组织分散均匀性的影响。

首先把 Al-17Si 合金分别在 695℃、660℃、635℃下进行超声与无超声熔体处理，保温 15min，再升温到 700℃浇铸成样品的金相组织。测量不同温度下 Al-17Si 合金金相中的所有初晶硅晶粒尺寸。初晶硅晶粒尺寸由处理前的 35.5μm、32.1μm、37.5μm 降至 31.7μm、28.0μm、29.0μm，降幅分别为 10.7%、12.8%、22.7%。超声波处理可以达到细化初晶硅晶粒的效果，其中当超声熔体处理温度为 660℃时细化效果最佳（Al-17Si 合金的液相线温度是 657℃）。分析认为由于超声波使熔体处于一种高压氛围，熔体中产生空化气泡，空化气泡和熔体接触，向四周传播，产生过冷，促进形核，起到细化的作用。同时，超声波产生的搅拌作用可使已形成的大尺寸初晶硅颗粒破碎，而且随着超声时间的增长而变得更加剧烈，从而晶粒得以细化。从金相可以看出，超声熔体处理时形成的空化泡膨胀形成的高压氛围以及声流的搅拌作用，加快了介质中的原子运动，使新形成的晶核向熔体四周扩散，使得晶核在熔体中分布得更加均匀，实现了溶质的均匀化，可以使铝硅合金的初晶硅晶粒分布更加均匀。

根据 Al-17Si 合金实验结果，对 Al-24Si 合金熔体在液相线温度附近的 750℃进行超声处理。对三个样品分别超声处理 5min、10min、15min 后得到 Al-24Si 合金金相照片，测量超声和无超声每个金相图像中所有初晶硅晶粒的尺寸，统计金相图像中所有的平均晶粒尺寸。与 Al-17Si 合金相比，Al-24Si 超声熔体处理具有更明显的细化初晶硅晶粒的作用，由处理前的 107.6μm、106.1μm、92.6μm 降至 58.9μm、52.7μm、51.9μm，降幅分别为 45.3%、50.3%、44%。同时，随着超声时间的增长，Al-24Si 合金中的初晶硅晶粒越来越细小。这是由于 Al-24Si 合金中初晶硅的含量高，熔体中硅原子团大且多，初生晶核数量多，需要更多能量破碎，从而获得大量的细小晶核，细化了初晶硅尺寸。随着超声时间的增长，超声的搅拌作用将二次及三次枝晶破碎得更细小。因此，上述结果表明，超声时间越长，超声熔体处理对 Al-24Si 合金中初晶硅的晶粒细化效果越好。

对无超声的 Al-17Si 合金，超声温度 675℃、超声时间 5min 的 Al-17Si 合金和无超声的 Al-24Si 合金，超声温度 750℃、超声时间 15min 的 Al-24Si 合金，在 400 倍金相显微镜下对共晶组织进行观察。发现超声后的共晶组织比超声前细小，都基本呈现长条状。分别对其测量了多个点的维氏硬度和布氏硬度，得出平均值，发现超声后的两种铝硅合金的硬度均增大，且 Al-24Si 合金比 Al-17Si 合金的硬度大。Al-17Si 合金超声前后的维氏硬度平均值分别为 59.5HV5、62.7HV5，Al-24Si 合金的维氏硬度在超声前后的平均值分别为 65.75HV5、73.35HV5，分别增大了 5.4%和 11.6%。Al-17Si 合金的布氏硬度在超声前后的平均值分别为 53.7HB、55.6HB，Al-24Si 合金的布氏硬度在超声前后的平均值分别为 55.2HB、60HB，分别增大了 3.5%和 8.7%。Dmitry G. Eskin 等研究认为由于硬度与细化的初晶硅颗粒以及更细的金属间化合物相关，未经过超声熔体处理的铝硅合金具有较粗的共晶硅相和较大的不均匀分布的初晶硅，因此硬度较小。Al-24Si 合金较 Al-17Si 合金具有更多的硅相，因此硬度较大。

以 Al-17Si 合金作为研究对象，研究其在超声波处理温度为 695℃、660℃、635℃下初晶硅晶粒的大小及分布时发现，当超声温度在铝硅合金的液相线温度附近时，晶粒细化效果更好。超声熔体处理不仅可以细化晶粒，同时也可以使显微组织分布更加均匀，硬度增大。

以 Al-24Si 合金作为研究对象，研究其在超声熔体处理温度 750℃，超声时间为 5min、10min、15min 的组织和性能。研究发现，随着超声时间的增加，超声处理细化晶粒效果更明显，超声后 Al-24Si 合金硬度也增大。

2. 熔体原位反应制备铝镁尖晶石铝基复合材料

铝及铝合金的生产研究仍是工业生产中的重中之重。8079 铝合金具有良好的综合性能和成本低等特点，适用于工业生产，在国内外主要用于制造轧制铝箔等材料。当前 8079 铝合金生产工艺以连铸为主，存在许多问题如铸锭组织粗大、组织分布不均匀等。因此，必须将 8079 铝合金的晶粒细化以改善 8079 铝合金的性能。

在当前规模的工业生产中，Al-Ti-B 中间合金是铝合金有效的商用晶粒细化剂之一。然而，Al-Ti-B 中间合金在生产制备过程中排放出对环境有害的氟化物和氯化物气体，并且产生大量浮渣，因此，研究、开发新型安全、环保的细化剂受到人们的重视。根据热力学定律和经典形核理论，$MgAl_2O_4$、MgO 和 Al_2O_3 等氧化物在铝合金熔体中不仅能稳定存在细化晶粒，并且可以作为晶粒形核核心，其复合强化使晶粒细化效果更加显著。在这些氧化物中，$MgAl_2O_4$ 与 Al 的晶格错配度仅为 1.4%，是成为异质形核剂的最优选择。房国丽等基于 Gibbs-Helmholtz 方程和化学反应的热力学条件，研究了 Al、Mg 界面反应生成 $MgAl_2O_4$ 尖晶石的可行性。周熠智等向铝合金熔体中添加 $MgAl_2O_4$ 和 MgO，探索了尖晶石对 8079 铝合金细化作用的可行性。

直接向铝合金熔体中外加 $MgAl_2O_4$ 尖晶石会导致其与熔体润湿性差，分散不均匀。利用中间合金原位生成的 $MgAl_2O_4$ 尖晶石，既增强了尖晶石与铝合金熔体的润湿性，又可以使原位生成的颗粒均匀分散到铝合金熔体中。探索研究了采用熔体法原位制备含 $MgAl_2O_4$ 尖晶石相的 Al-Mg 中间合金的新工艺，并分析了 Al-Mg 中间合金对 8079 铝合金晶粒细化效果和对组织形貌的影响。

3. 熔体原位法制备 Al-Mg 中间合金及其晶粒细化作用

将工业纯铝在井式电阻加热炉中加热至 720℃熔化，用炭棒搅拌并去除熔体表面浮渣。随炉加热至 900℃，期间分三次加入纯镁和 TiO_2 粉，加入后不停搅拌；保温一段时间后，待反应完全就得到液态的 Al-Mg 中间合金。降温至 690℃浇铸成型，取样，经磨抛腐蚀后观察金相组织，并进行 XRD 和 EDS 分析。

对制备的 Al-Mg 中间合金使用 X 射线衍射仪进行物相检测；从 XRD 的测试可知，α-Al 作为基体组织其衍射峰相对强度最强。除此之外，中间合金中还存在大量 $MgAl_2O_4$ 和少量 Al_2O_3 的衍射峰。XRD 的测试图中未见 TiO_2 的衍射峰，这说明 TiO_2 已完全反应生成 $MgAl_2O_4$ 和 Al_2O_3；反应生成的 Ti 可能溶于 α-Al 中，或者与 Al 反应形成 Al_3Ti。但数量太少，甚至于 XRD 不能检测出来。

在金相显微镜下观察可以明显看出 Al-Mg 中间合金组织主要包括两种。一种为大面积的亮白相，结合 XRD 分析结果可知该亮白相为铝基体。另一种为大量颜色为黑色的团簇物质（以下简称“团簇”），一部分是几微米到数十微米尺寸不等的颗粒，另一部分则由尺寸较小的颗粒团聚成 500～700μm 的团簇。再结合 XRD 分析结果可知，这些黑色的团簇物质主要由 $MgAl_2O_4$ 和 Al_2O_3 组成。

为进一步确定 Al-Mg 中间合金组织中各物质的组成及分布和各元素的分布，对试样进行了面扫描和能谱分析。Mg、Al 两种元素在基体中均匀分布，但在团簇中的含量明显不同；O 元素主要分布在团簇中，证明团簇由氧化物组成；Ti 元素除在基体中少量均匀分布外，主要富集在团簇的四周。进一步分析发现，Ti 元素集中分布区域与 O 元素集中分布区域相交，但二者交集区域面积较小，说明 TiO_2 几乎反应完全，反应产物为 Ti 原子，熔体黏度增加，使自身扩散不出去，因此富集在团聚相的边缘区域。

为进一步验证团簇是否含有 $MgAl_2O_4$，对团聚相的颗粒内、外部分别进行了点扫描能谱分析。从点扫描能谱分析可知，团簇的颗粒内部主要存在三种元素 Al、Mg、O，且原子比为 Al∶Mg∶O≈2∶1∶4。$MgAl_2O_4$ 中原子比为 Mg∶Al∶O＝1∶2∶4，Al_2O_3 中原子比为 Al∶O＝2∶3。当二者结合比例为 $MgAl_2O_4$∶Al_2O_3＝13∶2 时，则原子比为 Mg∶Al∶O＝13∶30∶58≈1∶2∶4。结合 XRD 分析结果可得出，团簇由 $MgAl_2O_4$ 和 Al_2O_3 两种氧化物组成，且以 $MgAl_2O_4$ 为主。

为了证明 Ti 的存在方式，对团簇进行了能谱分析。从点扫描能谱分析可知，该颗粒主要存在两种元素 Al 和 Ti，且原子比为 Al∶Ti≈1∶5。根据 Al_3Ti 中原子比为 Al∶Ti＝3∶1。当 Ti 与 Al_3Ti 比例为 Ti∶Al_3Ti＝14∶1 时，原子比为 Al∶Ti＝1∶5。即便 Al 和 Ti 反应也只能得到微量的 Al_3Ti，但大部分 Ti 未与 Al 反应而是熔解在基体和团簇的颗粒中。同时，也证明了 TiO_2 已完全反应。

对未添加 Al-Mg 中间合金的 8079 铝合金组织进行观察，发现 8079 铝合金组织呈现树枝晶，树枝晶较为粗大。对添加 1%（质量分数）的 Al-Mg 中间合金的 8079 铝合金微观组织进行观察，8079 铝合金组织中的枝状晶碎裂成等轴晶组织，合金显微组织得到细化；由于加入 Al-Mg 中间合金的量较少，熔体内 $MgAl_2O_4$ 和 Al_2O_3 含量少且分布较为集中，导致组织细化不均匀，部分树枝晶组织未产生细化。添加了 2%（质量分数）中间合金的 8079 铝合金组织，组织细化效果更加显著，枝状晶基本碎裂成较为细小的等轴晶。Al-Mg 中间合金的添加量增加到 3%（质量分数）时，晶粒平均尺寸最小（30μm）。Al-Mg 中间合金的添加量继续增加至 4%（质量分数）时，8079 铝合金组织细化效果没有得到加强，细化效果反而变差，晶粒尺寸略有上升。

对不同 Al-Mg 中间合金添加量时 8079 铝合金变质处理的宏观组织进行腐蚀观察发现，未添加任何 Al-Mg 中间合金的 8079 铝合金重熔试样的宏观组织粗大。该组织为四周径向分布的柱状晶和心部的等轴晶。8079 铝合金的宏观组织随着 Al-Mg 中间合金添加量的增加，呈现出明显的细化趋势。Al-Mg 中间合金对 8079 铝合金组织具有明显的细化作用，合金组织由细小的等轴晶组成。当 Al-Mg 中间合金的添加量为 3%（质量分数）时，组织最为细小。

笔者通过实验验证了熔体原位反应制备含有 $MgAl_2O_4$ 颗粒的 Al-Mg 中间合金。这种新型 Al-Mg 中间合金可以细化 8079 铝合金基体组织。当 Al-Mg 中间合金的添加量为 3%时，细化效果达到最优。

参 考 文 献

[1] 周熠智，李成栋，朱士伟．$MgAl_2O_4$ 和 MgO 混合物对 8079 铝合金组织的影响．特种铸造及有色合金，2018，38（6）：680-683.

[2] 王鹰，李成栋，周熠智．原位反应制备新型 Al-Mg 中间合金及其对 8079 铝合金组织的细化作用．青岛科技大学学报（自然科学版），2020，41（05）：74-80.

[3] 朱士伟，李成栋，周熠智．ZnS 颗粒大小对 Al-24Si 合金变质效果的影响．热加工工艺，2019，48（03）：80-82，92.

[4] 王振，李成栋，王鹰，等．过共晶铝硅合金微纳米 SiO_2 变质剂的制备与细化作用．青岛科技大学学报（自然科学版），2020，41（06）：39-43.

[5] 矫鹏飞，李成栋，王鹰，等．硫化锌、锶复合变质对过共晶铝硅合金组织的影响．青岛科技大学学报（自然科学版)，2020，41（02)：57-62.

案例 9：磁性材料的制备及其功能化

四氧化三铁（Fe_3O_4）具有独特的磁性、良好的生物相容性以及磁可调控性，在磁流体、磁存储介质、细胞标记、磁共振成像、药物载体及磁传感器等领域展现出巨大的应用前景，但其性能与 Fe_3O_4 本身的形貌及表面结构有很大关系。所以，近年来制备不同形貌的 Fe_3O_4 及对其表面进行改性成为研究热点，希望能实现其磁性能的可调控，并赋予 Fe_3O_4 以光、电、催化及生物活性等性质，使其应用于更多领域。在该研究背景下，通过简单易行的实验方法制备了不同形貌的 Fe_3O_4，并进行了相应的表面改性，获得了具有多重功能的复合材料，并对所制备材料的结构、性能以及形成机理进行了系统研究。

1. 不同形貌单晶 Fe_3O_4 粒子的制备及表征

众所周知，材料的性能与其形貌及粒径大小有着密切的关系，因此无机材料形貌的设计及可控合成一直是科研人员在材料领域追求的目标。对于 Fe_3O_4 来说，通过采用不同的方法或不同的实验条件，可以制备出粒径及形貌各异的磁性粒子，其所表现出的磁性能（如饱和磁化强度、矫顽力及剩磁）也会有所不同。因此，为了能得到人们所需要的相关性能，必须通过各种不同的制备方法及实验条件来调控 Fe_3O_4 粒子的形状和大小。而要实现材料的形貌可控，一般采用的方法是使用表面活性剂，如聚乙烯吡咯烷酮（PVP)、十六烷基三甲基溴化铵（CTAB)、十二胺（DDA）及十二烷基硫酸钠（SDS）等，通过表面活性剂在不同晶面的吸附，实现晶面生长速率的可控，达到制备不同形貌晶体的目的。

实验中，将一定量亚铁氰化钾和不同量的氢氧化钾溶解在高纯水中，在氮气保护下通过磁力搅拌使之形成透明溶液，然后将一定量水合肼滴加到上述溶液中并搅拌均匀。最后将得到的反应溶液转移到聚四氟乙烯内衬中，再放入不锈钢反应釜中密封。将反应釜放入烘箱中，加热到 200℃保温 24h。所获得的样品冷却到室温后，用高纯水和无水乙醇清洗多次，最后真空干燥一定时间，得到最终样品。

通过使用扫描电镜（SEM）对所制备样品进行结构及形貌的表征，结果如图 9-1 所示。从图可以看出，当反应体系中水合肼的量保持为 10mL，反应温度和时间均为 200℃和 24h 时，Fe_3O_4 的形貌随着 KOH 加入量的不同而发生了明显的变化。当所用 KOH 的量（分别为 0mmol 和 2.5mmol）较低时，从图 9-1(a)、（b）可以看出，所制备的 Fe_3O_4 均为枝晶状。枝晶的特点是有一个主干，然后在主干上又出现 4 个对称的分支。随着 KOH 量的增加(7.5mmol)，八面体形状的 Fe_3O_4 开始出现。从图 9-1(c）中可以看到，样品中既有枝晶状，又有八面体状。当反应体系中的 KOH 量增加到 12.5mmol 时，绝大部分 Fe_3O_4 为八面体结构，而枝晶状 Fe_3O_4 已经基本消失［图 9-1(d)］。如图 9-1(e）所示，当反应中 KOH 量增加到 25mmol 时，规则八面体的形貌被破坏，在视野中能看到产品的形貌有多种，包括八面体、截边八面体以及其他不规则的多面体。图 9-1(f）是枝晶状和八面体状 Fe_3O_4 的 EDS 能谱图，从图可以看到，无论是枝晶状还是八面体状 Fe_3O_4，其主要由铁和氧元素组成，其中铁和氧的原子比约为 3∶4，与 Fe_3O_4 一致。

选区电子衍射花样（SAED）分析分别在枝晶状 Fe_3O_4 尖端和八面体状 Fe_3O_4 顶角进行，结果如图 9-2 所示。从 SAED 结果来看，所制备的 Fe_3O_4，无论是枝晶状还是八面体状均为单晶。一般来说，单晶材料具有特殊的形状是因为晶体被特定晶面所封闭，这些晶面通

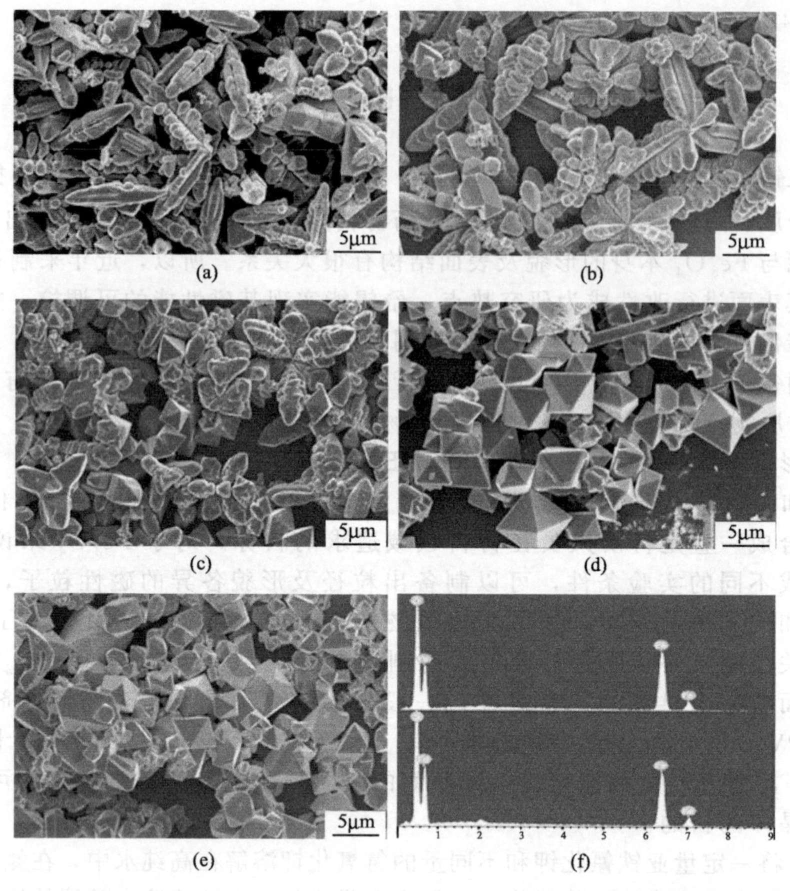

图 9-1　不同 KOH 加入量制备的 Fe_3O_4 的 SEM 图和 EDS 图谱

(a) 0mmol；(b) 2.5mmol；(c) 7.5mmol；(d) 12.5mmol；(e) 25mmol；(f) 枝晶及八面体 Fe_3O_4 的 EDS 图谱

常具有最低的能量，这也使得制备的晶体处于最稳定的状态。对两张 SAED 图进行分析，结果显示枝晶状和八面体状 Fe_3O_4 在生成时分别沿着［110］和［111］晶向生长，相应的晶带轴分别是［$\bar{1}$11］和［10$\bar{1}$］。根据以上的分析建立了一个理想的八面体模型。

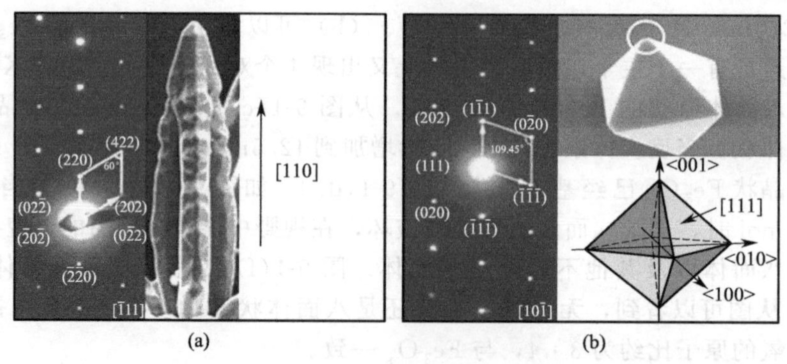

图 9-2　枝晶状 Fe_3O_4 尖端的电子衍射花样（a）和八面体状 Fe_3O_4 顶角的衍射图案和相应的八面体的理想模型（b）

基于以上讨论，可以看出实验中 KOH 的加入量对产品的形貌起到了决定性作用。一般而言，体系中的化学势会随着 OH^- 浓度增加而增加，化学势越高越有利于晶体的生长，所以在实验中可以通过提高 OH^- 的浓度来提高反应体系中的化学势，以达到促进单晶生长的目的。当 OH^- 浓度低时，{110} 晶面的表面能高于其他晶面。因为 Fe 离子的 3d 轨道尚有空余位置，而 $N_2H_4 \cdot H_2O$ 或 NH_4^+ 中氮原子有未成键的孤对电子，因此相对于铁和其他元素的结合体相比，Fe 离子和 N 离子之间更容易形成键力更强的 δ-π 配位键。因此，在反应中 $N_2H_4 \cdot H_2O$ 分子或 NH_4^+ 优先吸附在 Fe_3O_4 的 {110} 晶面上，使其他晶面的生长速率明显高于 {110} 晶面族，最终 Fe_3O_4 晶体形成枝晶状。OH^- 的浓度较高时，Fe_3O_4 的 {111} 晶面比其他晶面具有更高的能量。$N_2H_4 \cdot H_2O$ 分子或 NH_4^+ 优先吸附在 {111} 高能面上，使 {111} 晶面族的生长速率比其他晶面慢，最终导致 {111} 晶面族保留下来。因此，制备出的八面体 Fe_3O_4 是被 {111} 晶面所封闭的单晶。

2. 核壳结构 Fe_3O_4@ZnS 磁光双功能微球的制备及表征

在所有的磁性材料里面，由于磁性氧化铁（包括 γ-Fe_2O_3 和 Fe_3O_4）具有独特的磁性以及良好的生物相容性，通常在生物应用时被优先考虑。在生物领域，具有强荧光稳定性的发光材料吸引了越来越多的关注。稀土离子和有机荧光染料由于具有一定的辐射性而且昂贵而没有被广泛使用。众所周知，有着最大能带隙的Ⅱ-Ⅵ半导体材料硫化锌（ZnS）通常被用来制造光子晶体、发光二极管（LED）、太阳能电池等。相比其他荧光材料，ZnS 具备以下优势：①强的荧光特性；②环境友好；③价格低廉；④合成工艺简单。因此，综合以上优点，硫化锌可以作为一种高稳定性的荧光材料来使用。

将一定量的六水氯化铁加入乙二醇溶剂中，通过超声振荡的方式使之溶解，形成稳定均匀的橘黄色溶液；再加入一定量的乙酸钠，然后通过搅拌的方式使之溶解；将所得溶液转移到聚四氟乙烯衬里，并用不锈钢反应釜进行密封。将反应釜放入烘箱，加热到 200℃ 保温 8h，然后冷却到室温；将得到的黑色样品分别用高纯水以及无水乙醇清洗几次；将 Fe_3O_4 微球用 SDS（十二烷基硫酸钠）修饰，之后与醋酸锌的异丙醇溶液混合，滴加硫代乙酰胺水溶液，通过水热获得产物，最后将样品真空干燥，得到最终样品。

实验中使用 SEM 和 TEM 对所制备的 Fe_3O_4 微球和 Fe_3O_4@ZnS 微球的形貌等进行了表征，如图 9-3 所示。图 9-3(a) 为 Fe_3O_4 微球的 SEM 照片，从图中可以看出所制备的 Fe_3O_4 为尺寸较为均一的球形，由许多小的纳米晶自组装而成，结构较为紧凑，但也存在一些空隙，如箭头所示。这种现象通过 TEM 照片也能看出，微球中间确实存在空隙，如图 9-3(c) 所示。所制备的 Fe_3O_4 微球分散均匀，没有任何的团聚情况。经过 ZnS 包覆后，Fe_3O_4 微球表面的空隙消失，微球尺寸变大。对 Fe_3O_4@ZnS 微球进行超薄切片后用 TEM 观测，如图 9-3(d) 所示。根据微球的中间及边缘的衬度判断，在 Fe_3O_4 微球周边很明显地存在一层 ZnS 层，且包覆的厚度较为均匀。在 Fe_3O_4@ZnS 微球周边还存在一些碎片，这是由于用超薄切片机切割时，部分 ZnS 壳层脱落。

将一滴混合有 Fe_3O_4@ZnS 微球的水悬浮液滴到载玻片上，然后在下面放上一块强磁铁，载玻片水平放置，基本与磁铁的磁力线方向一致。设想在水缓慢蒸发的同时，通过外加磁场使所制备的 Fe_3O_4@ZnS 微球进行重排。等载玻片上的水蒸发完毕后，将载玻片放到荧光显微镜下，用 400 倍镜头在普通灯光下进行观测，样品的排布与实验的设想一样，如图 9-4 所示。Fe_3O_4@ZnS 微球在外加磁场的作用下相互连接成链状，顺磁力线方向进行了重新排布。在关掉普通灯光后，改用紫外灯照射样品，一条条发着蓝光的链状结构出现了。这一个简单实验验证了 Fe_3O_4@ZnS 微球具有良好的磁可调控性，同时也具有良好的荧光性能。

图 9-3　Fe_3O_4 的 SEM 照片（a），Fe_3O_4@ZnS 的 SEM 照片（b），低倍 Fe_3O_4 的 TEM 照片（c）和采用超薄切片技术制备的 Fe_3O_4@ZnS 的 TEM 照片（d）

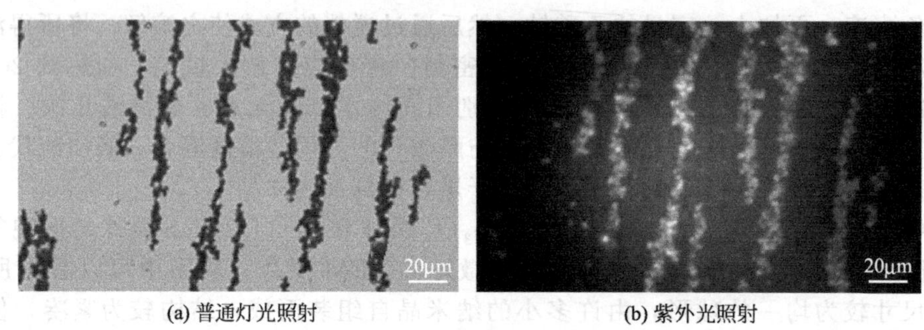

图 9-4　磁场下 Fe_3O_4@ZnS 微球定向排列的光学显微照片

参考文献

[1] Yu Xuegang, Wan Jiaqi, Shan Yan, et al. A Facile Approach to Fabrication of Bifunctional Magnetic-Optical Fe_3O_4@ZnS Microspheres. Chemistry of Materials, 2009, 21 (20): 4892-4898.

[2] Yu Xuegang, Shan Yan, Du Bin, et al. One-pot and Template-free Fabrication of Dendritic and Octahedral Single-crystal Magnetites. Cryst Eng Comm, 2011, 13 (5): 1525-1530.

案例 10: YAG 透明激光陶瓷的制备

1. Nd:YAG 单晶的应用及存在的缺点

钇铝石榴石（$Y_3Al_5O_{12}$）空间群为 $O_h(10)$-I_a3d，属立方晶系，其晶格常数为 $a_0=1.2002$nm，它的分子式又可写成：$L_3B_2(AO_4)_3$，其中 L、A、B 分别代表三种格位。其结构模型见图 10-1。YAG 因为具有特定的组成和结构，故其具有非常优良的物理、化学和力学特性。从最低的温度到熔点，YAG 的结构都很稳定，YAG 的强度和硬度也很高。表 10-1 列出了 Nd:YAG 的一些重要物理性质。

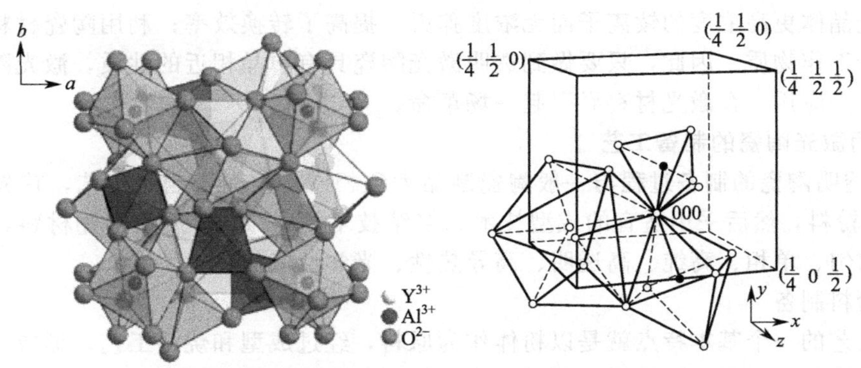

图 10-1　钇铝石榴石晶体结构模型

掺钕的钇铝石榴石特别有利于激光作用的产生，YAG 基质硬度高、光学质量好、热导率高；YAG 的立方结构也有利于产生窄的荧光谱线，从而实现高增益、低阈值的激光运转。因此，Nd:YAG 激光器成为目前应用最广泛的固体激光系统。

表 10-1　Nd:YAG 的物理性质

化学式	Nd:YAG($Y_3Al_5O_{12}$)	断裂应力	$(1.3\sim2.6)\times10^6$ kg·cm^{-2}
熔点	1970℃	弹性模量	3×10^6 kg·cm^{-2}
努普硬度	1215	热膨胀系数[100]方向	8.2×10^{-6}℃$^{-1}$，0～250℃
密度	4.56g·cm^{-3}	[110]方向	7.7×10^{-6}℃$^{-1}$，10～250℃

近年来，随着半导体激光器（LD）的飞速发展，全固态激光器已成为当前激光及信息产业发展的一个热点。固体激光器朝向微小型化和高功率化发展，新时期我国国家安全和能源所急需的惯性约束核聚变（ICF）所用的大型激光器的功率达到 GW 量级（能量为几个焦耳），其核心材料之一就是固体激光工作物质。自 20 世纪 60 年代以来，固体激光器占主导地位的工作物质是掺钕钇铝石榴石（Nd：YAG）晶体。虽然目前已经在 YAG 晶体生长方面做了极大努力，但仍难以得到适用于 ICF 的大尺寸高质量晶体。在 ICF 中采用的大尺寸钕玻璃的激光性能远不如 Nd：YAG 单晶，所以有必要寻找一种新的激光基质替代材料。YAG 透明陶瓷因其较高的熔融温度（1930℃）、耐热性、化学稳定性和良好的物理性能及无多晶转化等，是许多技术领域具有发展前景的陶瓷材料之一。

2. 透明激光陶瓷的制备技术优势

透明陶瓷激光材料具有制备工艺上的优势，同单晶相比较主要体现在以下几个方面。

① 容易制备出大尺寸的 Nd：YAG 透明激光陶瓷，且形状易于控制。

② 可以获得掺杂浓度高、光学均匀性好的透明陶瓷。陶瓷材料不受分凝效应的限制，可以获得高掺杂浓度（＞10％）的陶瓷制品。

③ 陶瓷材料的制备周期短，生产成本低。制备 YAG 透明陶瓷不需要贵金属材料坩埚，烧结温度相对较低（1750～1800℃），制备周期相对较短，约为一周即可，且适合于大规模生产，因而可以大大降低生产成本。

④ 可以制备出多功能的激光材料。陶瓷技术能够将不同功能的材料结合到一体上，如可以在一块陶瓷材料上同时实现激光输出和调 Q 等功能。

基于以上优点，激光陶瓷近年来深受人们重视。此外，由于纳米技术的发展为提高其性能提供了途径，以纳米粉体为原料的陶瓷材料烧结温度远低于材料的熔点；激光陶瓷中可以掺入比激光晶体更高浓度的钕离子而无浓度猝灭，提高了转换效率；利用陶瓷材料可以得到大尺寸激光工作物质。因此，只要做到透明激光陶瓷具有单晶相近的性质，激光陶瓷必将取代单晶的许多应用，在激光材料界引起一场革命。

3. 透明激光陶瓷的制备工艺

YAG 透明陶瓷的制备过程与一般陶瓷制品大致相同。按陶瓷制备工艺，首先是制备纳米级 YAG 粉料，然后采用适宜的成型技术和烧结技术制得 YAG 透明陶瓷材料，力求使其具有组成均匀、单相、高纯、高透明、高导热性、光学性能优良等特点。

（1）粉料制备

陶瓷工艺的一个基本特点就是以粉体作为原料，经过成型和烧结工艺，形成多晶体的致密烧结体。作为起始原料的粉体，质量优劣直接影响最终制品的质量。对于透明陶瓷的原料粉体有 4 个要求：①具有较高的纯度和分散性；②具有较高的烧结活性；③颗粒度均匀和适当的颗粒级配；④不能有硬团聚。

通常合成 YAG 粉体的方法主要有固相法和湿化学法两种。传统的固相法是利用高纯 Al_2O_3、Y_2O_3 等氧化物粉料，按 YAG 的化学计量比配料混合磨细，经煅烧后再次研磨到一定的粒度。由于这种方法需要 Al_2O_3 和 Y_2O_3 粉末在高温下扩散并发生固相反应生成 YAG，因而要求原料混合均匀性好，有利于扩散过程的进行。固相法虽然具有工艺简单、成本低、效率高的优点，但是需要高的反应温度（1500～1600℃）；配合料长时间的研磨，易于引入较多杂质；高温合成的 YAG 粉体易于形成硬团聚，这样的硬团聚通过研磨很难分散开，致使坯体烧结后难以达到较高的致密度，进而影响 YAG 陶瓷的透明度等性能。

纳米粉体具有良好的扩散性和烧结活性，因此采用纳米级的原料粉体可在一定程度上降低烧结温度。1995 年，A. Ikesue 等首先采用此种方法制得高透明 Nd:YAG 陶瓷。湿化学法具有组分均匀、合成温度低、粒度和形状可控、分散性好等优点，被认为是制备 YAG 纳米粉体的理想途径。湿化学法主要包括溶胶-凝胶法、沉淀法、水热法、喷雾水解法等。其中，沉淀法是制备 YAG 陶瓷粉体常用的一种方法，其优点在于成本低廉，适宜于大规模生产。操作步骤如下：在 Y^{3+}、Al^{3+} 的混合盐溶液（硝酸盐或盐酸溶液）中滴加一定量的沉淀剂（常用氨水、尿素及碳酸氢铵等），得到 YAG 的前驱体，然后将前驱体在一定温度下烧结可得到 YAG 粉体。在实验中采用了共沉淀法，并选择反滴定的方式，制备纳米 YAG 粉体，制备流程如图 10-2 所示。

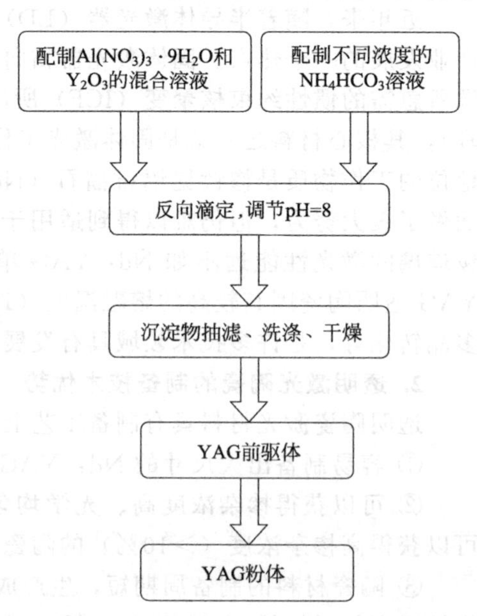

图 10-2 沉淀法制备 YAG 纳米粉体的流程图

首先分别采用氨水、NH_4HCO_3 作沉淀剂，并研究所得前驱体的组分。当 NH_4HCO_3 作为沉淀剂时，采用的是反滴定方式并控制滴加速度，合成化学组成为 $Y_2(CO_3)_3\cdot nH_2O$ 和 $NH_4AlO(OH)HCO_3$ 的混合产物前驱体；采用氨水作沉淀剂时得到的前驱体主要为氢氧化物。不同前驱体会影响晶相转变的过程及温度条件，以及粉体的分散性等。结果表明，碳酸氢铵法的前驱体疏松（软团聚）、易洗涤，粉体分散性好；氨水法得到的前驱体则有团聚，洗涤困难，YAG 粉体团聚严重。图 10-3 为两种沉淀剂得到的 YAG 粉体的微观形貌。不同沉淀剂在相同温度下煅烧，NH_4HCO_3 比氨水更适合作为沉淀剂来制备高活性的 YAG 粉体。

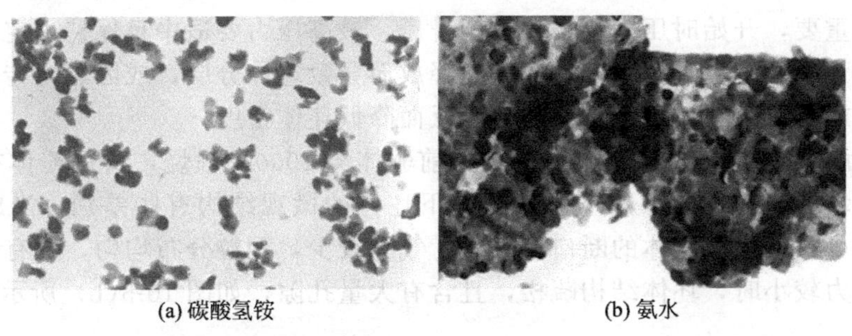

(a) 碳酸氢铵　　(b) 氨水

图 10-3　不同沉淀剂得到的 YAG 粉体透射电镜照片

在沉淀剂确定的条件下，不同原液浓度也会影响 Y^{3+}、Al^{3+} 的形核及长大方式。研究表明，使 $Y(OH)_3$ 在 $Al(OH)_3$ 的表面形核，形成特殊的核壳结构，这种均匀的包裹结构可促进固态下的扩散，进而可降低烧结温度。由图 10-4 可见采用低的原液浓度时，所得粉体分散性更好，平均颗粒尺寸约为 100nm；而高浓度下所得粉体出现了明显的团聚现象。沉淀过程中的 pH 值应控制在 8.0，使 Y^{3+}、Al^{3+} 完全沉淀。pH 值对粉体的形貌及分散性能也会产生很大的影响。通过控制溶液的浓度、滴加方式和 pH 值，可以获得高分散性、微纳米级的 YAG 粉体。高的粉体分散度能保证高的烧结活性，因为高分散性的颗粒有大的表面能，这是烧结的推动力。

(a) $0.1mol \cdot L^{-1}$　　(b) $1.0mol \cdot L^{-1}$

图 10-4　不同原液浓度下所得粉体的 SEM 形貌

为获得透明 YAG 陶瓷，添加适宜的烧结助剂是必不可少的。如 SiO_2 作烧结助剂，其加入量（质量分数）一般在 0.05%～0.5%，应保证它完全进入主晶相形成固溶体而不以新的固相形式析出。采用化学的方法来制备陶瓷原料粉体能很好地引入各种添加剂。例如，采用沉淀法制备陶瓷原料粉体和引入添加剂时，添加剂可均匀分布在陶瓷粉料的表面，从而有效控制晶粒的异常长大和避免在晶界上产生气孔。

(2) 成型

成型工序的目的是获得密度分布均匀且有一定强度的致密坯体。透明陶瓷的成型可以采用多种方法，如压制（干压成型及等静压成型）和注浆成型等。目前用于YAG材料成型的方法主要是压制成型。在压制成型中，冷等静压成型方法使用较多，它使坯体不同方向同时承受一较大压力，坯体堆积密度高，且分布均匀。M. Sekita等采用100～200MPa压力冷等静压成型，最终得到相对密度约为理论密度的100%的透明陶瓷。在冷等静压成型过程中，压力控制特别重要，开始时压力要小并逐渐升压，最高压力要适中且保持一定时间；减压要缓慢，否则因为气体来不及排除和内压骤然释放而导致坯体分层，或因压力传递损失使坯体密度不均匀，或压力过大使得原始颗粒破碎反而降低坯体密度。

图10-5为以碳酸氢铵作沉淀剂，得到的前驱体经1000℃煅烧，所得粉体在不同成型压力下得到的素坯的断面形貌。在不同的压力下坯体的微观结构有些差别。当成型压力较大时，如图10-5(a) 所示，坯体的断口较平整，气孔较少，颗粒分布均匀，没有发现团聚体存在。当成型压力较小时，坯体结构疏松，且含有大量孔隙，如图10-5(b) 所示。

(a) 200MPa　　(b) 100MPa

图10-5　不同压力下素坯断面的SEM形貌（碳酸氢铵）

图10-6为氨水作沉淀剂在不同成型压力下得到的素坯的断面形貌，由图可见坯体的断口较粗糙，颗粒呈凹凸分布，颗粒团聚较严重，团聚体内部颗粒紧密连接，而团聚体之间结合较松散，气孔较多。还可以看到，较大的孔隙将颗粒分开，这会直接影响坯体的密度和强度。

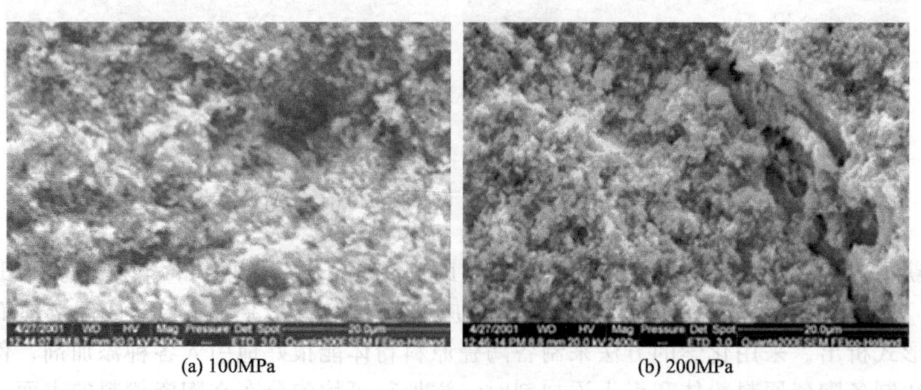

(a) 100MPa　　(b) 200MPa

图10-6　不同压力下素坯断面的SEM形貌（氨水）

等静压成型是静压传递原理的一种应用。将经过处理的粉料装入模具中，由于模具完全被液体包围，所以模具各个方向受到的压力均等，坯体的各个方向被均匀压实，称为等静压成型。此法得到的坯体密度高。分别以碳酸氢铵法和氨水法合成的粉料加入一定比例的水分，然后在150MPa压力条件下等静压成型，坯体断面如图10-7所示。与干压成型相比，坯体更加致密，断口表面更加光滑。

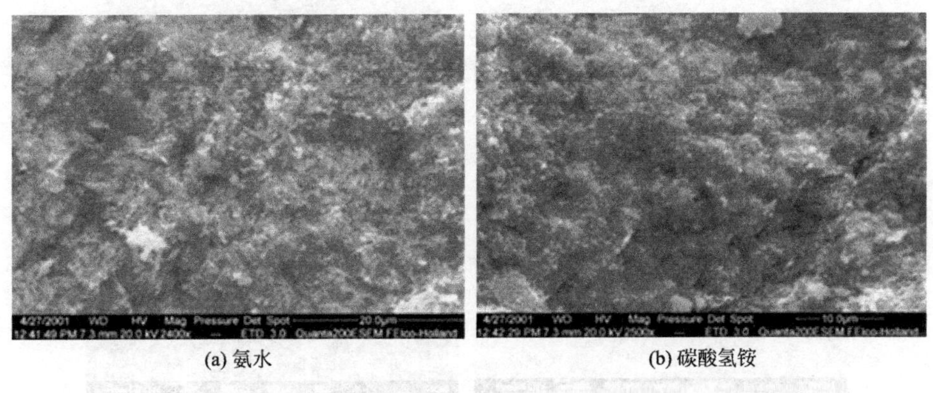

(a) 氨水　(b) 碳酸氢铵

图10-7　等静压成型素坯断面的SEM形貌

注浆成型可作为YAG陶瓷的候选成型方法，浆料成型得到的坯体密度虽不及等静压成型法，但同样可使密度均匀。另外，由浆料成型机理决定，坯体内气孔多为连通结构，有利于烧结时气孔的排出和致密化。其他精细陶瓷制备成型方法的成功经验证明，用此成型方法同样可获得致密的烧结体。

(3) 烧结

烧结工艺是制备透明陶瓷的另一个重要工序，烧结的实质是粉末坯体在适当环境或气氛中加热到低于其基本组元熔点温度并进行保温，然后冷却至室温的处理工艺，经过一系列物理、化学变化，使粉末颗粒聚集体变成晶粒结合体，多孔体变成致密体。要想获得透明和良好激光性能的Nd：YAG陶瓷材料，关键是材料本身致密、气孔率超低、晶粒细小均匀、晶界薄。由多孔体变成致密透明陶瓷的烧结方法有许多种，如热压烧结、气氛烧结、微波烧结等。

20世纪80年代初，美国科研人员Roy采用真空热压烧结、热等静压的手段研制透明铝酸镁陶瓷，并成功地制备出光学性能、力学性能优异的铝酸镁多晶材料。对于同一种材料而言，压力烧结与常压烧结相比，烧结温度低得多，而且烧结体中气孔率也低。另外，因为在较低的温度下烧结，抑制了晶粒的异常生长，所得烧结体致密，具有较高的强度。热压烧结的缺点是加热、冷却时间长，而且必须进行后加工，生产效率低，不能制备形状复杂的产品。研究结果表明，YAG透明陶瓷采用真空烧结方法更有效，因在负压环境下坯内气体更易向外扩散，这无疑加快了坯体致密化且最终气体含量可达到很低水平。实验采用真空烧结方法，真空度为10^{-4}Pa。

无论采用哪一种烧结方法，适宜的烧结制度，包括温度制度、压力制度和气氛制度，是获得透明YAG陶瓷的关键条件之一，因它直接影响晶粒生长、晶界形成与移动及气孔的排除和坯体的致密化。图10-8是样品在不同煅烧温度下所得陶瓷断面SEM图。由图可以看出，在1300℃下真空煅烧2h后平均颗粒尺寸仍在100nm以下，无明显的烧结现象产生。随着温度逐渐升高，颗粒明显长大。在1500℃下，晶粒已显现出规则的形状，同时也存在部

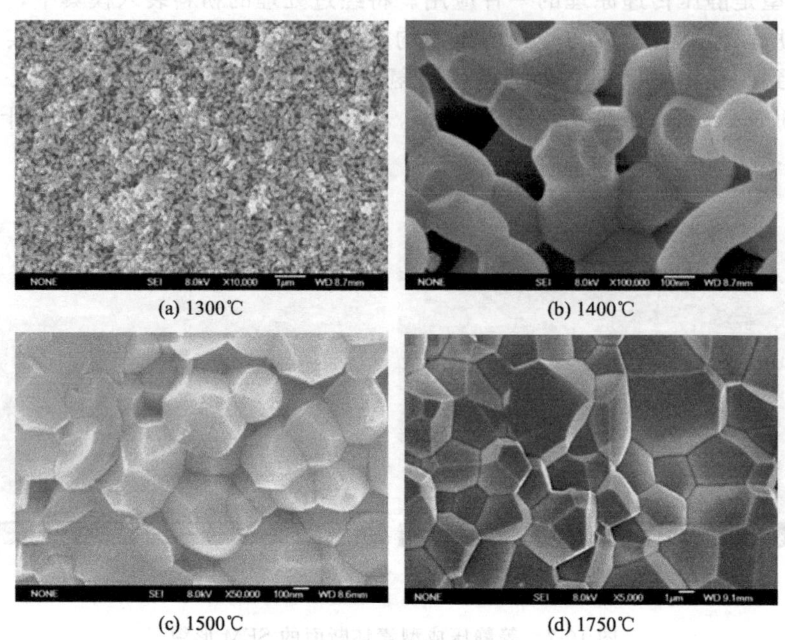

(a) 1300℃　(b) 1400℃

(c) 1500℃　(d) 1750℃

图 10-8　不同煅烧温度下所得陶瓷断面 SEM 形貌

分晶粒的异常长大，平均尺寸小于 1μm。经 1750℃真空烧结 5h，烧结体结构致密，其晶粒形状为规则的多边形，利用阿基米德法测其相对密度为理论密度的 99.5%。

粉体性能的优劣会直接影响到烧结产品的质量。图 10-9 为采用不同粉体经过相同的成型和烧结条件后，所得陶瓷断面 SEM 形貌，从上往下分别对应不透明陶瓷、半透明陶瓷、透明陶瓷。由图 10-9(a) 可知，不透明陶瓷粉体与后两者明显不同，粉体疏松而无烧结现象，这说明粉体的结晶性不好。对应陶瓷的断面中存在大量孔隙，且无完整的晶粒存在。在图 10-9(b) 中，半透明陶瓷的粉体颗粒间存在一定的烧结后颈部连接现象，并有少量团聚体产生。粉体在低温阶段的快速烧结可能使气体来不及排出而留在烧结体内部，形成封闭的气孔，即使后期高温阶段也很难再排出。在图 10-9(b2) 中，陶瓷断面也能看到少量的晶粒间气孔，将形成光的折射和散射中心，从而在一定程度上降低了陶瓷的透明度。由图 10-9(c) 可以看出，透明陶瓷粉体的粒径细小，平均晶粒尺度约为 60nm，且颗粒的大小分布较均匀，分散性好，因而粉体的烧结活性高，有利于陶瓷的致密化。粉体烧结后所得陶瓷结构致密，晶粒完整，其形状为规则的多边形。陶瓷的平均晶粒尺寸约为 2μm，且尺寸分布比较均匀，晶粒中和晶界处无杂质相或气孔存在。对应的陶瓷片是透明的。

图 10-10(a) 为 YAG 陶瓷（厚度 5mm）在 200～1250nm 波段的透光率曲线。在可见光区（360～780nm）样品的最大透光率约为 64%；在 1064nm 处的透光率为 55.7%。但是，目前得到的陶瓷材料透光率低于单晶，主要原因是目前烧结条件制备的陶瓷材料仍然有一定的气孔率，烧结体中仍有较多的杂质相和各种结构缺陷。由于折射率的不同，杂质相会产生光的折射和反射，从而破坏陶瓷材料的光学均匀性。同时，晶界结构对透明陶瓷的透光率也有较大影响。若晶界厚且有杂质相，也会引起光的反射和散射，导致材料的透光率下降。图 10-10(b) 为 Nd:YAG 陶瓷的荧光发射光谱，对 2%（原子分数）Nd:YAG 陶瓷和 0.9%（原子分数）Nd:YAG 单晶的光学性能的研究发现：所获得的陶瓷和单晶有类似的荧光发射光谱，陶瓷的

图 10-9 不同粉体以及相应制备的陶瓷断面 SEM 形貌

（a1）不透明陶瓷粉体 SEM 形貌；（a2）不透明陶瓷断面 SEM 形貌；

（b1）半透明陶瓷粉体 SEM 形貌；（b2）半透明陶瓷断面 SEM 形貌；

（c1）透明陶瓷粉体 SEM 形貌；（c2）透明陶瓷断面 SEM 形貌

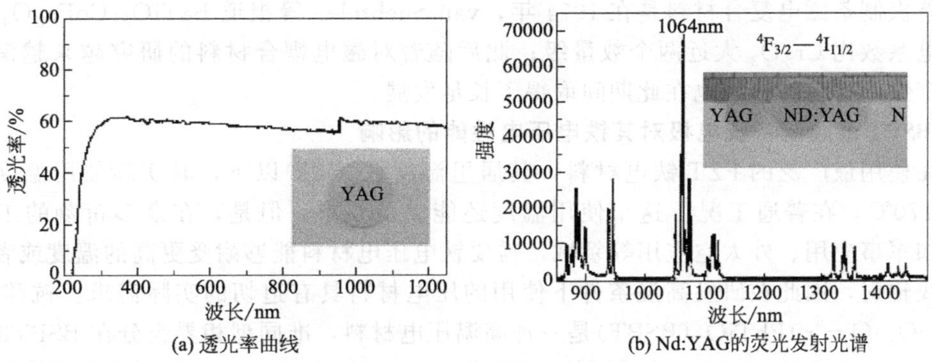

(a) 透光率曲线　(b) Nd:YAG的荧光发射光谱

图 10-10 YAG 陶瓷样品光学性能

强度高于单晶，并均具有与0.9%（原子分数）Nd:YAG单晶相同的荧光和吸收特征。

以上主要研究纳米YAG粉体湿化学制备方法，并在自制原料的基础上进一步对透明YAG陶瓷的成型方法、成型工艺和烧结工艺进行探讨，最后得到了透明度较高的YAG陶瓷。虽然目前仍有一些问题需要进行更加深入系统的研究，但是为进一步制备大尺寸透明激光陶瓷材料的研究奠定了基础。

参考文献

[1] 李霞．掺钕钇铝石榴石（Nd：YAG）激光陶瓷的制备与性能表征．济南：山东大学，2005.

[2] Li Xia，Li Qiang. YAG Ceramic Processed by Slip Casting via Aqueous Slurries. Ceramics International，2008，34：397-401.

[3] Wang Guisu，Li Xia，Geng Yanling. Preparation of Gadolinium Gallium Garnet Polycrystalline Powders for Transparent Ceramics. Journal of Alloys and Compounds，2010，505：213-216.

[4] 王桂素，李霞．钆镓石榴石透明陶瓷纳米粉体的制备．压电与声光，2010，32（3）：457-460.

[5] Yao Qing，Zhang Le，Chen Hao，et al. A Novel Gelcasting Induction Method for YAG Transparent Ceramic. Ceramics International，2021，47：4327-4332.

案例11：磁电复合薄膜制备与磁电耦合性能

磁电耦合是指磁场诱导电极化的改变或者电场诱导磁极化的改变。皮埃尔·居里在1894年，利用对称性理论预言材料中会存在磁电耦合效应，直到1960年才首次在Cr_2O_3中发现磁电耦合效应。自苏联科学家在反铁磁Cr_2O_3中发现线性磁电耦合效应以后，在随后的十几年里，人们陆续发现了80多种磁电耦合材料。但是，在之后的二十多年里关于磁电耦合的研究却很少。原因主要包括：首先，当时所有发现的磁电耦合材料的磁电耦合都很弱，不适合实际应用；其次，所发现的单相磁电耦合材料，只有在低温下才具有磁电耦合效应，不利于实际应用。

20世纪末，材料制备技术大幅提高，薄膜技术、纳米材料制备技术成熟，微观结构表征技术的发展也为材料结构和性能的分析提供了极大方便。在上述先进的制备技术条件下，磁电复合材料，由于其在室温下有望具有较强的磁电耦合性能，引起了学者们重新研究磁电耦合效应的兴趣。

磁电复合材料的基本原理是通过将铁电（压电）材料和磁致伸缩材料复合，铁电和铁磁的耦合通过两相之间的应力传递来实现。这种由铁电（压电）材料和磁性材料复合以实现磁电耦合的材料就是磁电复合材料，它是一种乘积效应。由于压电效应和磁致伸缩效应都可以在室温获得，因此这种乘积磁电效应不受居里温度或尼尔温度的影响，很容易实现室温磁电耦合。首次制备磁电复合材料是在1974年，van Suchtelen等报道$BaTiO_3$-$CoFe_2O_4$复合陶瓷的磁电系数比Cr_2O_3大近两个数量级；此后随着对磁电耦合材料的研究越来越深入，有关单相多铁性材料的研究也在此期间取得了长足发展。

1. BSPT薄膜制备及电极对其铁电压电性能的影响

现在使用最广泛的PZT铁电材料，其居里温度在350℃以下，其实际使用温度一般不超过约170℃，在普通工况下这个使用温度还能满足要求。但是，在众多苛刻的工作环境中，比如军事应用、外太空应用等领域，需要铁电压电材料能够耐受更高的温度或者抵御较强的射线辐射，因此在研发高温条件下使用的压电材料具有迫切的实际需求。钪酸铋-钛酸铅$x BiScO_3$-$(1-x)PbTiO_3$(BSPT)是一种高温压电材料，准同型相界组分在BSPT36/64附近，居里温度达到约450℃，比通用的PZT高出100℃；且BSPT在准同型相界附近具有很大的压电系数，可以满足实际应用的需求。除了开发陶瓷压电材料之外，铁电薄膜的研究开发也势在必行。因为随着器件的小型化和集成化，在集成电路和MEMS（微机电系统）器件中所需铁电材料也要薄膜化，方便集成。

BSPT 铁电薄膜在应用中必然需要与电极材料接触才能发挥其铁电和压电性能，因此研究不同电极材料对 BSPT 铁电和压电性能的影响很有必要。此处选择两种代表性电极材料，即金属铂 Pt 电极和氧化物电极 $LaNiO_3$（LNO），研究这两类电极材料的影响。

BSPT/LNO 和 BSPT/Pt 的薄膜 XRD 图谱如图 11-1 所示。结果显示 BSPT 和 LNO 都已形成钙钛矿结构，并没有杂相的生成，显示薄膜已经结晶良好。在 BSPT/Pt 中，BSPT 有（111）的择优取向。

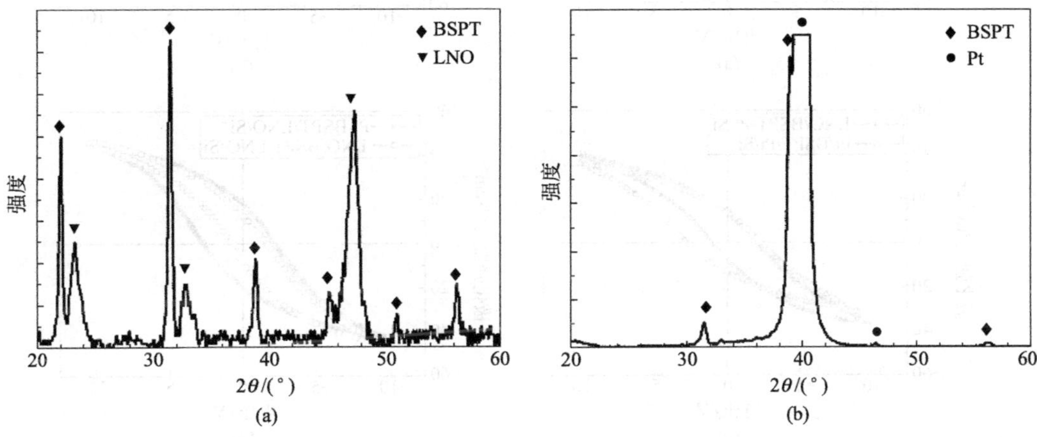

图 11-1　BSPT/LNO 薄膜（a）和 BSPT/Pt 薄膜（b）的 XRD 谱图

不同电极组合的 BSPT 薄膜电滞回线如图 11-2 所示。从图中可以看出，所有的 BSPT 薄膜均具有通常的电滞回线，且回线都已很好地饱和，不存在漏电造成的圆角现象。另外，采用 Pt 和 LNO 作为 BSPT 薄膜的电极材料，不同电极组合的 BSPT 薄膜的剩余极化和矫顽场变化很大，表明电极材料和界面特性确实很大程度上影响 BSPT 薄膜的铁电特性。为了更好地分析上、下电极对薄膜铁电性能的影响，将两种不同电极组合的 BSPT 薄膜放在一起进行对比（比如相同上、下电极 BSPT 薄膜的电滞回线对比等），如图 11-3 所示。

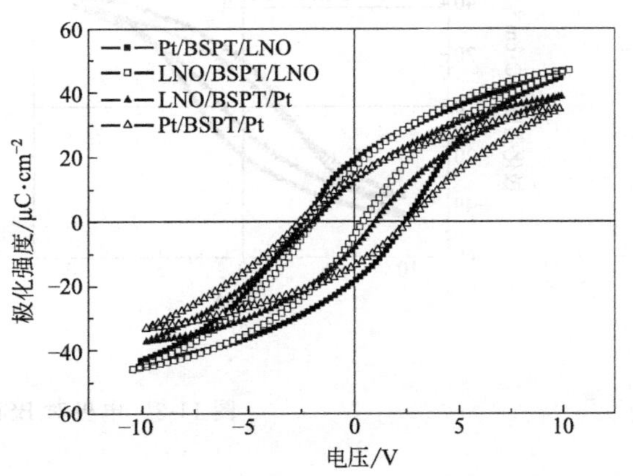

图 11-2　不同电极组合（Pt 和 LNO）BSPT 薄膜的电滞回线

从图 11-3(a)、图 11-3(b) 对比可见，上电极相同时，BSPT 薄膜的矫顽场近似相同，Pt 上电极 BSPT 薄膜的矫顽场比 LNO 作为上电极的薄膜有更大的矫顽场，表现为 BSPT 薄膜的电滞回线要“胖”一点。另外，从图 11-3(b) 可以看出，同样是 Pt 上电极，LNO 下电极的 BSPT 具有更大的剩余极化。由图 11-3(c) 和图 11-3(d) 对比可见，下电极相同，并没有相同的矫顽场或剩余极化。但是，当上电极是 Pt 时，BSPT 薄膜的剩余极化有所提高，表明上电极除了决定矫顽场之外，对剩余极化也有影响。综上所述，结合上、下电极材料对电滞回线的矫顽场和剩余极化的影响规

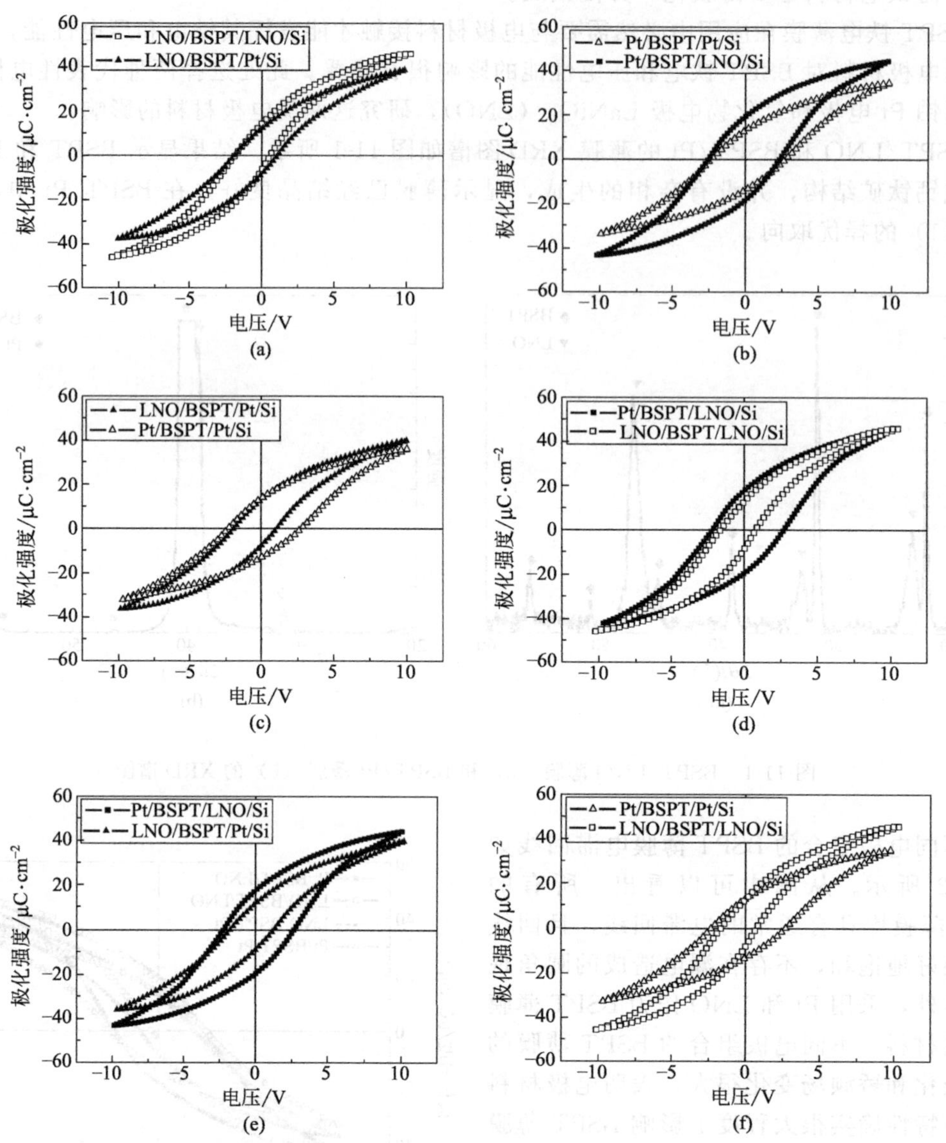

图 11-3　电极对 BSPT 铁电性能的影响

律可以推测出，要想得到剩余极化和矫顽场都较大的“宽大”电滞回线，需要采用 Pt 上电极和 LNO 下电极，即应该在 Pt/BSPT/LNO 中获得相对最为“宽大”的电滞回线。这个推测可以由图 11-3(b)～图 11-3(e) 中的电滞回线对比得到证实。

由图 11-3(f) 可以看出，上、下电极材料相同时，LNO/BSPT/LNO 薄膜的电滞回线出现明显的偏移，这主要是由于上下 LNO 电极制备工艺不同，导致 LNO 电极与 BSPT 薄膜之间的界面差异；而相对的 Pt 电极与 BSPT 之间的界面对制备过程不是特别敏感，没有出现明显的偏移。

由以上分析还应该得出一个重要结论，就是上电极材料对 BSPT 薄膜的铁电性能有重要影响。为了认真考察上电极材料的影响规律，下面考察上电极对 BSPT 薄膜介电常数和压电性能等的影响。

对比 LNO/BSPT/LNO 和 Pt/BSPT/LNO 薄膜介电常数-电场强度曲线，如图 11-4 所示，发现下电极相同（都是 LNO）。采用 LNO 作为上电极比 Pt 作为上电极 BSPT 薄膜的介电常数大幅度提高，零场介电常数从 400 增加到 750 左右，且 BSPT 薄膜的介电常数随偏置电场的变化明显增加。

LNO/BSPT/LNO 和 Pt/BSPT/LNO 薄膜的压电效应也显示（图 11-5），用 LNO 上电极代替 Pt，可以明显提高 BSPT 薄膜的压电效应。LNO/BSPT/LNO 薄膜压电效应最大约为 35pm・V^{-1}。

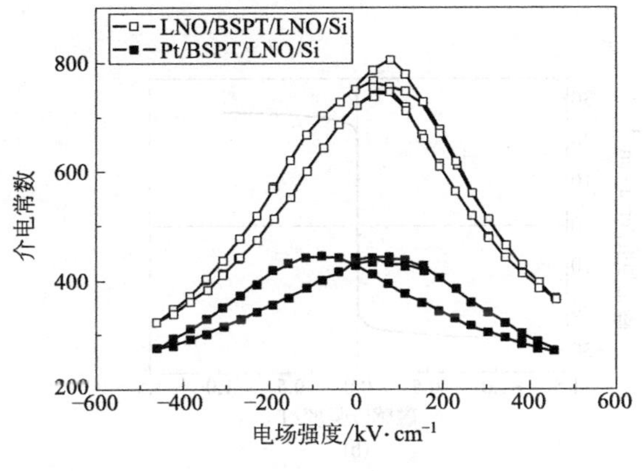

图 11-4 LNO/BSPT/LNO 和 Pt/BSPT/LNO 薄膜介电常数-电场强度曲线

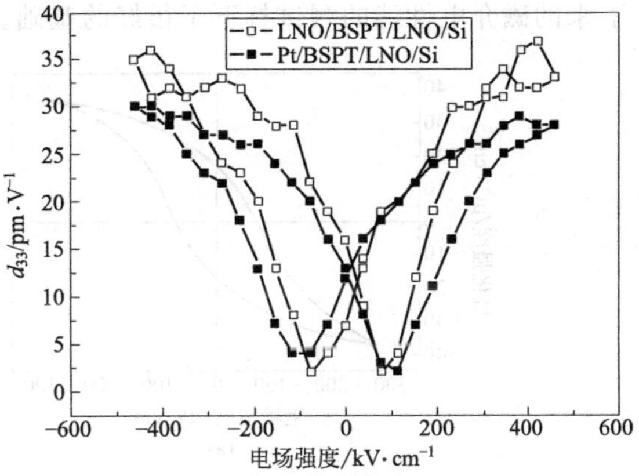

图 11-5 LNO/BSPT/LNO 和 Pt/BSPT/LNO 薄膜压电效应

LNO 上电极对 BSPT 薄膜性能的显著影响包括：显著降低 BSPT 薄膜极化反转的矫顽场（矫顽场降低约 50%）；显著提高 BSPT 薄膜的介电常数（零场介电常数提高约 87%），明显提高了 BSPT 的压电性能。N. Sama 在研究 LNO 电极和 Pt 电极对 PZT 薄膜的铁电、压电性能时也发现了类似的现象。另外，R. Plonka 研究了 $SrRuO_3/Ba_{0.7}Sr_{0.3}TiO_3$(BST)/$SrRuO_3$ 和 $Pt/Ba_{0.7}Sr_{0.3}TiO_3/Pt$ 薄膜的介电性能，发现采用 $SrRuO_3$ 电极显著提高了 BST 薄膜的介电常数，且薄膜介电常数随厚度的变化显示，$SrRuO_3$ 电极与 BST 薄膜之间的界面电容要比 Pt 电极与 BST 薄膜之间大，表明 $SrRuO_3$ 电极改善了与 BST 薄膜之间的界面接触。

结合界面死层和串联电容模型，实验中观测到的 LNO 电极对 BSPT 薄膜铁电和介电性能的影响，可以归因于 LNO 导电氧化物电极改善了与 BSPT 薄膜的界面接触，减弱了电极与铁电材料之间界面死层的影响。对于上述影响，利用串联电容模型容易理解，如果界面死层电容提高，必然会导致测得的介电常数更接近铁电薄膜的实际值，从而使 LNO/BSPT/LNO 介电常数提高。如前所述，界面死层除了与铁电薄膜本征电容串联降低薄膜的介电常数外，还会导致外加电场的损失，使铁电薄膜受到的实际电场减小。LNO 上电极改善界面接触后，减弱了界面死层上的电场损失，从而使 LNO/BSPT/LNO 的矫顽场大幅度减小。另外，这种 LNO 上电极对界面死层的改善，提高了真实施加在 BSPT 薄膜上的电场强度，有可能提高 LNO/BSPT/LNO 薄膜的饱和压电响应。

采用溶胶凝胶法制备了 LNO/BSPT/LNO/Si、LNO/BSPT/Pt/Si、Pt/BSPT/LNO/Si 和 Pt/BSPT/Pt/Si 四种结构薄膜。对四种薄膜的铁电、压电和介电性能研究表明，与 Pt 相比，LNO 上电极可以改善与 BSPT 薄膜的界面接触，从而显著降低 BSPT 薄膜的矫顽场，大幅度提高 BSPT 薄膜的介电常数，BSPT 薄膜的压电性能也有明显改善。

2. BSPT/LSMO 薄膜的铁电和铁磁性能

BSPT/LSMO 薄膜的室温电滞回线和磁滞回线如图 11-6 所示。由图 11-6(a) 可见，BSPT/LSMO 薄膜的电滞回线已经很好地饱和，剩余极化强度约为 $20\mu C \cdot cm^{-2}$，表明薄膜已经具有较好的铁电性能。薄膜的磁滞回线［图 11-6(b)］显示了典型的软磁性材料回线特性，薄膜的磁矫顽场很小，饱和磁化强度约为 $30emu \cdot cm^{-3}$，表明 LSMO 的铁磁性能较好。BSPT/LSMO 薄膜的磁滞回线测试时磁场平行于薄膜表面，这里需要强调的是此处的磁滞回线是 BSPT/LSMO 薄膜的磁响应，不是单纯 LSMO 薄膜的磁滞回线（如果是 LSMO 薄膜的磁滞回线，饱和磁化强度会更高）。BSPT/LSMO 薄膜良好的铁电和铁磁性能，为接下来的磁介电性能的测试打下了很好的基础。

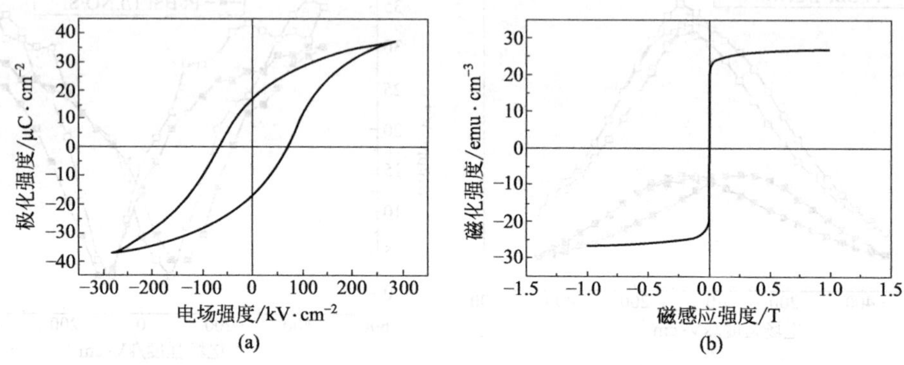

图 11-6 BSPT/LSMO 薄膜的室温电滞回线和磁滞回线（$1emu \cdot cm^{-3} = 10^3 A \cdot m^{-1}$）

3. BSPT/LSMO 薄膜的室温介电频谱和磁介电响应

室温（300K）下测试 BSPT/LSMO 薄膜的介电频谱，磁场从 0T（特斯拉，T）到 7T。测试磁场选为（1T = 10000Oe）：0Oe、10Oe、50Oe、100Oe、300Oe、500Oe、700Oe、1000Oe、1500Oe、2000Oe、5000Oe、1T、1.5T、2T、2.5T、3T、4T、5T、6T、7T。

0T 和 7T 磁场下的介电频谱，如图 11-7 所示。介电频谱存在明显的弛豫特征，大概在频率 $10^3 \sim 10^6$ 范围，介电常数实部（ε'）明显迅速减小，介电常数虚部（ε''）出现峰值。加磁场后，介电常数实部和虚部都有明显变化：在 $10^1 \sim 10^3$ Hz 范围，ε'在施加磁场后变小；在 $10^3 \sim 10^4$ Hz 范围，ε'在施加磁场前后两条线几乎重合在一起，没有明显变化；在 $10^4 \sim 10^6$ Hz 范围，ε'在施加磁场后明显增加。按照介电常数实部随磁场的变化——“磁介电响应”区分，可以将频谱大概划分三段：低频负磁介电响应频段（$10^1 \sim 10^3$ Hz）；中频零磁介电响应频段（$10^3 \sim 10^4$ Hz）；高频大的正磁介电响应频段（$10^4 \sim 10^6$ Hz）。在低频段（$10^1 \sim 10^3$ Hz），磁介电响应随频率变化不明显，而在高频段（$10^4 \sim 10^6$ Hz）磁介电响应强烈依赖于频率。介电常数虚部（ε''）在施加磁场以后出现明显的整体右移，表明弛豫频率随磁场增加而增大。弛豫频率可以认为是介电

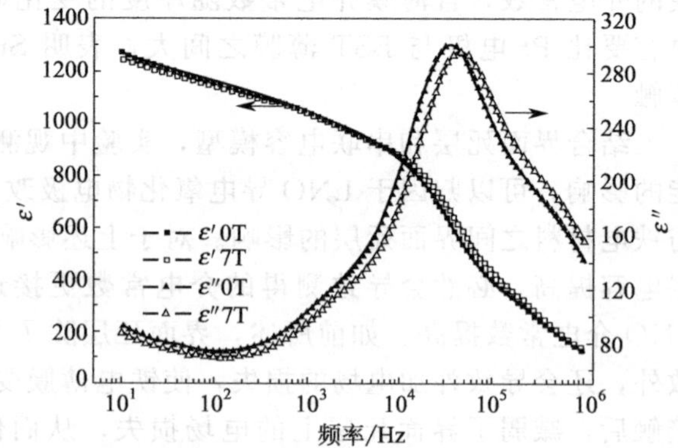

图 11-7 BSPT/LSMO 薄膜室温 0T 和 7T 下的介电频谱

频谱中介电常数实部弛豫（急剧变化）的中心位置，对应于虚部的峰值，因此由介电常数虚部比较容易判断弛豫频率的位置。关于此处介电弛豫和弛豫频率随磁场变化的起源将在后面详细论述。

从现象上初步判断高频（10^4～10^6 Hz）下比较大的正磁介电响应，可能是由于磁场使BSPT/LSMO薄膜的弛豫频率增大，从而导致弛豫频率往高频移动（在频谱中右移），这样在某一处频率下分析就会得到ε′随磁场增加而增大的正的磁介电响应。从上面的分析可以看出，在BSPT/LSMO薄膜中存在丰富的磁介电响应（负响应、零响应和正响应），不同频段磁介电响应对频率的依赖程度不同，并且在磁介电响应中伴随着介电弛豫和弛豫频率随磁场的变化。所有这些现象都激发我们去寻找磁介电响应的根源，以及磁介电响应与上述物理现象的联系。在低频段和高频段选择具有代表性的频率100Hz和52kHz，在这两个频率下具体分析BSPT/LSMO薄膜的磁介电响应，如图11-8所示。

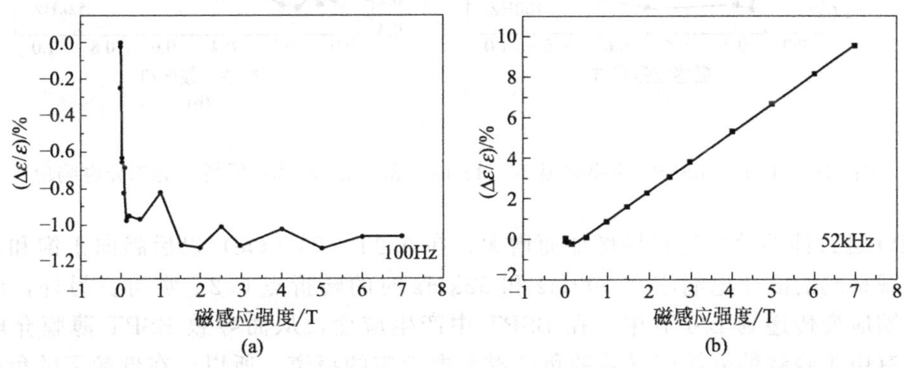

图11-8 BSPT/LSMO薄膜室温100Hz（a）和52kHz（b）磁介电响应

由图11-8(a)可以看出，BSPT/LSMO薄膜在100Hz时，磁场从0T到7T薄膜都表现出负的磁介电响应，并且介电常数在低磁场迅速减小，后来直到7T都保持基本不变。最大的磁介电响应约为－1.1%。而在52kHz时，薄膜介电常数先随磁场有一个略微的减小，然后随磁场增加迅速线性增大，最终在7T磁场时获得了最大9.5%的室温磁介电响应。

这里需要指出的是，9.5%的室温磁介电响应是一个非常大的数值。最近大量的研究工作关注于单相多铁性材料的磁介电特性，并在有些体系中获得非常可观甚至达到数量级变化的磁介电响应。但是，这些磁介电响应都是低温特性，不适合实际应用。表现出室温磁介电效应的单相多铁性材料$BiFeO_3$陶瓷，室温磁介电响应（介电常数相对变化）只有10^{-3}数量级。掺Sc的$BiFeO_3$薄膜室温磁介电响应明显提高，但也只有3%左右。复相多铁性材料由于通常存在室温下的磁电耦合，有可能具有室温磁介电响应。但是，有很多复合多铁性材料只有低温磁介电响应，很多表现出室温磁介电效应的复合材料磁介电响应依然比较小。综合现在复相多铁性材料的磁介电响应来看，有的材料只有在低温时才表现出磁介电响应，这主要是因为出现磁介电效应所需的铁电或磁电阻效应需要低温条件，因此总体的磁介电响应也只有在低温下才表现出来。而在室温表现出磁介电效应的体系磁介电响应也只有3%左右。综合已报道的磁介电响应情况，BSPT/LSMO薄膜在室温下表现出9.5%的磁介电响应是比较好的结果，并且薄膜的介电常数随磁场线性增加，这些都为实际应用提供了良好的基础。

为了更好地认识和分析 BSPT/LSMO 薄膜中的磁介电效应的根源，将图 11-8 中的低场部分放大，如图 11-9 所示。100Hz 时 BSPT/LSMO 薄膜的磁介电响应皆为负值，并且可以明显看出介电常数由迅速减小，直到基本保持不变的转折点在 0.2T 左右。在 52kHz 时，薄膜的磁介电响应表现出明显的先减小后增加的趋势，并且从减小到增加的转折点也在 0.2T 左右。由此可见，0.2T 可能代表着某种作用机制的作用范围。

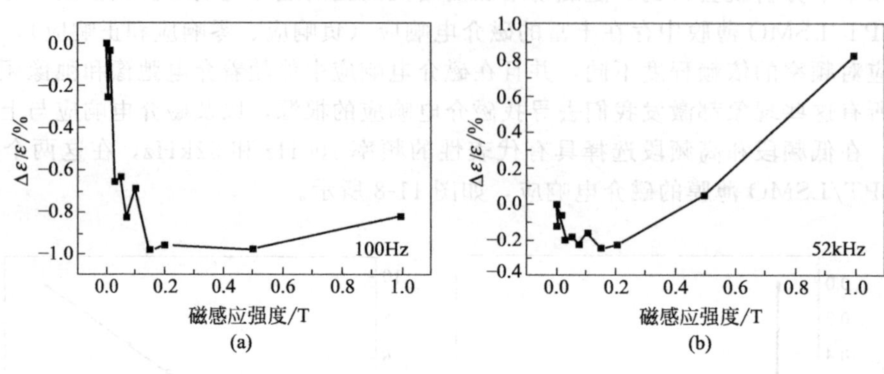

图 11-9 BSPT/LSMO 薄膜室温 100Hz（a）和 52kHz（b）低场下的磁介电响应

LSMO 磁致伸缩效应随磁场增加而增大，在 0.2T（2000Oe）以后趋向于饱和，这与笔者实验中观察到的磁介电响应在 100Hz 和 52kHz 时的转折点 0.2T 吻合。另外，磁场导致的磁致伸缩应变传递到 BSPT 中，在 BSPT 中产生应变，从而导致 BSPT 薄膜介电常数下降，已经有由于磁致伸缩效应导致的负的磁介电效应的报道。所以，在低频下的负磁介电效应可以推断是源于 LSMO 的磁致伸缩效应。

Maxwell-Wagner 效应（MW 效应）是关于串联电容整体介电响应的模型，两个电容器串联的介电响应会导致类似德拜弛豫的现象。结合 LSMO 的磁电阻效应，即 LSMO 在磁场作用下电阻发生了变化。LSMO 电阻的变化影响 BSPT/LSMO 整体的弛豫频率，从而导致 BSPT/LSMO 整体的介电频谱在磁场作用下平移（若 LSMO 电阻减小则弛豫频率向高频移动，如果增大则向低频移动）。在某一频率下观测到 BSPT/LSMO 整体的介电常数随磁场变化而变化，最终获得了 MW 效应与磁电阻效应结合产生的磁介电效应。

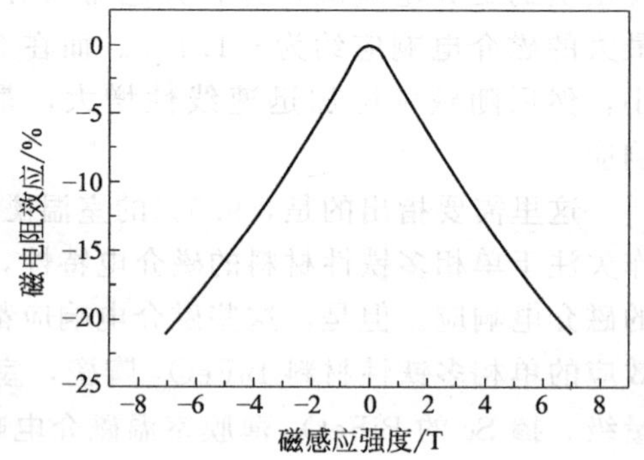

图 11-10 LSMO 室温磁电阻效应

LSMO 的负的磁电阻效应如图 11-10 所示。可见 LSMO 在室温下具有比较大的负的磁电阻响应（−20%），且 LSMO 电阻随磁场近似线性变化。结合 MW 效应，BSPT/LSMO 整体介电频谱的弛豫频率将会向高频移动，最终会得到正的磁介电响应，这与实验观测到的现象一致。因此，在高频下发现的比较大的正磁介电响应，应该归因于 LSMO 的磁电阻效应。

至此可以认为磁致伸缩效应引起负的磁介电效应，磁电阻效应引起正的磁介电效应。另外，结合 LSMO 磁致伸缩效应的饱和点约为 0.2T，因此在 100Hz 时得到的磁介电响应在 0.2T 以后保持不变。由于磁致伸缩效应对磁介电响应的贡献通过应力实现，因此可以得到磁介电响应对频率不敏感。同时，由于磁致伸缩导致的磁介电响应对频率不敏感，在中频和高频的磁介电响应也应该有磁致伸缩效应的贡献。考虑到这一点，可以得到中频（10^3～10^4 Hz）的零磁介电响应是由于在这个频段，磁致伸缩导致的负的磁介电效应和磁电阻效应导致的正的磁介电效应相互抵消。而在高频下，低场（0.2T 以前）的负的磁介电响应也是由于磁致伸缩效应的贡献，并且在低场时，磁电阻效应比较小（图 11-10），不能掩盖磁致伸缩效应的贡献，整体显示为负磁介电响应。随着磁场的增大，磁电阻效应的贡献越来越强，足以掩盖磁致伸缩效应的贡献，从而得到比较大的正的磁介电响应。

参 考 文 献

[1] Zhang Shuai, Dong Xianlin, Gao Feng, et al. Magnetodielectric Response in 0.36$BiScO_3$-0.64$PbTiO_3$/$La_{0.7}Sr_{0.3}MnO_3$ Thin Films and the Corresponding Model Modifications. Journal of Applied Physics, 2011, 110: 046103.

[2] Zhang Shuai, Dong Xianlin, Chen Ying, et al. Co-contributions of the Magnetostriction and Magnetoresistance to the Giant Room Temperature Magnetodielectric Response in Multiferroic Composite Thin Films. Solid State Communications, 2011, 151 (14-15): 982-984.

[3] Zhang Shuai, Dong Xianlin, Chen Ying, et al. Growth and Electric Properties of MPB $BiScO_3$-$PbTiO_3$ Thin Films on $La_{0.7}Sr_{0.3}MnO_3$-Coated Silicon Substrates. Journal of the American Ceramic Society, 2010, 93 (6): 1583-1585.

案例 12：热塑性硫化胶的结构与性能

热塑性硫化胶（TPV，又称热塑性硫化橡胶）是采用动态硫化技术制备的一种新型的热塑性弹性体，通常由橡胶分散相和热塑性树脂连续相组成，微观结构通常是海-岛结构。动态硫化是指在树脂相和橡胶相的熔融共混过程中，含有硫化体系的橡胶相在温度场和剪切力场的作用下，原位发生硫化并最终细分散于树脂连续相的过程。

1. 动态硫化的发展简史

1962 年，美国人 Gessler 等在其专利中首次提出动态硫化的概念，经过动态硫化，由于橡胶相的尺寸变小、形态稳定且界面作用提高，与简单共混体系相比，动态硫化共混体系的力学性能和加工性能得到较大幅度提高。1973 年，Fisher 等采用部分动态硫化技术，以聚烯烃橡胶和聚烯烃树脂为原料成功制备出了 TPV。1978 年，Coran 和 Patel 采用动态硫化法制备聚丙烯/三元乙丙共混型 TPV 时发现，三元乙丙橡胶相可以完全硫化，并指出理论上大量的弹性体和热塑性塑料可以通过动态硫化来制备成不同的 TPV 材料。1980 年，美国孟山都公司实现了聚丙烯/三元乙丙橡胶共混型 TPV 的产业化，在保证高弹性和高流动性的基础上，TPV 中的塑料和橡胶的比例可以在一定范围内进行调整，因此赋予这种材料性能上的可调控性。随着动态硫化技术及设备的不断成熟和完善，研究学者们又陆续研发出了更多种类和功能的 TPV 产品，TPV 产品目前已被应用于汽车、建筑、电子、家用电器和医疗保健等领域。近年来，基于环保和节约资源的要求，TPV 已经成为替代石油基热固性橡胶增长最快的弹性体。

2. 动态硫化过程中的形态演变

对于动态硫化的橡塑共混体系而言，动态硫化过程中橡胶相的形态演变，以及最后所形成的橡胶分散相的粒径、交联密度及界面相互作用，对于产物 TPV 的力学行为有至关重要的影响。图 12-1 是质量比为 40/60 的乙烯-醋酸乙烯共聚物（EVA）/丁苯橡胶（SBR）热塑性硫化胶在动态硫化过程中的形态演变历程。通常来说，热塑性硫化胶微观相结构呈现出“海-岛”结构，产物表层中的 EVA 相采用二甲苯刻蚀去除，SBR 橡胶相为交联结构不能溶解，因此可以在刻蚀后的样品表面得以显现。

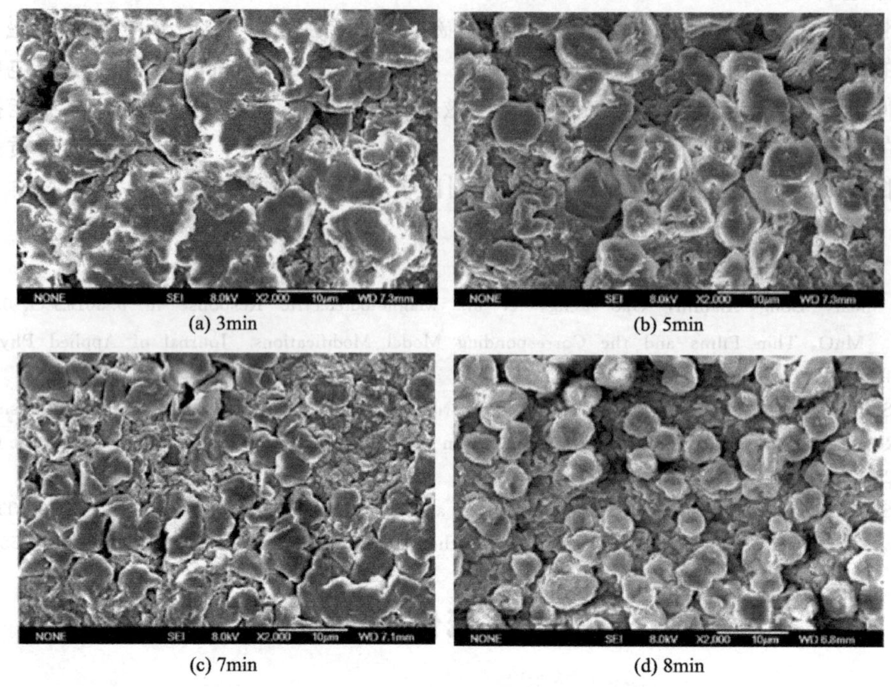

(a) 3min (b) 5min
(c) 7min (d) 8min

图 12-1 不同动态硫化时间 EVA/SBR（质量比 40/60）TPV 的相演变 FE-SEM 图

从图 12-1 可以看出，在动态硫化反应的初期，SBR 混炼胶处于焦烧期，EVA 和 SBR 混炼胶在高温和剪切力作用下实现熔融共混；之后，SBR 混炼胶开始交联，在强大剪切力的作用下，橡胶相在交联的过程中，逐渐被撕裂成块状物并分散于 EVA 基体中。从图中还可以看出，动态硫化时间为 3min 时，已经可以观察到明显的海-岛结构，如图 12-1(a) 所示，但此时 SBR 橡胶相的尺寸仍然较大；随着动态硫化的深入进行，SBR 橡胶相的尺寸被迅速地细化，如图 12-1(b) 所示；继续延长时间，SBR 硫化胶的尺寸持续减小，见图 12-1(c)，此时 SBR 硫化胶粒径约为 5～10μm。当动态硫化达到 8min 时，SBR 硫化胶尺寸继续减小，且以彼此孤立的类球状粒子均匀分散在基体中，此时其粒径约为 3～6μm，见图 12-1(d)。

图 12-2 为不同动态硫化时间的聚乳酸（PLA）/丁腈橡胶（NBR）TPV（50/50）的刻蚀表面 FE-SEM 照片。从图中可以看出，TPV 表面的 PLA 相被选择性地刻蚀掉，NBR 相由于交联不溶于二氯甲烷而显现于试样表面。从图 12-2(a) 中可以看出，在动态硫化初期，样品表面被刻蚀掉的树脂相孔洞大小不均，且孔壁较厚，说明树脂相和橡胶相在动态硫化初期混合得尚不均匀。动态硫化 3min 时，刻蚀孔径整体变小，然而还有较大的孔洞，见图 12-2(b)。随着动态硫化时间的延长，两相尺寸逐渐减小。当动态硫化时间为 5min 时，刻蚀样品的孔径变小，大孔数量减少，见图 12-2(c)。而当动态硫化时间为 7min 时，刻蚀之后的样品表面已呈现均匀的网络状结构，见图 12-2(d)。图 12-2 中的双连续相的 TPV 结构，是比较少见的。

图 12-3 为纯 PLA、NBR 静态硫化胶和 PLA/NBR（50/50）TPV 溶解溶胀后照片。从图中可以清楚地看出，纯 PLA 在浸入二氯甲烷溶液中时，表面开始溶解并产生大量气泡，10min 后，浸入二氯甲烷的部分完全溶解。NBR 静态硫化胶内部存在交联结构，使其在二

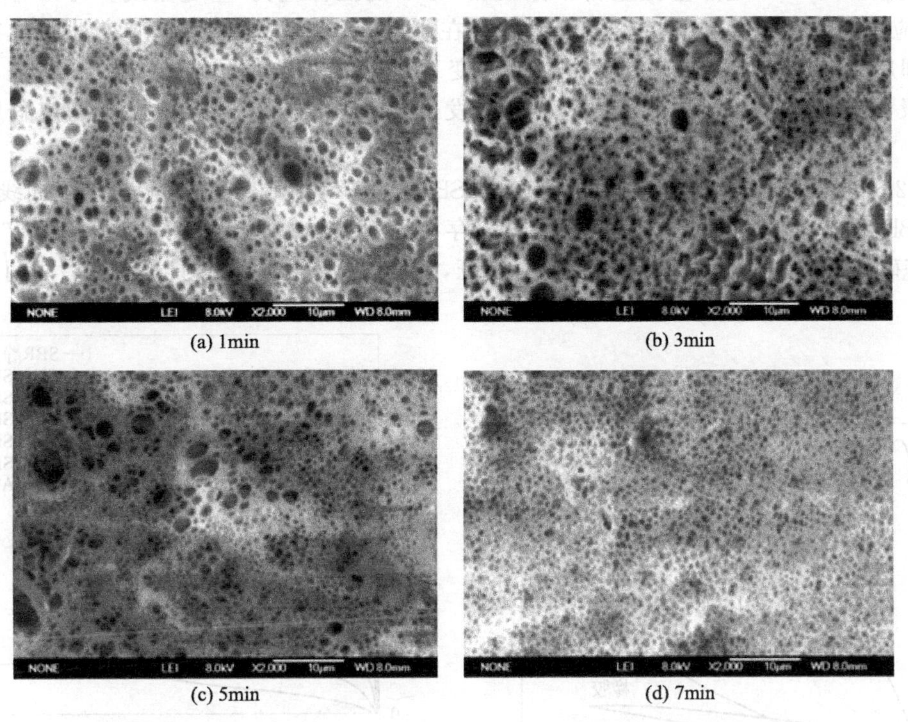

图 12-2 不同动态硫化时间的 PLA/NBR TPV 刻蚀表面 FE-SEM 照片

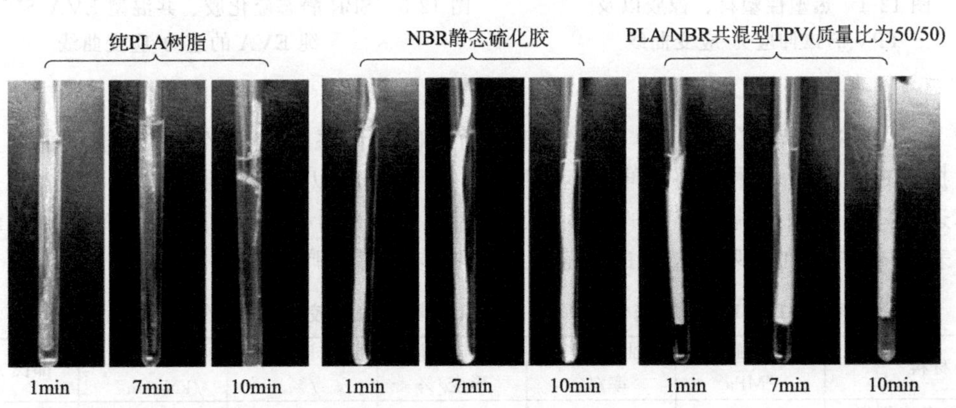

图 12-3 纯 PLA、NBR 静态硫化胶和 PLA/NBR TPV（50/50）溶解溶胀后照片

氯甲烷溶液中只发生轻微溶胀而不溶解。PLA/NBR TPV 在浸入二氯甲烷溶液之后仅发生溶胀，即使在 10min 后结构也没有“坍塌”，这说明 PLA/NBR TPV 中 NBR 相以连续相存在。因为如果 NBR 相以颗粒状分散在 PLA 基体中，浸入二氯甲烷溶液 10min 后，PLA 相溶解，NBR 相失去 PLA 相的支撑，会以固体颗粒的形式漂浮在二氯甲烷溶液中或沉淀于试管底部。

3. 动态硫化共混体系的力学行为

力学性能对 TPV 材料的应用至关重要，力学性能中最典型的拉伸性能可以用应力-应变曲线来表征。图 12-4 是热塑性塑料、橡胶和 TPV 的拉伸应力-应变曲线。可以看出，TPV 的应力-应变曲线介于塑料和橡胶之间，并且在小应变下 TPV 的应力-应变曲线具有塑料的特征，即应力随应变增加迅速增大；在大应变下，应力-应变曲线具有橡胶的特征，即不会发生屈服，应力随应变增加缓慢增大，且在发生拉伸断裂前卸载可以发生一定程度的弹性回复。

图 12-5 是 SBR 静态硫化胶、共混型 EVA/SBR TPV 以及纯 EVA 的应力-应变曲线。从图中可见，SBR 静态硫化胶与 EVA 塑料拉伸行为存在显著差异；EVA 表现出“强而硬”的行为，SBR 静态硫化胶则呈现“软而韧”的弹性体特征，而热塑性硫化胶的性能居于两者之间。

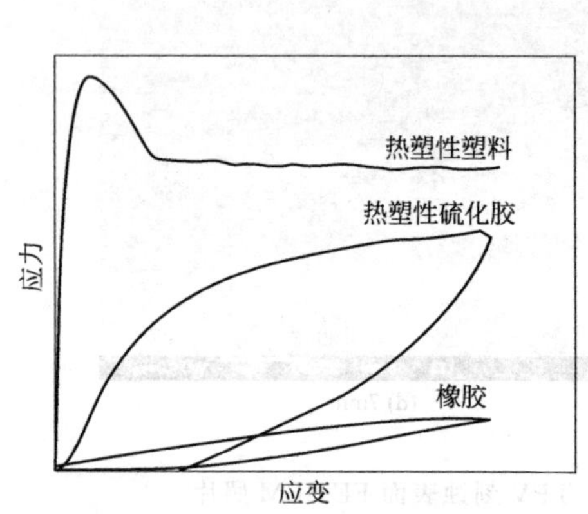

图 12-4 热塑性塑料、橡胶以及 TPV 的拉伸应力-应变曲线

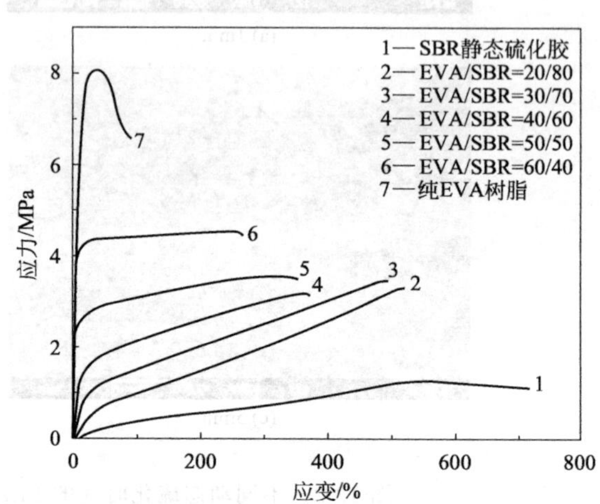

图 12-5 SBR 静态硫化胶、共混型 EVA/SBR TPV 及纯 EVA 的应力-应变曲线

表 12-1 是 SBR 静态硫化胶、EVA/SBR 动态硫化体系及纯 EVA 的力学性能。从表中可见，提高树脂含量，体系的拉伸强度、硬度、撕裂强度以及永久形变均明显提高，但扯断伸长率逐渐降低，动态硫化产物的 100％定伸永久形变均小于 50％。根据 ASTM D1566 的定义，表 12-1 中所列系列橡塑比的动态硫化产物均归属为弹性体。

表 12-1 SBR 静态硫化胶、EVA/SBR 热塑性硫化胶及 EVA 的力学性能

材料	拉伸强度/MPa	扯断伸长率/％	100 定伸永久形变/％	扯断永久形变/％	撕裂强度/kN·m^{-1}	邵氏 A 硬度
SBR 静态硫化胶	1.10	715	—	5	6.8	27
EVA/SBR＝20/80	3.33	552	10	35	21.1	53
EVA/SBR ＝30/70	3.48	507	10	70	22.3	58
EVA/SBR ＝40/60	3.50	374	15	70	29.4	68
EVA/SBR ＝50/50	3.56	354	35	145	34.5	78
EVA/SBR ＝60/40	4.55	269	45	140	39.1	83
纯 EVA	8.20	35	—	31	62.3	95

4. TPV 在功能材料中的应用

(1) 形状记忆 TPV 的研究

形状记忆高分子材料（SMP）是一类能够感知外界刺激并作出响应的智能材料。在一定的外界刺激条件下，SMP 能够改变自身参数（如位置、大小和应变等）并恢复到初始形状，这种现象被称为形状记忆效应（shape memory effect，SME）。依据实现形状记忆的外界刺激不同，SMP 可分为热致型、电致型、光致型、磁感应型和化学感应型等几类。

图 12-6 展示了 EVA/NBR（80/20）TPV 试样在拉伸模式中下的形状记忆行为，其中变形温度和回复温度均设定为 75℃。从图 12-6 中可以看出，在 75℃的变形温度下，样品被拉长 100%后可在一定温度下维持一定的临时形状。当样品再次被加热至 75 ℃时，变形的 TPV 自动收缩回复到接近初始形状。

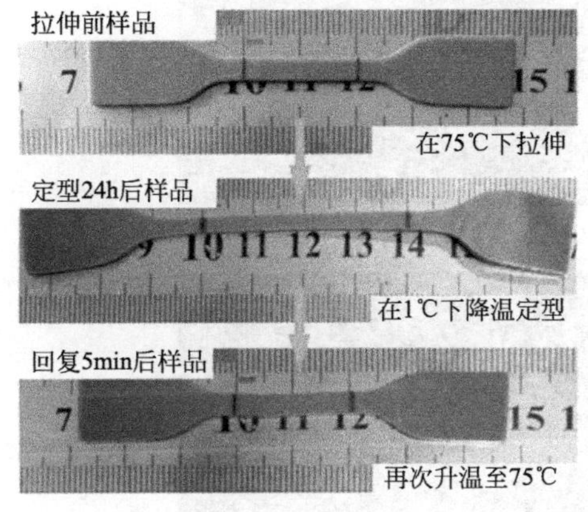

图 12-6　拉伸模式下 EVA/NBR（80/20）TPV 试样的形状记忆行为

注：变形温度 75℃；回复温度 75℃

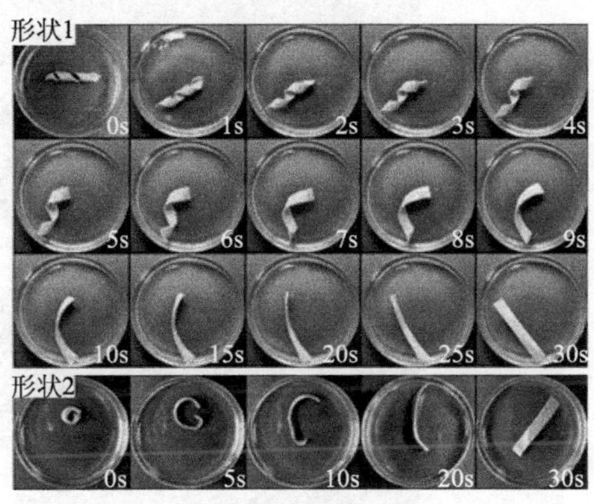

图 12-7　螺旋及卷曲模式下 EVA/NBR (80/20)TPV 试样的形状记忆行为

注：变形温度 75℃；回复温度 75℃

由于不同的应用场合对 SMP 具有不同的形状要求，因此除了研究拉伸模式下的形状记忆行为之外，还采用同一带状 TPV 样品研究了不同临时形状（螺旋、卷曲）模式下的形状记忆行为，并使用数码相机记录了各临时形状的形状回复过程。图 12-7 展示了 EVA/NBR (80/20)TPV 试样在螺旋及卷曲模式下，形状回复过程的数码快照，其中变形温度和回复温度均设定为 75℃。从图中可以看出，螺旋试样可在 30s 内自动完全延伸，并且当试样再次被加工成新的临时形状（卷曲形状）后，卷曲试样同样可以在 30s 内完成形状回复过程。形状记忆实验证明，EVA/NBR TPV 具有良好的形状记忆性能和可加工性能，有望在传感器和自拆卸智能器件等领域得到应用。

(2) 超疏水 TPV 的研究

分别采用 W10 型、W28 型、W40 型以及 W50 型金相砂纸打磨铝箔表面，直至出现肉眼可见的均匀磨痕，随后将其置于质量分数为 6.0%的 HCl 水溶液中，刻蚀 12min 后取出。超声清洗 3min，以去除表面铝残渣，使用上述 4 个铝模板模压 TPV 表面，模板剥离后测试模压表面静态接触角，测试结果如表 12-2 所示。从表 12-2 中可以看出，模压表面疏水性能与用于打磨的砂纸表面磨料粒子尺寸无关。

表 12-2　用于打磨的金相砂纸型号对模压表面疏水性能的影响

金相砂纸	W10	W28	W40	W50
砂纸上磨粒尺寸/μm	7～10	20～28	28～40	40～50
接触角 /(°)	152.6±0.8	152.2±0.5	152.0±0.7	152.1±0.9
滚动角/(°)	3.3±0.6	3.3±0.7	3.1±0.8	3.0±0.9

图 12-8 是金相砂纸打磨的铝模板，以及打磨后刻蚀 12min 的铝模板的表面 FE-SEM

图。对比采用不同砂纸打磨的铝模板，以及不同砂纸打磨后刻蚀 12min 的铝模板表面形貌可以发现，不同金相砂纸打磨后铝箔的表面形态存在很大差异，但采用 HCl 水溶液进一步刻蚀后所得铝模板表面形态展现出类似的台阶状结构，形貌差异不大。由此可以推断，打磨的主要作用是去除铝箔表面氧化层。

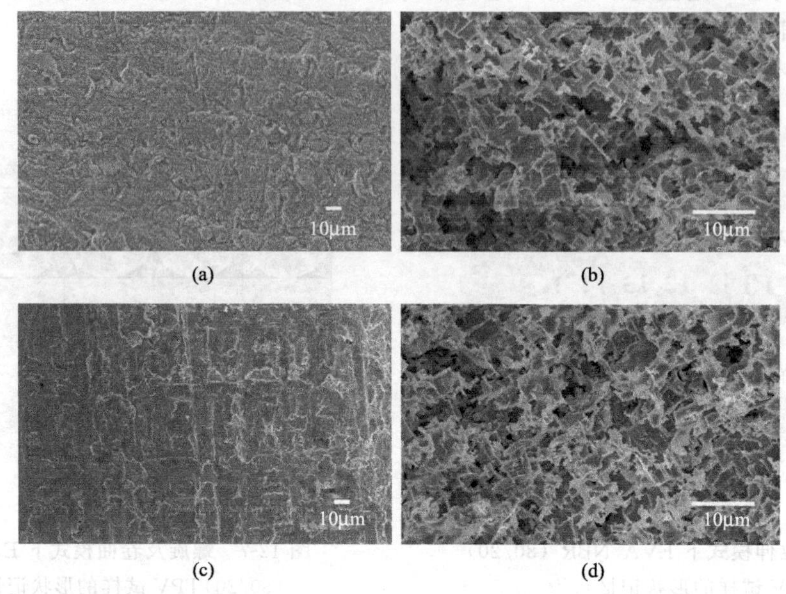

图 12-8　砂纸打磨铝模板以及打磨刻蚀铝模板表面的 FE-SEM 图
(a) W10 砂纸打磨铝模板；(b) W10 砂纸打磨及盐酸刻蚀铝模板；
(c) W40 砂纸打磨铝模板；(d) W40 砂纸打磨及盐酸刻蚀铝模板

图 12-9 是刻蚀铝模板模压的系列橡塑比的低密度聚乙烯（LDPE）/三元乙丙橡胶(EPDM)TPV 的 FE-SEM 图，其中 LDPE/EPDM 的质量比为（20/80）～(70/30)。从图中可以看出，铝模板模压的质量比为 20/80 的 TPV 表面仅有非常微小的台阶状结构，表面起伏较小；铝模板模压的质量比为 40/60 的 TPV 表面粗糙程度显著提升，表面有许多细小的纤维状结构。与图 12-9(a) 和图 12-9(b) 相比，铝模板模压的质量比为 60/40 和 70/30 的 TPV 表面，微观结构更为复杂，存在明显的台阶状结构，以及大量模板剥离过程中由于基体塑性形变产生的纤维状撕裂带。此外，质量比为 70/30 的 TPV 表面，纤维状结构明显比质量比为 60/40 的 TPV 表面多且长。这是由于随着 TPV 中弹性 EPDM 橡胶相含量的增加，TPV 的弹性回复能力增强，模压产生的台阶状结构以及剥离过程中产生的纤维状结构会产生明显的可逆回复，导致表面粗糙度降低。通常，增加 TPV 中热塑性 LDPE 相用量将不可避免地提高 TPV 的塑性变形能力，从而可以在 TPV 与模板分离时产生大量的纤维状撕裂带。

图 12-10 为系列 LDPE/EPDM TPV 平坦表面和打磨刻蚀铝模板模压系列 LDPE/EPDM TPV 疏水表面的静态接触角数据。从图中可以看出，系列 TPV 平坦表面的水接触角均低于 115°，这表明平坦的 TPV 表面只表现出微弱的疏水性能，不满足超疏水表面的要求。从图 12-10 中还可以看出，系列 TPV 平坦表面的接触角随 TPV 中树脂相含量的增多而减小，这可能是因为 TPV 为 EPDM 相和 LDPE 相组成的两相体系，而 LDPE 相的本征接触角较小，

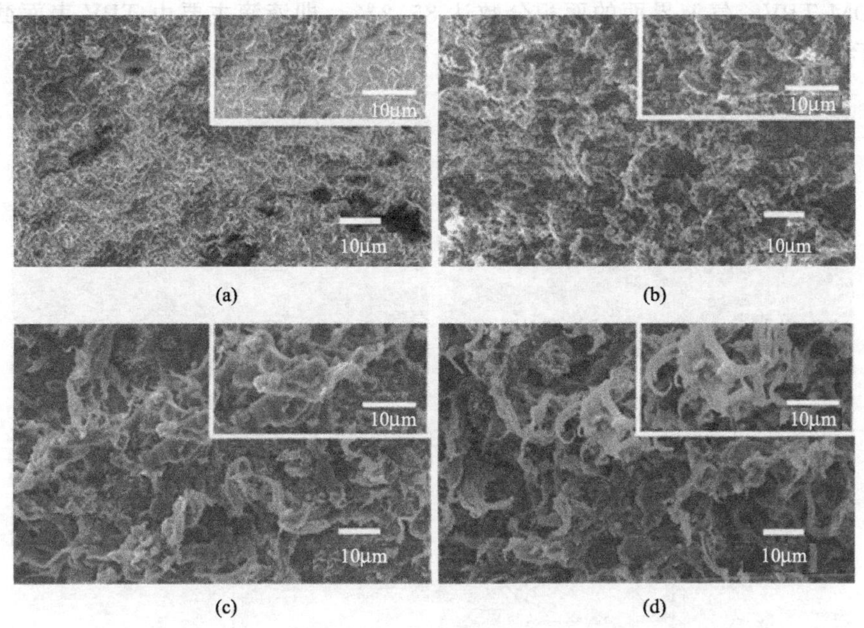

图 12-9　刻蚀铝模板模压的 LDPE/EPDM TPV 表面的 FE-SEM 图

(a) LDPE/EPDM 的质量比为 20/80；(b) LDPE/EPDM 的质量比为 40/60；
(c) LDPE/EPDM 的质量比为 60/40；(d) LDPE/EPDM 的质量比为 70/30

随着 LDPE 相含量的增多，水滴与 LDPE 相的接触面积增大，从而导致接触角减小；对于采用铝模板模压的 TPV 表面，随着 LDPE 相含量的增加，模压 TPV 表面的静态接触角明显增加。当 LDPE 相含量达 50％时，模压 TPV 表面由疏水表面转化为超疏水表面。结合图 12-9 可以看出，随 TPV 中 LDPE 树脂相含量的增多，模压 TPV 表面的表面粗糙程度逐渐增大，由此使得模压表面与水静态接触角逐渐增大。

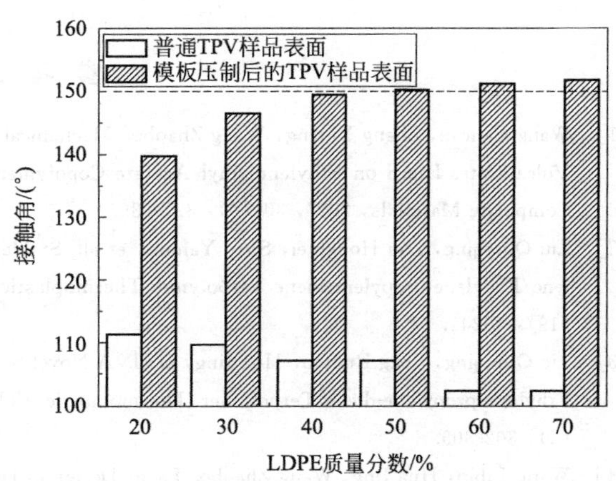

图 12-10　系列 LDPE/EPDM TPV 平坦表面及打磨刻蚀铝模板模压的 TPV 表面与水的静态接触角

Cassie 方程表明，对于疏水表面，增加表面粗糙度可以大大提高表面疏水性能，这是因为：对于固体与空气组成的两相表面，增大粗糙度有利于增大空气与水的接触面积。当水滴与 TPV 表面接触时，液滴难以顺利渗入凹槽，而是与被截留在凹槽中的残余空气及固体表面的凸起形成液/气和液/固复合界面，使水滴与 TPV 表面发生不连续接触，导致 TPV 超疏水表面的黏附力很小，从而提升表面疏水性能。值得一提的是，表面空气垫的稳定性对于表面疏水性的稳定性影响极大，增大疏水层的厚度可以提高截留空气的稳定性。图 12-11 是系列铝模板模压的 LDPE/EPDM TPV 的侧面 FE-SEM 图。从图中可以清楚地看出，增加 TPV 中 LDPE 相的含量，疏水层的表面粗糙度和厚度明显增加，从最初的 11.19μm 增加到

92.71μm。在 Cassie 模型的基础上，采用 Cassie 方程计算得出，对于质量比为 70/30 的 LDPE/EPDM TPV，气液界面的面积分数达 85.2%，即液滴主要由 TPV 表面截留的空气垫支撑立于 TPV 表面。

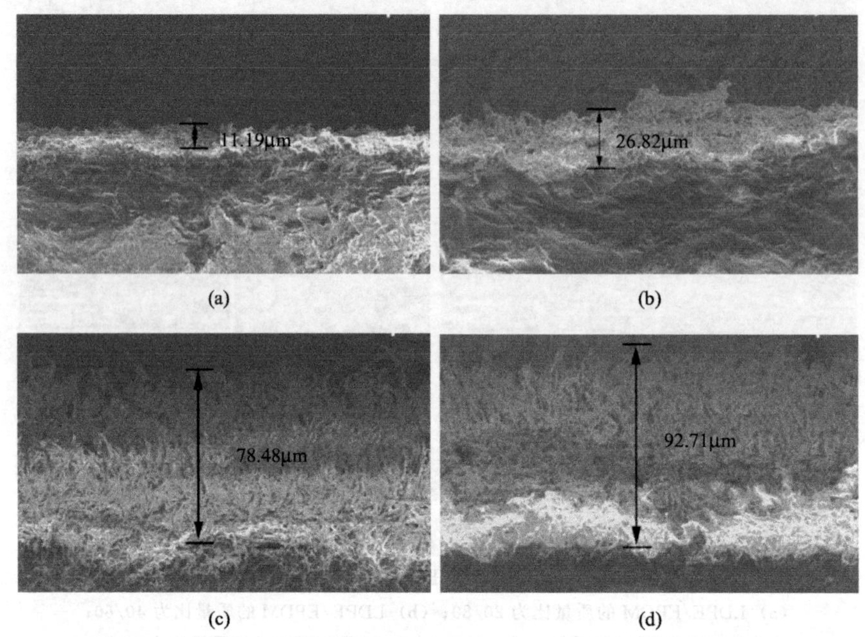

图 12-11 系列铝模板模压的 LDPE/EPDM TPV 的侧面 FE-SEM 图

(a) LDPE/EPDM=20/80；(b) LDPE/EPDM=40/60；(c) LDPE/EPDM=60/40；(d) LDPE/EPDM=70/30

参 考 文 献

[1] Wang Cancan，Zhang Yufeng，Wang Zhaobo. Mechanical Properties，Morphology and Mullins Effect of Thermoplastic Vulcanizates Based on Ethylene-vinyl Acetate Copolymer/Ethylene-vinyl Acetate Rubber. Journal of Thermoplastic Composite Materials，2017，30 (6)：827-839.

[2] Liu Qingqing，Zou Hongmei，Shao Yalong，et al. Stable Superhydrophobic Surface Based on Low Density Polyethylene/Ethylene-propylene-diene Terpolymer Thermoplastic Vulcanizate. Journal of Applied Polymer Science，2018，135 (19)：46241.

[3] Liu Qingqing，Feng Ruotao，Hua Jing，et al. A Novel Superhydrophobic Surface Based on Low Density Polyethylene/Ethylene-propylene-diene Terpolymer Thermoplastic Vulcanizate. Polymers for Advanced Technologies，2018，29 (1)：302-309.

[4] Wang Libin，Hua Jing，Wang Zhaobo. Facile Design of Heat-Triggered Shape Memory Ethylene-vinyl Acetate Copolymer/Nitrile-butadiene Thermoplastic Vulcanizates via Zinc Dimethacrylate Induced Interfacial Compatibilization. Polymer Testing，2019，76：481-489.

案例 13：氧化钛/二硫化钼复合材料的研究

1. 引言

近年来二维材料因为其独特的性能得到越来越多的关注，纳米二维材料包括纳米片、纳米层、纳米薄膜等形态，其中最具代表性的 MoS_2 目前已经多次应用在各种新型材料中。MoS_2 有着类似石墨烯的片状结构，由于这种结构有利于电子传输，因此

MoS_2 目前在多个领域有着广泛的应用前景。电流变液是智能材料的一种，它是由高介电的颗粒悬浮于分散相液体组成的，因其在外加电场下具有智能调控自身黏度、模量等特性而深受关注。然而，MoS_2 由于自身介电性能较差，不适合直接用作电流变材料，因而复合材料就成为设计的主要思路。一个有效的方法就是与高介电常数的材料组成复合材料，以获得更强的电流变效应。多种 MoS_2 基电流变复合材料已经出现，其中包括 MoS_2@聚苯胺和 MoS_2@石墨烯，并且经过复合 MoS_2 基体材料的电流变效应得到了提高。

TiO_2 是目前经常用作复合材料的基体材料，例如 TiO_2@石墨烯、TiO_2@SiO_2 和 Fe_3O_4@TiO_2；并且由于 TiO_2 自身高介电常数的特性也经常用作电流变材料。从这个角度来说，将 MoS_2 和 TiO_2 进行复合是一个行之有效的方法，可以提高电流变液的性能。MoS_2 和 TiO_2 构成的复合材料结合了 MoS_2 的结构优势和 TiO_2 的介电特性强的优点，其中 TiO_2 提供了一定的极化特性，MoS_2 提供了适当的电导率。

目前制备的 MoS_2/TiO_2 复合材料主要为核壳结构，利用 MoS_2 外壳来包裹 TiO_2。用两步水热法成功地制备出均匀包覆的花状 TiO_2@MoS_2 核壳结构，首先用溶剂热法制备得到花状 TiO_2 前驱体基底，然后在葡萄糖分子和乙酸根离子的作用下将片状 MoS_2 包覆在 TiO_2 基底上，成功制得兼具核壳和多级结构的 TiO_2@MoS_2 纳米复合颗粒，最后将多级 TiO_2@MoS_2 复合材料分散在硅油中，形成质量分数为10%的电流变液。由于 TiO_2@MoS_2 复合材料结合了片状 MoS_2 的导电性和多级 TiO_2 的介电性，所以电流变液在电场作用下表现出较高的屈服应力和快速的电场响应。通过介电谱测试发现，大的介电常数差和介电损耗导致了颗粒界面极化的提升，因此电流变性能得到了增强。

2. 制备过程

图 13-1 为花状 MoS_2@TiO_2 复合材料的制备过程示意图。首先花状 TiO_2 前驱体是由溶剂热法制备得到的，然后再经过第二步水热法，得到片状 MoS_2 均匀包覆的 TiO_2 前驱体 MoS_2@TiO_2 复合材料。在花状 MoS_2@TiO_2 复合材料的第二步制备过程中，首先将花状 TiO_2 前驱体溶解在葡萄糖溶液中，由于花状 TiO_2 前驱体表面的 Ac^- 和葡萄糖分子中的羟基基团存在静电吸引力，葡萄糖分子被均匀地吸附在花状 TiO_2 前驱体表面，然后将钼酸根离子和硫脲分子均匀地分散在溶液中，得到均匀包覆的花状 MoS_2@TiO_2 复合材料。

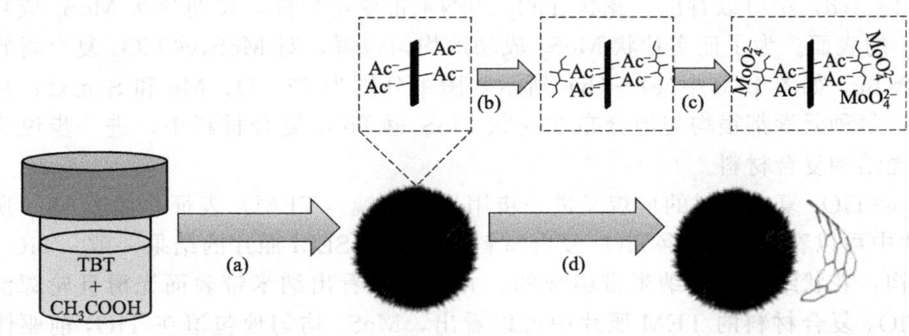

图 13-1　花状 MoS_2@TiO_2 复合材料的制备过程示意图

3. 样品的形貌与结构分析

图 13-2(a) 为 TiO_2 前驱体颗粒和 MoS_2@TiO_2 复合材料的 X 射线衍射（XRD）谱图。从 XRD 图中可以看出，作为模板的 TiO_2 前驱体颗粒包含两相氧化钛结构，8°、15°、23°对应的是 $Ti_6O_6(OAc)_6(OBu)_6$ 相，25°的衍射峰对应的是锐钛矿 TiO_2 的（101）晶面（JCPDS 21-1272）。从 MoS_2@TiO_2 复合材料的 XRD 谱图中可以看出，经过第二步的水热反应之后，观察不到 $Ti_6O_6(OAc)_6(OBu)_6$ 前驱体的衍射峰，只剩锐钛矿相 TiO_2 的衍射峰，说明在第二步水热反应之后 TiO_2 颗粒的晶型完全转变为锐钛矿型。另外，在 MoS_2@TiO_2 复合材料谱图中的 14°、33°和 58°分别对应的是六方相二硫化钼晶体的（002）、(100)、(110) 晶面（JCPDS 37-1492）。TiO_2 前驱体表面 Ac^- 的存在通过红外光谱(FT-IR)图谱［图 13-2(b)］可以再次确认，$1720cm^{-1}$、$1550cm^{-1}$、$1470cm^{-1}$ 和 $1452cm^{-1}$ 的峰分别对应了羧基的 C—H 对称伸缩振动和非对称伸缩振动。这些羧基的存在说明了乙酸分子配位在 Ti 原子四周，并为 $Ti_6O_6(OAc)_6(OBu)_6$ 前驱体的产生提供了条件。另外，$500cm^{-1}$ 处峰对应了 TiO_2 结构中的 Ti—O—Ti 键。

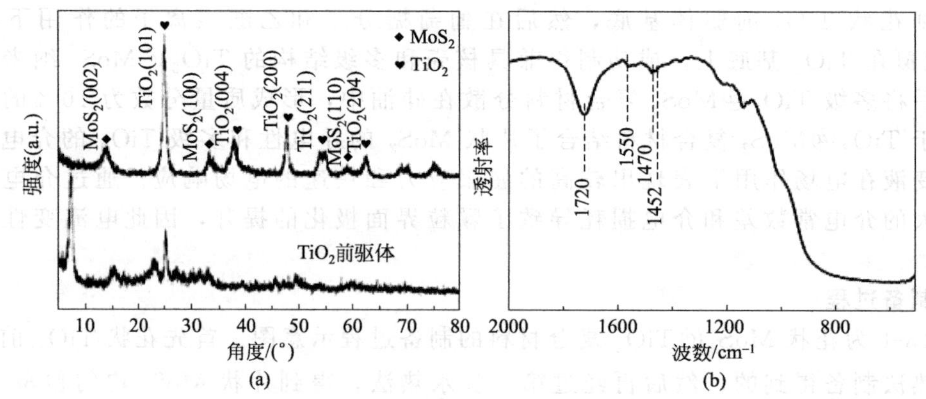

图 13-2　TiO_2 前驱体颗粒和 MoS_2@TiO_2 复合材料的 XRD 谱图（a）和 TiO_2 前驱体颗粒的 FT-IR 谱图（b）

图 13-3(a)、(b) 为 TiO_2 花状前驱体颗粒的扫描电镜（SEM）照片，从图中可以看出，TiO_2 前驱体颗粒是由纳米带组成的花状结构，花状颗粒的直径大约为 1μm。从图 13-3(c) 可以看出，在包覆片状 MoS_2 形成核壳结构之后，纳米花状 TiO_2 的形貌没有发生明显变化。从图 13-3(d) 中可以看出，花状 TiO_2 的纳米带变得粗糙，说明片状 MoS_2 成功包覆在花状 TiO_2 的表面。为了证实片状 MoS_2 成功地均匀包覆，对 MoS_2@TiO_2 复合材料进行了元素面扫测试，如图 13-3 中(e)～(h) 所示：图中分别为 Ti、O、Mo 和 S 元素；从图中还可以看出，每种元素都很均匀地分布在花状 MoS_2@TiO_2 复合材料中，进一步说明所得为均一的核壳结构复合材料。

MoS_2@TiO_2 复合材料的形貌又进一步用透射电镜（TEM）表征，如图 13-4 所示，从 TEM 照片中可以看出 MoS_2@TiO_2 复合材料的形貌与 SEM 照片的结果一致。TiO_2 前驱体为花状结构，花状结构是由纳米带组成的，并且可以看出纳米带表面光滑且轮廓清晰；从 MoS_2@TiO_2 复合材料的 TEM 照片中可以看出，MoS_2 均匀地包覆在 TiO_2 前驱体花状结构表面，形成了一个均匀包覆的核壳结构。另外，图 13-4 中（e）和（f）为 MoS_2@TiO_2 边缘位置的高分辨透射电镜（HRTEM）照片，其中 0.35nm 的晶面间距所对应的是锐钛矿 TiO_2 的（101）晶面。

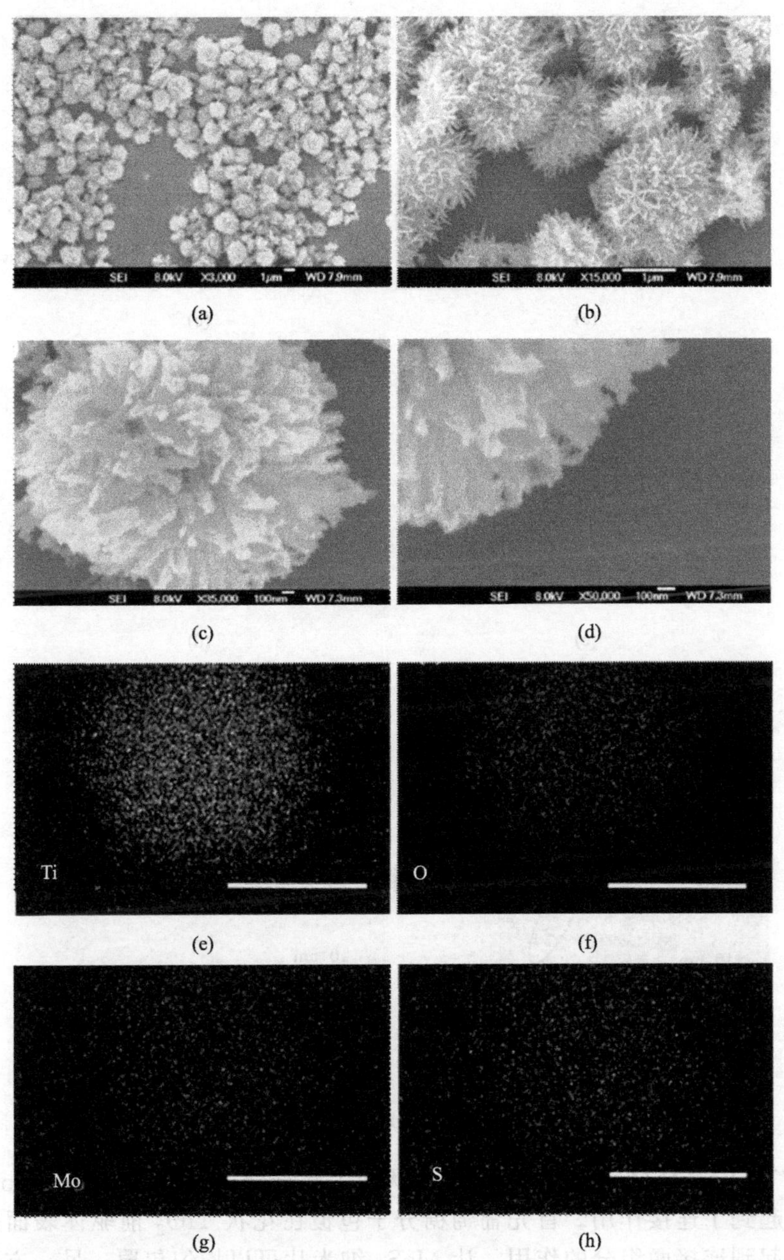

图 13-3　TiO_2 前驱体（a）、（b）和 MoS_2@TiO_2 复合材料（c）、（d）的 SEM 照片，以及对应的元素分布图谱（e）～（h）

为了探究葡萄糖分子在制备 MoS_2@TiO_2 复合材料过程中所起的作用，在未加葡萄糖的情况下制备了 MoS_2/TiO_2 复合材料。如图 13-5(a) 所示，在不加葡萄糖的时候，花状的 TiO_2 前驱体分解为小颗粒，并且 MoS_2 纳米片也趋于团聚成球状，少量 MoS_2 吸附在 TiO_2 小颗粒中。因为 TiO_2 前驱体不稳定，在第二步的水热反应中形貌发生了变化，说明葡萄糖首先具有保护 TiO_2 前驱体形貌的作用。为了继续探究葡萄糖对均匀包覆的 MoS_2@TiO_2 复合材料的影响，单独将花状 TiO_2 前驱体在不加葡萄糖、钼酸钠和硫脲的情况下继续水热 24h。如图 13-5(b) 所示，得到的纺锤体 TiO_2 颗粒尺寸大约为 200nm，与不加葡萄糖分子

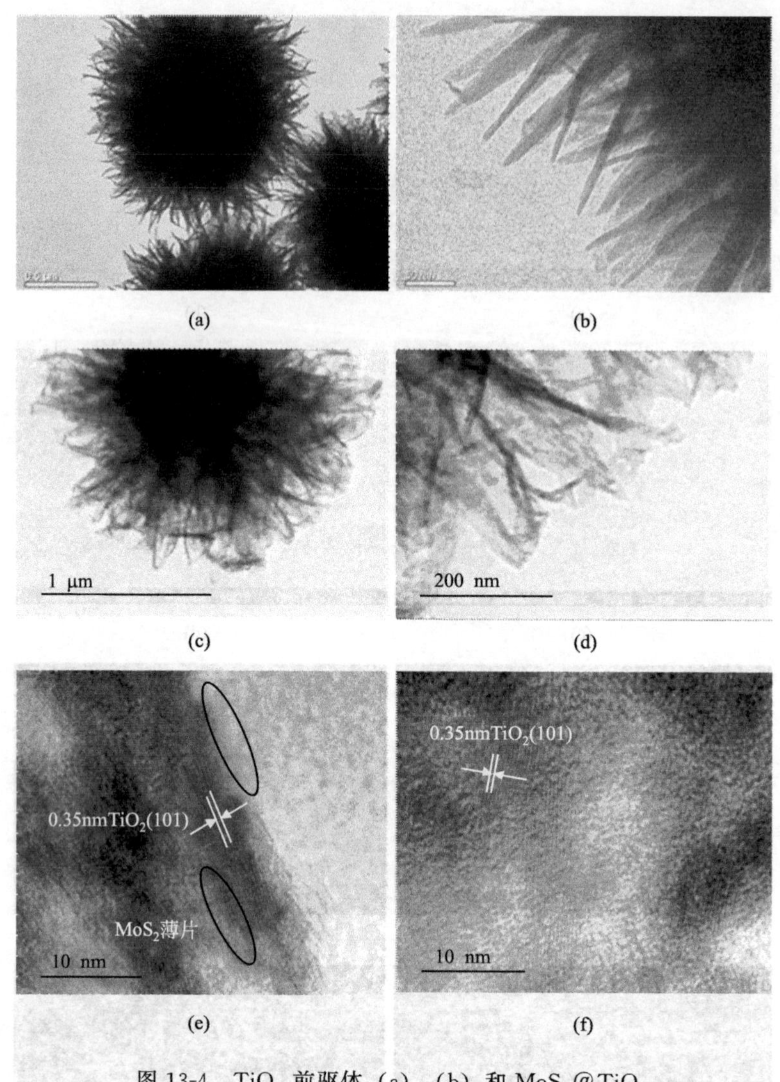

图 13-4 TiO_2 前驱体（a）、（b）和 MoS_2@TiO_2 复合材料（c）、（d）的 TEM 和 HRTEM（e）、（f）照片

得到的 MoS_2/TiO_2 复合材料中的 TiO_2 的形状和尺寸符合，说明葡萄糖在 MoS_2/TiO_2 复合材料的制备中起到了连接作用。首先葡萄糖分子包覆在花状 TiO_2 前驱体表面形成葡萄糖分子层，一方面起到连接两组分的作用，让 MoS_2 纳米片可以均匀包覆；另一方面可以保护前驱体的形貌不被破坏，这也是复合材料设计和制备过程中必要的一环。多级花状的 MoS_2@TiO_2 复合材料不仅具有双组分的优点，同时也展现出很大的比表面积，这对电流变液在电场作用下的极化作用有一定帮助。

为了进一步探究 MoS_2@TiO_2 复合材料中两组分之间的结合作用与花状 TiO_2 前驱体中 Ac^- 的关系，将 TiO_2 前驱体预先在 500℃下煅烧 2h 去除 TiO_2 前驱体表面的 Ac^-。煅烧后的产物形貌如图 13-5(c) 所示，经过煅烧花状 TiO_2 前驱体的形貌没有发生明显变化，煅烧产物也呈花状。但是，表面变得粗糙并且煅烧产物的 XRD 表明，经过煅烧前驱体已经完全转化为锐钛矿 TiO_2。以 TiO_2 煅烧产物作为基底来包覆 MoS_2 纳米片的复合材料可按照相同的实验方案制备得到，其中同样添加了葡萄糖分子。如图 13-5(d) 所示，可以发现花状

TiO_2 前驱体表面的 Ac^- 去除之后，即使是在葡萄糖的连接作用和粗糙表面的帮助下，也没有得到均匀包覆的 MoS_2@TiO_2；同样地煅烧 TiO_2 在随后的水热反应中分解为小颗粒，而 MoS_2 团聚成大片的纳米片。通过以上实验可以得出，在葡萄糖和前驱体表面的 Ac^- 同时作用下，可制备出均匀包覆的多级花状 MoS_2@TiO_2。其中，Ac^- 和葡萄糖之间的结合力是均匀包覆的关键。

图 13-5　不加葡萄糖制备的 TiO_2/MoS_2 复合材料的 SEM 照片（a），24h 溶剂热得到的 TiO_2 前驱体的 SEM 照片（b），TiO_2 前驱体煅烧产物的 SEM 照片（c）和以煅烧后 TiO_2 为基底制备的 TiO_2/MoS_2 复合材料的 SEM 照片（d）

4. 电流变性能测试及分析

在样品做电流变测试之前，TiO_2@MoS_2 颗粒先在烘箱中提前烘干去除表面的水分，以消除水对电流变效应的影响，并且预先在不加电场的情况下剪切 20s。笔者在控制剪切速率模式下测试了 TiO_2@MoS_2 复合材料基电流变液的电流变性能。图 13-6 为 TiO_2@MoS_2 复合材料基电流变液在不同电场强度下剪切应力与剪切速率之间的关系图。从图中可以看出，在不加电场的情况下，电流变液呈现出牛顿流体的特性，剪切应力随剪切速率的上升线性增加，并且在高剪切速率下趋于稳定，斜率维持在 1 左右。在外加电场的作用下，相比于不加电场，电流变液的剪切应力明显提升，尤其是在低剪

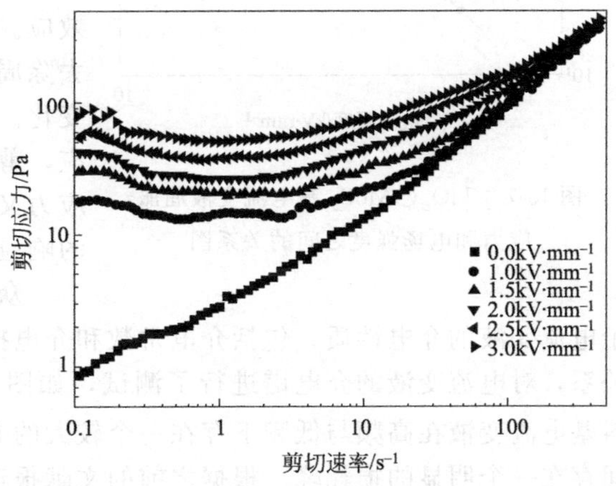

图 13-6　TiO_2@MoS_2 基电流变液在不同电场强度下剪切应力与剪切速率之间的关系图

切速率下，展现出明显的电流变效应，并且随着电场强度的提升，剪切应力的提升越明显。从电流变液的结构变化来看，在未加电场时，电流变液内的颗粒杂乱无章地排列，与普通的流体没有明显区别；在加电场后，电流变液内的颗粒对外加电场迅速作出反应，相邻的颗粒由于电场刺激产生了明显的极化作用，并且相互吸引。由于颗粒极化作用，表面聚集了大量相互吸引的电荷，因此颗粒在电场方向形成了链状结构。这些链状结构又相互聚集形成更为密集的链状网络，使得电流变液抗剪切性能得到了很大提高。随着剪切速率的持续增大，在一定的剪切速率范围内，剪切应力保持在一个稳定值，这个剪切速率范围称为平台区。平台区的出现是由于在这个剪切速率范围内，颗粒所受的来自电场作用的介电极化力和剪切场的机械破坏力相互保持平衡，导致颗粒在电场下成链的速率和受到剪切链的破坏速率保持平衡，所以在这个范围内剪切应力基本保持稳定。当剪切速率继续增大时，剪切应力再次随着剪切速率线性增大，重新恢复了牛顿流体的特性。在高剪切速率下，来自剪切场的破坏力使得链状结构不能保持，随着链状结构的消失，电流变液的抗剪切性能重新恢复到之前的状态。

除了剪切应力，电流变效率也是一个评判电流变效应强弱的指标。电流变效率可以用式(13-1)表示为：

$$e=(\tau_E-\tau_0)/\tau_0 \tag{13-1}$$

式中，e 为电流变效率；τ_E 和 τ_0 分别为外加电场作用下和未加电场下的剪切应力，可以得出在电场强度为 $3\text{kV}\cdot\text{mm}^{-1}$ 时电流变效率为 55。

屈服应力同样也可以客观评判电流变材料性能的强弱。电流变液的屈服应力是剪切应力与剪切速率曲线图中将剪切速率外推到 0s^{-1} 所对应的剪切应力值。图 13-7 为电流变液屈服应力与电场强度之间的关系图，从图中可以看出，屈服应力与电场强度在对数坐标中符合式(13-2)：

$$\tau_y \propto E^{\alpha} \tag{13-2}$$

式中，α 值为 1.4，基本符合导电模型，说明主要由外层的 MoS_2 导电层引发电流变效应。

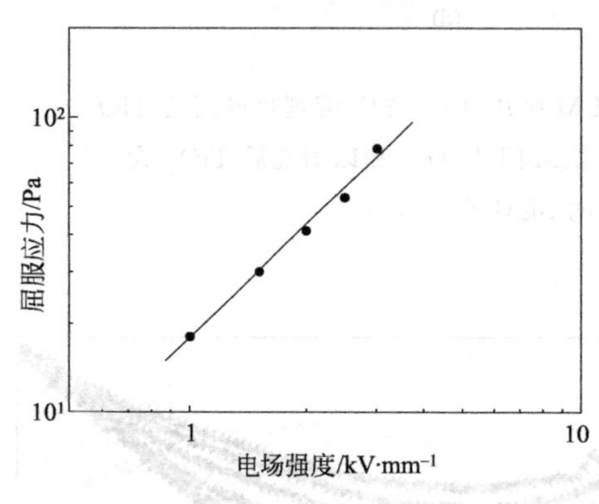

图 13-7　$TiO_2@MoS_2$ 基电流变液屈服应力和电场强度之间的关系图

为了测试 $TiO_2@MoS_2$ 电流变液对电场信号的响应速率和可恢复性，笔者测试了电流变液的开关效应。首先将剪切速率固定在 0.1s^{-1}，随后施加或去除周期性的电场，同时记录电流变液剪切应力的变化。当施加外界电场时，电流变液迅速作出响应，剪切应力立刻提高；当撤掉外加电场时，剪切应力又迅速恢复，说明电流变液表现出对电场快速的响应性和可恢复性。

众所周知，电流变效应的强弱很大程度上取决于电流变液的介电性质，包括介电常数和介电损耗。为了探究电流变性能与介电性质之间的关系，对电流变液的介电谱进行了测试，如图 13-8 所示。可以看出，$TiO_2@MoS_2$ 复合材料基电流变液在高频与低频下存在一个较大的介电常数差，并且介电损耗在 $10^2\sim10^5$ Hz 之间存在一个明显的损耗峰。根据之前的文献报道，电流变液的介电常数差越大越有利于电流变效应的发生，介电常数差反映出电流变材料在电场作用下介电极化的强弱；而介电损耗峰反映了电流变材料对电场作用的响应速率，在 $10^2\sim10^5$ Hz 范围内的介电损耗峰有利于电流变材料的快速响应。另外，利用 Cole-Cole 公式对电流变液的介电谱进行了拟合，可以表示为式(13-3)：

$$\varepsilon^*(\omega)=\varepsilon'+i\varepsilon''=\varepsilon_\infty+\frac{\Delta\varepsilon}{(1+i\omega\lambda)^{1-\alpha}} \tag{13-3}$$

式中，ε^* 是低频下电流变液的复合介电常数；ε'是介电常数实部；ε''是介电常数虚部；ε_∞是高频下的介电常数；$\Delta\varepsilon$ 是介电常数在高频与低频下的差值；ω 是介电分析频率；λ 为介电弛豫时间，$\lambda=1/(2\pi f_{max})$，其中 f_{max} 是达到介电损耗峰所对应的频率；α 为弛豫时间分布因子。相关公式中的参数列在表 13-1 中。

表 13-1　TiO_2@MoS_2 基电流变液介电性能参数

样品	ε_0	ε_∞	$\Delta\varepsilon$	λ	α
TiO_2@MoS_2	2.27	1.86	0.41	7.4×10^{-5} s	0.2

从表 13-1 中可以看出，该电流变液的介电常数差为 0.41，弛豫时间为 7.4×10^{-5}s，说明优异的介电性质是电流变效应的来源。

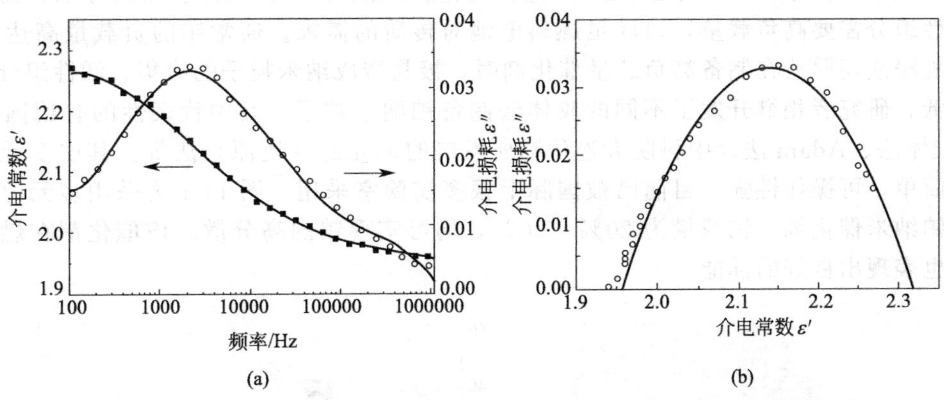

图 13-8　TiO_2@MoS_2 电流变液介电常数和介电损耗随频率变化图（a），以及 Cole-Cole 拟合曲线（b）

参考文献

[1] He Kai，Wen Qingkun，Wang Chengwei，et al. A Facile Synthesis of Hierarchical Flower-like TiO_2 Wrapped with MoS_2 Sheets Nanostructure for Enhanced Electrorheological Activity. Chemical Engineering Journal，2018，349：416-427.

[2] He Kai，Wen Qingkun，Wang Chengwei，et al. The Preparation and Electrorheological Behavior of Bowl-like Titanium Oxide Nanoparticles. Soft Matter，2017，13：7677-7688.

[3] He Kai，Wen Qingkun，Wang Chengwei，et al. Synthesis of Anatase TiO_2 with Exposed（100）Facets and Enhanced Electrorheological Activity. Soft Matter，2017，13：7879-7889.

[4] He Kai，Wen Qingkun，Wang Chengwei，et al. Porous TiO_2 Derived from Titanium Metal-Organic Framework and its Improved Electrorheological Performance. Industrial & Engineering Chemistry Research，2018，57（20）：6888-6896.

[5] He Kai，Qin Cheng，Wen Qingkun，et al. Facile Fabrication of Polyaniline/Polypyrrole Copolymer Nanofibers with a Rough Surface and Their Electrorheological Activities. Journal of Applied Polymer Science，2018，135：46289.

[6] Tian Xiaoli，He Kai，Wang Chengwei，et al. Preparation and Electrorheological Behavior of Anisotropic Titanium Oxide/Polyaniline Core/Shell Nanocomposite. Composites Science and Technology，2016，137：118-129.

案例 14：电催化在能源领域的研究进展

1. 燃料电池催化剂研究进展

（1）阴极电催化剂

燃料电池阴极氧还原的电极反应动力学过程比阳极氢氧化反应慢得多，因此阴极铂用量高，约占整个电池的 80%。自 1839 年格鲁夫（Grove）发明燃料电池以来，研究者就针对提高铂的催化活性、降低铂的用量进行了大量研究。Grove 的燃料电池原型是以镀铂黑的铂片为催化剂，电池产生的电流很低。20 世纪 50 年代英国人培根采用铂黑为催化剂组装了碱性氢氧燃料电池，铂的用量为 $4mg \cdot cm^{-2}$，这是第一台真正意义上的燃料电池。20 世纪 90 年代，随着纳米合成技术的发展，在铂纳米粒子的控制制备方面有了很大进步。研究者合成了铂纳米粒子，并将其负载到导电的活性炭表面，得到负载型铂纳米粒子。由于铂高分散负载于碳载体表面，铂的比表面积得到显著提高，因而电极反应效率跨越式提升。

需要指出的是，燃料电池催化剂与热催化剂显著不同，热催化剂贵金属活性组分负载量通常低于 5%，采用常规浸渍还原法即可实现贵金属纳米粒子在载体表面高分散；而电催化剂的活性组分需要高负载量，以满足燃料电池对传质的需求。通常铂的负载量高达 40%以上，常规浸渍还原法在制备高负载量催化剂时，极易造成纳米粒子的聚集、活性组分的比表面积降低。研究者相继开发了不同的胶体法制备铂纳米粒子，其中代表性的有德国 Bennamann 胶体法、Adam 法、中科院大连化物所发展的多元醇（还原）法等。其中多元醇法制备过程简单，可操作性强，目前已被国际上很多实验室采用。图 14-1 为采用多元醇法制备的碳载铂纳米催化剂，铂载量为 20%～60%，均可实现铂的高分散。该催化剂在燃料电池测试中也表现出良好的性能。

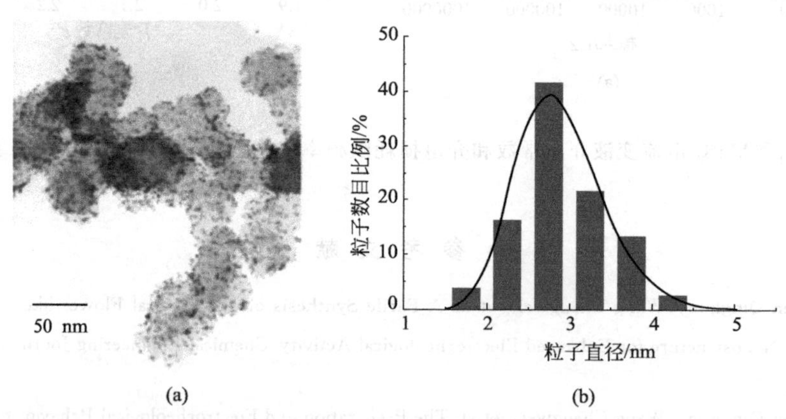

图 14-1 多元醇法制备的 40% Pt/Vulcan XC72 催化剂电镜照片（a）和 Pt 纳米粒子粒径分布（b）

在电催化剂的研发过程中，体现了理论指导实验的特点。Noskov 等理论科学家通过密度泛函理论（DFT）计算研究指出，铂对中间含氧物种（$^*O$，$^*OH$）的吸附过强，降低铂含氧物种的吸附是提高铂对氧还原反应（ORR）催化剂活性的关键。这为实验科学家指明了一条道路。随后，大量工作集中于制备 Pt 合金催化剂，试图通过铂与第二或第三金属形成合金，调变铂的电子结构，进而降低铂对含氧物种的吸附。PtNi、PtCo、PtFe 等催化剂均被证明具有比 Pt 更高的催化活性。随着表征技术的发展，研究者发现 Pt-过渡金属（Me）合金在酸性介质中，表面的过渡金属会发生溶解，即脱合金（Dealloy）。脱合金后 Pt-Me 纳米粒子表面将形成 Pt 外皮（Pt-skin）或者 Pt 骨架结构（Pt-skeleton），这两种结构均会提高铂的催化活性。为了最大化 Pt 的质量活性，Adzic 等发展了表面单层 Pt（monolayer-Pt）的纳米粒子制备方法。由于 Pt 只存在于纳米粒子表层，因而 Pt 的利用率得到很大提高，但该类催化剂在批量制备方面仍存在挑战。进入 21 世纪后，科学的发展已能够在原子层面调控和表征催化剂，因而对铂催化剂的微观结构控制更加精细。杨培东等制备了 PtNi 纳米框架（nanoframe）结构电催化剂，对氧还原反应的比质量活性和比活性分别比铂提高了 36 倍和 22 倍，是目前报道的活性最高的 Pt 基催化剂。随着单原子催化的提出，徐维林等制备了 Pt 单原子催化剂，在燃料电池中表现出较高的比质量活性。

从长远来看，研制非铂催化剂，从根本上摆脱对铂资源的依赖，对燃料电池的规模化应用至关重要。目前，过渡金属-氮-碳和过渡金属氧化物催化剂是较有前景的替铂催化剂。美国洛斯阿拉莫斯国家实验室、加拿大 Dodelet 课题组、南京大学、重庆大学、厦门大学、中科院大连化物所、中科院长春应化所等单位均有代表性研究，优化的催化剂组装的氢-氧燃料电池功率密度最高可达 $1030mW \cdot cm^{-2}$，与 Pt 的性能相当。然而受限于催化剂低的活性位密度，由非贵金属催化剂构成的电极催化层厚，传质效率低，电池内阻大。此外，非贵金属催化剂在酸性介质中的稳定性差，电池性能衰减严重。上述问题致使非铂催化剂的实用化仍面临很大挑战。提高非贵金属催化剂的催化活性和稳定性，是其走向实用化的关键。

（2）阳极电催化剂

阳极氢氧化反应在 Pt 催化剂表面动力学快，相比阴极氧还原反应，铂用量低（$<0.1mg \cdot cm^{-2}$），因而相关催化剂的研究较少。本章不再进行讨论。以甲醇为燃料的直接甲醇燃料电池（DMFC）具有燃料携带、加注方便等优势，使得 DMFC 在便携电源领域具有广泛的应用前景。然而甲醇完全电化学氧化（MOR）涉及脱氢和 CO_{ad} 脱除步骤，是 6 个电子转移的复杂过程，研发高效甲醇电化学氧化催化剂对 DMFC 的实用化至关重要。

甲醇电氧化反应产生中间物种 CO。CO 在铂催化剂表面强吸附，造成铂中毒。Watanabe 等提出了双功能机理，即在 PtRu 合金催化剂表面，甲醇在 Pt 位点脱氢，产生 CO，Ru 能够在电化学较低电位下解离水，产生—OH 物种，—OH 物种与 CO 反应后产生二氧化碳，从而释放铂活性位点。目前 PtRu 是对甲醇电化学氧化反应催化活性较高的催化剂。依据双功能机理，研究者制备了系列 Pt 基双组元和三组元催化剂，对甲醇电氧化均表现出比铂更高的催化活性。金属的不同晶面原子密度不同，电子态密度也存在差异。孙世刚院士课题组从晶面选择性催化的角度，发现 Pt、Pd 等的高指数晶面对醇类电化学氧化表现出良好的催化活性。

醇类电化学氧化反应较慢的动力学导致直接醇类燃料电池发电效率不高，开发高活性和高稳定性阳极电催化剂、降低铂的用量是 DMFC 实用化的关键。

2. 电解水阳极析氧催化剂的研究进展

迄今为止，酸性析氧反应（OER）催化剂的研究主要集中于贵金属氧化物（IrO_2 和 RuO_2），IrO_2 是目前唯一能商用的催化剂。相较于 IrO_2，RuO_2 具有更高的催化活性，且其储量大、成本低，但稳定性特别差。从反应机理上（图 14-2），酸性 OER 通常被认为是传统的吸附氧机理（AEM）。在反应过程中，Ru 的价态在氧化态和还原态之间相互转化，有利于氧物种频繁的吸附/脱附，因此催化活性较高。但价态的频繁变换也造成了催化剂结构的扰动，进而容易发生降解。此后，研究者还发现 Ru 基氧化物也存在晶格氧机理（LOM），即晶格氧参与氧析出反应，析出为氧分子并造成缺陷的现象。Ru 原子在强酸和高电位下，极易被过氧化至 RuO_4 而从缺陷位置快速流失。

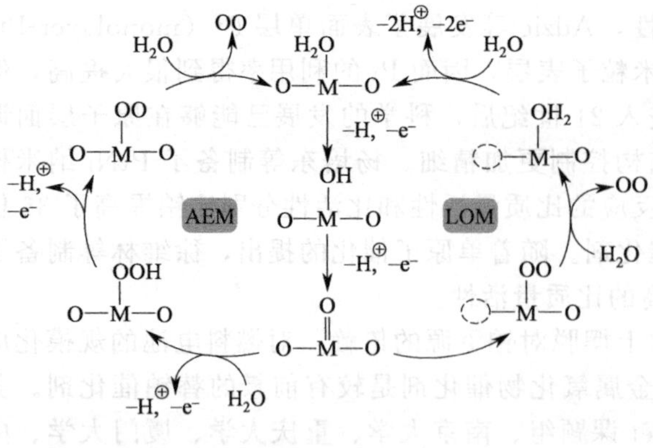

图 14-2　酸性 OER 反应机理示意图：吸附氧机理（AEM）和晶格氧机理（LOM）

通过组分调变构筑特定的氧化物结构，如尖晶石、钙钛矿和烧绿石等，来限制 Ru 的过度氧化，可以有效提高催化剂稳定性和活性。然而，迄今为止 Ru 基催化剂的稳定性仍无法达到商业化的要求，其发展方向总结如下。①如何通过精细微/纳合成的控制提高其自身结构稳定性，防止 Ru 原子的过度氧化，是其能否实用化的前提。②就实用化的角度而言，低贵金属催化剂是研究的主要方向，重点是提高贵金属的本征活性和原子利用率。③钌基氧化物晶格氧氧化机理和催化历程等尚未清晰，需发展原位/准原位表征技术，深入研究其构-效关系，为酸性 OER 电极材料的设计提供指导。

3. 金属/海水电池阴极电催化剂研究进展

如前所述，析氢型金属/海水电池以海水为反应物，有效地解决了溶氧型金属/海水电池对溶氧浓度限制的问题。目前，国内外对析氢型金属/海水电池研究甚少，开发高效的析氢反应催化剂有助于推动金属/海水电池的实用化进程。

在海水中，铂基贵金属是析氢活性最高的催化剂。但是，由于铂基贵金属资源稀少且昂贵，寻找具有高活性的非贵金属催化剂成为制备镁/海水电池析氢阴极的关键。当

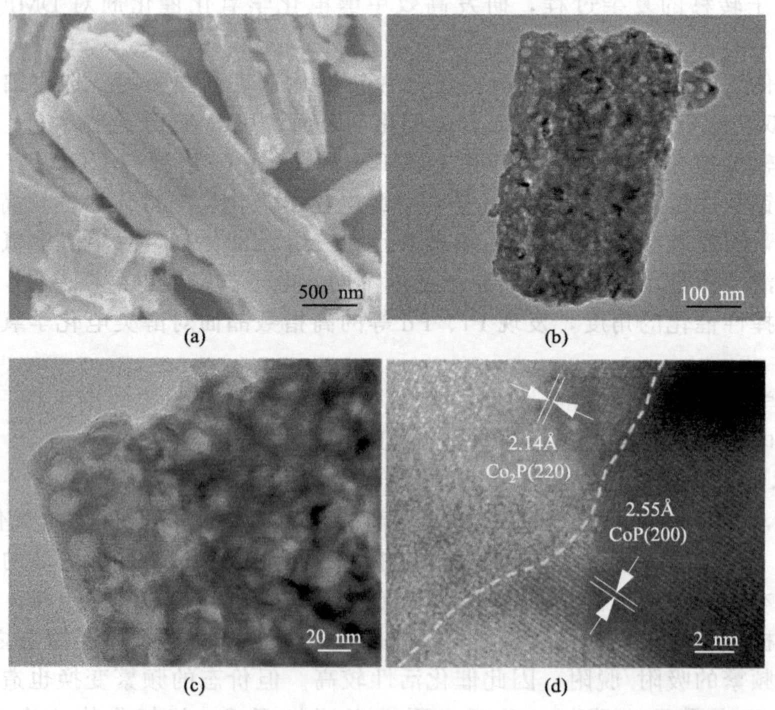

图 14-3　CoP/Co_2P 异质结的扫描电镜照片（a），低倍透射电镜照片（b）、（c）和高分辨透射电镜照片（d）

前，广大科研人员已经开发出的非贵金属析氢催化剂包括金属氧化物、硫化物、磷化物及碳化物等。其中，非贵金属氧化物、磷化物（如 FeP、CoP 和 NiP 等）由于其优良的导电性和耐腐蚀性而受到广泛关注。图 14-3 为一种 CoP/Co_2P 异质结析氢催化剂的扫描电镜和透射电镜照片。由图 14-3(a) 可看出，该催化剂呈柱状结构，表面粗糙，由粒状颗粒构成。低倍透射电镜照片显示，该催化剂具有丰富的孔结构，且以 10～30nm 的孔径为主［图 14-3(b)、(c)］。图 14-3(d) 高分辨透射电镜照片表明，该催化剂是由 CoP 和 Co_2P 两相组成的异质结构。先前研究证明，CoP 相具有良好的本征析氢催化活性，而 Co_2P 相具有良好的导电性，两相结合有利于促进析氢反应活性，进而降低析氢反应极化，提升镁/海水电池的整体性能。

图 14-4(a) 是以 CoP/Co_2P 异质结为析氢阴极的镁/海水电池示意图。图 14-4(b) 为该电池工作时的极化曲线和相应功率密度曲线。从图中可以看出，该电池在放电电流密度为 $5mA \cdot cm^{-2}$ 下的电池电压约为 0.55V，十分接近以商业 Pt/C 为阴极的电池电压(0.61V)。同时，该电池在 $30mA \cdot cm^{-2}$ 的放电电流密度下获得了最大 $6.28mW \cdot cm^{-2}$ 的功率密度，与商业 Pt/C 为阴极的镁/海水电池的最大功率密度相当。该 CoP/Co_2P 异质结镁/海水电池在放电电流密度 $3mA \cdot cm^{-2}$ 下持续放电 24h 的电池电压维持在 0.38～0.42V，说明其具有良好的放电稳定性，表明在海洋实际工况下，该电池具有更好的电池性能，显示了其良好的应用前景。

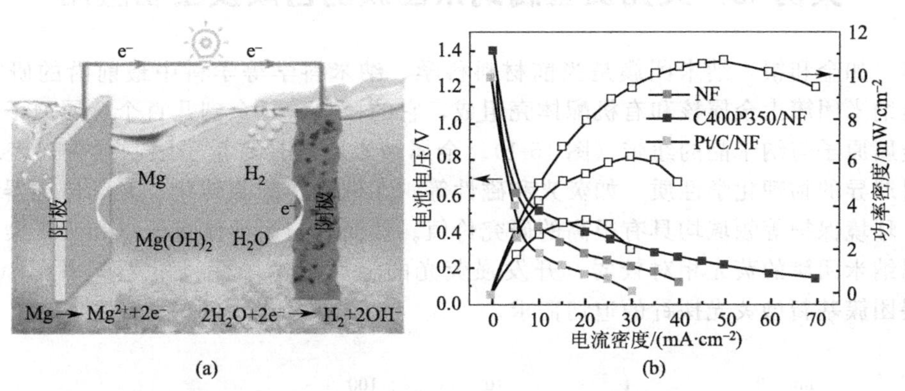

图 14-4　以 CoP/Co_2P 异质结为析氢阴极的镁/海水电池示意图 (a) 和极化曲线和相应功率密度曲线 (b)

4. 二氧化碳电还原催化剂研究进展

所使用催化剂的种类不同，生成的产物也不同。通常来说，以贵金属 Au、Ag、Pd 等为催化剂，生成的产物主要为一氧化碳；以 Sn、Bi、In 等为催化剂，产物主要为甲酸；而 Cu 基材料由于其独特的电子结构，是唯一能生成多碳产物的催化剂。

设计 CO_2 电还原催化剂的原则是降低与 H 的吸附自由能，抑制析氢反应；提高催化剂活性位点的数量；提高单个活性位点催化 CO_2 的能力。此外，还应考虑制备催化剂的成本。

单原子催化剂（$M-N_x-C$，M：过渡金属）是一种新型 CO_2 电还原催化剂。单原子催化剂中过渡金属呈现出原子级别的高度分散，催化剂的利用率高；过渡金属原子与 N 配位后，可以调控过渡金属对 H^* 及 $COOH^*$ 的吸附能，从而调控其 CO_2 的还原能力。此外，可通过对易析氢的过渡金属纳米颗粒表面改性来调控其电子结构，进而调控其反应路径，可以使过渡金属纳米颗粒表现出不俗的 CO_2 还原性能。笔者所在课题组利用 N、O 对负载在有序介孔碳上的 Ni 纳米颗粒表面进行改性，表现出了优异的 CO_2 电还原性能，在 −0.86～−0.56V（vs. RHE）的电压范围内，生成 CO 的法拉第效率大于 75%；在 −0.76V（vs. RHE）的电压下，生成 CO 的法拉第效率高达 97%。

此外，由于 Cu 基催化剂的独特性能，对 Cu 的研究也深受关注。目前的研究主要集中在制备 Cu 基合金以及制备高晶面指数的 Cu，以产生乙烯及乙醇等 C_2 产物。

参考文献

[1] Liu Jing, Bao Hongliang, Zhang Bingsen, et al. Geometric Occupancy and Oxidation State Requirements of Cations in Cobalt Oxides for Oxygen Reduction Reaction. ACS Applied Materials & Interfaces, 2019, 11: 12525-12534.

[2] Li Xiaoke, Jiang Luhua, Liu Jing, et al. Size-Dependent Catalytic Activity of Cobalt Phosphides for Hydrogen Evolution Reaction. Journal of Energy Chemistry, 2020, 43: 121-128.

[3] Liu Guangbo, Xu Yingshuang, Yang Teng, et al. Recent Advances in Electrocatalysts for Seawater Splitting, Nano Materials Science, 2021, doi. org/10. 1016/j. nanoms. 2020. 12. 003.

[4] Liu Guangbo, Wang Min, Xu Yingshuang, et al. Porous CoP/Co_2P Heterostructure for Efficient Hydrogen Evolution and Application in Magnesium/Seawater Battery. Journal of Power Sources, 2021, 486: 229351.

[5] Chen Dawei, Cao Wei, Liu Jing, et al. Filling the in Situ-generated Vacancies with Metal Cations Captured by C-N Bonding of Defect-Rich 3D Carbon Nanosheet for Bifunctional Oxygen Electrocatalysis. Journal of Energy Chemistry, 2021, 59: 47-54.

案例 15：荧光贵金属纳米团簇的合成及生物应用

金属（如金和银）纳米团簇是当前材料科学、纳米科学等学科中最前沿的研究热点之一。金属纳米团簇由金属核和有机配体壳组成，它的核包含几个到几百个金属原子，因此成为连接金属原子与纳米晶的纽带（图 15-1）。金属纳米团簇具有量子限制效应，表现出与纳米晶材料迥异的物理化学性质，如荧光和磁性等，在催化、能源转化、光学传感器设计、生物医学、环境保护等领域均具有很高的研究价值。然而，与半导体量子点和荧光染料分子相比，金属纳米团簇的荧光相对较弱，开发强荧光的金属纳米团簇（量子产率在 10% 以上）成为发展团簇基新型荧光探针的迫切需求。

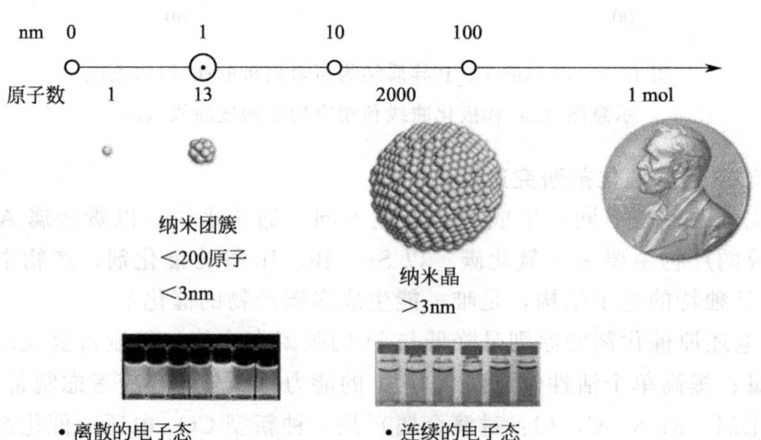

图 15-1 金纳米团簇与金纳米颗粒及金原子的尺寸及性质对比

1. 合成具有强烈发光特性的贵金属纳米团簇的策略

针对金属纳米团簇荧光较弱的问题，可从以下几个方面入手来解决。①有针对性地设计有机配体与团簇表面金属原子的结合方式［ligand-M(Ⅰ) motifs］。例如，可以通过使用超声、微波、水热等手段，来合成具有长链结构的有机配体与表面金属原子的结合物（图 15-2），从而有效地提高团簇的荧光强度。②设计金属核的成分和价态，以提高团簇荧光强度。现有研究表明金属核的合金成分和价态的改变可引起团簇荧光上百倍地增加。③选择多种有机配体组合用于合成强荧光金属纳米团簇。通过选用多种有机配体共同保护金属纳米团簇，可以优化团簇的有机配体壳，使之尽可能地减少由非辐射跃迁造成的荧光量子产率降低。④采用不完全还原方式来合成强荧光金属纳米团簇。已有的合成经验表明，采用非完全还原的方式（即少量的弱还原剂）能合成荧光较强的金属纳米团簇。

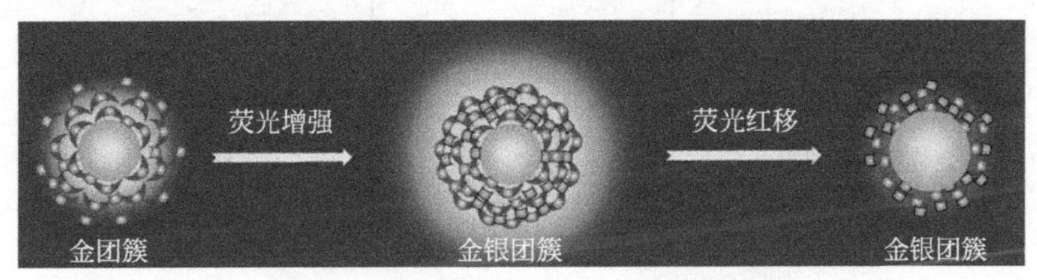

图 15-2　通过银掺杂调节团簇的 Au(Ⅰ)-硫醇壳层的尺寸、结构及聚集态，实现团簇的荧光增强和红移

2. 荧光贵金属纳米团簇的生物医学应用

水溶性贵金属纳米团簇具有良好的生物相容性，特别是使用含硫醇的肽分子作为保护配体（如谷胱甘肽）。此外，金属纳米团簇的超小尺寸、丰富的表面化学活性、独特的理化性质和强发光特性，使其在生物医学领域具有广泛的适用性。因此，水溶性贵金属纳米团簇在生物成像、广谱抗菌、肿瘤放疗和生物催化等领域取得了一些成果。

目前用于生物成像的荧光探针具有相对较低的光稳定性（如有机染料）和潜在的毒性（如半导体量子点）。发光贵金属纳米团簇已成为一类新兴的针对体外（如细胞成像）和体内（如肿瘤成像）成像的荧光探针。例如，近红外发射的贵金属纳米团簇可直接用于体内荧光成像来研究团簇的药代动力学，包括其被动肿瘤靶向能力和肾脏清除能力。研究人员证实红色荧光的金纳米团簇在进行肿瘤成像时，团簇的荧光（发射波长为 710nm）很容易从动物体的自身荧光中分离出来，而且团簇良好的光稳定性，允许其对整个动物体进行实时的活体成像。与聚乙二醇化的纳米材料相比，金纳米团簇具有更长的循环时间，并且可以被肾脏清除。金纳米团簇在不同肿瘤模型的肿瘤中均有积累，表明它们通过增强渗透性和保留效应而具有被动的肿瘤靶向能力。

近年来，科学家开展了针对耐药菌的团簇基高效抗菌剂的设计。例如，通过在银团簇表面修饰 Ag(Ⅰ) 后，该富 Ag(Ⅰ) 的团簇对革兰氏阳性菌和革兰氏阴性菌均表现出良好的抑菌活性，这是因为 Ag(Ⅰ) 具有更高的抑菌活性（图 15-3）。此外，在团簇表面接枝常规的抗生素也能有效提高银团簇的抗菌性能，这源于抗生素和银团簇的协同抗菌作用。除银团簇外，最近有研究者发现超小尺寸的金团簇（如 Au_{25}）也具有显著的杀菌效果，金团簇的抗菌效果远高于大尺寸的金纳米粒子（≈6nm）和 Au(Ⅰ) 配合物。金团簇抗菌性能的增强归因于团簇诱导的细菌代谢失衡。此时，促进氧化酶的上调并抑制还原酶，同时产生过量对细菌有害的活性氧。

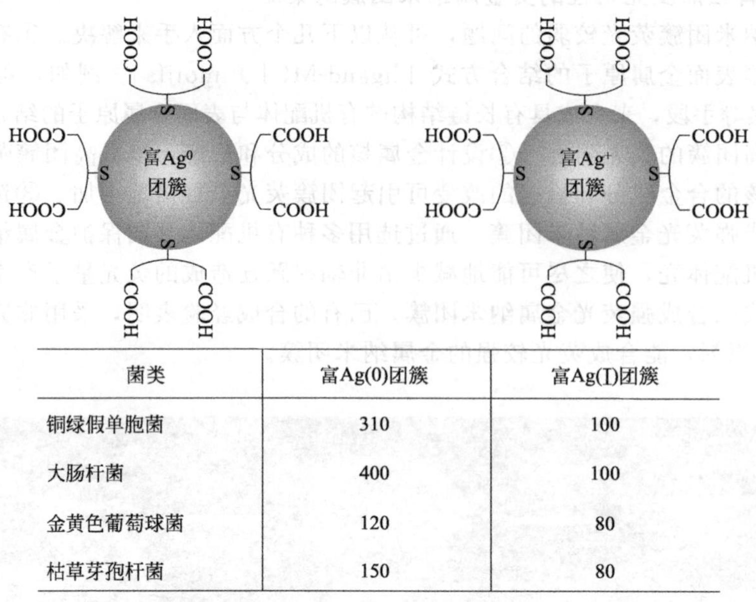

菌类	富Ag(0)团簇	富Ag(Ⅰ)团簇
铜绿假单胞菌	310	100
大肠杆菌	400	100
金黄色葡萄球菌	120	80
枯草芽孢杆菌	150	80

图 15-3　具有相同尺寸和配体的富 Ag(0) 的团簇和富 Ag(Ⅰ) 的团簇的抗菌活性对比

表中数值为最小抑菌浓度，单位 $\mu mol \cdot L^{-1}$

贵金属纳米团簇也可以作为一种新型的放疗增敏剂。与现有的放射性增敏剂材料相比[例如碳（$Z=6$）、碘（$Z=53$）、钆（$Z=64$）]，金具有更高的原子序数，因而表现出优异的放射治疗增强效率，这与团簇和入射辐射相互作用产生二次辐射和电子的能力有直接关系。此外，贵金属纳米团簇具有良好的生物相容性和被动肿瘤靶向能力，可通过将靶向功能分子与团簇相结合而进一步增强肿瘤靶向性。比如，有研究人员分别对比了牛血清蛋白和谷胱甘肽保护 Au_{25} 团簇的放疗增敏效果。他们发现谷胱甘肽保护的 Au_{25} 团簇能够通过增强渗透性和保留效应优先积聚在肿瘤中，并强烈增强了癌症放疗效果，同时能够被肾脏有效清除。

贵金属纳米团簇在生物催化中也大有作为。最近，研究人员将超小尺寸的发光金团簇作为生物相容的细胞内光敏剂引入非光合细菌中，用于太阳能燃料的生产。在该研究中，具有高生物相容性的金团簇能够在细菌内部将 CO_2 转化成乙酸。他们还发现该类金团簇能有效抑制细菌中活性氧的产生，这有助于细菌保持较高的生存能力。

参考文献

[1] Dou Xinyue，Chen Xiaoyu，Zhu Haiguang，et al. Water-Soluble Metal Nanoclusters：Recent Advances in Molecular-Level Exploration and Biomedical Applications. Dalton Transactions，2019，48（28）：10385-10392.

[2] Wang Ziping，Zhu Zhiling，Zhao Chengkun，et al. Silver Doping-Induced Luminescence Enhancement and Red-Shift of Gold Nanoclusters with Aggregation-Induced Emission. Chemistry-An Asian Journal，2019，14（6）：765-769.

[3] Yuan Xun，Setyawati Magdiel，Leong David Taiwei，et al. Ultrasmall Ag^{+}-Rich Nanoclusters as Highly Efficient Nanoreservoirs for Bacterial Killing. Nano Research，2014，7（3）：301-307.

案例 16：金属纳米簇催化剂的制备及催化性能

金属胶体可以满足诸如催化剂、光催化剂、吸附剂、传感器、铁流体、生物体染色、装饰剂等高表面积材料的制备，以及特种光学和纳米器件等的需要。由于金属簇和胶体是处于原子或分子配合物与大块金属之间的过渡结构单元，是一种既不同于微观也不同于宏观的介观体系。小金属簇表现出类似金属配合物的结构变化多样性；大金属簇的物理研究则表明它们开始具有大块金属的集合行为（如磁性、导电性等）。因此，它们具有许多新奇的物理和化学性质。金属纳米簇-胶体金属已有很长的历史，早在一百多年前，科学家就已经开发出几种制备方法，如法拉第用黄磷的二硫化碳溶液还原金盐水溶液，得到了玫瑰色金胶体。他还发现了明胶对胶体的保护作用，以及金胶体对于织物和有机组织的染色作用，所有这些直

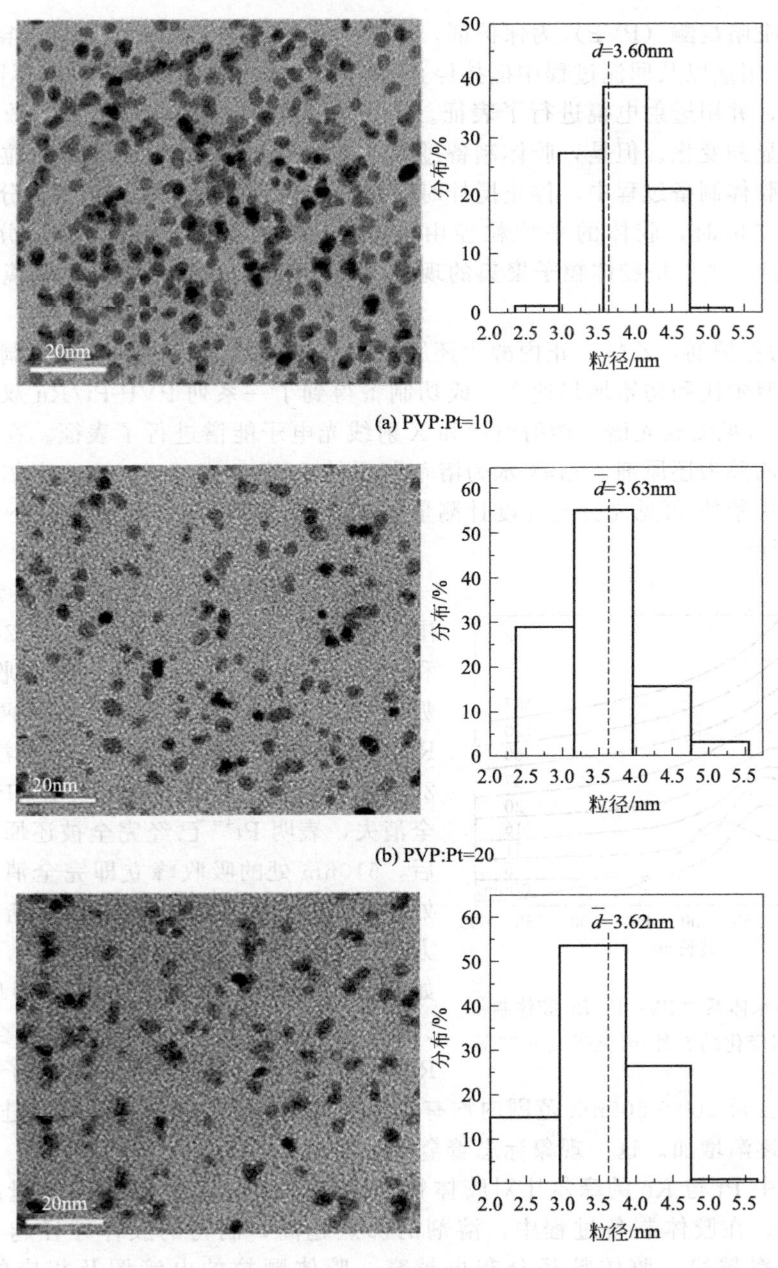

图 16-1　铂胶体的电镜图及相应粒径分布图

到今天还被广泛地应用着。

1. 金属胶体的制备

制备金属胶体最普遍的方法是还原法，这里关键的问题在于选择合适的还原剂、保护剂和溶剂（在水溶液中称为水溶胶，有机溶剂中的称为有机溶胶）等。在制备胶体的过程中，所用的还原剂有醇、醛、H_2、CO、CS_2、柠檬酸及其钠盐、硼氢化物、硅氢化物、肼、盐酸羟胺等；常用保护剂有表面活性剂（如十二烷基苯磺酸钠）、小分子配体、天然高分子（如明胶、藻酸钠等）、合成高分子（如聚丙烯酸、聚乙烯醇、聚乙烯吡咯烷酮等）等。

以聚乙烯吡咯烷酮（PVP）为保护剂，甲醇为还原剂，甲醇和水为混合溶剂，通过调节氯铂酸和 PVP 用量以及回流过程中搅拌停止时间等条件，制备得到一系列不同的 Pt 纳米金属胶体催化剂，并用透射电镜进行了表征。PVP 用量以及氯铂酸的量发生改变时，胶体粒径没有发生明显的变化。但是，胶体制备过程中 PVP 用量过少时，胶体颗粒呈现出一定程度的聚集。在胶体制备过程中，停止搅拌时间越长，得到的胶体粒径越大，分布越宽。当停止搅拌时间为 30s 时，胶体的平均粒径由 3.63nm 增大至 4.39nm，粒径分布最宽（$\sigma=0.78$nm），并且出现大量胶体粒子聚集的现象。图 16-1 给出了铂胶体的电镜图及相应粒径分布图。

以 PVP 为保护剂，乙醇、正丙醇为还原剂，醇-水混合物为溶剂，通过调节前驱体氯铂酸和氯化钌的摩尔比和初始加热速率，成功制备得到了一系列 PVP-Pt/Ru 双金属胶体催化剂，并用紫外-可见吸收光谱、透射电镜和 X 射线光电子能谱进行了表征。在制备过程中的不同时间，对乙醇为还原剂、乙醇-水为溶剂制得的 PVP-Pt/Ru（1∶4，摩尔比）双金属胶体溶液取样，用紫外-可见光分光光度计测量其吸光度，所得胶体溶液的紫外-可见吸收光谱图如图 16-2 所示。

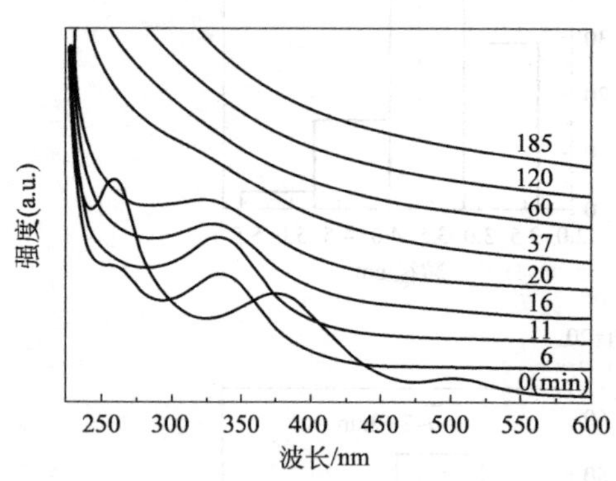

图 16-2　乙醇-水体系中 PVP-Pt/Ru 胶体制备过程中随时间变化的紫外-可见吸收光谱图

在开始加热之前，初始溶液在紫外-可见光范围内有三个吸收峰，分别在波长 260nm、380nm 和 510nm 处。其中，260nm 处吸收峰为 Pt^{4+} 的吸收峰，380nm 和 510nm 处的两个吸收峰为 Ru^{3+} 的吸收峰。从图中可得，随着反应的进行，260nm 处的吸收峰逐渐减小，在加热 16min 后完全消失，表明 Pt^{4+} 已经完全被还原。在开始加热后，510nm 处的吸收峰立即完全消失，而 380nm 处的吸收峰则随着反应的进行逐渐变小并向短波方向迁移，说明在反应进行中 Ru^{3+} 逐渐被还原。如图 16-2 所示，在加热 60min 即反应溶液回流 55min 后，380nm 处的吸收峰完全消失，说明 Ru^{3+} 已经被完全还原为零价钌原子。在整个光谱图中，溶液在波长 200～600nm 范围内均有较强的吸光度，并且随着反应的进行溶液在此范围内的吸光度逐渐增加。这一现象标志着金属胶体逐渐形成。

胶体粒子中 Pt 与 Ru 的摩尔比对胶体粒子的粒径有一定影响，Ru 含量越高，颗粒的平均粒径越小。在胶体制备过程中，溶剂的沸点越高，制得的胶体粒径越小，粒径分布越窄；加热速率越快，胶体粒径分布也越窄。胶体颗粒的电镜图及相应的粒径分布如图 16-3 所示。从图 16-3 中可知胶体粒子分散均匀，平均粒径在 1.9～2.8nm 范围内，粒径分布较窄。

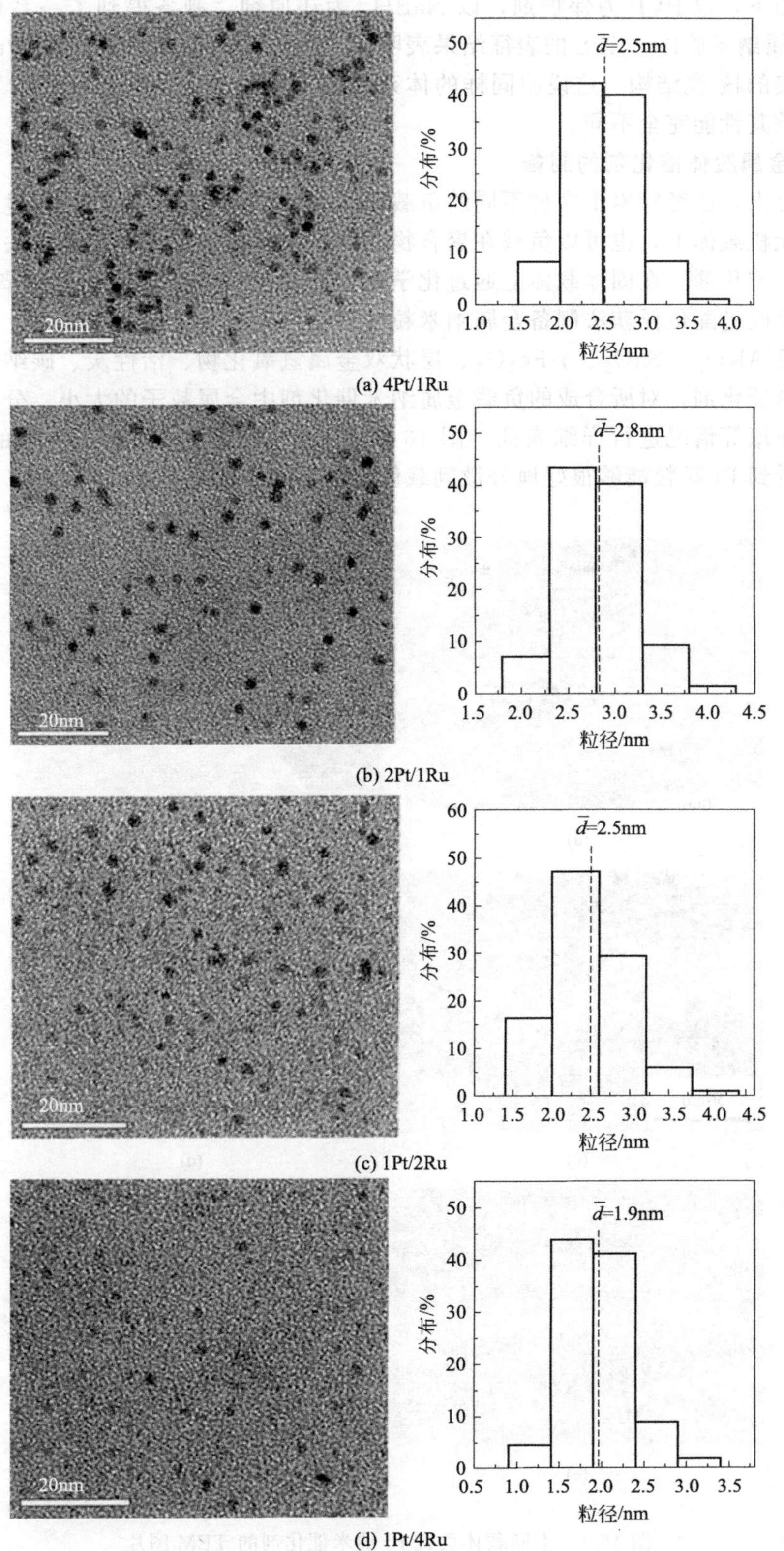

(a) 4Pt/1Ru

(b) 2Pt/1Ru

(c) 1Pt/2Ru

(d) 1Pt/4Ru

图 16-3　不同制备条件下 PVP- Ru/Pt 胶体粒子的 TEM 照片（左）及粒径分布图（右）

常温常压下，以 PVP 为保护剂，以 $NaBH_4$ 为还原剂，制备得到了一系列高分子稳定的钌-铂双金属纳米胶体。XPS 的表征结果表明双金属胶体具有以 Ru 为核，Pt 或 Pd 在胶体颗粒表面富集的核-壳结构。这说明同样的体系使用不同的还原剂时，得到的双金属结构相差很大，导致其性能完全不同。

2. 负载金属胶体催化剂的制备

许多研究人员已经探索出多种不同的负载方法和载体来负载金属胶体。过渡金属胶体既可以吸附在无机载体上，也可以负载在聚合物载体上。负载金属胶体主要方法有载体吸附的金属纳米粒子催化剂、在固体载体上通过化学键嫁接金属胶体、原位还原制备负载催化剂、配位俘获法及改进配位俘获法制备金属纳米粒子催化剂。

通过制备 Al_2O_3、SnO_2、γ-Fe_2O_3、层状双金属氢氧化物、活性炭、碳纳米管等载体负载的金属纳米催化剂，对所合成的负载金属纳米催化剂中金属粒子的大小、分布、状态以及与载体相互作用等情况进行详细表征。图 16-4 给出了 Pt 负载到不同载体上的 TEM 图片，从图中可以看到 Pt 颗粒能够很好地分散到载体上而不发生明显的团聚现象。

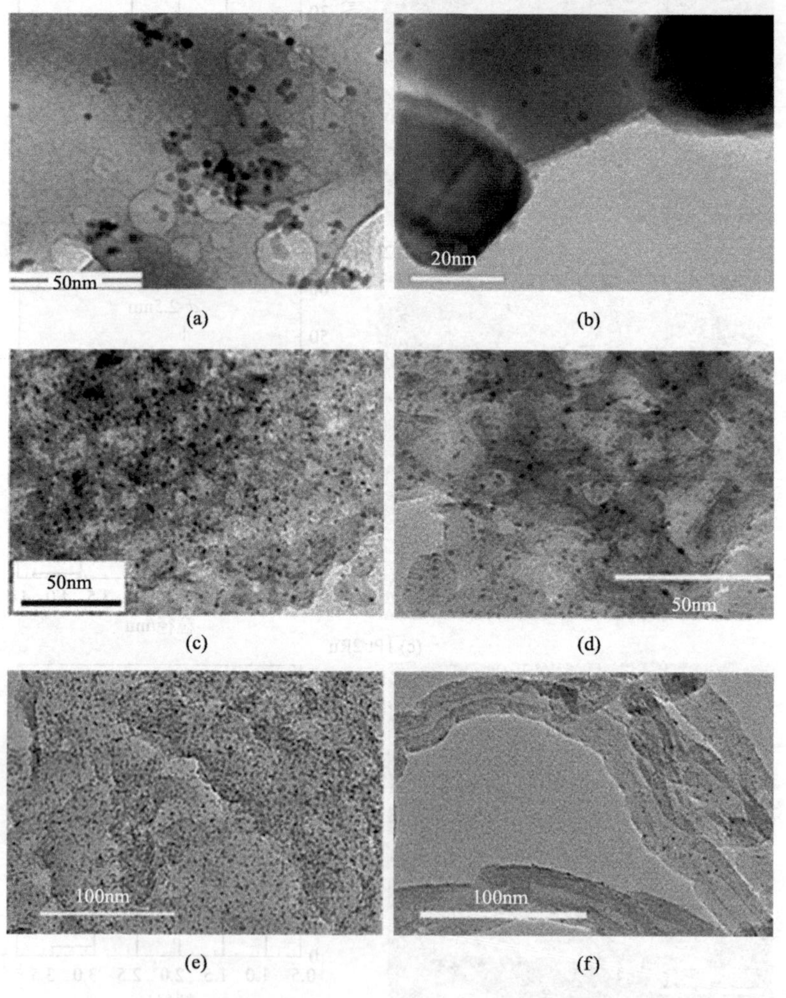

图 16-4　不同载体负载 Pt 纳米催化剂的 TEM 图片

(a) Al_2O_3；(b) SnO_2；(c) γ-Fe_2O_3；

(d) 层状双金属氢氧化物；(e) 活性炭；(f) 碳纳米管

3. 金属纳米粒子的催化性质

（1）氯代硝基苯的催化加氢反应

在常温常压下，以低沸点醇还原得到的 PVP-Pt/Ru 双金属胶体为催化剂，氢气为还原剂，进行邻氯硝基苯的催化氢化反应（表 16-1），反应产物由邻氯苯胺、苯胺和硝基苯组成。邻氯硝基苯的转化率达到了 100%，邻氯苯胺的选择性在 93.08%～99.00%范围内，与 PVP-Ru 胶体催化邻氯硝基苯的氢化反应的选择性相近，并且其活性高于其他具有高选择性的含钌催化剂。PVP-Pt/Ru 双金属胶体中两种金属的组成对邻氯硝基苯的催化反应有明显影响，催化剂的活性随着胶体中钌含量的增加而降低，选择性则随着胶体中钌含量的增加而增加。

表 16-1　PVP-Pt/Ru 双金属胶体对邻氯硝基苯的催化氢化结果

序号	催化剂	选择性/%			平均反应速率 $/mol_{H_2}\cdot mol_M^{-1}\cdot s^{-1}$
		o-CAN	AN	BN	
1	4Pt/1Ru	93.08	6.85	0.07	0.059
2	2Pt/1Ru	93.18	6.53	0.29	0.050
3	1Pt/1Ru	95.36	4.43	0.21	0.027
4	1Pt/2Ru	97.15	2.35	0.49	0.017
5	1Pt/4Ru	99.00	0.24	0.76	0.009

以 $NaBH_4$ 为还原剂制备的 PVP-Pt/Ru 双金属胶体，用于邻氯硝基苯催化氢化为邻氯苯胺的反应。结果表明当 Pt/Ru＝1/9 时，邻氯苯胺的选择性为 70%，比钌胶体有所下降，而平均反应速率比钌金属胶体提高了两个数量级。XPS 的表征及催化剂对 *o*-CNB 选择性氢化的结果表明，双金属胶体具有以 Ru 为核，Pt 或 Pd 在胶体颗粒表面富集的核-壳结构。

PVP-Pt/Ru 双金属胶体的催化性能依赖于胶体的组成。双金属胶体催化剂的活性比 PVP-Ru 单金属胶体的活性高很多，其选择性比 PVP-Pt（或 Pd）略高。

（2）氯苯的脱氯加氢催化反应

氯苯类化合物在环境中普遍存在，是化学性质较为稳定的一类化合物。氯苯类化合物有毒性，是致癌物质，可经消化道、呼吸道和皮肤侵入人体，诱发白血病和淋巴肉瘤。该类化合物的吸附性、挥发性、亲脂性均处于“中间”水平，易被植物吸收，污染作物，是污泥资源化利用的障碍之一。提高氯苯类化合物的处理效率，对于污水处理和资源化利用均有促进作用。氯代有机物的毒性主要来源于氯元素，所以在这个过程中，需要脱除氯苯类化合物中的氯，以有效地降低其毒性。

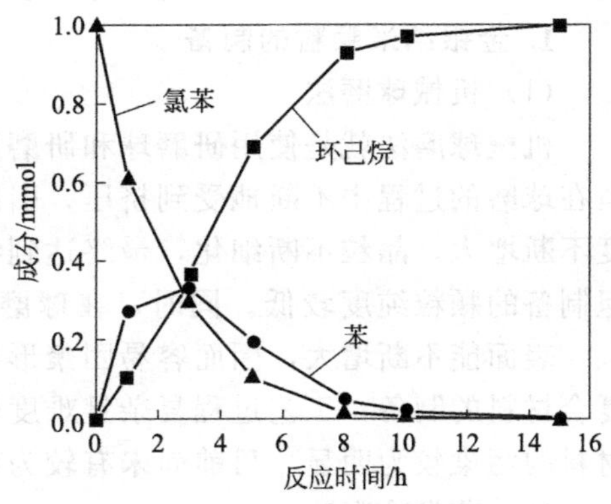

图 16-5　PVP-Pt 催化氢化氯苯、环己烷和苯的组成变化曲线

在常温常压下，以 PVP-Pt 胶体为催化剂，进行了氯苯的催化氢化反应。PVP-Pt 胶体加速了氯苯的还原脱氯，反应可以在温和的条件下有效进行。图 16-5 是随着反应的进行，PVP-Pt 催化氯苯、环己烷和苯的组成变化曲线。氯苯 10h 内脱氯率达到 99.34%，对环己烷的选择性达到 98.09%，反应 15h 时，氯苯完全转化为环己烷。催化剂的制备条件及反应条件的改变对氯苯的脱氯反应有明显影响。

参考文献

[1] Liu Manhong，Han Meifeng，Yu William W. Hydrogenation of Chlorobenzene to Cyclohexane over Colloidal Pt Nanocatalysts under Ambient Conditions. Environmental Science & Technology，2009，43（7）：2519-2524.

[2] Liu Manhong，Zhang Jin，Liu Jinqiang，et al. Synthesis of PVP-stabilized Pt/Ru Colloidal Nanoparticles by Ethanol Reduction and Their Catalytic Properties for Selective Hydrogenation of ortho-Chloronitrobenzene. Journal of Catalysis，2011，278：1-7.

[3] Liu Manhong，Mo Xinxin，Liu Yanyan，et al. Selective Hydrogenation of o-Chloronitrobenzene using Supported Platinum Nanoparticles without Solvent. Applied Catalysis A：General，2012，439：192-196.

[4] Liu Manhong，Bai Qiang，Xiao Hailian，et al. Selective Hydrogenation of o-Chloronitrobenzene over Tin Dioxide Supported Platinum-Ruthenium Bimetallic Nanocatalysts without Solvent. Chemical Engineering Journal，2013，232：89-95.

案例 17：金银纳米颗粒的合成及应用

纳米材料作为材料科学中重要的研究领域之一，随其不断发展日益受到科研人员的重视。在种类繁多的纳米材料中，贵金属纳米材料由于其在现代工业、国防和安全以及高技术等多个领域的发展中所起到的重大作用，逐渐成为纳米科技领域中一支富有活力的分支学科。金银纳米材料作为常见的贵金属纳米材料，在生物传感、催化、表面增强拉曼等多个领域发挥着重要作用。研究发现，金银纳米颗粒的这些性能与其粒径和形貌密切相关。因此，大量科研人员开始着手研究形貌和尺寸可以调控的纳米颗粒制备方法。这些方法一般分为物理法和化学法。

物理法制备金银纳米颗粒是指运用一定的物理手段将单质的金银变为纳米级别的方法。物理方法制备的产品具有纯度高、污染小及可重复性高等优点，但是物理法对仪器的要求比较苛刻，具有产量小、成本高以及不容易控制等缺点。常见的制备金银纳米颗粒的物理方法包括机械球磨法、蒸发冷凝法以及激光烧蚀法、雾化法等。

化学法制备金银纳米颗粒具有操作简单、易于控制、产物纯度高等优点。常见的化学法包括模板法、微乳液法、光化学还原法、液相化学还原法、种子生长法及超声化学法等。

1. 金银纳米颗粒的制备

（1）机械球磨法

机械球磨法就是使用研磨球和研磨罐通过外加机械力的方法使颗粒不断地发生碰撞，材料在球磨的过程中不断地受到挤压，引起变形、断裂、焊合等，表面缺陷逐渐增加，缺陷密度不断增大，晶粒不断细化，最终达到纳米级别。球磨法操作简单、成本低、易于工业化，但制备的颗粒纯度较低。同时，在球磨的过程，纳米粒子粒径逐渐变小，比表面积逐渐增大，表面能不断增大，因而容易团聚形成大颗粒，难以发挥纳米材料独特的性能；对于纳米复合材料的制备，工艺过程复杂且难度较高。再者，纳米材料在球磨的过程中，研磨介质对材料的污染较为明显，目前尚未有较为有效的解决方法。

（2）蒸发冷凝法

蒸发冷凝法又称惰性气体冷凝法。该法通常是在低压环境下，在含有惰性气体作为保护气的装置中，通过对金属进行加热，使待制备的金属、合金或者化合物受热气化形成等离子体，产生的等离子体与惰性气体碰撞后冷凝成纳米粒子。该法优点是所制备的纳米颗粒表面清洁，纳米颗粒粒径可以通过调节加热温度、压力和气氛等参数进行调控；缺点是结晶形状难以控制，生产效率低下。作为一种经典的纳米颗粒的制备方法，国内外众多学者对其进行了大量研究，并用此法合成了几十种金属纳米颗粒，如金、银、铜、铁、锰等。

(3) 模板法

模板法制备金银纳米颗粒是指通过为纳米材料的生长提供一个提前设计好的框架，使纳米颗粒在框架内被还原和生长，得到预先设计好的形状，这种方法具有形貌、粒径和孔径可控的优点。模板法包括硬模板法和软模板法。硬模板法大多是利用已有的或新制备的纳米材料的内表面或外表面作为模板，在模板上引入单体，通过成核和生长等过程，根据模板的不同可得到纳米颗粒、纳米棒、纳米线或纳米管、空心球和多孔材料等多种形貌。与软模板法相比，硬模板法由于采用了刚性模板而具有更强的限域作用，能够严格控制纳米材料的大小、尺寸和形貌。但是，硬模板法除去模板时往往需要一些强酸、强碱或有机溶剂，这一工艺过程很容易将得到的形貌均一的纳米材料破坏掉，同时反应物与模板的相容性对纳米材料的形貌也有影响。

(4) 微乳液法

微乳液是由两种互不相溶的液体在表面活性剂的作用下形成热力学稳定的、各向同性的、外观透明或半透明的液体分散体系，分散相直径约为1～100nm。微乳液形成后，可以作为微反应器，经过成核、团聚和生长等过程制备出纳米颗粒。微乳液法操作简单、条件温和、消耗能量低，并且制备的纳米材料粒径分布窄、容易控制，易获得粒径均匀的纳米微粒，通过选择不同的表面活性剂分子对颗粒表面进行修饰，可获得所需特殊物理、化学性质的纳米材料。微乳液法制备的纳米材料表面包覆了一层表面活性剂分子，不易团聚，因而具有更好的稳定性，同时也改善了纳米材料的界面性质，对于其光学、催化等性质有一定的提高。

(5) 光化学还原法

光化学还原法是指在高能量的紫外线照射下，在溶液中产生高还原能力的自由电子，进而发生还原反应，使金属离子变为金属原子，金属原子由于高表面能而自发聚集，形成金属纳米粒子。光化学还原法制备金属纳米颗粒的优点是不用加还原剂，不必控制反应温度，重复性好，易于操作等。但此方法也有一些不足，如紫外线的吸收范围较窄，光能利用率低，反应效率受到催化剂、波长和反应器的限制，光照产生的电子空穴对容易复合而失活等。

(6) 液相化学还原法

直接液相还原法是制备金银纳米颗粒最常用的方法之一，通过在溶液中直接加入还原剂将金银离子还原为原子，经过成核、团聚及生长过程得到纳米颗粒。该方法操作简单，成本较低，能够在短时间内合成大量纳米颗粒，适合工业化生产。常用的还原剂包括柠檬酸钠、抗坏血酸、硼氢化钠、乙二醇等。但此方法合成时反应过程不易控制，制备出的纳米颗粒表面能较高，容易发生团聚，分散性差等。为了提高纳米颗粒的分散性，在制备过程中，通常加入一定量的表面活性剂来抑制纳米颗粒的团聚。常见的保护剂大多数是有机化合物，包括聚乙烯吡咯烷酮、十六烷基三甲基溴化铵、十六烷基三甲基氯化铵等，主要通过范德华力和偶极子弱静电作用来稳定纳米颗粒。

(7) 种子生长法

种子生长法是制备可控金属纳米材料的一种有效手段。该法将金属纳米颗粒的制备分为两步。第一步是在表面活性剂的存在下，采用还原性较强的还原剂制备出粒径较小的种子，常见的种子有Ag种子、Au种子等。由于Au种子稳定性更好，形貌更容易控制，因此使用范围更为广泛。第二步是配制生长液，使金属前驱体在还原剂的作用下，生成金属单体并在种子上生长，从而得到纳米颗粒。该法的关键是控制前驱体生成的速度，即控制生成金属单体的速度。若生成单体的速度太慢，制备出的金属纳米颗粒容易产生多种形貌；若生成单体的速度太快，则制备的纳米颗粒容易出现粒径不均一的状况。因此，选择合适的还原剂和控制反应条件是制备粒径均一、形貌可控的金属纳米颗粒的关键。

2. 金银纳米颗粒的应用

金属纳米材料作为纳米材料的一大分类，自诞生以来对各个领域都产生了巨大影响，如高密度磁记录材料、表面涂层材料、高效催化材料、导电浆料等。另外，有一些金属纳米材料具有独特的气敏、压敏、湿敏等性能，将其应用于传感器技术上将会大大提高传感器性能。

（1）金银纳米颗粒的局域等离子体共振效应

光作为一种电磁波，当它入射到金属纳米颗粒的表面时，会和金属纳米颗粒相互作用，使金属纳米颗粒费米能级附近导带上的电子与离子分离，分离后电子在库仑力的作用下重新复合，从而引起金属纳米颗粒表面自由电子的集体振荡。如果入射光的频率和电子振荡的频率一致，就会产生共振，并且会对入射光产生极强的吸收和散射；同时，由于电子振荡使表面电荷发生极化，产生了极大的近场电场增强。

根据Mie理论，纳米颗粒的尺寸、形状、结构与周围介质的介电常数密切相关。对于金纳米材料，常见的形貌是纳米球和纳米棒，对于球形纳米颗粒，只存在一种共振模式，它的共振吸收峰位置取决于颗粒直径；但对于棒状纳米颗粒，在短轴方向和长轴方向各有一种电子振动模式，分别称为横轴振动和纵轴振动。横轴的共振吸收峰取决于金纳米棒的直径，纵轴共振吸收峰则取决于金纳米棒的长径比。当金纳米棒的长径比增加时，其共振吸收光谱由可见区移动到紫外区。

金银纳米材料由于其在紫外区和可见区会产生等离子体共振吸收，因此具有超强光散射和独特的等离子体共振耦合特性，在分析检测等领域具有广泛的应用前景。基于局域表面等离子体共振效应的传感器可进行实时、高灵敏度的检测，而且无污染、无须标记，在药物研究、生物检测、细胞标记、定点诊断及疾病诊断等多方面有着广泛的应用。

例如，Hg^{2+}是汞元素在环境中稳定存在的形式之一，侵入人体内会对大脑、神经系统、肾脏和内分泌系统等产生严重的损伤，极大地危害人体健康。对Hg^{2+}进行快速、方便的检测意义重大。目前，Hg^{2+}检测的方法有荧光法、化学发光法、原子吸收光谱法以及电感耦合等离子体质谱法等，这些方法都需要大型仪器设备，且存在操作复杂、受采样地点与时间的限制等缺点。比色法检测Hg^{2+}成本较低、灵敏性较高、操作简单、方便快捷，日益受到科学家们的重视。研究发现，Au和Hg可以紧密结合，形成稳定的金汞齐结构，该纳米结构具有很高的过氧化氢模拟酶催化活性。基于金汞齐良好的过氧化氢模拟酶活性，设计了检测Hg^{2+}及H_2O_2的便携式试纸，降低了检测成本，提高了检测手段的便利性。

上述检测反应原理如图17-1所示。金纳米颗粒作为过氧化物模拟酶，可催化TMB（3,3′,5,5′-四甲基联苯胺）和H_2O_2发生反应，生成蓝色产物，记为oxTMB，该产物在650nm处有明显的紫外吸收峰。当有Hg^{2+}及还原剂存在时，在金纳米颗粒表面会形成稳定的金汞齐纳米结构，大大提高了纳米颗粒的催化活性，此时溶液蓝色加深，紫外可见吸收峰值增大。根据待测体系吸收峰强度及颜色变化，利用朗伯-比尔定律，可以计算出Hg^{2+}的浓度。此外，体系中H_2O_2含量不同，在固定时间内oxTMB的生成量不同。因此，此检测体系为H_2O_2的定性定量分析提供了可能。另外，为进一步降低检测成本、简化操作步骤、提高检测手段的实用性等，设计了便携式试纸，促进了Hg^{2+}及H_2O_2检测的发展。

比色试纸的制作如图17-2所示，将亲水硝化纤维素膜在缓冲溶液中浸泡一段时间，再在金纳米颗粒与柠檬酸钠的混合溶液中浸泡后干燥。将其剪成尺寸为0.8cm×0.2cm的条状，作为参照线或指示线，粘贴到疏水聚氯乙烯膜上。每条试纸上有一条参照线、一条指示线。参照线上的Hg^{2+}浓度为$5nmol \cdot L^{-1}$，H_2O_2浓度为$500\mu mol \cdot L^{-1}$，TMB浓度为

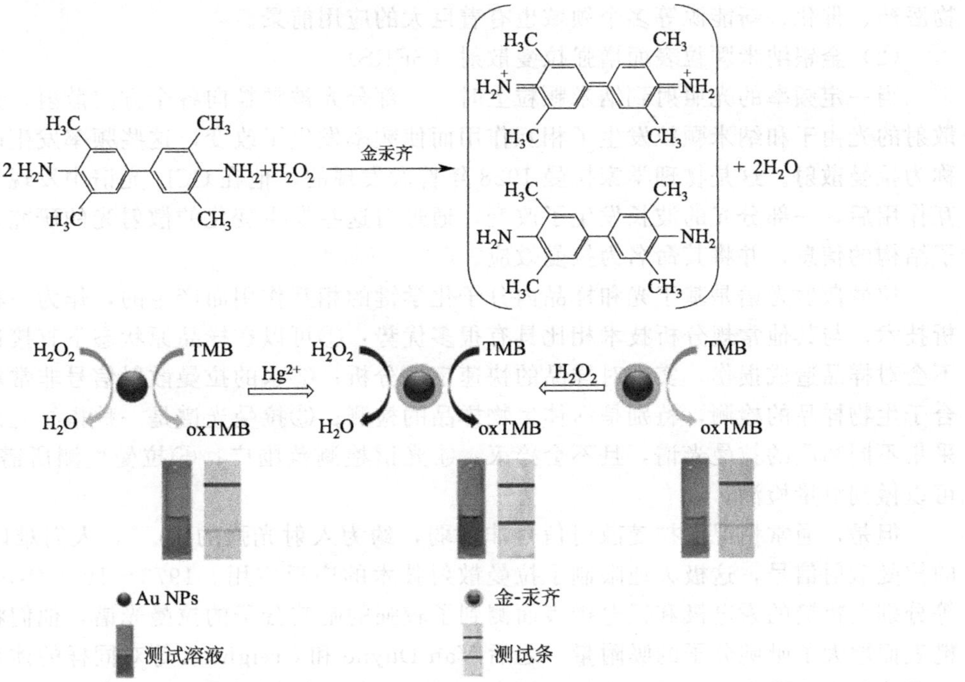

图 17-1　基于金汞齐比色法检测 Hg^{2+} 及 H_2O_2 的原理示意图

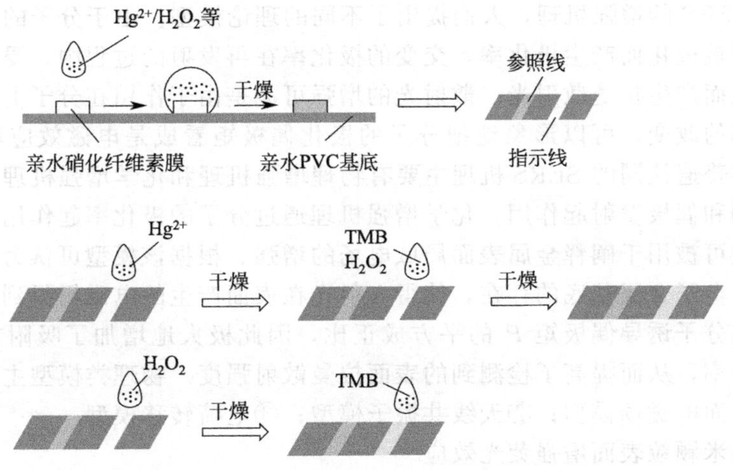

图 17-2　Hg^{2+} 及 H_2O_2 检测试纸的制作方法

$5\mu mol \cdot L^{-1}$。Hg^{2+} 检测试纸是将未知浓度的 Hg^{2+} 滴加到指示线上，然后分别滴加 $500\mu mol \cdot L^{-1}$ H_2O_2 与 $5nmol \cdot L^{-1}$ TMB 溶液，观察其颜色，与标准比色试纸进行对照，确定 Hg^{2+} 浓度。H_2O_2 检测试纸则是将 $5nmol \cdot L^{-1}$ 的 Hg^{2+} 滴加到指示线上，然后滴加未知浓度的 H_2O_2 及 $5\mu mol \cdot L^{-1}$ TMB 溶液，观察其颜色，和标准比色试纸进行对照，确定 H_2O_2 浓度。

金银纳米材料作为常见的贵金属纳米材料，其应用范围绝不仅限于分析检测领域，在生物医药、催化、新能源等多个领域也有着巨大的应用前景。

（2）金银纳米颗粒表面增强拉曼散射（SERS）

当一定频率的光照射到纳米颗粒上时，一部分光被颗粒向各个方向散射，其中一部分被散射的光由于和纳米颗粒发生了相互作用而使频率发生了改变，这些频率发生改变的散射光称为拉曼散射。这是物理学家拉曼1928年首次发现的，他在CCl_4光谱中发现当光与分子相互作用后，一部分光的波长发生了改变，通过对这些发生变化的散射光的研究，可以得到分子结构的信息，并将其命名为拉曼效应。

拉曼散射光谱是基于光和样品内分子化学键的相互作用而产生的，作为一种强有力的分析技术，与其他常规分析技术相比具有很多优势：①可以在样品原状态下直接进行检测，而不会对样品造成损伤，实现对样品的快速定性分析；②水的拉曼散射信号非常弱，这非常适合于生物样品的检测，特别是活体生物样品的检测；③拉曼光谱是一种指纹光谱，可以同时采集不同物质的拉曼光谱，且不会猝灭；④光谱检测范围广；⑤拉曼检测所需的样品量少，可以做到痕量检测。

但是，通常情况下拉曼散射信号非常弱，约为入射光强的10^{-6}，人们难以研究如此弱的拉曼散射信号，这极大地限制了拉曼散射技术的广泛应用。1973～1974年，Fleischmann等分别在粗糙的汞电极和银电极表面测到了较强的吡啶分子的拉曼光谱，他们将此归因于粗糙表面增大了吡啶分子的吸附量。之后Van Duyne和Creighton等对同样的体系进行了细致的理论和实验研究，发现拉曼信号提高了近106倍，他们认为这不可能仅仅是因为表面积增加引起的，而是存在某种物理原因，他们将分子在粗糙的金属表面拉曼散射增强的现象称为表面增强拉曼散射，对应的光谱称为表面增强拉曼散射光谱。大量的研究表明，金、银等贵金属材料SERS活性最为突出。

为了解释SERS的增强机理，人们提出了不同的理论模型。由于分子的拉曼散射是分子在外电场作用下被极化而产生极化率，交变的极化率在再发射的过程中，受到分子中原子间振动的影响，从而产生拉曼散射光。散射光的增强可能是由于作用在分子上的局域电场的增强和分子极化率的改变，可以形象地把分子的极化偶极矩看成是电磁效应和分子效应的乘积。目前学术界普遍认同的SERS机理主要有物理增强机理和化学增强机理两类，物理增强机理通过局域场和偶极发射起作用，化学增强机理通过分子的极化率起作用。

物理类模型可被用于阐释金属表面局域电场的增强。根据该模型可认为，具有一定表面粗糙度的类自由电子金属基底的存在，使得入射光在表面产生的电磁场得到较大的增强，而拉曼散射强度与分子诱导偶极矩P的平方成正比，因此极大地增加了吸附在表面的分子产生拉曼散射的概率，从而提高了检测到的表面拉曼散射强度。物理类模型主要包括以下3种典型模型：①表面电磁场模型；②天线共振子模型；③电荷转移模型。

（3）金银纳米颗粒表面增强荧光效应

表面增强荧光效应是指当荧光物种靠近金属纳米结构衬底附近时，其辐射行为将会受到调控，适当条件下，荧光物种的光谱辐射强度将会比处于自由态的强度有所增加的现象。早在20世纪70年代，Drexhage等就发现金属纳米结构增强荧光现象，随后Gersten和Weitz等对该现象进行了理论分析与解释。在早期由于大多数研究学者主要关注表面增强拉曼效应的研究，表面增强荧光效应没能得到科研人员的重视。考虑到荧光增强在光谱传感检测和生物医疗方面具有重要的研究意义，21世纪初，Lakowicz等系统地研究了银纳米薄膜对荧光分子的光谱调控规律，对金属表面增强荧光现象展开了系统的研究，并对其产生机理及应用进行了综述。一般而言，影响表面增强荧光的因素有如下3种：①衬底金属在外光场激励下产生表面等离子体共振引起局域场增强；②荧光物种量子产率和辐射速率的增加；③衬底金属与荧光物种之间的能量传递。具体解释如下：当外光场的入射光频率与衬底金属的固有频率以及荧光物种的发射波段三者耦合匹配时，会使金属表面形成集体电子振荡模式，引起局域场增强。在局域场增强的情况下，荧光物种的自由电子跃迁数目增多，荧光辐射速率加快，量子产率提高。但是，如果衬底金属与荧光物种的间距过近就会导致激发态荧光物种以非辐射的方式将能量传递给衬底金属，吸收能量后的衬底金属就会产生热效应，并且引起荧光物种的辐射效率降低，发生荧光猝灭现象。在表面增强荧光效应的研究中，荧光增强与荧光猝灭是一个相互克制的过程，这主要与金属纳米材料表面的形貌、大小以及荧光物种到金属表面的距离有关。为了获得良好的荧光增强效果，荧光增强与猝灭之间最佳平衡态的研究还在持续中。

例如，凝血酶是一种可以激活血小板，并使血小板聚集的高效、止血药物蛋白酶；高灵敏检测凝血酶在临床检测方面具有重要意义。

通过经典的柠檬酸钠还原法制备了粒径均一的银纳米颗粒，利用银纳米颗粒表面等离子体共振效应，通过包覆不同厚度的 SiO_2 层，进而控制银纳米颗粒与荧光材料 Cy5 之间的距离，实现了对 Cy5 荧光强度的最大增强。利用凝血酶与适配体之间的特异性结合及 GO（氧化石墨烯）与荧光材料 Cy5 之间荧光共振能量转移效应（FRET），将金属增强荧光效应（MEF）与 FRET 结合可以实现对凝血酶的高灵敏度检测。

其实验原理如图 17-3 所示。首先将适配体固定在 $Ag@SiO_2$ 表面，加入 Cy5 标记的辅助 DNA，依靠碱基互补配对原则，把荧光 Cy5 带到 $Ag@SiO_2$ 表面。由于 $Ag@SiO_2$ 的荧光增强效应，使 Cy5 荧光强度增强。当加入凝血酶与 GO 后，适配体与凝血酶特异性结合形成三明治结构，使得 DNA 双链发生解旋并断开，Cy5 从 $Ag@SiO_2$ 表面离开并被 GO 所吸附，Cy5 的荧光团会通过偶极子之间的相互作用将能量以非辐射的方式转移给邻近的受体分子 GO，导致荧光共振能量转移，荧光猝灭。因此，利用表面等离子体共振增强荧光效应及荧光共振能量转移效应的共同作用，可以实现对凝血酶浓度的高灵敏检测。

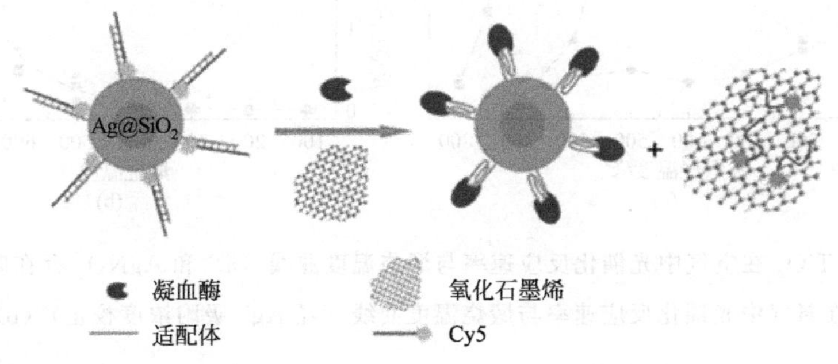

图 17-3　利用金属增强荧光及荧光共振能量转移检测凝血酶的原理示意图

参考文献

[1] Sui Ning，Wang Lina，Xie Fengxia，et al. Ultrasensitive Aptamer-Based Thrombin Assay Based on Metal Enhanced Fluorescence Resonance Energy Transfer. Microchimica Acta，2016，183（5）：1563-1570.

[2] Wang Lina，Liu Fengya，Liu Manhong，et al. A Colorimetric Assay for Hg(Ⅱ) Based on the Use of a Magnetic Aptamer and a Hybridization Chain Reaction. Microchimica Acta，2016，183（11）：2855-2860.

[3] Sui Ning，Liu Fengya，Wang Ke，et al. Nano Au-Hg Amalgam for Hg^{2+} and H_2O_2 Detection. Sensors and Actuators B：Chemical，2017，252：1010-1015.

[4] Sui Ning, Wang Ke, Wang Lina, et al. Ultrasensitive Detection of Hg(Ⅱ) through Metal-enhanced Fluorescence and Hybridization Chain Reaction. Sensors and Actuators B: Chemical, 2017, 245: 568-573.

案例 18： TiO_2 光催化机理研究与性能优化技术

根据自身研究领域和研究成果，笔者对 TiO_2 在光催化中的反应机理论证和材料性能优化技术进行简要介绍。

1. TiO_2 光催化本征机理研究

针对 TiO_2 光催化降解过程，理论上，TiO_2 在紫外光照下首先产生导带电子和价带空穴，继而在界面处引发氧还原反应。由于每一种催化剂都有确定的本征光活性，TiO_2 在不同的反应体系中都应该有共同的活性规律。然而实际情况并非如此，所以真实的反应速率必然受到了一些外在因素的影响。例如，锐钛矿通常比金红石相的光催化活性更好，而含有烧结面的混合晶相效果会继续提升。众所周知，固体的各项物理性质不是独立存在的，要弄清楚 TiO_2 单一物理结构和光活性之间的直接联系依然存在一定难度。

基于对 TiO_2 光催化剂本征活性的探索，发现晶相、孔隙结构等物理性质各异的 TiO_2 样品，在利用相同的温度烧结处理后，在空气中和氮气中的反应过程大不相同。在空气中，锐钛矿的活性普遍高于金红石［图 18-1(a)］。然而，在氮气中，以银离子（Ag^+）作为电子捕获剂时，众多样品的光催化活性惊人的相似，当以表面银离子吸附量修正后更是达到高度重合［图 18-1(b)］。

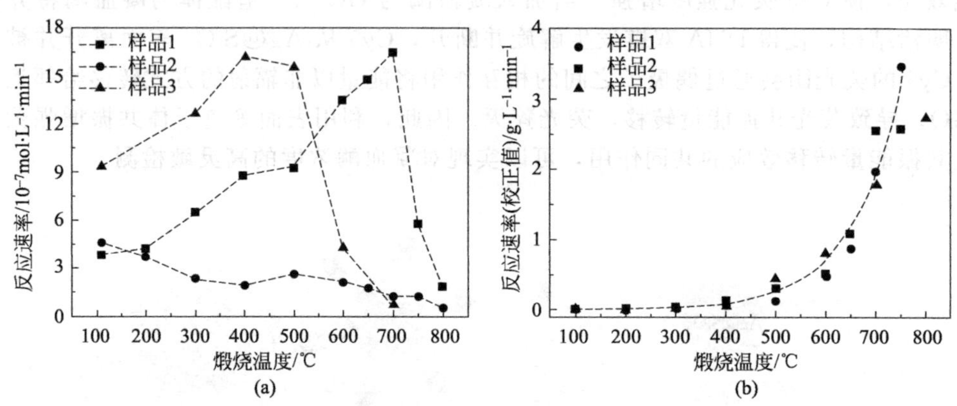

图 18-1 不同 TiO_2 在空气中光催化反应速率与煅烧温度曲线（a）和 $AgNO_3$ 存在时，不同 TiO_2 在氮气中光催化反应速率与煅烧温度曲线（经 Ag^+ 吸附浓度校正）(b)

实验结果显示，不论是有机物还是水的分解，当催化剂表面吸附的电子受体数量一定时，锐钛矿和金红石在给定煅烧温度下就会产生相似的真实光催化活性，表观光催化活性差异是由于不同催化剂对 O_2 吸附能力不同造成的。因而，对于高级光催化剂的研究，笔者提出了如下结论：多孔且高结晶度的锐钛矿相 TiO_2 适合于有机物的降解处理，而无孔及高结晶度结构的金红石相 TiO_2 则适用于光解水制氧。

2. TiO_2 光催化活性的优化技术

经过近五十年的研究，TiO_2 被公认是目前最合适的光催化材料，但是其催化性能仍受到以下几个方面限制：①TiO_2 禁带宽度较大（约为 3.2 eV），只能被 380nm 以下的紫外线激发，这部分能量只占到达地球表面太阳辐射的 5%左右；②光生载流子的快速复合使得用于有机物降解的量子产率很低，通常不高于 20%，导致太阳能的实际利用率只有 1%左右；③TiO_2 光催化受体系实际情况影响很大，人们对反应机理的认识还处于推测和猜想阶段；④由于反应以光能为驱动力，要求反应体系透光性良好，高浓度的工业废水往往存在杂质多、浊度高、透光性差等特点，反应很难大规模进行。

目前常见的 TiO_2 改性方法主要包括元素掺杂、表面敏化、贵金属掺杂、半导体复合等。其中元素掺杂又包括非金属元素掺杂、过渡金属元素掺杂；表面敏化包括染料敏化和量子点敏化。以上改性方法依据原理各不相同，但都可以从反应速率、载流子寿命和光谱响应等方面不同程度地提高 TiO_2 的光催化活性。我们从中选取了几种有代表性的改性方法进行介绍。

（1）半导体复合

不同半导体之间通过特定方式结合，不仅能有效调节每个组分的性能，往往还能产生许多新的特性。Sepone 课题组在 1984 年报道了 CdS 修饰 TiO_2 后优异的光催化性能，此后有关复合半导体的研究层出不穷。带隙较窄的半导体虽然能在较宽的波长区域被激发，但载流子寿命短、复合快，因而光催化性能比较差。然而，使用窄带半导体修饰 TiO_2，可以在保证载流子分离效率的前提下拓宽响应光区域，提高太阳能的利用率。

半导体复合技术要求两种半导体的禁带宽度、价带和导带的位置、晶型、粒子尺寸以及表面状态等因素互相匹配，常用于 TiO_2 复合的半导体有 CdS、SnO_2、ZnO、ZnS、WO_3 等。我们根据铁元素的变价性质，将不同价态的铁元素以铁氧化物或者铁酸盐的形式与 TiO_2 复合，所得复合材料的光催化性能得到明显改善。除此之外，一些特殊的含铁化合物还赋予了催化材料更多的应用优势。例如，磁铁矿（Fe_3O_4）与 TiO_2 结合后，材料具有了铁磁性，可以利用磁铁收集，有利于催化剂在实际使用过程中的收集处理；一些铁酸盐（如 $CoFe_2O_4$）本身具有催化氧还原（ORR）的活性，与 TiO_2 结合后，不仅可以改变半导体的能带结构，还可以提高氧原子在导带捕获电子的能力，一举两得，具体原理如图 18-2 所示。

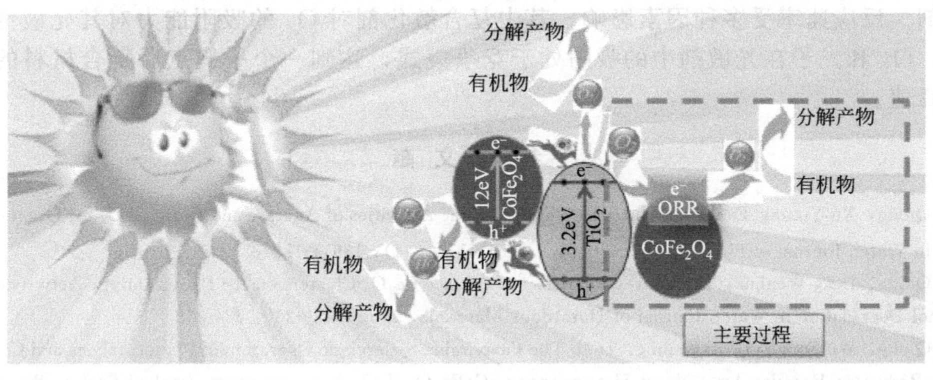

图 18-2 $CoFe_2O_4$-TiO_2 复合纳米材料光催化-氧还原协同反应机理示意图

（2）染料敏化

染料敏化法模仿了自然界中叶绿素的光合作用，是目前将宽带隙 TiO_2 的响应波长拓展到可见光区最有效的方法，可见光的利用率大幅提高。种类繁多的有机光敏染料吸附于 TiO_2 表面后，能够吸收各种波长的可见光甚至近红外光并激发，将电子转移至 TiO_2 的导带，进而生成一系列具有强氧化性的物种，对底物进行降解。这个过程与染料敏化太阳能电池的工作原理是一致的。在光敏化作用中，TiO_2 仅仅是作为电子载体的角色存在，所以影响其光活性的因素与纯 TiO_2 有很大不同。对于染料而言，作为光敏剂需要遵循以下几个原则：①染料分子本身有光敏活性，可以被光照激发；②激发态的染料分子电位与 TiO_2 导带电位相匹配；③敏化剂需要和半导体表面紧密结合以便于电荷传递；④染料激发后要有一定的寿命，并且在失去电子后可以迅速从底物上获得而再生。目前常用的光敏染料主要有吡啶、卟啉和酞菁等。

在实验中合成了四羧基酞菁铝（AlTCPc）染料作为光敏剂，以 TiO_2 为载体，考察了复合光敏材料在可见光区（$\lambda \geqslant 450nm$）对多种有机污染物的催化降解活性，同时探究了光敏化过程中的主要氧化物种和反应机理，光敏反应过程如图 18-3 所示。

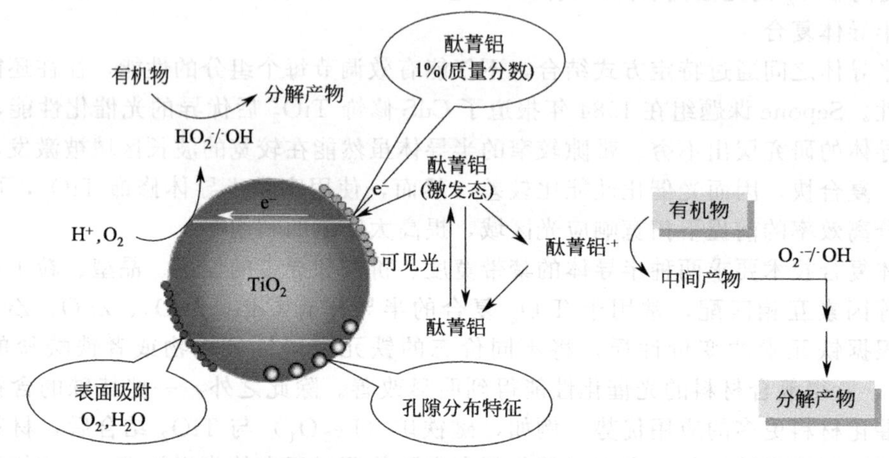

图 18-3 AlTCPc-TiO_2 光敏反应机理示意图

结果显示，四羧基酞菁铝负载 TiO_2 是水溶液中多种酚类取代物在可见光照下降解的高效敏化剂。反应速率受多种因素影响，其中复合敏化剂对 O_2 的吸附能力对其光敏活性起决定作用，O_2 和光子在光敏剂中的吸附处于竞争模式，达到一个平衡点后复合材料的催化活性达到峰值。

参考文献

[1] Sun Qiong，Xu Yiming. Evaluating Intrinsic Photocatalytic Activities of Anatase and Rutile TiO_2 for Organic Degradation in Water. Journal of Physical Chemistry C，2010，114（44）：18911-18918.

[2] Sun Qiong，Leng Wenhua，Li Zhen，et al. Effect of Surface Fe_2O_3 Clusters on the Photocatalytic Activity of TiO_2 for Phenol Degradation in Water. Journal of Hazardous Materials，2012，229-230：224-232.

[3] Sun Qiong，Wu Songhao，Li Kaijing，et al. The Favourable Synergistic Operation of Photocatalysis and Catalytic Oxygen Reduction Reaction by a Novel Heterogeneous $CoFe_2O_4$-TiO_2 Nanocomposite. Applied Surface Science，2020，516：146142.

[4] Sun Qiong，Xu Yiming. Sensitization of TiO_2 with Aluminum Phthalocyanine：Factors Influencing the Efficiency for Chlorophenol Degradation in Water under Visible Light. Journal of Physical Chemistry C，2009，113（28）：12387-12394.

案例 19：新型二次电池关键材料研究

新型二次电池以高安全性、高能量密度或采用廉价、资源丰富的材料等为主要特征，例如锂硫电池、钠离子电池、钾离子电池、镁电池以及二次水系锌电池等。然而，任何一种新型二次电池都存在着一定的优势和劣势。以锂硫电池为例，其能量高达 $2600W \cdot h \cdot kg^{-1}$，而且所采用的硫黄正极材料具有资源丰富、价格低廉的特点，是当前研究最为普遍的一类二次电池。然而，由于硫是绝缘体，其放电产物 Li_2S 也是绝缘体，因此通常需要制备硫碳复合材料作为正极使用。此外，硫的放电过程是逐步释放电子，在此过程中会产生多硫化锂，而多硫化锂可以溶解于常用的醚类电解液中造成正极材料的损失。溶解的多硫化锂也会在浓度梯度和电场的双重作用下进行扩散，并与金属锂负极发生反应。这一系列的化学和电化学过程会导致锂硫电池的循环寿命短、倍率性能差等问题，严重影响其未来的规模化应用。

对于钠离子电池和钾离子电池而言，采用资源丰富的钾和钠取代锂虽然可能会降低电池的成本，但其能量密度难以与锂离子电池相媲美，而且具有较大离子半径的钠离子和钾离子在宿主晶格内的迁移也变得更加困难。以金属镁和金属锌为负极的可充镁电池和锌电池虽然可能会提高电池的安全性，但是镁离子和锌离子在材料中的迁移难以在普通正极材料中实现，这也严重阻碍了其进一步发展和应用。

通过对电极材料的筛选、材料结构的调控以及电极-电解质界面相的改善等，可以对电池的性能进行调控。在当前的研究中，明晰电极充放电的机理以及理解电池失效的内涵也是研究的重点内容之一。以下简要介绍三个研究实例，让大家简单了解当前的发展概况。

1. 异质界面、缺陷引入以及微纳结构设计等综合策略提升储钾性能

金属硫化物是一类重要的电化学储能材料。该类材料理论比容量通常较高。以廉价的硫化铁和层状 MoS_2 为代表的硫化物被认为是极具应用前景的负极材料。然而，钾离子在嵌入和脱出材料时，其离子半径大，会引起材料体积发生明显膨胀和收缩，进而造成材料结构破坏、电极粉化和失活，这严重影响电极的循环性能和容量发挥。此外，金属硫化物电子电导率通常较低，电极动力学过程缓慢，从而造成电极的倍率性能较差。

为提升硫化物材料储钾性能，李桂村课题组通过聚合物包覆、单宁酸刻蚀以及高温硫化等过程，合成了富缺陷 MoS_2 增强 Fe_7S_8/C 复合纳米笼结构（$Fe_7S_8/C@d\text{-}MoS_2$），如图 19-1 所示。该结构具有以下优点：其一，纳米笼结构能够有效缓解电极反应过程中的体积变化，并改善材料的循环性能；其二，碳材料的引入可以提高硫化物复合材料的电子导电性，提高电极反应动力学；其三，富缺陷 MoS_2 可提供更多钾离子吸附位点，并且具有不同

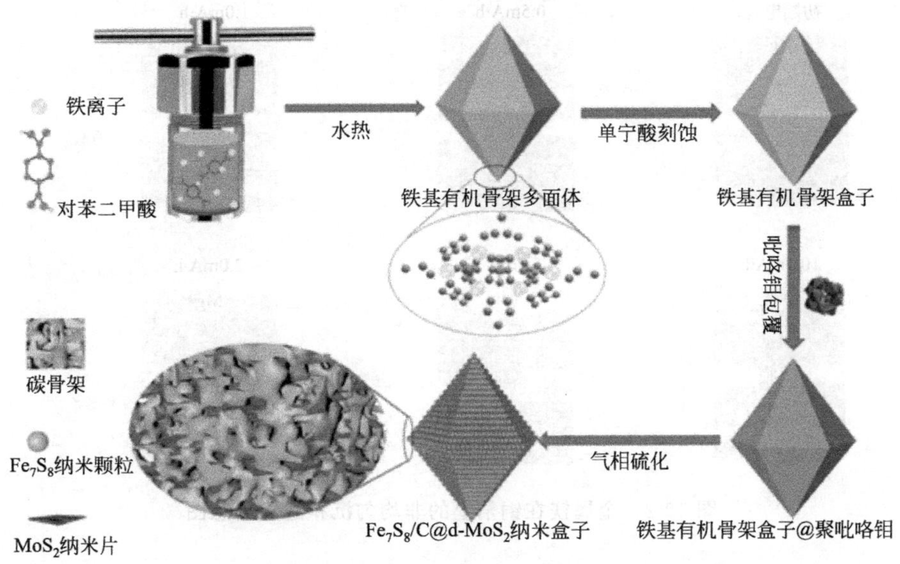

图 19-1 高性能 $Fe_7S_8/C@d\text{-}MoS_2$ 纳米笼制备过程示意图

能带结构的 MoS_2 和 Fe_7S_8 异质界面具有内建电场特性。该结构对钾离子快速迁移起到一定的促进作用。

电化学数据表明，该结构表现出更高的放电比容量和倍率性能。由该材料组装的钾离子全电池也表现出优异的循环性能和低温性能。本研究成果的意义在于提出了构建 MoS_2 和 Fe_7S_8 异质界面、引入富缺陷 MoS_2 以及制备碳纳米笼复合硫化物材料的综合设计策略。该策略可能对其他电池体系也具有一定借鉴和参考意义。

2. 金属镁负极-电解质界面研究

以金属镁为负极的二次镁电池是一种新型储能电池。金属镁负极的主要优点如下：①较高的熔点，空气中可操作加工，安全性能好；②易于规模化加工制备，价格低廉；③质量比容量和体积比容量高。然而，其较高的沉积/溶解电位［Mg/Mg^{2+} 为－2.37V（vs. SHE），而 Li/Li^+ 约为－3.04V（vs. SHE）］导致在组装为全电池时，电池电压较低，进而导致金属镁电池的能量密度与锂离子电池相比没有任何优势。此外，二价镁离子的电荷密度高，其在宿主材料中扩散势垒大，该特点也导致了除谢弗雷尔相（Mo_6S_8）材料外，没有任何一种正极材料能够表现出优异的电化学储镁性能。

金属镁负极是以沉积/溶解形式进行充放电反应。当充电时，正极中镁离子由电解液扩散到负极表面，并与电子进行结合生成金属镁；而放电时，金属镁被氧化为镁离子溶解于电解液中，并经电解液扩散到正极，参与嵌入反应。这样的沉积/溶解过程在小电流密度和低面容量时被证实是高度可逆的电化学行为，然而在实际应用条件下，金属镁的沉积/溶解过程却鲜有研究。

为揭示高面容量以及较大电流密度条件下金属镁沉积形貌，李桂村课题组对比、研究了四类电解液中金属镁沉积/溶解性能、镁沉积形貌以及金属镁-电解质界面化学等。实验结果表明，在高面容量时，Mg//Cu 非对称电池在四类电解液中都出现了内部短路现象，而导致短路的原因可以归结为金属镁沉积的不均匀性，如图 19-2 所示。此外，研究发现金属镁沉积时出现了金属铝共沉积行为，并伴随着氯离子在沉积产物中由表及里的含量逐渐减少的现象，这有可能是造成金属镁沉积不均匀的重要因素。

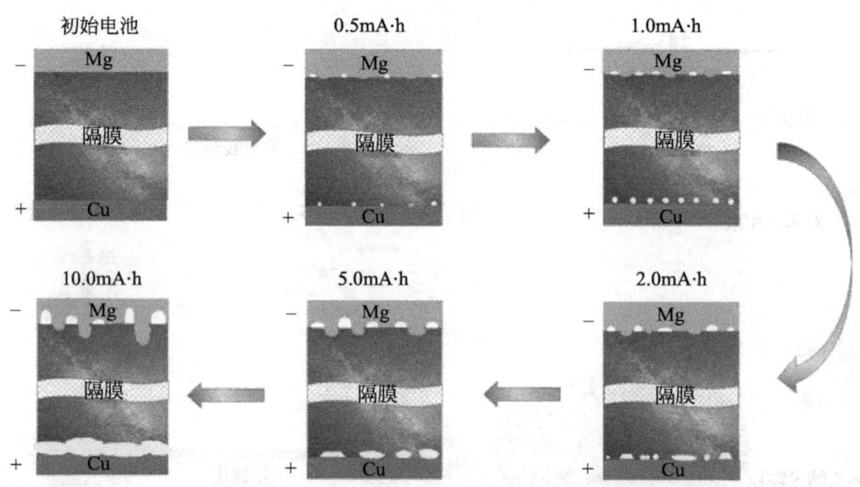

图 19-2　金属镁在铜箔上的非均匀沉积过程示意图

3. 原位构筑合金界面相提高储锂性能

金属锗是一类重要的负极材料。然而，金属锗在充放电过程中体积变化较大，这严重影响电池的循环稳定性。此外，金属锗是一类半导体材料，其较差的电子导电性不利于电子的快速迁移以及电荷转移。构筑人工界面相对于促进电荷转移过程和提高循环性能具有重要作用，也是研究较为广泛的一类提高材料电化学性能的策略。

为提高金属锗的储锂循环稳定性，李桂村课题组在金属锗纳米颗粒与柔性 MoS_2 纳米片之间，采用原位界面生长策略引入 $MoGe_2$ 合金界面相，用于调控金属锗的体积变化以及电子传导特性。该合金界面相具有以下几个作用（图 19-3）。①在 $MoGe_2$ 合金界面相中，电化学惰性 Mo 骨架提供稳定的框架结构，可以有效缓解来自锗纳米颗粒在合金化/去合金化过程中的体积变化。②具有高锂离子和电子传导能力的 $MoGe_2$ 合金界面相在锗纳米颗粒以及 MoS_2 纳米片之间起到"焊点连接"作用，为电子和锂离子的迁移提供了快速通道，有利于电荷转移。③$MoGe_2$ 合金界面相的引入形成了一种独特的顺序锂化/去锂化过程，也就是发生锂化反应时，以 MoS_2—$MoGe_2$—Ge 的顺序进行。这种顺序锂化/去锂化过程在一定程度上也可以起到缓解体积变化的作用。

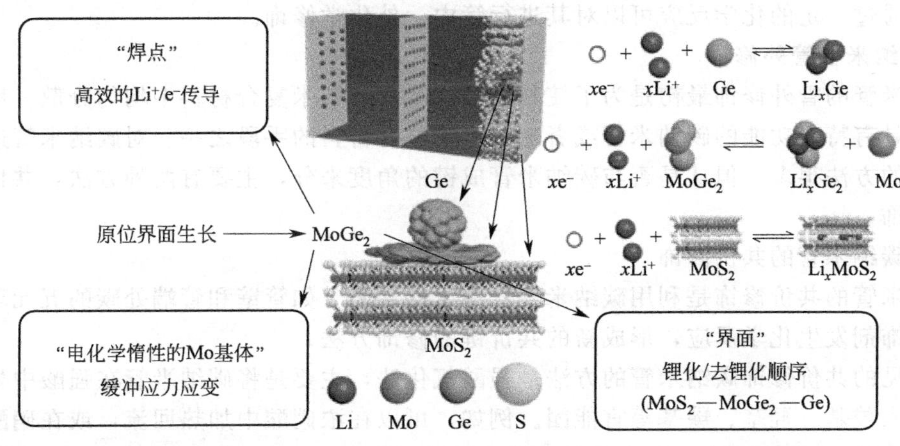

图 19-3　$MoGe_2$ 合金界面相在提升电池性能方面的优点说明示意图

电化学性能研究表明，$MoGe_2$ 合金界面相不仅可以提高电池的放电比容量，而且可以显著改善电池的倍率性能（在 $5.0A \cdot g^{-1}$ 电流密度下，比容量高达 $866.7mA \cdot h \cdot g^{-1}$）以及长循环稳定性（经 500 次循环后，比容量仍为 $838.5mA \cdot h \cdot g^{-1}$）。该界面相生长策略可为未来设计新型高性能电化学储能材料提供借鉴和参考。

新型二次电池技术的发展为寻求高安全性、高能量密度和可快速充放电的化学电源带来了希望，然而这些电化学储能技术仍然不成熟，在规模化应用方面仍然存在诸多技术难题。虽然新型二次电池种类层出不穷，诸如新型的钙离子电池、双离子电池等，但是真正可以被市场所接受的却寥寥无几，这并非就意味着研究和开发新型二次电池没有意义或毫无价值。基础研究仍然需要在新概念、新材料、新机理以及新工艺等方面进行深耕细作，所获得的新材料、新技术和科学见解也必将对新型化学电源的进一步发展产生重要影响，进而不断推进电化学储能技术的进步。

参考文献

[1] Li Wenda, Wang Dezhu, Gong Zhijiang, et al. A Robust Strategy for Engineering Fe_7S_8/C Hybrid Nanocages Reinforced by Defect-Rich MoS_2 Nanosheets for Superior Potassium-Ion Storage. ACS Nano, 2020, 14: 16046-16056.

[2] Song Zihao, Zhang Zhonghua, Du Aobing, et al. Insights into Interfacial Speciation and Deposition Morphology Evo-

lution at Mg-Electrolyte Interfaces under Practical Conditions. Journal of Energy Chemistry，2020，48：299-307.
［3］ Li Lingjie，Wang Dandan，Xu Xiaoxia，et al. In-situ Construction of Conducting Alloy Interphase towards Modulating Li-ion Storage Kinetics. Journal of Energy Chemistry，2021，56：395-403.

案例 20：碳纳米管的修饰及其功能化

碳纳米管（CNTs）具有独特的一维中空结构，因其优异的力学、电学、热学、光学和磁学性能，在锂离子电池、超级电容器、扫描探针显微镜、分子计算机、平板场发射装置及纳米电子器件等领域具有广泛的应用前景。但是，碳纳米管表面的化学惰性及大的长径比，使它不溶于水和常见的有机溶剂，且在溶液中易聚集成束，因而大大限制了碳纳米管在各方面的应用。因此，如何对碳纳米管表面进行修饰及功能化，成为碳纳米管走向实用的关键。

碳纳米管的管壁主要由 sp^2 杂化的碳原子构成，可以形成高度离域化的 π 电子共轭体系，而且由于实际制备的碳纳米管管壁具有大量缺陷、端口碳原子具有较强的化学反应活性，因此通过一定的化学反应可以对其进行管内、外化学修饰。

1. 碳纳米管管外修饰

碳纳米管的管外修饰最初是为了使其在某些溶液或纳米复合材料中均匀分散，但现已发展成制备具有特定功能的碳纳米管或者碳纳米管复合材料的手段之一。对碳纳米管进行管外化学修饰的方法很多，但从是否与碳纳米管成键的角度来分，主要有两种方法：共价修饰和非共价修饰。

（1） 碳纳米管的共价修饰

碳纳米管的共价修饰是利用碳纳米管管壁上的缺陷（如管壁和管端处碳的五元环或七元环）与修饰剂发生化学反应，形成新的共价键的修饰方法。

最常见的共价修饰碳纳米管的方法是强酸氧化法，主要是将碳纳米管在强酸中处理，使其表面引入羧基、羟基、羰基等官能团。例如，可以在浓硝酸中加热回流，或在硝酸与硫酸的混合酸中超声，也可以在含有某种氧化剂（如 $KMnO_4$、K_2CrO_7、H_2O_2）的硫酸中超声。引入羧基、羟基等活性官能团后，可进一步通过酯化、酰胺化等共价交联反应再引入一系列的功能性物质，如磁性氧化物、功能半导体、贵金属纳米晶、生物分子等。碳纳米管的酸氧化在碳纳米管化学中具有里程碑式的意义，它不仅大大改善了碳纳米管的分散性，而且再进行适当的修饰还可以增加其在水或有机溶剂中的溶解性，大大推进了碳纳米管的实用化。

另外一些共价修饰的方法是碳纳米管的卤化（如氟化、溴化、氯化）和臭氧化等。大量研究表明，碳纳米管比较容易和氟发生反应，在水合肼的作用下氟化碳纳米管又可被还原为原始的碳纳米管；经超声处理后，氟化碳纳米管可溶于醇中；氟化的单壁碳纳米管的 C—F 键比传统的 C—F 键弱很多，易被 RLi、RMgX 或 RONa 等亲核试剂进攻，从而可实现碳纳米管的进一步功能化。目前人们可通过电化学的方法成功实现碳纳米管的氯化、溴化和臭氧化，这种侧壁卤化的碳纳米管可溶于极性有机溶剂。

碳纳米管的卤化与酸氧化略有不同。酸氧化更适用于管端的功能化，它对碳纳米管的截短和开口特别有效，而卤化是一种很好的侧壁功能化途径。共价修饰法的不足是破坏了碳纳米管的晶格结构，因而会部分破坏碳纳米管的电学特性。

（2） 碳纳米管的非共价修饰

碳纳米管的非共价修饰是不改变碳纳米管的结构和电学特性，依靠物理吸附、范德华力、π-π 共轭作用、亲疏水作用等非共价键作用来实现碳纳米管的功能化。常用的非共价修饰剂有聚合物、表面活性剂、生物大分子、芳香环化合物等。非共价修饰最大的优点是得到的碳纳米管结构完整，可保留其原有的力学、电学、磁学性质。

聚合物和生物大分子一般是通过缠绕、包覆或吸附的方式修饰碳纳米管，含有共轭基团或芳基的小分子或聚合物通过其共轭或芳香基团与碳纳米管的 π-π 共轭作用对碳纳米管进行修饰，修饰后的碳纳米管具有较好的分散性和溶解性，甚至可以分离金属性和半导体性的碳纳米管。一些离子型表面活性剂分子（PEI、SDS 等）可吸附在碳纳米管表面，它们在增大碳纳米管之间的位阻作用的同时，还可在一定的 pH 值下离解而带有电荷，利用这些电荷可对碳纳米管进行进一步的修饰。中科院上海硅酸盐研究所高濂团队用表面活性剂修饰的方法，成功制备出多种具有特定功能的无机物修饰碳纳米管的复合材料，获得了广泛关注。

2. 碳纳米管的管中填充

碳纳米管的一维纳米中空管（直径为 0.4～50nm）结构，可以作为纳米反应容器，填充于其中的反应物，可实现真正意义上的纳米尺度反应。管内的填充物可与碳纳米管形成纳米级复合物，这将赋予碳纳米管许多新颖的电、磁等性质，在电子、信息等领域具有广阔的应用前景。通常，碳纳米管的填充有三种方式：①在制备碳纳米管过程中原位填充，即某些金属或金属化合物在碳纳米管生长过程中自然地包容在碳纳米管的管腔中；②物理填充，先使得碳管开口，随后通过毛细管渗透作用进行填充；③化学填充，即在强酸氧化开口的同时，同步进行填充。目前，人们通过先获得开口的碳纳米管，然后利用毛细作用填充，再发生化学反应的方法制备了多种物质填充的碳纳米管，如纳米银、纳米金、纳米镍、纳米铁、纳米钴、纳米铀、纳米 C_{60}、纳米酞菁铒等；还发现，碳纳米管对其所包含的功能材料具有很强的保护作用。大量的研究表明，碳纳米管的打开和填充过程一步进行比分步进行时填充率高，在填充过程中毛细作用是主要推动力。当表面张力小于 $190mN \cdot m^{-1}$ 时，即可被填充。

碳纳米管的填充衍生出三个研究方向：①制备特殊物质填充碳纳米管的复合体；②制备一维纳米线；③填充、吸附于碳纳米管内客体的物理、化学性质研究。

3. 碳纳米管管端修饰

随着对碳纳米管应用研究的不断深入，往往需要把单分散的碳纳米管组装到一定的纳米器件或生物大分子中。因此，常需要只修饰碳纳米管端口而使管壁不受破坏。关于碳纳米管端口的修饰主要有以下三种情况。①两端用相同的功能分子修饰。这种情况如同前面共价修饰部分提到的，先用酸氧化法使碳纳米管端口带上羧基，再通过反应物与羧基的进一步作用使碳纳米管功能化。②只修饰碳纳米管的一端。这种情况主要针对在基体上生长的高度定向碳纳米管，通常是用等离子体技术打开端口，再进行进一步的化学修饰。这类碳纳米管在场发射、电化学传感器及原子力显微镜探针等方面具有很好的应用前景。③两端用不同的功能分子修饰，即碳纳米管端口的非对称修饰、双功能化的碳纳米管。这种非对称修饰，修饰的对象通常是碳纳米管阵列或者碳纳米管薄膜。一般将薄膜置于气液界面上，一端用光辐射或等离子体处理碳纳米管，另一端用固液反应引入所需的官能团。

4. ZrO_2 包覆碳纳米管材料的合成与表征

由于碳纳米管具有独特的一维中空结构及优异的力学性能，常常被用于复合材料的增强体。但是，由于碳纳米管表面的化学活性低、与基体的相容性差，制备出的复合材料没有表现出理想的强韧化效果，特别是以陶瓷为基体的复合材料，这点表现得尤为明显。究其原因主要是碳纳米管与基体间没有形成较强的界面结合。因此，笔者发明了一种在碳纳米管表面修饰氧化锆的方法，以期达到改善碳纳米管与陶瓷基体的界面相容性问题。

（1）实验方法

① 碳纳米管的纯化。将碳纳米管置于一定温度的烘箱中烘干，除去其所含水分。将适量烘干后的碳纳米管加到浓硝酸中，于140℃回流处理若干小时，冷却后过滤，洗涤3～5次，烘干备用。

② ZrO_2 包覆碳纳米管复合粉体的制备。将一定量酸化处理后的碳管分别浸入30mL 0.3mol·L^{-1} 的 $ZrOCl_2 \cdot 8H_2O$ 水溶液中，超声分散15～60min后置于高压反应釜中，在150℃、180℃、200℃下水热反应12～24h。反应结束后产物用水、乙醇各洗涤三次，干燥后即得到纳米 ZrO_2 包覆碳纳米管的复合粉体。

为了探寻制备此复合材料的最佳工艺，研究了不同碳管含量（调节氧氯化锆溶液的浓度为0.3mol·L^{-1}、0.03mol·L^{-1} 及0.008mol·L^{-1}）、不同反应时间（12h、24h）及不同pH值（pH<2、8～9、>12）对制备二氧化锆包覆碳纳米管复合粉体的影响。

（2）不同碳管含量对 MWNTs/ZrO_2 复合材料的影响

图20-1是纯碳纳米管及在150℃反应12h，pH<2条件下制备的不同碳管含量的MWNTs/ZrO_2 复合粉体的X射线衍射谱图。图中a是碳纳米管（002）及（110）晶面的衍射峰。图中b的所有峰都对应于单斜相二氧化锆（m-ZrO_2）的衍射峰，碳纳米管的衍射峰很难辨别出，这可能是由于一方面碳纳米管含量较少，另一方面碳纳米管的主峰被单斜相二氧化锆（$\bar{1}11$）面的宽化峰遮掩。而图中c除了碳纳米管及单斜相 ZrO_2 的主峰外，还出现了四方相氧化锆（t-ZrO_2）（111）面的峰，这意味着m-ZrO_2 和t-ZrO_2 共存于复合材料中。图中d的衍射峰对应于碳纳米管和四方相 ZrO_2 的峰，说明当碳纳米管含量为85%（质量分数）时，此工艺条件下得到的是t-ZrO_2/碳纳米管复合材料。从图20-1可以看出，将碳纳米管置于一定摩尔浓度的 $ZrOCl_2 \cdot 8H_2O$ 水溶液中时，在150℃水热条件下可合成出二氧化锆/碳纳米管复合材料。改变二氧化锆与碳纳米管的质量分数可以得到不同晶相的二氧化锆/碳纳米管复合材料。碳纳米管含量越高，越有利于四方相二氧化锆的形成。

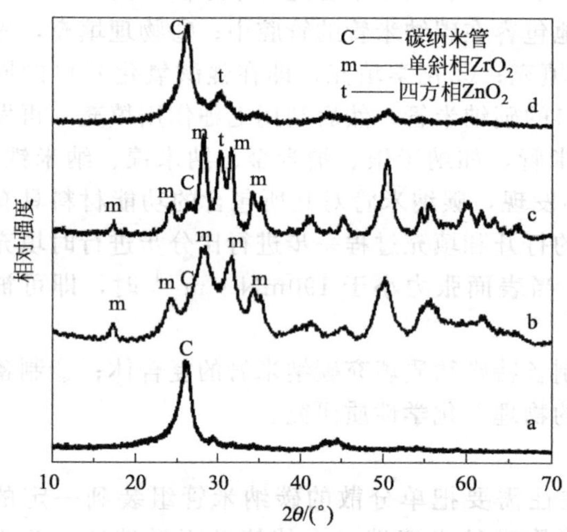

图20-1 碳纳米管与不同碳纳米管含量的 ZrO_2/MWNTs复合材料的X射线衍射图谱

a为纯纳米管；b、c、d中MWNTs的含量分别为5%（质量分数）、15%（质量分数）、85%（质量分数）

图20-2是150℃、12h，pH<2条件下制备的不同碳管含量二氧化锆包覆碳纳米管的复合粉体的透射电镜照片。由图可见，在两个样品中，二氧化锆纳米粒子都均匀地分布在碳纳米管的管壁上。当碳纳米管含量较低时［图20-2(a)、(b)］，氧化锆颗粒尺寸约为20nm，呈纺锤形，均匀地包覆在碳纳米管的外表面，几乎看不到碳纳米管的中腔结构。图20-2(b)给出了复合粉体的高分辨电镜照片，可以清楚地看出氧化锆粒子随机地附着在碳纳米管表面。其中，多壁碳纳米管的层间距为0.34nm，附着在碳管表面的颗粒晶面间距是0.28nm，与单斜相氧化锆（$\bar{1}11$）面的晶面间距一致，进一步确定了碳纳米管表面的覆盖层为氧化锆。

当碳纳米管含量较高时［图 20-2(c)、(d)］，ZrO_2 粒子呈球形，晶粒尺寸在 4～5nm 左右，它们不但分布在碳纳米管的外表面，也有一部分填充到碳纳米管的管腔中，如图 20-2(d) 所示。结合图 20-1(d) 的实验结果，表明此时的二氧化锆为四方相。

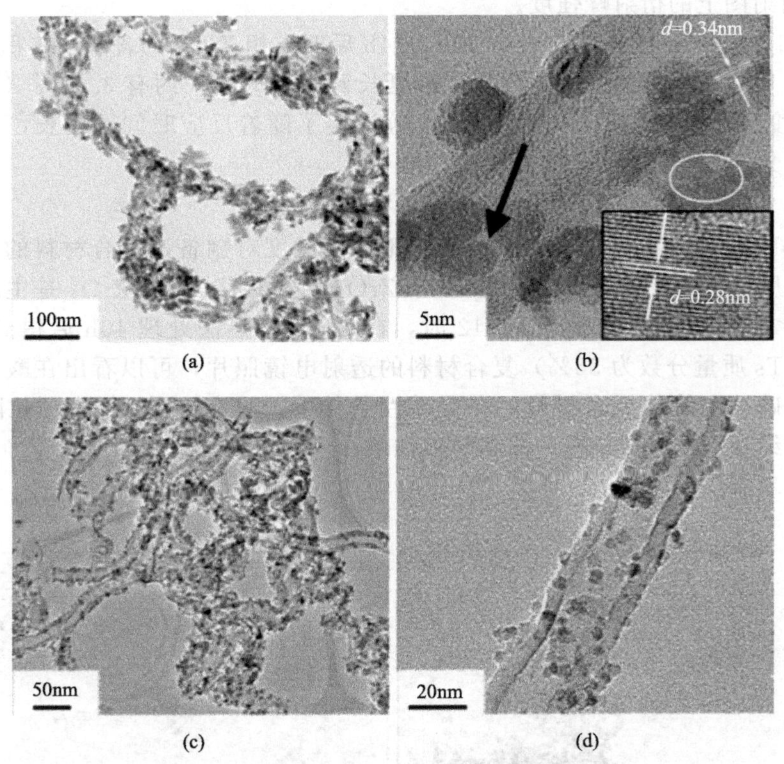

图 20-2　不同碳纳米管含量的 MWNTs/ZrO_2 复合材料的透射电镜照片

(a)，(b) 中的碳管含量为 15%（质量分数）；(c)，(d) 中的碳管含量为 85%（质量分数）

(3) 不同反应时间对 MWNTs/ZrO_2 复合材料的影响

图 20-3 显示了不同反应时间对复合材料的影响，结果表明随着反应时间的延长，产物的结晶度变得更好，而且 t-ZrO_2 的数量随着反应时间的延长而减少。当反应时间从 12h 延长到 24h 时，四方相氧化锆（111）面的衍射峰强度大大降低，意味着部分四方相氧化锆转变成单斜相氧化锆。根据单斜相氧化锆含量计算公式：

$$V_m = \frac{PX_m}{1+(P-1)X_m} \qquad (20\text{-}1)$$

式中，V_m 为 m-ZrO_2 含量，故 t-ZrO_2 的含量为 $V_t = 1 - V_m$；P 为一常数，取 1.340；X_m 为整体综合强度比，可根据式 (20-2) 推断。

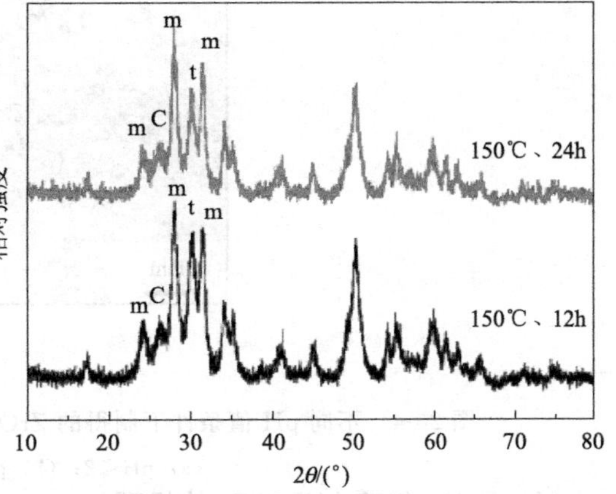

图 20-3　不同反应时间得到的 MWNTs/ZrO_2 复合材料的 X 射线衍射图谱

$$X_m=\frac{I_m(\bar{1}11)+I_m(111)}{I_m(\bar{1}11)+I_m(111)+I_t(101)} \tag{20-2}$$

式中，下标 m、t 代表氧化锆的单斜相和四方相；I_m 与 I_t 为 m-ZrO_2 和 t-ZrO_2 对应晶面在 X 射线衍射图上的衍射峰强度。

由式(20-1) 可算出图 20-3 中反应 12h、24h 后四方相 ZrO_2 的含量（体积分数）分别为 17.47%和 14.63%，所以当反应时间从 12h 延长到 24h 时，大约有 3.43%（体积分数）四方相 ZrO_2 转变成单斜相 ZrO_2。这一结果充分证实了随着反应时间的延长，为了使反应体系更稳定，部分四方相 ZrO_2 会转变成单斜相 ZrO_2。

（4）不同 pH 值对 MWNTs/ZrO_2 复合材料的影响

用 1.0mol・L^{-1} NaOH 作添加剂研究了不同酸碱度对制备该复合材料的影响。发现在碱性条件下，所制备的复合材料 t-ZrO_2 和 m-ZrO_2 两相共存，但 t-ZrO_2 是主晶相。图 20-4 给出了在 pH＜2、pH＝8～9 及 pH＞12 时，在 180℃水热法处理 10h 后得到的 MWNTs/ZrO_2（MWNTs 质量分数为 36%）复合材料的透射电镜照片，可以看出在酸性条件下可得到氧化锆包覆碳纳米管的复合材料；在弱碱性条件下，只有少量 ZrO_2 颗粒附着在碳管表面，大部分碳纳米管没有被包覆；而在强碱性条件下，碳纳米管表面非常干净，几乎没看到碳管被包覆的现象。

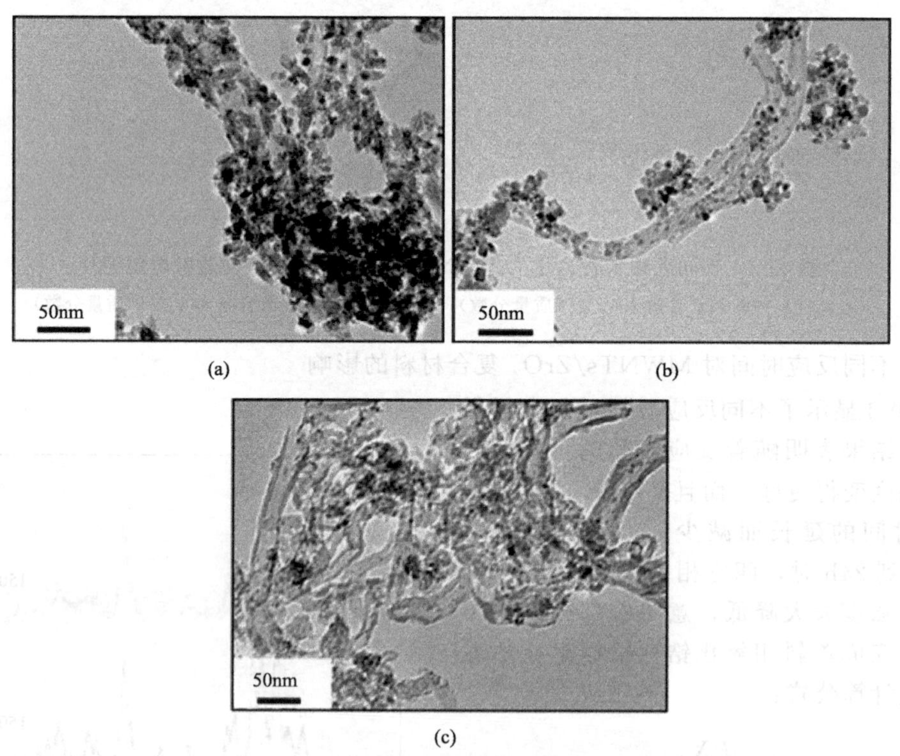

图 20-4 不同 pH 值条件下制得的 ZrO_2 包覆碳纳米管的复合粉体的透射电镜照片

(a) pH＜2；(b) pH＝8～9；(c) pH＞12

（5）ZrO_2 包覆 MWNTs 的机理

当 $ZrOCl_2\cdot 8H_2O$ 溶于水时，在强酸性条件下锆离子主要以 $[Zr(OH)_2\cdot 4H_2O]_4^{8+}$ 四聚体形式存在，它会通过以下的质子化反应释放出 H^+：

$$[Zr(OH)_2 \cdot 4H_2O]_4^{8+} \rightleftharpoons [Zr(OH)_{2+x} \cdot (4-x)H_2O]_4^{(8-4x)+} + 4xH^+$$

当此水溶液被加热时，上述反应向右移动，溶液中$[Zr(OH)_{2+x} \cdot (4-x)H_2O]_4^{(8-4x)+}$的浓度升高，并生成与之形成动态平衡的其他水解产物，如 $[Zr(OH)_8]^{8+}$、$[Zr(OH)_2(H_2O)_7]^{3+}$、$[Zr(OH)_2(H_2O)_6]^{2+}$等。而碳纳米管经酸化处理后表面带负电荷，并带有大量的羧基基团，带有正电荷的 $[Zr(OH)_2 \cdot 4H_2O]_4^{8+}$ 和 $[Zr(OH)_{2+x} \cdot (4-x)H_2O]_4^{(8-4x)+}$ 等离子基团由于静电引力的作用很容易被吸附到碳纳米管表面。随着反应的进行，这些络合离子大量的—OH 与碳纳米管表面的羧基很容易发生缩聚反应形成 C—O—Zr，并进一步形成 ZrO_2 纳米颗粒，从而在酸性条件下可得到氧化锆包覆碳纳米管的复合材料。而在碱性条件下，锆离子依碱性的强弱以 $Zr(OH)_4 \cdot nH_2O$ 或 $ZrO_2 \cdot nH_2O$ 形式存在，它们很难与碳纳米管表面的羧基发生反应，故在碱性条件下得不到 ZrO_2 包覆的复合材料。

该部分介绍了一种原位合成二氧化锆修饰碳纳米管的有效方法，主要是将酸化处理后的碳纳米管置于一定摩尔浓度的 $ZrOCl_2 \cdot 8H_2O$ 水溶液中，在 150～200℃水热条件下原位合成二氧化锆/碳纳米管复合材料。所得材料的结构特征是二氧化锆纳米粒子均匀分布在碳纳米管的管壁上。通过控制反应物的浓度（改变二氧化锆与碳纳米管的质量分数）及 pH 值，可以得到不同颗粒尺寸、不同晶相的二氧化锆/碳纳米管复合材料。

参 考 文 献

[1] Shan Yan，Chen Kezheng，Yu Xuegang，et al. Preparation and Characterization of Biocompatible Magnetic Carbon Nanotubes. Applied Surface Science，2010，257：362-366.

[2] 单妍，张青山，陈克正，等．氧化钛/碳纳米管复合材料的制备及抑菌机理的 AFM 研究．电子显微学报，2013，32（4）：337-343.

[3] Shan Yan，Gao Lian. Formation and Characterization of Multiwalled Carbon Nanotubes/Co_3O_4 Nanocomposites for Supercapacitors. Materials Chemistry and Physics，2007，103（2-3）：206-210.

[4] Shan Yan，Gao Lian. Fe_3O_4 Modified Carbon Nanotubes：An Easy and Efficient Method to Produce Alignment in a Magnetic Field. Chemistry Letters，2006，35（10）：1092-1093.

[5] Shan Yan，Gao Lian. In Situ Coating Carbon Nanotubes with Wurtzite ZnS Nanocrystals. Journal of the American Ceramic Society，2006，89（2）：759-762.

[6] Shan Yan，Gao Lian. Synthesis and Characterization of Phase Controllable ZrO_2-Carbon Nanotubes Nanocomposites. Nanotechnology，2005，16（6）：625-630.

案例 21：催化制氢催化剂材料的研发

在石油、天然气和煤等传统能源日益枯竭，环境污染日益加重的严峻形势下，氢能以热值高、无污染和可再生等优势而受到世界各国的广泛重视。安全、容量大、成本低、使用方便的储氢材料是氢能应用的瓶颈问题。在液相化学储氢材料中，水合肼（$N_2H_4 \cdot H_2O$）具有较高的含氢量［8.0％（质量分数）］、低廉的价格以及在温度 213～392K 范围内呈稳定液态等优点，被认为是一种具有巨大应用潜力的储氢材料。

水合肼的分解存在两种反应路径：完全分解和不完全分解。完全分解产生 H_2 和 N_2，仅产生易分离的 N_2 一种副产物，而不完全分解会产生 NH_3。NH_3 不仅难以分离，而且会毒化 Nafion 膜及燃料电池催化剂。液相的水合肼在催化剂的作用下，在 273～353K 温度范围内快速分解产生 H_2 和 N_2，是其工业化应用的关键。

然而目前，催化水合肼分解制氢的多相催化反应机理仍不确定，普遍认为其反应动力学过程是：首先，肼分子在催化剂表面吸附，完全反应过程是在催化剂作用下，N—H 键优先

断裂生成中间产物 $N_2H_3^*$ 和吸附态 H^*，并逐步发生脱氢反应；不完全反应则是优先发生N—N断裂，生成中间产物 NH_2^*，最终生成 NH_3。根据上述催化机理，理想的催化剂应具有以下特性：①较大的比表面积可快速吸附肼分子；②合理的能级范围促使N—H断裂势垒降低，而副反应N—N断裂的势垒提高；③快速的电子传导性能；④优异的稳定性，避免活性位点减少。开发设计低成本、高催化效率、100% H_2 选择性、可循环使用的催化剂，是实现水合肼成为工业化储氢材料的关键。

贵金属（Pt、Pd、Rh、Ir）或贵金属/过渡金属（Ni、Co、Fe）合金催化剂具有较好的催化水合肼分解制氢性能。但由于贵金属高昂的价格，使用非贵金属元素替代贵金属元素，势必成为催化剂未来研究的发展趋势。非贵金属Ni、Co、Fe元素通过合理的设计，充分发挥合金的电子协同效应或形貌上的几何效应，可以获得优异的催化性能。Xu Qiang课题组最先通过调节镍铁合金中Ni、Fe的化学计量比，调控过渡金属催化剂的“d带空穴”，获得高性能NiFe合金催化剂。随后，Tong Dongge团队制备的单分散的 Ni_3Fe 单晶纳米球，具有 $182.3m^2 \cdot g^{-1}$ 的比表面积；独特的结构形貌使其在室温下仍具有较高的催化活性。

尽管在一些研究中非贵金属纳米合金催化剂表现出了较高活性和 H_2 选择性，但由于金属纳米颗粒在制备过程中易发生团聚，造成活性位点减少，不利于催化活性的提高，所以负载型催化剂的研究受到越来越多的关注。载体不仅能够限制金属颗粒的尺寸，提高分散度，而且一些载体可与金属催化剂之间产生相互作用，通过载体和金属颗粒之间的电子转移改变金属的电子结构，使催化剂表现出更好的 H_2 选择性和催化活性。Huang Yanqian团队研发的 CeO_2 改性Ni基催化剂，在实现100%的 H_2 选择性的同时，其催化效率相比于无载体纯Ni纳米颗粒提高了三倍。Luo Wei团队也大量研究了以石墨烯、MOFs为载体的镍基合金催化剂，相比于纯金属催化剂，负载的镍基合金催化剂表现出更好的催化活性。笔者的课题组也致力于探究不同载体，如MXene、石墨烯、碳纳米管等对镍基合金催化剂性能的影响。研究表明，载体材料对调控Ni基合金的杂化轨道有着重要影响。大量的研究结果表明，非贵金属催化剂要获得理想的高催化效率、100% H_2 选择性以及循环稳定性，载体与金属纳米颗粒之间的相互作用机理，是在设计催化剂时要充分考虑和设计的。

可见，选择能促进金属颗粒催化活性的载体。采用简单可控的方法使非贵金属颗粒负载在载体表面，形成超小尺寸、均匀分散的金属颗粒，且具有强的金属颗粒与载体相互作用机制，是设计高性能负载型催化剂的关键。

参考文献

[1] Liu Tong，Wang Qingtao，Yuan Jingzhi，et al. Highly Dispersed Bimetallic Nanoparticles Supported on Titanium Carbides for Remarkable Hydrogen Release from Hydrous Hydrazine. ChemCatChem，2018，10（10）：2200-2204.

[2] Yin Bing，Zhao Erfa，Hua Xianle，et al. Ultrafine PdAg Nanoparticles Immobilized on Nitrogen-doped Carbon/cerium Oxide for Superior Dehydrogenation of Formic Acid. New Journal Chemistry，2020 44（5）：2011-2015.

[3] Liu Tong，Yu Jianhua，Bie Haiyan，et al. Highly Efficient Hydrogen Generation from Hydrous Hydrazine Using A Reduced Graphene Oxide-supported NiPtP Nanoparticle Catalyst. Journal of Alloys and Compounds，2017，690：783-790.

[4] Yin Bing，Wang Qingtao，Liu Tong，et al. Anchoring Ultrafine RhNi Nanoparticles on Titanium Carbides/manganese Oxide as an Efficient Catalyst for Hydrogen Generation from Hydrous Hydrazine. New Journal Chemistry，2018，42（24）：20001-20006.

[5] Wang Qingtao，Zhang Zhang，Liu Jin，et al. Bimetallic Non-noble CoNi Nanoparticles Monodispersed on Multiwall Carbon Nanotubes：Highly Efficient Hydrolysis of Ammonia Borane. Materials Chemistry and Physics，2018，204：58-61.

案例 22：大气等离子体喷涂锆酸钐涂层的结构与性能

在长期使用过程中，氧化钇稳定氧化锆（YSZ）涂层的相变和烧结将导致涂层失效，因而限制了其在更高温度下的使用。烧绿石结构的稀土锆酸盐材料具有优良的高温稳定性和抗烧结性能。与 YSZ 相比，锆酸钐具有更低的热导率和相比拟的热膨胀系数，有望作为新型热障涂层材料使用，以提高热障涂层体系的隔热性能和使用可靠性。

1. $Sm_2Zr_2O_7$ 喷涂粉体的制备

（1）$Sm_2Zr_2O_7$ 粉体的合成

采用固相反应法制备 $Sm_2Zr_2O_7$ 粉末，具体工艺为：将 ZrO_2 和 Sm_2O_3 按摩尔比 2∶1 配料，经湿法球磨混料。其中，原料、磨球和无水乙醇的质量比为 1∶2∶1，球磨速度和球磨时间分别为 300r/min 和 12h；然后将烘干的浆料置入高温炉内反应合成，合成料随炉冷却，经球磨破碎，测定其物相组成。

图 22-1(a)，(b) 是经 1400℃保温 12h 和 1550℃保温 5h 得到的 $Sm_2Zr_2O_7$ 粉体的 X 射线衍射图谱。由图可知，1400℃保温 12h 得到的粉体以烧绿石结构 $Sm_2Zr_2O_7$ 为主，同时存在一定量未参与固相反应的 Sm_2O_3 相。经 1550℃保温 5h 则形成了结晶良好的烧绿石结构 $Sm_2Zr_2O_7$。因此，后续实验采用 1550℃保温 5h 作为 $Sm_2Zr_2O_7$ 粉体的合成条件。

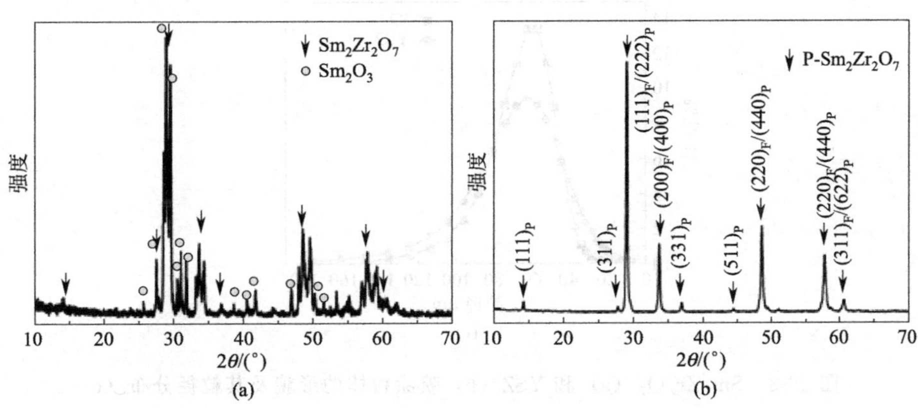

图 22-1　1400℃保温 12h（a）和 1550℃保温 5h（b）得到的 $Sm_2Zr_2O_7$ 粉体的 X 射线衍射图谱

（2）粉体造粒

为提高粉体流动性，采用喷雾干燥技术对粉体进行球化造粒处理。其具体工艺过程为：将粉体加入一定量水中配制成悬浮液，混合均匀，加入 5%（体积分数）的聚乙烯醇（PVA）和 1%（体积分数）的聚丙烯酰胺分别作为有机黏结剂和分散剂，配制成一定浓度的浆料，喷雾干燥，形成具有一定粒径分布、结合强度和松装密度的粉体。喷雾造粒采用上海大川原干燥机械设备有限公司生产的离心式喷雾造粒机，如图 22-2 所示，其蒸发量为 5～10kg·h^{-1}。

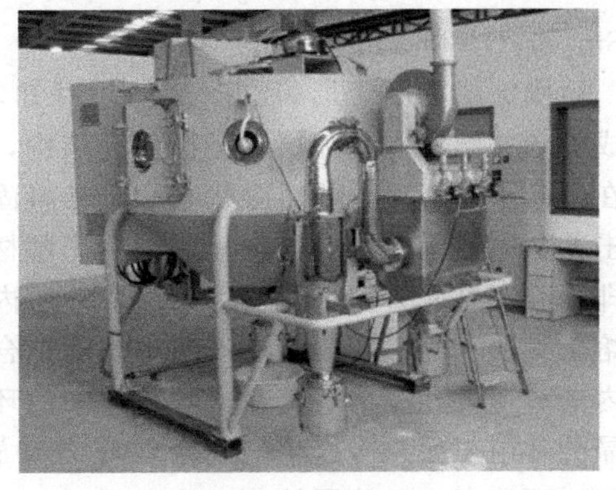

图 22-2　喷雾造粒机

(3) 喷涂粉体形貌

为了与传统的YSZ涂层对比，所用YSZ粉体为商用Metco 204NS粉。图22-3为喷雾造粒$Sm_2Zr_2O_7$（SZ）和YSZ喷涂粉体的形貌。从图中可以看出，喷雾造粒SZ粉体除了球形外，还有洋葱圈状，而YSZ粉体呈光滑的球形。图22-3插图为球形颗粒的截面形貌，由图22-3(a)可知，$Sm_2Zr_2O_7$球形颗粒是由众多原始颗粒（粒径≤1μm）通过疏松结合构成的，且其粒径大小不均；而YSZ粉体多为壳层致密的空心结构，内部呈现小颗粒［图22-3(b)］。由两种粉体的粒径分布［图22-3(c)］可知，其中位粒径相近，均为60μm；但$Sm_2Zr_2O_7$粉体半峰宽较窄，表明其具有更窄的粒径分布。

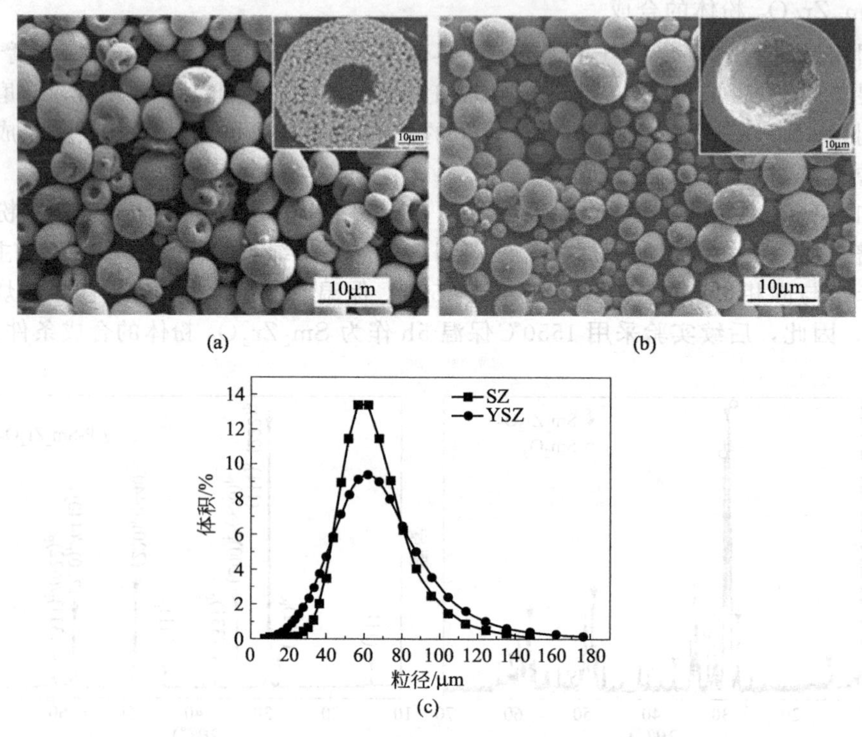

图22-3　$Sm_2Zr_2O_7$（a）和YSZ（b）喷涂粉体的形貌及其粒径分布（c）

2. 大气等离子体喷涂涂层的结构

可采用上述$Sm_2Zr_2O_7$和Metco 204NS粉体，通过大气等离子体喷涂设备喷涂$Sm_2Zr_2O_7$和YSZ涂层。

由涂层的断面形貌（图22-4）可知，两种涂层结构相似，均为不同厚度的片层堆叠而成的层状结构，且片层内呈柱状晶结构，涂层的断面显示为沿晶断裂。该结构是由原料粉体在等离子体焰流中的熔融状态和冷却凝固过程共同决定的。当熔融或部分熔融的粉体颗粒撞击基材时，铺展形成盘状片层。由于基材温度较低，熔融颗粒在其表面沿热量散失的方向，即垂直于基底方向，成核生长形成片层内柱状晶结构。图22-4(a)插图中的层间裂纹来源于熔融颗粒在先后冷凝结晶过程中的弱结合；空隙来源于熔融和半熔融颗粒之间的堆积；片层内的球形气孔是由卷集在熔融粉体中的环境气体造成的；层内裂纹则来源于熔融液滴在已结晶的片层表面急冷产生的残余热应力释放。另外，$Sm_2Zr_2O_7$涂层的层间界面与YSZ涂层相比更清晰，且片层较薄。这主要源于$Sm_2Zr_2O_7$粉体更窄的粒径分布，使得涂层的熔化状态较高，铺展更充分。层间界面的增多有利于其隔热性能的提高。通过阿基米德法测得

$Sm_2Zr_2O_7$ 和 YSZ 涂层的相对致密度相似，分别为 92.0%和 91.5%。

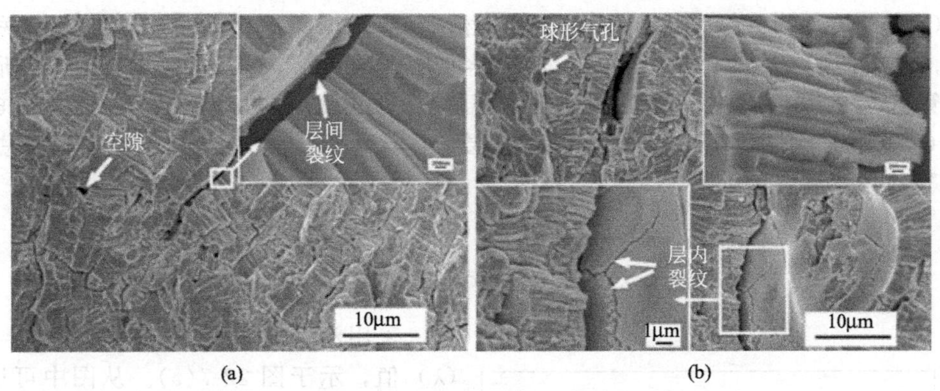

图 22-4 $Sm_2Zr_2O_7$（a）和 YSZ（b）涂层的自然断面形貌

为清楚地观察涂层结构，对 $Sm_2Zr_2O_7$ 涂层的抛光表面和截面进行了酸腐蚀，腐蚀介质为 3%（体积分数）HF 和 5%（体积分数）HCl 的混合水溶液。腐蚀后的涂层形貌示于图 22-5。由图可见，涂层表面呈现尺寸为 0.1～0.6μm 的晶粒，呈不规则形态，为等轴状和长条形的晶粒［图 22-5(b)］。在氧化铝涂层中也观察到类似现象，这主要是由于熔融颗粒撞击基材表面急冷时，不同部位的热量传递方向不尽相同。从图 22-5(c) 涂层截面形貌可以清楚地观察到涂层的断面颗粒形态，有片层、柱状晶和层间裂纹，片层厚度为 0.3～7μm，柱状晶宽度约为 0.2μm，与涂层表面的晶粒［图 22-5(a)］尺寸相吻合，且贯穿于整个片层，层间气孔的宽度为 0.1～0.2μm。

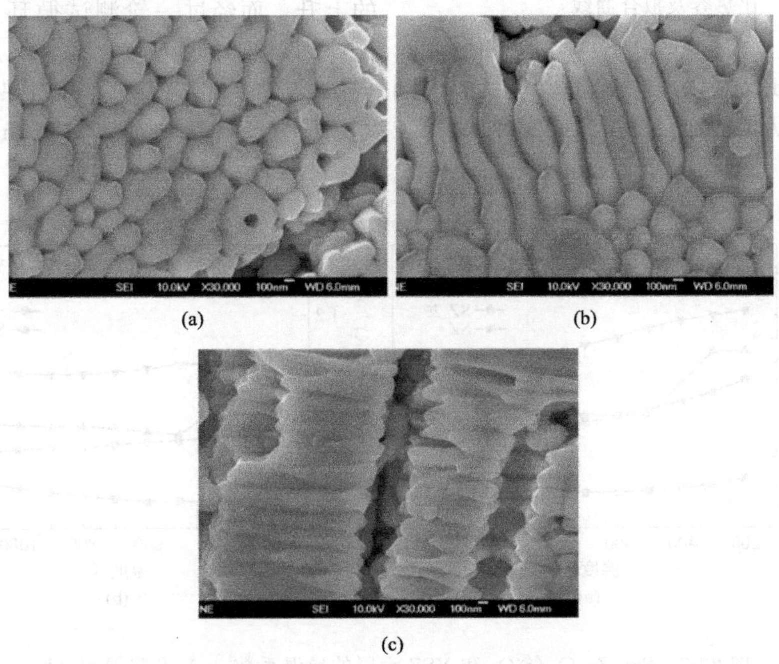

图 22-5 $Sm_2Zr_2O_7$ 涂层表面（a）、（b）和截面（c）的酸腐蚀形貌

3. 涂层的热物理性能

由于涂层的比热容数据难以通过实验直接测得，所以应根据理论计算获得。由涂层组成中 Sm_2O_3/Y_2O_3 和 ZrO_2 的比热容数据和其含量，应依据无机材料物理性能的串联模型计算得到。由于计算获得的比热容为特定热力学温度下的数据，将其拟合如图 22-6 所示，并得到计算式(22-1)，依此可计算得到不同温度下的涂层比热容数据。由图 22-6 可知，$Sm_2Zr_2O_7$ (SZ) 涂层的比热容低于 YSZ 涂层。在计算涂层理论比热容值时不考虑氧化锆在 1200℃的数值突变。

$$C_{p,\mathrm{SZ}}=0.4418+6.8148\times10^{-5}T-7.2219\times10^{3}T^{-2}$$
$$C_{p,\mathrm{YSZ}}=0.5637+5.8020\times10^{-5}T-1.1194\times10^{4}T^{-2} \tag{22-1}$$

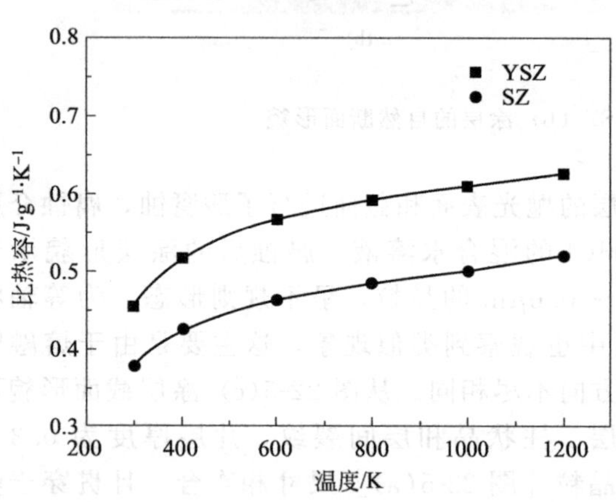

图 22-6　$Sm_2Zr_2O_7$(SZ) 和 YSZ 涂层的比热容及拟合曲线

采用激光闪烁法测得涂层的导温系数(λ)值，示于图 22-7(a)。从图中可以看到，$Sm_2Zr_2O_7$ 涂层的导温系数明显低于 YSZ 涂层，前者的导温系数值约为后者的 70%，且两种涂层连续两次测得的导温系数均不重合。两种涂层的初始导温系数值均随温度升高而降低，在 500～600℃ 达到极低值后逐渐上升，这是测试过程中涂层结构变化引起的。等离子体喷涂涂层内部存在大量的气孔、微裂纹等缺陷，且急冷过程中涂层内部也积累较高的残余应力。在经历测试过程的高温阶段时，会发生气孔形貌的重构、微裂纹的愈合和残余应力的释放，这些均会导致热导率的上升。而经过一轮测试循环，涂层相当于经历高温热处理，因此两种涂层第二次测得的导温系数值均高于第一次，且随测试温度的升高逐渐降低。这表明，经过热循环的涂层结构渐趋稳定。尽管如此，$Sm_2Zr_2O_7$ 涂层第二次测得的导温系数为 $0.212\mathrm{mm}^2\cdot\mathrm{s}^{-1}$，仍比 YSZ 低 28%。

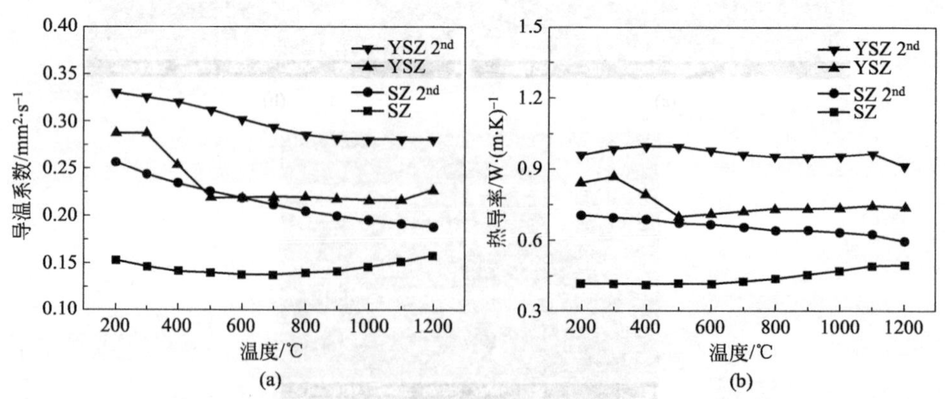

图 22-7　$Sm_2Zr_2O_7$(SZ) 和 YSZ 涂层的导温系数 (a) 和热导率 (b)

由涂层的导温系数（λ）、密度（ρ）和比热容［C_p 通过式(22-1) 计算获得］经式(22-2) 计算得到涂层的热导率：

$$\kappa=\lambda\rho C_p \tag{22-2}$$

计算结果如图 22-7(b) 所示。由图可知，热导率的变化趋势与导温系数类似。两次测试循环得到的 $Sm_2Zr_2O_7$ 涂层的热导率分别为 0.42$W\cdot m^{-1}\cdot K^{-1}$ 和 0.65$W\cdot m^{-1}\cdot K^{-1}$（700℃的测值），比 YSZ 涂层的热导率分别低大约 42%和 33%。

$Sm_2Zr_2O_7$ 涂层较低的热导率主要源于其晶体结构。$Sm_2Zr_2O_7$ 材料是 ZrO_2 中 2 个 Zr^{4+} 被 2 个 Sm^{3+} 取代形成的置换固溶体，同时形成 1 个氧空位。其缺陷方程如下式所示：

$$Sm_2O_3 \xrightarrow{ZrO_2} 2Sm_{Zr'}+Vo^{\cdot\cdot}+3Oo^{\times} \tag{22-3}$$

由于多数陶瓷材料在低温下（<1500℃）热辐射不明显，其导热主要是声子导热。根据德拜模型，其热导率可由式(22-1) 表示。由式(22-1) 可知，声子的平均自由程是影响材料热导率的主要因素，该值的大小取决于散射中心——晶体缺陷（如空位、替代离子及由此产生的晶格畸变等）与声子碰撞的频率和强度，如声子平均自由程与杂质原子和基体原子质量差异的平方成反比。另外，由于氧空位周围缺少离子键合，对 τ 的影响较替代离子更剧烈。就 $Sm_2Zr_2O_7$ 材料而言，Sm 和 Zr 的质量差异大于 YSZ 中 Y 和 Zr 的质量差异，且 $Sm_2Zr_2O_7$ 中 Sm_2O_3 含量高于 YSZ 中的 Y_2O_3 含量，导致 $Sm_2Zr_2O_7$ 材料的氧空位浓度较高。上述两方面原因均增强了 $Sm_2Zr_2O_7$ 材料内的声子散射，降低了声子平均自由程。此外，$Sm_2Zr_2O_7$ 涂层较高的层间界面密度也进一步增加声子散射，降低其热导率。

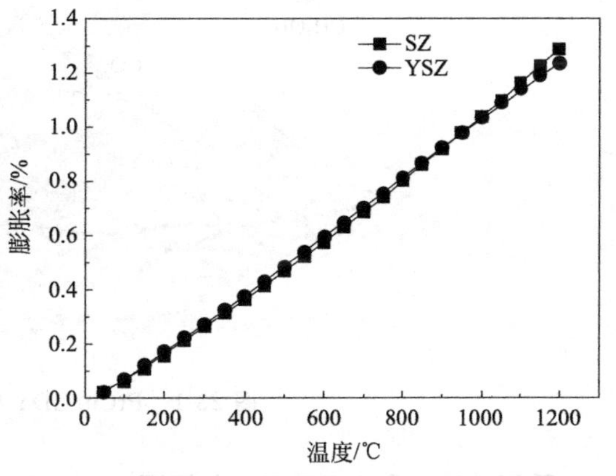

图 22-8 $Sm_2Zr_2O_7$(SZ) 和 YSZ 涂层的热膨胀性能

两种涂层的热膨胀率测试结果示于图 22-8。由图可知，$Sm_2Zr_2O_7$ 和 YSZ 涂层随温度升高近似于线性膨胀。在室温 1200℃ 时，$Sm_2Zr_2O_7$ 和 YSZ 涂层的平均热膨胀系数相近，分别为 $10.9\times10^{-6}℃^{-1}$ 和 $10.5\times10^{-6}℃^{-1}$。综上所述，$Sm_2Zr_2O_7$ 涂层具有较低的热导率和与 YSZ 涂层相比拟的热膨胀系数，有望作为热障涂层使用。

参考文献

[1] 于建华，赵华玉，周霞明，等．大气等离子体喷涂 $Sm_2Zr_2O_7$ 涂层的结构和性能．无机材料学报，2011，26：696-700.

[2] 梁英教，车荫昌．无机物热力学数据手册．沈阳：东北大学出版社，1993.

[3] 奚同庚．无机材料热物性学．上海：上海科学技术出版社，1981.

[4] Yu Jianhua，Zhao Huayu，Tao Shunyan，et al. Thermal Conductivity of Plasma Sprayed $Sm_2Zr_2O_7$ Coatings. Journal of the European Ceramic Society，2010，30 (3)：799-804.

案例 23：石墨炔合成及应用

石墨炔（GDY）是一种新型碳材料，自 2010 年实验室制备成功后受到广泛关注。石墨炔是一种由 sp 和 sp^2 杂化碳组成的高度共轭结构。石墨炔基于其特殊的电子和孔结构，具有较大的比表面积、均匀分布的孔隙、良好的化学稳定性和优良的电荷迁移率，在催化领域具有广泛的应用。

1. 石墨炔在电催化甲醇氧化中的应用

石墨炔结构中苯环和双炔键相互结合，形成平面多孔结构，可以暴露大量活性位点，有利于质量传输。石墨炔具有 sp 和 sp^2 离域碳杂化 π-共轭的网络结构，导电性优异，有利于提高催化剂的电化学性能。笔者在 PtCu 纳米线表面原位生长石墨炔，制备了 PtCu/GDY 复合催化剂，研究了其电催化甲醇氧化性能。结果表明，石墨炔可明显提高催化剂的电化学性能，显著提高催化剂的抗中毒性能。其催化机理如图 23-1 所示。

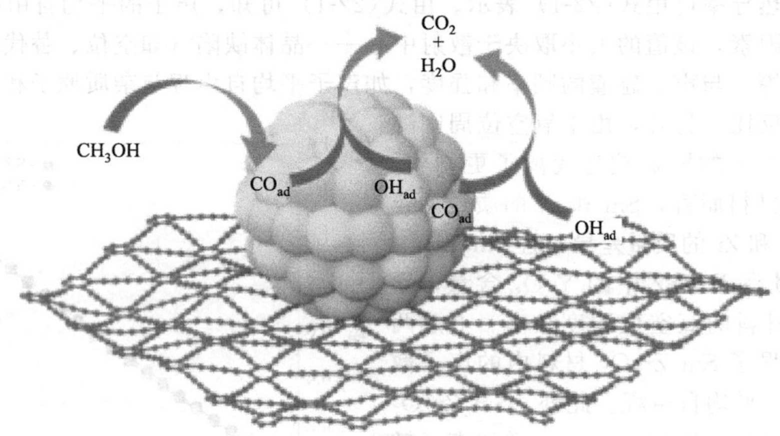

图 23-1 PtCu/GDY 电催化甲醇氧化的机理图

采用 TEM 和 HRTEM 表征了 PtCu/GDY 的形貌和组成，PtCu 纳米线在石墨炔载体上分布均匀，其催化甲醇氧化的活性为商业 Pt/C 催化剂的 2.67 倍。与 PtCu 催化剂相比，PtCu/GDY 催化剂的稳定性和抗 CO 中毒性能都有显著提高。石墨炔与 PtCu 纳米线之间形成强的结合力，有利于电子转移、提高催化活性；同时，水分子很容易吸附在石墨炔表面解离生成 OH_{ads} [反应式(23-1)]，OH_{ads} 与 PtCu 表面生成的 CO_{ads} 反应释放被覆盖的活性位点[反应式(23-2)]，从而提高催化剂的抗 CO 中毒能力。

$$GDY + H_2O \longrightarrow GDY—OH_{ads} + H^+ + e^- \tag{23-1}$$

$$GDY—OH_{ads} + PtCu—CO_{ads} \longrightarrow CO_2 + PtCu + GDY + H^+ + e^- \tag{23-2}$$

2. 石墨炔在过氧化物酶催化中的应用

以石墨炔作为载体，$PdCl_2$ 作为钯源，$Fe(CO)_5$ 作为还原剂和盖帽剂，采用水热法一步制备了石墨炔负载钯铁双金属合金（PdFe/GDY）纳米复合材料，通过 SEM、TEM、XPS、Raman、ICP 等测试方法，对样品的成分与结构进行表征，表明 PdFe/GDY 制备成功。酸性条件下，以 3,3′,5,5′-四甲基联苯胺(TMB)-H_2O_2 为模型评估得到的 PdFe/GDY 具有优异的过氧化物酶活性，并且其酶活性比 PdFe 纳米片高 5.1 倍。米氏方程（Michaelis-Menten equation）与电子自旋共振（EPR）方法证明，PdFe/GDY 优异酶活性归因于其在酶催化过程中与两种底物具有强亲和能力，并且能高效催化过氧化氢（H_2O_2）按照均裂方式分解产生羟基自由基（·OH）。通过 DFT 计算证明 PdFe 负载到 GDY 上后，催化过氧化氢分解的反应具有更低的反应能，从热力学角度分析，反应更容易进行。原因可归结如下。①石墨炔独特的电子特性及对载流子的传导能力，使得复合材料在 TMB 氧化过程中具有大的电子密度和高的电子迁移能力，石墨炔的 18 碳结构和 PdFe 合金的 π 轨道之间的电子转移，使得 PdFe/GDY 具有强结合力。此外，石墨炔中大量离域 π 电子转移至双金属中心，从而形成电子迁移网络，有利于催化过程中电子转移。②PdFe/GDY 提供了更多 TMB 以及 H_2O_2 吸附位点。③石墨炔通过 π-π 堆积及静电作用对 TMB 有较高的亲和能力。④Pd 与 Fe 形成合金后可以使 Pd 的 d 带中心下移，Pd—O 键能量变低，使·OH 更容易从催化剂表面脱附，因此加速了 TMB 氧化过程。如图 23-2 所示，基于 PdFe/GDY-TMB-H_2O_2 体系以及谷胱甘肽（GSH）的还原性，设计了比色生物传感器，对过氧化氢和谷胱甘肽的最低检测限为 4.21μmol·L^{-1} 和 24.45nmol·L^{-1}。将比色传感器应用于尿液、胎牛血清以及细菌样品中谷胱甘肽的检测，取得了良好的效果，同时传感器具有优异的选择性和稳定性。基于酶诱导产生的活性氧簇可以破坏细菌细胞膜、抑制细菌生长的原理，建立了体外抗菌模型，探究了 PdFe/GDY 作为抗菌试剂的可行性。实验表明，除了·OH 对细胞膜的破坏作用外，PdFe/GDY 可以将细菌吸附于表面，缩短了·OH 作用于细菌细胞膜的路径，提高了杀菌效率。此外，纳米酶对于谷胱甘肽具有分解作用，削弱了细菌抗氧化能力，三种机理协同赋予了 PdFe/GDY>99.99%的抗菌效率；还通过建立小白鼠背部伤口体内抗菌模型，探究 PdFe/GDY 作为抗菌试剂促进伤口愈合的能力。结果表明，模拟酶在生物毒性很低且对小白鼠生理影响很小的条件下，可以加速小白鼠背部伤口愈合。

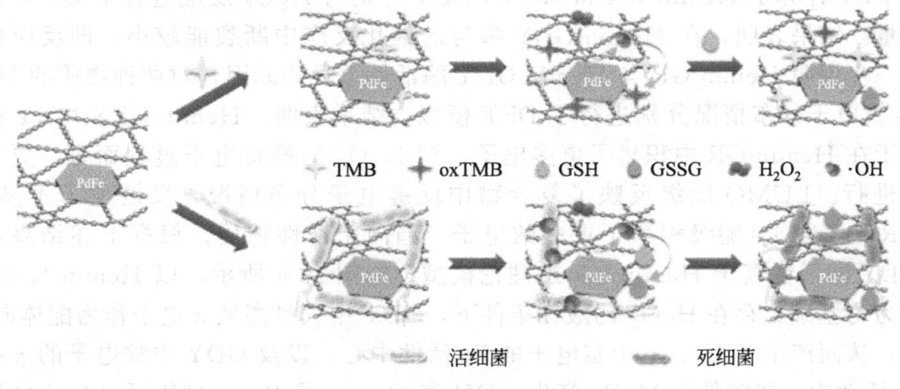

图 23-2　GSH 检测及抗菌应用原理图

游离的血红素（Hemin，卟啉铁）分子本身具有过氧化物酶活性，但在水溶液中会自发结合形成二聚体惰性物质，导致活性降低。以 Hemin 作为活性位点，GDY 作为载体，借助两者间 π-π 堆积作用，通过超声法一步制得了 Hemin-GDY 过氧化物模拟酶，通过 UV-vis、SEM、TEM、AFM、XPS、Raman、FT-IR 等测试方法对样品成分和结构进行表征，结果表明 Hemin-GDY 制备成功，并且通过 DFT 计算表明 Hemin 与石墨炔之间的结合力相比于石墨烯更大，可以作为更优良的载体稳定 Hemin 分子。以 TMB-H_2O_2 为模型评估，结果表明，Hemin-GDY 具有最高的过氧化物酶活性，比 Hemin 和 Hemin-GR（石墨烯）的酶活性分别提高了 4.3 倍和 2.3 倍。根据米氏方程评估了酶催化的动力学性质。采用 EPR 对自由基以及空位进行测定，通过自由基抑制剂实验提出了 Hemin-GDY 催化双氧水分解的反应循环路径。如图 23-3 所示，过氧化氢吸附到活性位点后发生去质子化反应，生成 GDY-PFe(Ⅲ)—OOH 中间物种后，通过氧氧（O—O）键断裂，生成具有强氧化性的铁氧加合物 GDY-P$^{\cdot +}$Fe(Ⅳ)═O 以及 ·OH，再分别与底物 TMB 结合发生氧还原反应，回到初始物质状态。此外，体系中过量 H_2O_2 会和 GDY-P$^{\cdot +}$Fe(Ⅳ)═O 发生反应产生超氧自由基（$O_2^{\cdot -}$），同时铁氧加合物恢复至催化剂的初始状态，产生的 $O_2^{\cdot -}$ 进而氧化 TMB。所以，酸性条件下，Hemin-GDY 和 H_2O_2 共存会产生 GDY-P$^{\cdot +}$Fe(Ⅳ)═O、·OH 和 $O_2^{\cdot -}$ 三种具有氧化性的物质，使体系具有强氧化能力。

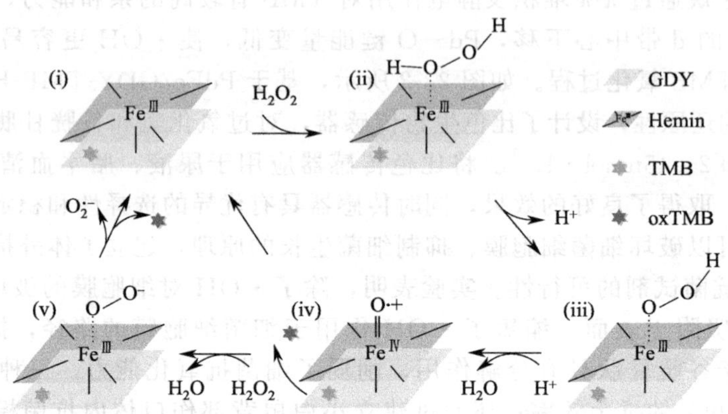

图 23-3　在 H_2O_2 存在下 Hemin-GDY 催化 TMB 氧化的机理图

通过 DFT 计算了 Hemin-GR 和 Hemin-GDY 分别与 H_2O_2 反应过程中 O—O 键断裂所需要的能量。结果表明，在 Hemin-GDY 参与的催化反应中断裂能较小，即反应更容易进行。为进一步说明 Hemin-GR 与 Hemin-GDY 酶活性差异的原因，对两种物质的 HOMO 和 LUMO 能级电子分布情况分别进行了 DFT 模拟。结果表明，Hemin-GDY 中 Fe 活性位点周围相对于在 Hemin-GR 中积累了更多电子，对 H_2O_2 分解得电子过程而言，更有利于催化反应的进行。LUMO 能级反映了复合物中反键电子分布情况，反键电子不参与反应，Hemin-GR 的 LUMO 能级积累了更多的电子，趋向于惰性物质。根据上述结果，建立了 Hemin-GDY 酶活性高于 Hemin-GR 的理论模型。如图 23-4 所示，以 Hemin 与 GDY 间存在强结合力为基础，存在 H_2O_2 的酸性条件下，GDY 中大量离域 π 电子作为配体向 Fe 活性中心转移，从而产生了 Hemin 中富电子的 Fe 活性中心，以及 GDY 中缺电子的 π 共轭活性中心。Fe 活性中心能够催化 H_2O_2 产生 ·OH 和 $O_2^{\cdot -}$；同时，π 共轭活性中心能够催化水产生 ·OH。在 Hemin-GR 中虽然同样具有两种活性中心，但其活性相对较弱。基于过氧化物酶-TMB-H_2O_2 体系以及多巴胺的还原性，设计了比色生物传感器，并且对 Hemin-GR 和 Hemin-GDY 两种酶的检测能力进行了对比，对多巴胺的检测限分别为 0.95μmol·L^{-1} 和 0.37μmol·L^{-1}，Hemin-GDY 表现出了更好的稳定性和再生性。将比色传感器应用于尿液、胎牛血清中多巴胺的检测，取得了良好的效果。基于体系中所产生的具有氧化性的自由基可以将一些有机污染物氧化为 CO_2、H_2O 等小分子物质的性能，探究了其在生物传感以及有机污染物降解方面的应用潜力。以亚甲基蓝作为模型，探究两种酶对其降解能力，结果表明 Hemin-GDY 具有更高的降解效率、稳定性和再生性。进一步对 Hemin-GDY 用于降解有机污染物的广谱适用性进行了探究，分别对甲基橙、苯酚和罗丹明 B 进行降解，降解效率均可在 2h 达到 90%以上，进而将模拟酶应用于实际湖水中污染物降解，同样表现出了优异的降解效率与广谱适用性。

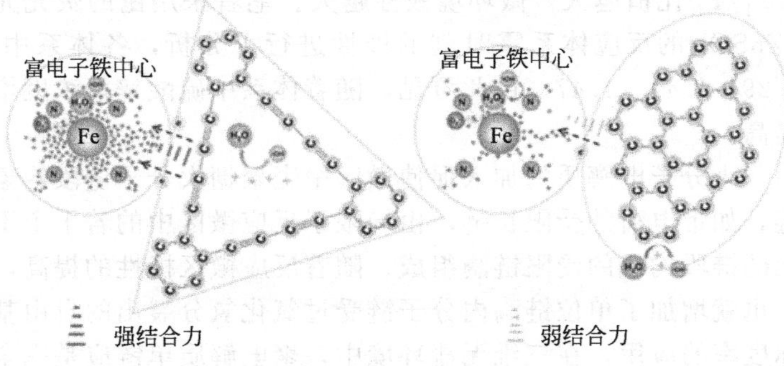

图 23-4 Hemin-GDY 和 Hemin-GR 表面的催化机理

参考文献

[1] Zhang Chaoyang，Zhang Ying，Xiao Hailian，et al. Superior Catalytic Performance and CO Tolerance of PtCu/Graphdiyne Electrocatalyst Toward Methanol Oxidation Reaction. Colloids and Surfaces A：Physicochemical and Engineering Aspects，2020，612：125960.

[2] Wang Tao，Bai Qiang，Zhu Zhiling，et al. Graphdiyne-supported Palladium-iron Nanosheets：A Gual-functional Peroxidase Mimetic Nanozyme for Glutathione Detection and Antibacterial Application. Chemical Engineering Journal，2020，413：127537.

案例 24：低分子量壳聚糖的制备

壳聚糖是甲壳素的脱乙酰化产物，广泛存在于虾、蟹和昆虫的外壳及藻类、菌类的细胞壁之中，是年产量仅次于纤维素的第二大天然高分子，也是迄今为止发现的唯一天然碱性多糖。由 2～20 个脱乙酰氨基葡萄糖组成的壳低聚糖，易溶于水，可以调节人和动植物的新陈代谢，在医药、农业等诸多领域有着广泛的应用前景。

有关壳低聚糖制备方法的报道较多，如谭天伟等开发的“酶法＋化学法”的组合降解法；张岐等采用 Cu(Ⅱ) 与 Cu(Ⅱ) 配位超分子研究了过氧化氢对壳聚糖的配位控制降解，首次实现了对壳低聚糖分子量分布的调控；蒋锡夔等通过改变分子聚集状态实现了酯水解反应的高效催化，表明通过调控分子聚集状态形成特异性反应微区有可能实现类酶反应。

1. 反应体系中微环境极性的测定

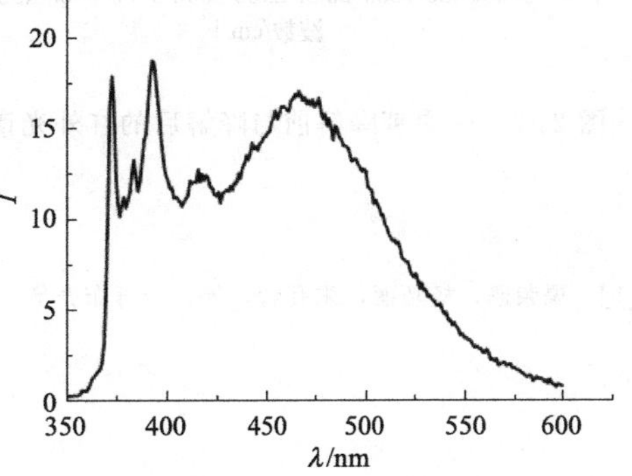

图 24-1 壳聚糖降解体系中芘的原位荧光光谱

外加无机盐可扰动溶液体系中壳聚糖聚电解质分子链的聚集状态，进而促使壳聚糖大分子在反应微区中链段的基团构象状态发生改变，由此构造成具有一定反应取向程度的特异性降解环境，高效地制备出窄分子量分布的壳低聚糖。通过荧光探针分子芘（Pyrene）的荧光光谱精细结构的变化，可监测体系中电子分布与大分子聚集状态的不同所导致的微环境极性的变化。芘荧光光谱 373nm 左右的峰 1 和 384nm 左右的峰 3 的强度之比 I_1/I_3 对微环境极性极为敏感。反应体系中芘的荧光光谱如图 24-1 所示。

通常情况下，I_1/I_3 比值越大，微环境极性越大。笔者采用芘的荧光光谱法对含 0mol、2.5mol、3.6mol $ZnSO_4$ 的反应体系零时刻的极性进行了分析，各体系中芘的荧光光谱中 I_1/I_3 值分别为 1.29、1.41、1.47。由此可见，随着体系中硫酸锌盐浓度增加，降解体系的微环境极性逐步提高。

在降解体系中，小分子电解质的加入促使微区中壳聚糖大分子链段构象发生了转变。此时体系内大分子链，如带电荷的受限长链，由局限于反应微区中的若干个不与其他链相互作用的一定尺寸单元的链段构成的受限链滴组成。随着反应微区极性的提高，受限链滴内大分子链段有所增长，也就增加了单位链滴内分子链受过氧化氢分裂出的自由基的进攻机会。另外，根据德热纳标度率的应用，在三维无盐环境中，聚电解质单链应是完全拉伸的；而在有外加盐的环境体系中，聚电解质受外界影响必然发生一定的取向转变，在此处反映为壳聚糖发生一定规则的折叠，转而形成降解反应位点的选择性。

2. 不同反应体系所得产物组分分析

降解体系中 $ZnSO_4$ 的加入量为 0mmol、2.6mmol 和 3.8mmol 时壳低聚糖的收率分别为 44％、48％和 85％。根据凝胶渗透色谱对不同降解体系所得壳低聚糖分子量分布的分析结果，$ZnSO_4$ 降解体系所得壳低聚糖分子量分布相对较窄，其重均分子量为 973；无 $ZnSO_4$ 的降解体系所得壳低聚糖分子量分布略宽，其重均分子量为 767。Zn^{2+} 存在下的氧化降解体系的壳低聚糖收率高于无外加盐的降解体系，其中 $ZnSO_4$ 加入量为 3.8mmol 时壳低聚糖收率达到 85％，并且其重均分子量分布集中在 1000 附近。此外，还可看到虽然 $ZnSO_4$ 的加入量相差很小，壳低聚糖的收率差异却较大。这种差异应该与降解体系的微环境极性有关。

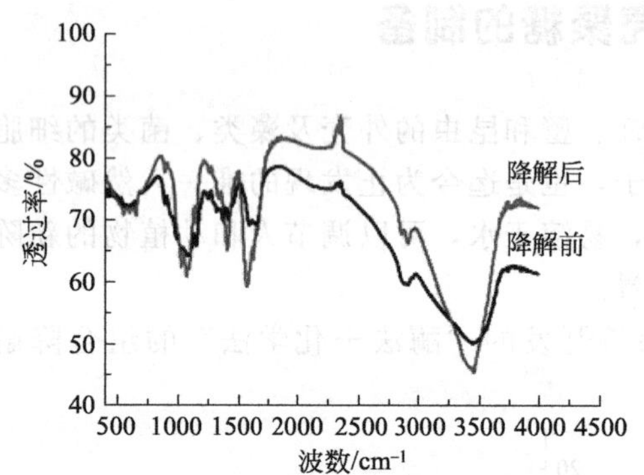

图 24-2 壳聚糖降解前与降解后的红外光谱

3. 壳低聚糖产物光谱结构分析

壳聚糖在降解过程中除发生糖苷键断裂外，还可能存在开环等副反应。如果副反应过多而影响了壳聚糖的基本结构，则无法保持壳聚糖的原有性质。未经降解的壳聚糖和含 $ZnSO_4$ 的降解体系所得壳低聚糖的红外光谱如图 24-2 所示。$—NH_2$、—OH 特征峰依然存在；$1576cm^{-1}$ 处为酰胺吸收峰，吸收峰位置随脱乙酰度提高而红移；$1159cm^{-1}$ 处为 C—O—C 吸收峰。这表明降解后壳聚糖单元基本结构没有发生变化。

参 考 文 献

[1] 渠荣遴，杨巧丽，朱孔营，等，窄分布壳低聚糖的制备. 应用化学，2006，23 (6)：694-696.